国家社科基金
后期资助项目
GUOJIA SHEKE JIJIN HOUQI ZIZHU XIANGMU

U0648034

司法权力的丰富性研究

The Richness of Judicial Power

张洪新　著

ZHEJIANG UNIVERSITY PRESS
浙江大学出版社

图书在版编目（CIP）数据

司法权力的丰富性研究 / 张洪新著. —杭州：浙
江大学出版社，2022.1
ISBN 978-7-308-22306-5

Ⅰ.①司… Ⅱ.①张… Ⅲ.①司法制度—研究—中国
Ⅳ.①D926

中国版本图书馆 CIP 数据核字（2022）第 017296 号

司法权力的丰富性研究

张洪新　著

责任编辑	钱济平　蔡圆圆
责任校对	许艺涛
封面设计	项梦怡
出版发行	浙江大学出版社
	（杭州市天目山路 148 号　邮政编码 310007）
	（网址：http://www.zjupress.com）
排　　版	杭州青翊图文设计有限公司
印　　刷	杭州宏雅印刷有限公司
开　　本	710mm×1000mm　1/16
印　　张	20.25
字　　数	354 千
版 印 次	2022 年 1 月第 1 版　2022 年 1 月第 1 次印刷
书　　号	ISBN 978-7-308-22306-5
定　　价	78.00 元

国家社科基金后期资助项目
出版说明

后期资助项目是国家社科基金设立的一类重要项目，旨在鼓励广大社科研究者潜心治学，支持基础研究多出优秀成果。它是经过严格评审，从接近完成的科研成果中遴选立项的。为扩大后期资助项目的影响，更好地推动学术发展，促进成果转化，全国哲学社会科学工作办公室按照"统一设计、统一标识、统一版式、形成系列"的总体要求，组织出版国家社科基金后期资助项目成果。

全国哲学社会科学工作办公室

目　录

绪　　论

一、选题依据

(一)国内研究现状

对法学来说,20 世纪后半叶是一个全新的时代,是权利话语凸显、以立法为中心转向司法关怀的时代。法学的这种权利、司法转向是现代社会司法权得以凸显的理论表现。没有法律人会否认司法之于现代社会的重要性,司法是法律生命之所系,是权力正常运作的保障,是权利保障和社会公正的最后防线,是法律人的常识。然而,如此重要的司法权是什么,或者说司法权的性质是什么? 答案其实并不简单,因为这是司法改革成功的认识前提。① 逻辑上,司法体制改革必须回答一个元理论的问题,即司法权本身究竟什么。只有明确司法权之性质,才能厘清司法体制改革之方向,确定司法体制改革之目标,进而评估司法体制改革之成效。

---

① 通常来说,我国理论和实务界对司法机关之界定有以下三种观点:(1)最广义说认为凡是能适用和执行法律的国家机关都可统称为司法机关,对此包括公安、检察院、法院在内都可以称司法机关,参见崔永乐:《司法学原理》,人民出版社 2011 年版,第 1 页。(2)广义说认为司法机关是指人民法院和人民检察院,司法权包括审判权与检察权,参见张文显主编:《法理学》,法律出版社 1997 年,第 365 页;王圣诵、王成儒:《中国司法制度研究》,人民出版社 2006 年版,第 5—6页。(3)狭义说认为司法机关仅指法院,司法权仅指审判权,为法院所独有,参见孙万altitude:《司法权的法理之维》,法律出版社 2002 年版,第 4 页;吴卫军:《司法改革原理》,中国人民公安出版社 2003 年版,第 12—16 页。有关"司法"概念在我国使用的沿革与变化,详细分析可参见薛爱昌:《当代中国的"司法"概念——基于宪法文本和政策文本的实证分析》,载《政治与法律》2018 年第 7 期。本书对司法机关之界定采取最狭义说,即司法机关仅指法院,司法权仅指法院所享有的权力。本书之所以采取最狭义的司法机关之界定,主要基于实用目的考虑,当前我国司法公信力状况不容乐观,原因虽然是多重的,但大众对司法之期待与希望却最终落脚于法院当中,法院成为当前社会正义问题的最大公约数。参见胡铭:《司法公信力的理性解释与建构》,载《中国社会科学》2015 年第 4 期。于此而言,对法院本身的权力进行更为充分和深度的探究,就显得尤为迫切和重要。

以我国当前开展的五轮五年司法体制改革为例①,我国现行《宪法》赋予人民法院依法独立行使审判权,但政法体制既规定又限制了司法权有效运行和实现。可以说,1999～2018 年前四个"人民法院五年改革纲要",其重要目的便是通过改革来祛除束缚司法权有效运作的各种制约性因素,第五轮的司法体制改革则聚焦于司法权得以正常运作的综合配套改革,特别是提出健全以人民为中心的诉讼服务制度体系、健全以司法责任制为核心的审判权力运行体系。以司法体制改革为契机,对司法权性质的一般性理解,学术界、司法界进行了大量卓有成效的研究,程春明、江必新、公丕祥、汪习根等学者和法官出版了多部有关司法权运行与提升研究的专著,陈瑞华、顾培东、苏力、孙笑侠、张文显等教授发表了近百篇论文。②

① "五个五年改革纲要"分别是:1999 年 10 月 20 日《人民法院五年改革纲要》(法发〔1999〕28号),2005 年 10 月 26 日《人民法院第二个五年改革纲要(2004—2008)》(法发〔2005〕18 号),2009 年3 月 17 日《人民法院第三个五年改革纲要(2009—2013)》(法发〔2009〕14 号),2015 年 2 月 4 日《人民法院第四个五年改革纲要(2014—2018)》(修订版,法发〔2015〕3 号),2019 年 2 月 27 日《最高人民法院关于深化人民法院司法体制综合配套改革的意见——人民法院第五个五年改革纲要(2019—2023)》(法发〔2019〕8 号)。值得注意的是,从 2010 年开始,以徐昕、黄艳好、卢荣荣、汪小棠等组成的团队,每年都对司法改革发表年度报告,并持续至今。参见徐昕、卢荣荣《中国司法改革年度报告(2009)》,载《政法论坛》2010 年第 3 期;徐昕、黄艳好、卢荣荣《2010 年中国司法改革年度报告》,载《政法论坛》2011 年第 3 期;徐昕、卢荣荣、黄艳好《中国司法改革年度报告(2011)》,载《政法论坛》2012 年第 2 期;徐昕、黄艳好、卢荣荣《中国司法改革年度报告(2012)》,载《政法论坛》2013 年第 2 期;徐昕、黄艳好、汪小棠《中国司法改革年度报告(2013)》,载《政法论坛》2014 年第 2 期;徐昕、黄艳好、汪小棠《中国司法改革年度报告(2014)》,载《政法论坛》2015 年第 3 期;徐昕、黄艳好、汪小棠《中国司法改革年度报告(2015)》,载《政法论坛》2016 年第 3 期;徐昕、黄艳好、汪小棠《中国司法改革年度报告(2016)》,载《上海大学学报(社会科学版)》2017 年第 3 期;徐昕、黄艳好《中国司法改革年度报告(2017)》,载《上海大学学报(社会科学版)》2018 年第 2 期;徐昕、黄艳好《中国司法改革年度报告(2018)》,载《上海大学学报(社会科学版)》2019 年第 2 期;徐昕、黄艳好《中国司法改革年度报告(2019)》,载《上海大学学报(社会科学版)》2020 年第 3 期。

② 有关司法权性质的论述,代表性的著作和论文包括但不限于:贺卫方《中国司法管理制度的两个问题》,载《中国社会科学》1997 年第 6 期;徐显明《司法权性质研究》,山东人民出版社 1998年版;刘作翔《法理学视野中的司法问题》,上海人民出版社 2003 年版;汪习根主编《司法权论——当代中国司法权运行的目标、方法与技巧》,武汉大学出版社 2008 年版;程春明《司法权及其配置:理论语境、中英法式样及国际趋势》,中国法制出版社 2009 年版;苏力《关于能动司法与大调解》,载《中国法学》2010 年第 1 期;孙万胜《司法改革的实践之悟》,人民法院出版社 2013 年版;谭世贵《中国司法体制改革研究》,中国人民公安大学出版社 2013 年版;江必新《良善司法的制度逻辑与理性建构》,中国法制出版社 2014 年版;沈德咏、曹士兵、施新州《国家治理视野下的中国司法权构建》,载《中国社会科学》2015 年第 3 期;徐汉明《论司法权和司法行政事务管理权的分离》,载《中国法学》2015 年第 4 期;马长山《新一轮司法改革的可能与限度》,载《政法论坛》2015 年第 5期;顾培东《再论人民法院审判权运行机制的构建》,载《中国法学》2014 年第 5 期;孙笑侠《司法的特性》,法律出版社 2016 年版;季卫东《中国的司法改革》,法律出版社 2016 年版;刘风景《司法解释权限的界定与行使》,载《中国法学》2016 年第 3 期;陈卫东《中国司法体制改革的经验——习近平司法体制改革思想研究》,载《法学研究》2017 年第 5 期;江国华《常识与理性:走向实践主义的司法哲学》,生活·读书·新知三联书店 2017 年版;蒋惠岭《司法改革的知与行》,法律出版社 2018 年版;公丕祥《新时代中国司法现代化的理论指南》,载《法商研究》2019 年第 1 期。

对于司法权的性质以及如何通过体制改革提升司法权能,我国学界取得三个共识值得认真对待:第一,司法权的本质在于判断,独立性、专业化和职业性是人民法院和司法官员赖以安身立命的根本,任何改革都须以此为追求。第二,司法权的地方化,即隶属关系地方化、管辖区与行政区划完全一致、经费和人事任免地方化、运作中的地方保护主义,已严重削弱了法院对法律解释和适用的统一性。司法权是中央事权,现行改革中人财物的省级统一管理便是司法权去地方化的一种尝试。第三,承担审判之外的行政任务,法院领导对普通法官审理过程的干涉,上级法院以司法解释和司法意见的形式对下级法院业务进行指导和监督,法院机关地位和法官制度的行政化,严重影响了主审法院和承办法官对案件的独立审理,使司法权能无法得到有效、公正的实现。提升司法权能的各种路径,须围绕司法权的去行政化展开。

尽管取得如此共识,毋庸讳言的是,在司法权的研究方面,学术界还存在诸多需要改进的地方,主要表现在如下方面。

首先,在研究视角上,忽视了提升司法权问题的复杂程度。"独立审判"与"司法独立"之间是否等同,学界之间存在验证分歧。① 在中国的司法改革中,经常看到的是要求司法机关免于外部干涉,但是少有从其自身角度出发强调司法应当具有的独特品质和特性。中国司法的现代化要求人民法院首先对自己有一个准确的定位,即首先必须将自己塑造为"合格的司法"主体,"合格司法主体的出现才能使其有要求对外独立的资格"。② 司法体制具有内外两种复杂性,在现实层面司法权既涉及司法体制本身,更与政治制度、社会环境,也与大众心理、文化传统等息息相关③,必须从综合层面来进行整体分析,特别是要看到进入司法过程的当事人、一般意义上的社会大众以及为政者对司法的合理需求和正当期待。

其次,在研究内容上,既有研究大多从司法体制、法官素质、职业保障等方面进行分析,相对来说内容还比较空泛,缺乏实际的可操作性,对中国当代司法权存在的实际问题缺乏必要而深入的社会调查,相关制度设计也欠

---

① 参见张志铭:《法理思考的印迹》,中国政法大学出版社 2003 年版,第 270—273 页;贺卫方:《中国的法院改革与司法独立——一个参与者的观察与反思》,载《浙江社会科学》2003 年第 2 期。

② 沈琴琴:《中国传统司法的现代转型》,中国政法大学出版社 2007 年版,第 322 页。

③ 参见顾培东:《当代中国司法生态及其改善》,载《法学研究》2016 年第 2 期;侯猛:《当代中国政法体制的形成及意义》,载《法学研究》2016 年第 6 期。

缺问题意识和中国特色。① 到底何谓司法权的"中国"问题,中国的司法模式又应该如何选择,并没有得到学界的充分重视。在司法转向的当前社会,中国的司法建设能否以问题的中国性而主张"例外主义",是否存在着的某种普适性的司法权运作规律,以及存在的话,如何识别,如何将之创造性地应用到中国的司法改革与建设中,学者之间仍然存在着严重分歧。

最后,在研究方法上,偏重理论分析,所谓司法权的性质实际上只是将司法权与其他权力,如立法权力、行政权力相比较而已,并不是真正论述司法权的性质。例如,当前学者将司法权的本质理解局限于一种判断权,主要是与行政权的比较中得出。司法权与行政权存在十大区别:行政权具有主动性、倾向性、权力结果的实质性、应变性、可转授性、主体职业的行政性、先定性、主导性、官僚层级性、效率优先性;司法权则具有被动性、中立性、权力过程的形式性、稳定性、专属性、主体职业的法律性、终极性、交涉性、审级分工性、公平优先性。② 从方法论视角,对某概念之理解固然可以源自对与之相关概念的比较,但根本上要从其自身的存在方式和运作规律出发。实际上,就其存在方式和运作实践来看,司法权内部有着行政管理的需要,行政权与司法权之间的界限并非截然二分。③ 司法权内在运作的管理需要,为理论研究所提出来的迫切问题是适合于司法运作规律的司法行政应该是什么样的? 显然,这里需要从司法自身的存在方式及运行状况来理解司法权的丰富内涵,而非局限于与行政权、立法权对比中的司法权之一端。

总体来说,有关司法及其改革的当前论述,大多缺乏对司法权性质的一般性研究。如论者所言,中国的法学未能"为中国法院系统的改革和发展——而不是作为个体的法官——提供急需的知识"④。在司法改革的目标是使我国的司法体制更"纯粹",更符合司法权运作"规律"的意义上⑤,对司法的研究需要进行一种概念性的奠基工作。有关人民法院想象的任何命题仍然是一种应然状态,法院裁判方式的改革不应该也不能仅仅局限于法

---

① 对此例外,可参见葛洪义:《司法权的"中国"问题》,载《法律科学》2008 年第 1 期;侯猛:《中国的司法模式:传统与改革》,载《法商研究》2009 年第 6 期。虽然存在这些例外,但这些例外研究仍然存在着需要进一步回答的问题,即中国的司法权是否与一般的司法权相符合,或者中国的司法权对一般的司法权理解是否有所增进,这些问题并没有得到论者的充分分析。

② 参见孙笑侠:《司法权的本质是判断权——司法权与行政权的十大区别》,载《法学》1998 年第 8 期;陈瑞华:《司法权的性质——以刑事司法为范例的分析》,载《法学研究》2000 年第 5 期。

③ 参见贺卫方:《中国司法管理制度的两个问题》,载《中国社会科学》1997 年第 6 期;苏力:《审判管理与社会管理——法院如何有效回应"案多人少"?》,载《中国法学》2010 年第 6 期。

④ 苏力:《司法改革的知识需求——波斯纳〈各行其是〉中文版译序》,载《法治现代化研究》2017 年第 1 期。

⑤ 泮伟江:《当代中国法治的分析与建构》,中国法制出版社 2017 年版,第 340 页。

庭审判顺序和方式的变化，"中国的法院要真正成为社会正义的最后堡垒，就必须按照司法权的性质来重新塑造自己的诉讼程序、工作方式和外在形象"①。司法权理论研究的准备不足，不仅严重地制约着司法体制改革与建设的深入推进，也使人们无法准确地评估当前司法体制改革的"是非""成败"之处。② 从理论研究角度，有关司法权的研究，迫切地需要改变对司法权的概念性研究做法，进入到更具有实践意味的深入研究中，以捕捉到司法权本身的丰富内涵。

(二)国外研究现状

发达国家对司法权的理解十分丰富，在其中，我们可以看到司法权本身的多副面孔。例如，美国著名比较法学者达玛什卡就指出司法权具有纠纷解决与政策实施两种类型的功能，在回应型国家与能动性国家，权力有着不同的组织安排、实施程序，即表现为一种科层制权力组织与协作型权力组织。③ 科层制权力组织的纠纷解决与政策实施，始终围绕着有序化的多重权力运作，诉讼过程被分割成不连续的若干步骤，并且在不同层级的权威面前展开，存在着对先前程序步骤中开展之活动的文件记载的普遍依赖，官僚特权的观念要求决策者个人把持某些在另一种权力组织模式中可能会委托给当事人及律师或者是与他们分担的程序，科层制权力结构中的法官是定型化的官员，法官能做什么和不能做什么是由相对而言较难融通的规则来加以规定。与科层制的多重司法权组织不同，适应于协作型官员之需求的诉讼程序围绕着单一的权力层次而展开：审判是整个过程的焦点，而它通常是在一段连续的时间里不间断地展开。审判的准则工作并非由司法系统的一个专门部门或其他专门的政府官员来承担，而是委托给涉案的当事人各

① 陈瑞华：《司法体制改革导论》，法律出版社 2018 年版，第 51 页。

② 应该指出的是，司法体制改革之评估是复杂的，方法也是多元的，如从法治指数、满意度、职业性、平民性、法理要素与话语表达等角度，都可以评估司法。参见朱景文：《人们如何评价司法？——法治评估中司法指标的分析》，载《中国应用法学》2017 年第 1 期；朱景文：《司法满意度的社会评价——以 2015—2017 年法治评估数据为基础》，载《中国应用法学》2018 年第 3 期；孙笑侠：《司法职业性与平民性的双重标准——兼论司法改革与司法评估的逻辑起点》，载《浙江社会科学》2019 年第 2 期；孙笑侠：《用什么来评估司法——司法评估"法理要素"简论暨问卷调查数据展示》，载《中国法律评论》2019 年第 4 期；王印：《历史语境与话语语境下的司法秩序重建——以巴黎高等法院 1753 年大谏诤为中心的考察》，载《浙江学刊》2020 年第 3 期。在本书看来，司法评估的多元不应忽视逻辑上优先的问题，即司法权的一般性质，司法体制改革之评估与司法权之建构两者紧密相关。采取无论是内在还是外在标准评估司法体制改革之前，需要回答这种评估标准在何种意义上是"司法的"。对司法权内涵的概念性界定，是不可避免的。

③ 参见[美]米尔伊安·R.达玛什卡：《司法与国家权力的多种面孔：比较视野中的法律程序》，郑戈译，中国政法大学出版社 2015 年版，第 85—89 页。

方来进行。因此,决策者必然是毫无准备地进入审判程序,因此一开始就无法控制取证和其他类似活动。其结果是,那些为审判做了准备的人也要在决策者面前展示证据。协作性权力结构中的法官是职业官员,法官能做什么和不能做什么由随着审判过程的渐次展开而有所变通。

值得注意的是,表面上看达玛什卡所归纳两种司法权组织形式,似乎分别对应于大陆法系与英美法系的司法体制和制度,但达玛什卡则强调司法权的这两种组织形式都不同程度存在于大陆法系、英美法系或者世界上任何一种法系的国家和社会中。科层制多重司法权与协作性的单一司法权是理解司法权的两种理想类型,而非一种概念实在,理想类型并非对客观实在的描述,而是依据事物的某些特征对外在事物进行分类的一种哲学范畴。① 于此而言,一味地强调某个国家归属于某种法系,然后拒绝对司法权的丰富内涵予以深入研究,显然是学术上的一种"闭关锁国"。当然,达玛什卡归纳的司法权组织形式是否正确以及是否穷尽了司法权的丰富内涵,则是需要进一步探讨的问题。但其分析司法权的视角与方法却为理解丰富的司法权提供了启示,即必须在审判过程中,围绕着纠纷解决与政策实施这两种司法功能,找寻司法权的丰富内涵以及相应的组织与运用方式。

在这里,一种司法权的比较研究就是必要的。我们知道,历史上还没有哪一个国家的法院,能够像美国联邦法院那样对一个国家的命运产生如此显著以及重要的影响②,尽管有时候这种影响将这个国家拖入到危机之中。正如亚伯拉罕所说的,"历经岁月沧桑的最高法院名副其实地成为这个国家的良心。在某种实质而非数量的意义上而言,它代表着这个国家卢梭主义的公意。它通过自己的判决而实践之,通过自己的审判而诉说之。它往往具有极高的才干,依据自己的理解,遵守着法律传统来解释宪法的含义"③。然而,我们也不应当忘记的是,当首任首席大法官约翰·杰伊于 1801 年拒绝重新担任首席大法官之职时,他告诉亚当斯总统,他

---

① 从理想类型角度,著名社会学家韦伯将中国司法归属于非形式主义的卡迪司法,成功地回答了一个宏大问题:东方社会为什么没有发展出形式主义的法律?内中隐含了一种现代性期待,即中国的法律应当形式主义化。韦伯关于中国司法的界定触发了学界的诸多论争,如中西法律是否可以放到同一框架下进行比较?法律现代化这一概念还有没有价值?如果有,司法形式主义是不是一个有用的评价坐标?法治与司法形式主义是否存在逻辑上的关联?中国司法改革的方向是形式型的司法还是结果、功利型的司法?可以说,"韦伯命题"仍然具有现代意义。有关"韦伯命题"争论的沿袭与评价,参见周永坤:《"韦伯命题"之争及其启示》,载《法律科学》2020 年第 2 期。

② See Joshua B. Fischman,"Politics and Authority in the U. S. Supreme Court",104 *Cornell Law Review* 1513 (2020).

③ [美]亨利·J. 亚伯拉罕:《司法的过程》(第七版),泮伟江等译,北京大学出版社 2009 年版,第 415 页。

对最高法院没有信心，因为它缺少足够的"活力、分立和尊严"①，不能在国家事务中扮演重要的角色。显然，美国联邦法院之所以在现代政府治理中取得当前的地位，既不是联邦宪法本身明确规定的，也不是通过规则和原则的简单适用，而毋宁是在案例法的运作过程中逐渐确立的。这是一个由不同时期的问题以及各种尝试性的解决方案所推动的渐进过程，大多数联邦大法官喜欢摸索，让联邦法院角色的演进既能适应它所面对的任务，又不超出其能力之外。

　　对联邦法院如何获得当前地位，美国联邦法院的研究者普遍认为，为树立其自治地位，在案例法运作过程中联邦法院发展和适用的重要工具之一便是可裁判性原理（doctrine of justiciability）。② 所谓可裁判性原理并非通常理解的是法律自身的一种界定性特征，相反，可裁判性原理旨在回答"适合于通过司法诉讼解决的问题"，即可司法之事项（justiciable issue）。③ 概括而言，可裁判性原理由管辖权（jurisdiction）、咨询意见的禁止（ban on advisory opinion）、当事人适格（standing）、时机成熟（ripeness）、审理无意义（mootness）以及政治问题原理（political question doctrine）等测试标准组成。④ 在美国联邦法院的案例法运作过程中，当公民就某种事由形成诉讼，尤其是其中涉及重要宪法议题的案件，提请联邦法院要求作出裁决时，联邦法院能诉诸这些可裁判性原理来决定是否受理并作出相应的裁决。在联邦司法制度的研究者看来，正是这些可裁判性原理，既为联邦法院提供了一种"进可攻、退可守"的法律手段，也从不同方面形塑和影

---

① 　［美］罗伯特·麦克洛斯基：《美国最高法院》，桑德福·列文森增订，任东来等译，中国政法大学出版社 2005 年版，第 22 页。

② 　"doctrine"在汉语中，可以翻译为"学说""教义"以及"原理"，本书则将之翻译为"原理"。这是因为在美国联邦法院的案例法运作过程中，某种事由是否具有可裁判性的问题，并不仅是一个纯粹理论上的问题，更涉及一般意义上司法权的性质和界限，涉及联邦法院在宪制秩序中的地位，是一个实践问题。而在汉语中，"学说"主要是在理论的意义上使用的。另外，当联邦法院就某种事由是否具有可裁判性做出判断时，并不是任意和专断的，相反，其背后是有原则支持和充分理由的，不同的可裁判性原理也有着各自的问题设定和测验标准。在这个意义上，由于"教义"在汉语中容易让人想起"教条主义""法条主义"，用具有丰富理论含义和实践重要性的"原理"来翻译英语中的"doctrine"，易于分析和理解。

③ 　参见［美］彼得·G.伦斯特洛姆编：《美国法律词典》，贺卫方等译，中国政法大学出版社 1998 年版，第 253 页。

④ 　有关这些可裁判性原理的简要分析，参见 Wayne McCormack，"The Justiciability Myth and the Concept of Law"，14 *Hastings Constitutional Law Quarterly* 595 （1987）；Robert J. Pushaw，Jr.，"Justiciability and Separation of Powers：A Neo-Federalist Approach"，81 *Cornell Law Review* 393 （1996）；Erwin Chemerinsky，*Federal Jurisdiction*（6th ed.），New York：Wolters Kluwer Law & Business，2012，ch. 3。

响了联邦法院的司法权，进而树立了其在法治秩序中的当前地位。

于此而言，准确理解和审慎评估诸种可裁判性测试标准在美国联邦法院的案例法运作过程中的孕育、发展和适用，进而解释可裁判性原理在何种方面、何种意义上形塑和影响了联邦法院在法治秩序中的当前地位，在知识准备的意义上，就十分必要。正如德国著名比较法学家茨威格特和克茨所言，世界上种种法律体系能够提供更多的、在它们分别发展中形成的丰富多彩的解决办法，不是那种局限于本国法律体系的界限之内，即便是最富有想象力的法学家在他们短促的一生能够想到的。比较法作为一所"真理的学校"扩充并充实了"解决办法的仓库"，并且向那些有批判能力的观察家提供机会，使他们能够认识在其时其地的"更好的解决办法"。① 因此，受"中国问题"驱使并始终以此为关照，本书以比较法考察和分析可裁判性原理为主轴，并在可能的地方尝试将诸种可裁判性测试标准应用到中国语境中。

本书以美国联邦法院的可裁判性原理为主要考察对象，分析其如何形成当前自治地位、发挥统一司法的功能，其诸种测试标准是否令人满意，并探讨这个模式是否适合中国。为此，需要回应几个层次的质疑，予以方法论上的澄清。

首先，可裁判性作为界定司法权之意涵的重要范畴，判断某种事项是否具有可裁判性在世界范围内的法治国家都应该是存在的，为什么以美国而不以大陆法系的法治国家作为考察对象？对此，本书认为在比较法的意义上，世界两大主要法学正在日益趋向融合，在大陆法系国家法官对非法典化的法律发展所起作用日益增加的现实下，"对大陆法来说，最重要的是注意某些技术和方法，以便借助它们使法官创制的法律，能够把法律稳定性的要求同使规则适合不断变化生活条件的需要两者协调一致。在这方面，普通法累积起来的经验，对大陆法法学家具有极其重要的价值。英美法法学家具有较为精细和准确的方法探索不同的案件事实；将表面相似的案件区别开来；依照需要的抽象程度又尽可能具体地、灵巧地抽出一般规则和原则，与此同时，却始终围绕着手边的问题及其事实背景；他们比大陆法学家更直率、公开地讨论这些问题"②。

---

① 参见[德]K.茨威格特、H.克茨：《比较法总论》，潘汉典等译，法律出版社 2003 年版，第 22 页。
② [德]K.茨威格特、H.克茨：《比较法总论》，潘汉典等译，法律出版社 2003 年版，第 392—393 页。

由于并不存在严格的先例制作方法和遵循先例原则,大陆法系的法治国家如德国和日本,未能通过长期司法实践累积起事实问题和法律问题的区分技术,也没有形成严格意义上的法律审。相比之下,美国联邦法院上诉审制度是更成功也更具"范本"意义的制度样本。在两大法系日趋融合的背景下,选择比较考察的对象应该是"取法其上",方可能"得乎其中",即应挑选比较纯粹的法律审制度作为考察分析的对象。① 就本书通过可裁判性原理理解司法权的丰富内涵的主题而言,法系差异并不构成跨法系考察的实质障碍。

其次,为什么是美国联邦法院而不是英国法院? 英国与美国虽然同属普通法法系,但英国早期司法的成长,即通过行政司法化的方式,却与其独特的历史环境相关。由于受到封建主义以及盎格鲁—萨克逊时期政治传统的影响,征服后的英格兰国王面对的是一个由封建贵族、教会以及地方公共势力等构成的多元权力格局,他们的存在构成了英王对社会进行全面控制的潜在制约。而且,由于很长时间内英王没有能力攫取大量财富,去组建一支听命于自己的常备军队和地方官僚队伍,不能通过行政力量削弱多元权力格局的制约,实现对整个王国的行政化控制。② 于是通过司法,或者说只能通过司法,在国王一次次巡回审判以及中央王室法院理性的审判中,在与地方领主贵族以及地方公共势力的一次次博弈中,英王找到并维护了自身的内在属性,从而以一种消极、被动的方式,渐次实现了其通过行政权力所不可能完成的任务。我国法院深受地方行政力量的制约,早期英国司法的成长方式无法简单地照搬、复制到我国。

再次,英国法院体系深受普通法漫长而独特历史传统影响和束缚。就英国上诉法院而言,是由一小群从最具声望的"出庭律师"(barristers)中挑选出的高度同质的司法精英组成;上诉辩论贯彻言辞主义,基本没有利用司法文书;法官当庭口头判决,不采用集体决策,基本不使用法官助理。英国法院体系是在受理案件总量较小的前提下逐渐产生的精致而高度言辞化的司法制度,符合小型而非超大型国家的统一司法需求,并深陷在其独特历史传统之中难以自拔,很难为我国这样一个地域辽阔、人口众多大国提供特别

---

① 参见陈杭平:《统一的正义:美国联邦上诉审及其启示》,中国法制出版社 2015 年版,第 17 页。

② 参见李栋:《通过司法限制权力:英格兰司法的成长与宪政的生成》,北京大学出版社 2011 年版,第 120—129 页;邵怿:《当代英国司法改革历程——基于权力与制度的探讨》,载《甘肃社会科学》2017 年第 5 期。

显著的参考价值。① 相比之下,美国联邦法院体系,尤其是上诉审制度,比较彻底地摆脱了早期普通法传统的拘束,法院具有独立的组织样式,偏重诉讼文书,开庭时实行职权询问,更符合现代工商业社会和超大型国家的治理。② 因而,通过裁判的国家治理的普通法实践,相比较英国,美国的案例法实践也更接近于我国的法院审判实践特征。

最后,为什么是美国联邦法院而不是州法院? 众所周知,美国存在联邦和州两套法院系统,以联邦最高法院作为两者的交接点,即联邦最高法院受理来自州最高法院审理的案件所涉及的联邦法律问题。因而,美国的二元法院体制不是完全割裂和相互独立的,它们以大量重要的方式相互交叉、相互交织。③ 两套相互交织的法院体制对于取得判决质量的改进(无论是程序方面还是实体方面),保障联邦法院统一适用,提升司法权威,都具有较强的知识与技术之需求,而美国联邦法院,尤其是联邦上诉法院、最高法院对此提供了大量知识和技术。于此而言,相对于各州法院,联邦法院案例法实践无疑是最具代表性的制度样本,不仅影响力最大,也最受学者和社会的关注,积累了大量的相关研究资料,有利于进行深入考察与分析。选择联邦法院而非州法院探究可裁判性原理的部分理由也在于此。

二、选题意义

对司法权的理解不应局限于判断权,更不应局限于与立法权、行政权的对比。从科学方法视角,理解司法权的丰富内涵需要从司法的存在方式与

---

① 英国法院系统深陷独特的普通法传统而难以自拔的一个重要表现便是,无论从组织、人事还是层级制度,英国上诉制度并没有得到充分发展。在组织上,直到 2009 年 10 月单独设立最高法院之前,英国没有独立于立法机关的最高司法机关,而由上议院行使上诉终审权;在人事上,法官与立法者身份混同,即由 12 位上议院常任上诉法官(Lords of Appeal in Ordinary)行使最高司法权;在法院层级上,"上诉法院"有时会邀请作为初审法院的"最高法院"法官参与上诉案件审理,没有形成明确分层结构的法院体系。相比较英国浓厚的普通法传统,美国在建国后没有继承英国高度言辞化、组织人事混合的传统,却转而将书写和印刷的文字作为司法发展的主要工具,参见 William H. Pryor Jr. ,"The Great Writ and Federal Courts", 95 *Notre Dame Law Review* 1835, 1838—1846 (2020).

② See Bert I. Huang, "Judicial Credibility", 61 *William & Mary Law Review* 1053 (2020).

③ 参见[美]弗兰克·M. 柯芬:《美国上诉程序——法庭·代理·裁判》,傅郁林译,中国政法大学出版社 2009 年版,第 33—40 页。

运行状况着手,即从界定、限制自身权能的可裁判性着手。① 因为在现代法治社会,法官实现职责的一个重要工具便是确定某种问题是否具有可裁判性,即法官确定那些他们不应做出决定的问题,而留给国家的其他政府部门决定。从消极方面讲,如果系争问题不具有可裁判性的范围越大,那么,法官弥合法律与社会之间的差距,保护宪法与民主的机会也就越少。② 从积极方面讲,可裁判性的阻隔是保护法院在其领域有效性的一种适当措施。无论依据哪种观点,有关可裁判性问题的主张都会触及司法职责的核心,牵涉一般意义上的司法权的性质和界限。因此,理解可裁判性的概念、范围、理论依据以及界定性规则,对于准确把握司法在现代社会治理中的角色和作用,具有重要的理论与实践意义。

(一)理论意义

从理论的角度,分析和理解可裁判性原理的含义能够丰富对司法权的概念性认识。理论学者普遍认为,司法所确保的正义要想实现,必须以司法权的独立为前提。特别是在我国由于人民法院的权力受制于立法权力和行政权力,如何破解司法权的行政化、保障司法权的独立行使,便成为我国理论学者的争论和关注所在。某种意义上可以说,我国学者对司法权的理解,仍然停留于或者局限于司法权的独立性这一方面。

然而,可裁判性原理在美国联邦法院中的孕育和运作却提示我们,对司法权的研究和认识,不能再停留于或者不能仅关注如何保障司法权的独立

---

① 应该指出的是,强调司法权是与裁判活动有内在联系的权力,这一观点本身并不新鲜,如我国著名刑事诉讼法学家陈瑞华就明确将司法权界定为司法裁判权,并将保障法官独立裁判权作为中国司法体制改革的目标,即法院体制改革应该在程序上贯彻被动性、公开性、透明性、多方参与性、亲历性、集中性、终结性等方面的要求,推动法院司法裁判方式的彻底革新。参见陈瑞华:《司法体制改革导论》,法律出版社 2018 年版,第 7－49 页。类似观点还可参见卞建林主编:《现代司法理念研究》,中国人民公安大学出版社 2012 年版,第 380－409 页;钱大军、李桂久:《以审判为中心的司法观及其实践要求——一个功能视角的考察》,载《求是学刊》2019 年第 3 期;于立深:《审判中心视角下的行政诉讼制度构造》,载《法学论坛》2020 年第 3 期。在本书看来,将司法权直接界定为裁判权,并从程序方面确定法院体制改革的目标,过于低估了裁判活动之于司法权理解的丰富意义,因为裁判不仅仅是一种程序方面的活动,更包含了一系列测试标准。参见左卫民:《审判如何成为中心:误区与正道》,载《法学》2016 年第 6 期。就可裁判性原理而言,这些测试标准在那些确立了基本的权力分立体制的社会中是不难解释的,但对于处于转型期的中国社会而言,还需要更加严谨的论证。因而,对于司法权的理解,不是直接从裁判活动中自上而下地推理出来,而是从围绕裁判所展开的各项活动自下而上地归纳出来。围绕裁判而产生的各种测试性标准,构成理解司法权丰富内涵的切入点。

② 参见[以]巴拉克:《民主国家的法官》,毕洪海译,法律出版社 2011 年版,第 162 页。

行使,而应该进入司法权在政治体制的真实运作过程。① 实际上,在实行或者存在权力合理分工的法治秩序中,法院要想在其中占据一席之地,需要问的不是政治体制能够为司法权的独立提供什么保障,而在于法院能够为政治体制的民主建设贡献什么。② 特别是,法院对于政治体制的这种贡献,如果是其他政治机构所不能或者不愿提供的,就显得尤为重要。倘若政治的其他两个分支也可以做出的贡献,就不能够归属为法院的功能,法院必须在政治其他分支的权力缺环处,界定并实现自身。可以说,可裁判性原理不仅界定和维护了司法权,而且也限定了司法权在政治体制中的作用和限度。因而,从理论的角度,可裁判性原理能增进我们理解一般意义上的司法权是什么,丰富对于司法权的概念性认识。

(二)实践意义

从实践的角度,批判性的分析和理解美国联邦法院的可裁判性原理也能够为科学地解决我国司法实践中所存在的某些问题,进而为改革与完善司法体制,提供一些经验与指导。在日益强调社会治理创新以及现代化的当代中国,司法是否以及如何参与社会治理,成为当前理论学者探讨和争论的焦点。例如,人民法院是否应该发表司法建议,就裁判活动范围之外的抽象问题向行政机构给出没有约束力的咨询性意见? 又如果案件是由不适格的当事人提出来的,人民法院应该如何处理? 是以诉不合法判决驳回,还是以诉无理由作出原告败诉的判决,以这两种不同方式的处理有什么不同的法律后果? 判断当事人适格与否的标准又是什么? 对于裁判过程中某种事由的发生,如当事人的和解,使得先前具有可裁判性的案件变得没有审理意义,人民法院是否应该一律撤销案件,不再就案件所涉及的实质问题做出进一步的审理? 最后,由于某种主题元素而受到社会关注形成的"公案",人民法院是否以及如何处理裁判与"民意"之间的关系? 可以说,在今日中国语境下,对于这些司法实践的问题存在着各种各样的答案,围绕着这些答案的,则是各种对立的见解。每一种见解都有许多信奉者。似乎围绕法院所

---

① 当然,这也并不是说司法权的独立是不重要的,而是说司法权的独立不应该成为学者所要关注的全部。因为作为一种权力,司法权仍然具有权力的一般性质,即孟德斯鸠所说,"自古以来的经验表明,所有拥有权力的人,都倾向于滥用权力,而且不用到极限决不罢休"。[法]孟德斯鸠:《论法的精神(上卷)》,许明龙译,商务印书馆 2012 年版,第 185 页。因而,司法权的独立不能与司法权的责任制割裂开来。

② 应该指出的是,司法权作为政治权力之一种并不是必然的。例如,在黑格尔那里,司法就是作为市民社会中的一种权力,是一种社会权,而非国家权力。在黑格尔绝对理论体系的逻辑下,国家权力包括以下三种权力,即立法权、行政权和王权。参见[德]黑格尔:《法哲学原理》,范扬、张企泰译,商务印书馆 1961 年版,第 272—320 节。

衍生的问题与问题的任何方面都值得探讨。

在这个意义上，美国联邦法院在案例法实践中所孕育、适用和发展的诸种可裁判性原理，能够为我国人民法院应对实践中的这些司法难题，提供某种经验上的教训和理论上的支援。因为法院是否以及如何参与社会治理，都必须以法院作为一种独立的政治机构为前提，而且法院参与社会治理不能超过法院自身的制度能力。所有这些都涉及某个问题是否具有可裁判性，即适合由法院而非其他政府机构所处理的问题，而美国联邦法院在案例法实践中孕育和发展的可裁判性原理回答的就是这些问题。

三、研究难点

在美国的语境之中，可裁判性并非一种抽象的概念，而是体现在联邦法院某个具体案件的法院意见和司法推理之中。而且有时候，联邦法院对具体的可裁判性原理的性质和测验标准，在不同的案件中有着相互冲突的表述，因而归纳一种融贯的可裁判性原理的难度是显而易见的。尤其是考虑到可裁判性原理所依赖的案件或者争议是如此多样，已令人茫然无措，更遑论阐明如此全面的一个主题。然而，诸种可裁判性原理仍然展示了一个该领域内所共通的社会价值，即运用具有控制功能的规则和程序，使原本在形式上不向选民负责的联邦法院对私人利益、政府其他分支机构行使权力的行为做出合法化的判断。在这个意义上，如果我们认真对待一个法律制度表达这些基本价值的可能性，那么对这些价值及其在制度层面上的实现进行探究就理所应当了。

当然，整体意义上的可裁判性原理作为一个问题，不仅有联邦法院的详尽探究，而且得到了学者的高度重视，这也部分减少了研究的困难。但这也只是减少而不是免除了研究的困难，因为学者对可裁判性原理的分析更多是批评性的，而不是以同情的方式理解和阐述为什么可裁判性原理要采取此项测试标准，不是彼项测试标准。[①]　而且，学者对可裁判性原理的应然方面的认识，也存在着巨大分歧。例如，就当事人适格而言，学者普遍认为联邦法院所采取的测试标准是有问题的，但在如何提出一种新的可行的当事人适格测试标准方面，反而成为理论分歧的对象。

---

① 从方法上讲，对裁判性一般理论的探索是理论研究的通病。在可裁判性领域有一种把一般性看法向极推向过且过分运用的诱惑，既存在着诸种不同的可裁判性原理，更存在着不同种类的司法权之运用。不过，我们都受到这种诱惑的吸引，因为在智识和制度上使各个政府管理领域归于有序，乃法律人所普遍共有之愿望。

因而，虽然学者的研究文献能够帮助我们理解和评估可裁判性原理的运作，但不能够代替我们做出选择。对待可裁判性原理，对待联邦法院有关的意见和推理，我们应该像可爱的狗儿啃咬着一个带骨髓的骨头那样，敏捷地追逐，大胆地猎取。柏拉图在《理想国》第二卷里曾说过，狗是世界上最有哲理性的动物。① 经过辛苦地阅读和不断地思索，也许我们就能撬开骨头，吸吮富有营养的骨髓。或者说，体悟出内含于可裁判性原理中的一般意义上司法权的真理。

应该承认的是，虽然可裁判性在联邦法院和学者那里，构成一个较为成熟的理论议题，但可裁判性原理的展开却是在一系列的前提假定下进行的，这些前提包括普通法的法律裁判技术、对抗制的诉讼体制、三权分立原则以及联邦制等。这些前提假设的存在，决定了不能直接将美国可裁判性原理适用到我国的语境之中。尽管存在着这样的困难，从方法论视角，美国联邦法院处理某些可裁判性问题的经验，依然能为解决我国人民法院在实践中所存在的某些问题提供可取的经验。因为要想解决某种中国问题，除非这个问题是中国所独有的，实践者必须以某种知识资源、类似于规律的原理作为支持和依据，否则的话，我们就不能够有效解决，特别是不能够科学而合理地解决中国问题。本书所从事的便是这种基础性的研究，为的是能够为中国问题之深度研究提供知识上的准备。

四、本书结构

对如何深挖司法权概念的丰富内涵，本书将采取如下结构安排。第一章首先指出司法权需要特别保护的理由，即司法权本身的脆弱性。如何保护脆弱的司法权免受其他政治主体的不正当侵害，构成了一项重要而又持久的政治作业。然而，传统司法权界定的路径，无论是诉诸文本解释，还是诉诸法院自身，都存在着困境，无法充分保护脆弱的司法权。司法权由宪法所确立的事实提示我们，必须在结构性宪法中理解与界定司法权之丰富内涵。司法权是一种政治性权力，司法权的政治属性担保了法院作为法院参与社会治理的主体地位。在实践中，联邦法院主要是通过孕育可裁判性原理，来为法院参与社会治理的途径和限度做出具体规定。可裁判性原理具

---

① 狗一看见陌生人就怒吠，虽然这个人并没有打它；当它看见熟人，就摇尾欢迎，虽然这个人并没有对它表示什么好意。狗能够以知与不知辨别敌友同异，这是它天性中的一种精细之处，是一种对智慧有真正爱好的表现。参见［古希腊］柏拉图：《理想国》，郭斌和、张竹明译，商务印书馆1986年版，第69页。

体规定并限定了联邦法院司法权的"触须",为理解丰富的司法权意涵提供了切入点和分析视角。

第二章对可裁判性原理的原因、依据和宪法含义作出一般性的说明。从内容方面讲,可裁判性原理是由管辖权、咨询意见的禁止、当事人适格、时机成熟、审理无意义以及政治问题原理在内的一系列测试标准所组成的,虽然诸种可裁判性原理所服务的目的是相同的,即旨在树立和维护联邦法院的自治地位,但由于在案例法运作过程中某些可裁判性原理之间存在着相互重叠的关系,而且每一种具体的可裁判性测试标准,都能够自成一类(sui generis),不同测试标准存在各自的独立运作领域,有着不同的问题设定以及相应的不同测试标准,因而需要予以单独分析。此外,无论可裁判性原理体现为何种测试标准,它们共同之处是这些原理都以联邦法院的"管辖权"(jurisdiction)为既定前提,因而理解管辖权便是需要首先明确的问题。

第三章便是对"管辖权"理解的分析。在传统认识中"管辖权"是司法权的固有组成部分,是法院存在和运行的客观基础。然而,本书将论证"管辖权"并非一种传统意义上的权力,而是一种合法性假定,从合法性假定而非权力的角度理解管辖权,存在着制度性收益,能为司法权的自我探知提供可能。司法权并非铁板一块,无法变通,在制度框架运行的范围内,从实用主义哲学的角度,管辖权最终与作为结果的判决合法性相关,可以说管辖权意味着一种支持预期判断合法性的假定。在美国联邦法院的案例法实践中,对管辖权的这种实用主义理解的最重要结果便是联邦法院孕育了诸种可裁判原理,将原本脆弱的司法权变成与立法权、行政权一样,成为一种必不可少乃至同等重要的政治权力。

在本书余下部分,将依次就可裁判性原理中的咨询意见之禁止、当事人适格、时机成熟、审理无意义以及政治问题原理各自在整体可裁判性原理中的地位和功能作出解释和分析。从历史的角度,由于咨询意见之禁止是联邦法院在案例法实践中所首先确立的一种可裁判性原理,第四章便对咨询意见的功能展开分析。对于咨询意见,与通常理解不同,本书将作出论证,咨询意见之禁止本身并非是对司法权的一种消极限制,而是为司法权之运用提供了支持和指示了方向。

第五章进入一个规范性的领域,即对传统当事人适格进行概念重构。传统当事人适格原理之所以需要进行概念重构,是由于传统当事人适格的测试标准受到理论学者的强烈批判,对联邦法院的立场缺乏同情式的理解,而且学者各自所提出来的替代方案又各有不同,甚至相互冲突。但作为一种可裁判性原理,当事人适格所要回答的问题是无处不在且无法逃避的,即当事人适格旨在回答是"谁"(who)是提起某种诉讼的适当人选。从性质上讲,由于当事人适格是一种规范性问题,因而必须对联邦法院所采取的当事人适格传统原理的批判性反思,追问其背后的目的考量以及价值取向。在检视学者提出的替代性方案之后,以司法权行使的必要性原则和某些程序上的辅助措施为依据,第五章将对传统当事人适格原理予以概念重构。

在接下来第六章和第七章,将主要采取描述的方法,对某种问题是否具有可裁判性的时机问题进行考察。因为无论是时机成熟还是审理无意义,特别是其中的审理无意义之"例外",美国联邦法院之所以将其作为一种独立的可裁判性原理孕育和适用,更多地受制于某种政策性考量,它们并非联邦宪法所要求的一种强制性命令。尽管在政治体制中联邦法院的这种自由裁量的运用,最终要通过合宪性的审查。因而,清楚地展现和揭示联邦法院有关时机成熟和审理无意义议题之判定时(应该)考虑的审议性因素,便是第六章和第七章所要分别完成的理论作业。

第八章要分析的是政治问题原理。可以说,在整个可裁判性原理中,政治问题原理是最复杂也最容易遭到误解的。本书将作出论证,要想正确理解政治问题原理,必须走到司法审查的运作领域之外。事实是,联邦法院在政治问题原理中的司法权之运用,更为微妙,也更为强而有力。联邦最高法院之所以能成为美国的良心,代表着这个国家卢梭主义的公意,很大程度上其成功的秘密就在于政治问题原理的孕育和适用。

第九章是对前面分析的一个简要总结,并对司法权概念研究予以初步展望。以美国联邦法院的案例法实践为分析基础,可以发现可裁判性原理能在不同方面增进司法权的概念性体认,司法权的内涵具有丰富性,司法权不仅是判断权,也不仅局限于司法权的独立这一特质,尽管这一特质非常重要。

最后,需要特别指出的是,一个不解决中国问题或不能为中国问题之解决提供某种指引和启示的纯粹理论研究,除了满足研究者个人智识上的兴趣以外,并不能引起他人足够的同情和充分的注意。纯粹的理论在他者看来是没有意义的(meaningless)。为此,分析者还必须指出其理论分析所可能具有的实践意义。由于可裁判性原理主要是美国联邦法院在管辖权范围内,基于自治的目的所孕育出来的一系列规则、原则体系和测试标准,在这个意义上,如果说法院的自治地位也是我国司法改革所要追求的一种目标的话,那么,探讨不同的可裁判性原理是否以及能够在哪些方面对我国人民法院实践中所遭遇到的某些问题提供某种经验和教训,就是有必要的。因而,在个别章节的结尾部分,本书还对诸种可裁判性原理在我国运用的可能性与前景问题,予以尝试性分析。其中,可以发现为了树立我国人民法院的应有地位,为了赢得人民法院在民主社会中的应有地位和尊严,美国联邦法院案例法实践中所孕育和适用的可裁判性原理,可以也能够为我国人民法院的司法体制改革及其建设提供一种理论上的支援和经验上的教训,可裁判性原理为解决我国人民法院在实践中所存在的某些问题提供了有意义的参考意见。

第一章　司法权无须司法界定

　　权力通常被视为由国家专有，由国家机器垄断，立法、行政、司法构成国家权力的三种形态。[①] 但构成国家的权力形态中，司法权具有特殊性。这种特殊性尤其表现在司法容易受到其他政治机构的侵犯，正如汉密尔顿所说的那样，司法部门"既没有强制，也无意志，有的只是判断，甚至为实施其判断仍需借助于行政部门的帮助……司法是三个政府部门中权力最弱小的"。[②] 因而，如何保护司法权免受其他主体的侵犯，就构成了一项重要的理论与实践作业。在对脆弱的司法权进行保护的过程中，考察美国联邦法院的运作经验，我们可以发现司法权的另一副面孔，进一步为理解司法权可能具有的丰富内涵提供了方向与视角。

第一节　脆弱的司法权

　　美国联邦《宪法》第三条第一款将司法权授予联邦最高法院，以及国会随时规定以及建立的低级法院。[③] 但是，联邦宪法本身并没有对于何谓司法权做出充分的界定和说明。[④] 传统理解中，由于法院的被动性、中立性，司法权具有天生的脆弱性，司法权的脆弱性使得法院经常受到其他政治权力的侵害。例如，国会可以随时规定及建立反映其偏好与价值的低级法院，

---

　　① 国家权力局限于立法、行政、司法三种也不是当然的，如在古代中国还包括独立的军事权，而且伴随着国家与社会的分离，权力趋于多元化与权力走向社会化，国家并非权力的垄断者。参见郭道晖：《权力的多元化与社会化》，载《法学研究》2001 年第 1 期。

　　② Hamilton, Madison and Jay, *The Federalist Papers*, introduction and noted by Charles R. Kesler, New York: New American Library, 1961, no. 51, p. 464.

　　③ See U. S. CONST. art. Ⅲ, § 1: The judicial power of the United States, shall be vested in one Supreme Court, and in such inferior courts as the Congress may from time to time ordain and establish(合众国司法属于最高法院，以及国会随时规定以及建立的低级法院)。

　　④ See e. g., Edward S. Corwin, *The Doctrine of Judicial Review*, Princeton: Princeton University Press, 1914, pp. 19－24; Robert Jennings Harris, *Judicial Power of the United States*, Louisiana: Louisiana State University Press, 1940, pp. 2－4; Thomas W. Merrill, "The Constitutional Principle of Separation of Powers", 1991 Supreme Court Review 225, 229－235; Richard H. Fallon, Jr., *The dynamic constitution: an introduction to American constitutional law*, Cambridge: Cambridge University Press, 2004, pp. 189－204; Matthew Eric Kane Hall, *The Nature of Supreme Court Power*, Cambridge: Cambridge University Press, 2011, pp. 6－10.

而将联邦法院的司法权予以架空。

另外，我们知道国会能够影响进而控制司法权范围及其效能的因素有很多方面，例如程序和证据规则、诉讼日程表的控制、司法内部人员的行政管理、对于不正当诉讼行为的制裁、刑事诉讼的监督，从不同方面都影响着司法权效能。① 但能够直接左右司法权大小、有无的因素，则是法院的管辖权。对此，虽然最高法院原则上拥有所有属于其管辖权范围内的上诉管辖权，但要命的是最高法院的上诉管辖权，却要遵循国会所制定的"例外"以及"规制"。② 在这个意义上，如果国会对于联邦最高法院上诉管辖权的"例外"与"规制"没有限定（unlimited）③，那么联邦最高法院的司法权最终将成为"具文"，一种表面上的装饰。"如果法院能够决定什么完全在国会的自由裁量范围之内，那么法院存在的宪法保障就是没有意义的，因为法院的身份无法区别于它所能够做的。"④没有管辖权的联邦最高法院，或者拥有一些无关紧要事项的管辖权的联邦最高法院，犹如一架没有血肉的骨骼，或者营养不良的儿童，终与完整健康的身体指标相去甚远。

当然，对此一个明确回答是，联邦最高法院可以通过实施司法审查宣布国会的例外与规制违宪，不具有法律效力，从而保护自身的司法权。但是，这种回答没有注意到由法院实施的司法审查本身是否为一种司法权。如果是的话，在何种意义上属于司法权？ 有些人可能认为，由于宪法是最高法，因此逻辑上可以推导出司法审查制度。然而，此种回答的问题在于既然宪法对其他主要权力的行使作了规定，那么逻辑上似乎同样也要求宪法为司法审查权的行使做出指令，如果宪法能预见到司法审查作为一种权力确实存在和行使的话。理论上，司法审查虽然能够宣布国会制定法无效，但国会

---

① See e. g. , Mark C. Miller,"When Congress Attacks the Federal Courts",56 *Case Western Reserve Law Review* 1015（2006）；Barbara B. Crabb,"Bridging the Divide between Congress and the Courts",2012 *Wisconsin Law Review* 871.

② See U. S. CONST. art. Ⅲ , § 2, cl. 2: In all Cases affecting Ambassadors, other public Ministers and Consuls, and those in which a State shall be Party, the supreme Court shall have original Jurisdiction. In all the other Cases before mentioned, the supreme Court shall have appellate Jurisdiction, both as to Law and Fact, with such Exceptions, and under such Regulations as the Congress shall make（所有涉及大使、公使以及领事以及以一州为诉讼一方的案件，联邦最高法院拥有初审管辖权。先前提及的所有其他案件，最高法院在法律与事实两方面拥有上诉管辖权，但应受国会所确定的例外与规制的限制）。

③ 没有界限，并不表示国会对司法权是不受约束的（unchecked），国会的权力也必须限于宪法明文规定的范围以内，立法权力的行使必须符合宪法规定。

④ Laurence Claus,"The One Court that Congress Cannot Take Away:Singularity,Supremacy,and Article Ⅲ",96 *Georgetown Law Journal* 59,115—116（2007）.

仍然可以采取政治上的反击和报复措施。例如，倘若国会坚持从联邦最高法院上诉管辖权中排除某些案件，可能的结果便是国会可以从联邦最高法院的管辖权之中移除所有案件。如果是这样的话，有理由怀疑联邦法院对国会法律的这种司法审查到底有多大意义。[①]

我们知道在实践中，有很多国家的法院仍然不具有司法审查的权力，难道可以因此说这些国家的法院不拥有司法权，进而这些国家的法院不是"法院"吗？正如夏皮罗所说的那样，"一般来说，仅仅抓住某个国家的法院组织，将它们的作用无限夸大，然后坚持认为其他国家的机构仅在它们与这一模式相一致的范围内才具有真正意义上的司法性，看起来是错误的。在一个历史层面的具体分析中，更加愚蠢的做法是在一个国家的经验基础之上，将司法独立作为'法院化'组织存在的必要条件，而在事实上这一国家的真正经验却是一个将司法依赖性与独立性混同在一起的奇特的微妙混合，并且在这一混合物中依赖性在最终意义是处于支配地位的"[②]。

换言之，司法权需要一种充分的界定这个问题，始终没有得到应有的理论关注。但没有引起充分的理论关注并不意味着，司法权的保护没有得到现实的解决。事实上，无论在理论上还是实践中，理论学者以及法院自身都各自提出了界定和保护司法权的种种方法。[③] 虽然各种方法在细节上存在

---

① 有学者据此认为，从最严格的意义上来讲，联邦最高法院在行使司法审查权时所签发的判决，可能只不过是"咨询意见"(advisory opinion)而已，联邦最高法院有时也认为自己签发这种咨询意见可能不太妥当。参见［美］阿纳斯塔普罗：《美国 1787 年〈宪法〉讲疏》，赵雪纲译，华夏出版社 2012 年版，第 168 页。

② ［美］马丁·夏皮罗：《法院：比较法上和政治学上的分析》，张生、李彤译，中国政法大学出版社 2005 年版，第 175－176 页。

③ See e. g. , Henry P. Monaghan, "Constitutional Adjudication: The Who and When", 82 *Yale Law Journal* 1363 (1973); David P. Currie, "The Constitution in the Supreme Court: The Powers of the Federal Courts, 1801－1835", 49 *University of Chicago Law Review* 646 (1982); Richard H. Fallon, "Of Legislative Courts, Administrative Agencies, and Article Ⅲ", 101 *Harvard Law Review* 916 (1988); Peter L. Strauss, "The Place of Agencies in Government Separation of Powers and the Fourth Branch", 84 *Columbia Law Review* 573 (1984); Martin H. Redish, "Legislative Courts, Administrative Agencies, and the Northern Pipeline Decision", 1983 *Duke Law Journal* 197; Richard B. Saphire & Michael E. Solimine, "Shoring Up Article Ⅲ: Legislative Court Doctrine in the Post CFTC v. Schor Era", 68 *Boston University Law Review* 85 (1988); Paul M. Bator, "The Constitution as Architecture: Legislative and Administrative Courts under Article Ⅲ", 65 *Indiana Law Journal* 233 (1990); Robert J. Pushaw Jr. , "The Inherent Powers of Federal Courts and the Structural Constitution", 86 *Iowa Law Review* 735 (2001); Thomas W. Merrill, "Article Ⅲ, Agency Adjudication, and the Origins of the Appellate Review Model of Administrative Law", 111 *Columbia Law Review* 939 (2011); James E. Pfander & Daniel D. Birk, "Article Ⅲ Judicial Power, the Adverse-Party Requirement, and Non-Contentious Jurisdiction", 124 *Yale Law Journal* 1346 (2015); Jaime Dodge, "Reconceptualizing Non-Article Ⅲ Tribunals", 99 *Minnesota Law Review* 905 (2015).

不同,但是它们却基本上就司法权保护的路径达成一种共识,那就是司法权的保护应该由法院,特别是最高法院,依据具有司法意义的本质特征和核心功能来保护司法权。这种保护司法权的传统路径,可以称之为司法权的司法界定路径。接下来,本书将依次对当前界定司法权的三种主导路径予以批判性分析,从中可以发现这三种传统司法权界定路径,无论在概念上还是在实践中都存在着各种问题。

当然,诉诸本质特征以及核心功能来界定以及保护司法权的路径存在着问题,并不是司法权不具有某些本质特征以及核心功能。实际上,司法权要想作为一种独特的存在,特别是司法权要想区别于其他政治权力,就必须具有某些本质特征和核心功能,即便这些本质特征和核心功能是充满争议、不确定以及模糊的。相反,本书怀疑的是如此分析司法权的路径,对司法权的概念界定来说,是否足够科学、全面以及可行。在这个意义上,有理由追问的问题是这种路径界定出来的司法权是否过于狭隘,以至于不能捕捉到司法权在实践中的复杂性以及多种形态,进而不能更好地支持和维护司法权本身;同时,司法意义上的界定路径所识别出来的司法权是否过于宽泛,以至于其不正当地侵犯到其他政治权力的领域和权限,而遭致相反政治权力的反击和报复,最终危及司法权本身。

总的来说,关于司法权的界定和保护,问题的关键不在于司法权是否需要独特保护,而在于界定和维护司法权的路径本身。尽管传统路径存在着困难,但传统司法权界定的失败之处,仍然为寻找一种新的路径提供了教训并指出了方向,即对司法权的理解需要放置到一个更为广阔的背景当中,一种塑造其结构和运行的宪法当中。那么,司法权界定和保护的传统路径有哪些,又存在何种困难? 这是本章接下来所要分析的问题。

第二节 传统司法权界定路径的困难

从逻辑上讲,对于任何一种事物的界定和维护,最好的方法就是从该事物内部出发,识别出该事物的特征,区分该事物内在的不同于其他事物的核心功能。对于司法权的界定和维护,传统意义上的界定路径也是如此,从司法活动的内部界定司法权的本质特征。特别是,在宪制政府之中,通过确定政治权力之中具有司法意义的本质特征和核心功能,司法权得以界定和维护,使得任何其他政治权力对这些本质特征和核心功能的不正当侵犯都构成违宪,没有法律效力。

　　然而,当我们承认司法权作为一种政治权力,尽管是一种独特的政治权力,进而构成宪制政府中的重要一环的时候,我们可能忽视了司法权所具有的政治属性。或者说,忽视了政治权力本身的独特属性。政治权力的概念属性以及在实践中的复杂性,使得司法权界定的传统路径在残酷的政治现实面前,变得困难重重。这部分依次指出从内部视角出发分析司法权的传统界定路径所可能存在的各种问题和困难。当然,承认司法权界定的传统路径存在困难,并不意味着否定传统的司法权界定路径,更不意味着我们要放弃司法权界定的进一步努力。相反,传统路径所存在的困难要求我们寻找一种新的更为全面的理解司法权的视角,对司法的忠诚则要求我们必须深刻领会司法权在宪制政府中的适当角色及其实践中的复杂。

一、文本解释的问题

　　在宪制政府当中,作为一种政治权力,司法权本身已经预先假定了某种政治实体的存在。接受了司法官职务即是承认该职务源自的政治权威。[1] 对于司法权的概念界定,必须诉诸建构这种政治实体的宪法文本。从解释方法上,我们必须首先都是文本主义者。[2] 在宪法制定过程中,制宪会议的保密性体现了制宪会议的代表们对于宪法文本能够表达自身含义的信心。[3] 因此,宪法的文本和结构对于宪法所授予司法权性质的理解就具有

---

　　[1]　See Luther v. Luther,48 U. S. (7 How.) 1 (1849).

　　[2]　外在于宪法文本的诸种材料、理论模型都是为了补充、实施宪法,但宪法文本本身同样也部分构造了宪制实践,一个分析可参见 Curtis A. Bradley & Neil S. Siegel,"Constructed Constraint and the Constitutional Text",64 *Duke Law Journal* 1213,1219－1220 (2015)。

　　[3]　依据《邦联条例》第十一条:各州应无加违反地遵守本邦联条例,彼邦联当垂诸永久。非得合众国国会的同意,并由每州立法机关批准,以后任何时候,对于本条例的任何部分不得有任何变更。对此,美国 1787 年制宪者当然也有理由认为以后的美国人民,同样可以以相同的方式甚至更加激进的方式废除 1787 年的《宪法》。正因为如此,费城制宪会议开始,代表们就做出了两个决定:(1)草拟一部新宪法而不是修正邦联条例;(2)在工作完成之前不公开第一个决定。第一个决定使得第二个决定成为必需,因为代表们所具有的权力不过是为邦联条款提出修正案。参见[美]阿奇博尔德·考克斯:《法院与宪法》,田雷译,北京大学出版社 2006 年版,第 34 页。

重要的作用。①

　　概括而言,文本解释主义者对于司法权的界定和保护,很大程度上源于对第三条款中"shall"的强制性解释。众所周知,英语中的"shall"是一个非常含混,语义富有变化的语词,它既有"必须"(must)的含义,也有"可以、能够"的意义。② 因此,如何解释授权条款中的"shall"就成为理解第三条款含义的关键。对此,文本解释主义者认为,第三条款中的法院,特别是最高法院,并不是君主或者立法机关的创造,相反它们直接由宪法文件创建出来,旨在使法院取得与行政机关、立法机关同等、并列的地位。③ 在这个意义上,虽然第三条款将法院的具体组织和构造权留给了立法机关,但是第三条款法院的特质却是由创建它的高级文本本身所规定的,对此国会有义务按照第三条款描述的特质来组织第三条款的法院。④ 因此,虽然建立条款与例外以及管制条款给予国会某种程度的权力,但这些条款本身并没有构成授权条款施加于国会强制性义务的限制。因为如果这种限制要想成立的话,《宪法》第三条第二款的语言本应该是"司法权之范围应涉及以下九种类型的案件与争议,但应受国会所确定之例外与规制之限制"。

　　对于文本解释主义者而言,联邦司法权"必须"属于最高法院,以及国会随时设立的低级法院。虽然国会有权创造低级联邦裁判机构,但是国会必须符合《宪法》第三条款的规定,即为这些低级联邦裁判机构的法官提供终身任职以及薪酬的保障。美国著名宪法学者,也是文本主义者最坚实的捍

---

　　① See e. g. , Henry P. Monaghan, "Constitutional Adjudication: The Who and When", 82 *Yale Law Journal* 1363 (1973); David P. Currie, "The Constitution in the Supreme Court: The Powers of the Federal Courts, 1801－1835", 49 *University of Chicago Law Review* 646 (1982); Robert N. Clinton, "Mandatory View of Federal Court Jurisdiction: A Guided Quest for the Original Understanding of Article Ⅲ", 132 *University of Pennsylvania Law Review* 741 (1984); Akhil Reed Amar, "A Neo-Federalist View of Article Ⅲ: Separating the Two Tiers of Federal Jurisdiction", 65 *Boston University Law Review* 205 (1985); Gary Lawson, "Territorial Governments and the Limits of Formalism", 78 *California Law Review* 853 (1990); Daniel J. Meltzer, "History and Structure of Article Ⅲ", 138 *University of Pennsylvania Law Review* 1569 (1990); Martin H. Redish, "Text, Structure, and Common Sense in the Interpretation of Article Ⅲ", 138 *University of Pennsylvania Law Review* 1633 (1990); Steven G. Calabresi & Kevin H. Rhodes, "The Structural Constitution: Unitary Executive, Plural Judiciary", 105 *Harvard Law Review* 1153 (1992).

　　② See e. g. , Steven G. Calabresi & Kevin H. Rhodes, "The Structural Constitution: Unitary Executive, Plural Judiciary", 105 *Harvard Law Review* 1153, 1162－1163, 1199－1200 (1992).

　　③ See Myers v. United States, 272 U. S. 52 (1926); Cf. Morrison v. Olson, 487 U. S. 654 (1988).

　　④ See Laurence Claus, "The One Court that Congress Cannot Take Away: Singularity, Supremacy, and Article Ⅲ", 96 *Georgetown Law Journal* 59, 115 (2007).

卫者阿玛(Akhil Reed Amar)认为,所有的联邦裁判机构之间都是同等的(parity),联邦最高法院的法官与低级联邦法官便平等地行使联邦司法权。[①] 因此,要么最高法院,要么一个低级联邦法院,对于某些联邦案件仍然保有管辖权(对此文本主义学者内部存在着分歧)[②],才能够满足宪法第三条款授权的强制性质。

换言之,国会不能够在同一类型的联邦案件中同时利用例外与规制条款以及规定设立条款。因此,基于联邦法院之间的同等性,文本主义者实际上提出了针对司法权,特别是对于例外条款的一种分配性的解释。在阿玛看来,在《宪法》第三条第二款规定的九种管辖权事项中,前三种管辖权事项中之前使用了"所有"(all)这一语词,因此这三种管辖权事项构成了司法权必须包括的强制性范畴。[③] 国会可以制定这三种强制性范畴上诉管辖权的例外,例如它可以将这些联邦案件最终上诉管辖权给予一个低级联邦法院(而不是联邦最高法院),无论这些案件来自州法院还是联邦法院。同样,国会也可以剥夺低级联邦法院对于这三种强制性联邦案件的全部管辖权,无

---

① See Akhil Reed Amar,"A Neo-Federalist View of Article Ⅲ:Separating the Two Tiers of Federal Jurisdiction",65 *Boston University Law Review* 205,221－222,254－258 (1985);see also Akhil Reed. Amar, "Two-Tiered Structure of the Judiciary Act of 1789", 138 *University of Pennsylvania Law Review* 1499 (1990).

② 即便运用功能主义路径界定司法权的学者也承认这一点,例如哈特(Henry M. Hart)认为,尽管国会对最高法院的上诉管辖权有充分权力,但国会不能损害最高法院在宪制规划中的本质性角色,尽管这种本质性角色是什么哈特并没有明确指出,参见 Henry M. Hart,Jr. ,"The Power of Congress to Limit the Jurisdiction of Federal Courts:An Exercise in Dialectic", 66 Harvard Law Review 1362,1365 (1953)。与哈特不同,辛格描述了一种受限的强制性联邦管辖权,即对于否认联邦宪法权利的州法院判决进行联邦上诉审查,参见 Lawrence Gene Sager,"The Supreme Court, 1980 Term-Foreword:Constitutional Limitations on Congress' Authority to Regulate the Jurisdiction of the Federal Courts",95 *Harvard Law Review* 17,42－60 (1981)。

③ 也有学者进一步指出,"案件"与"争议",在这九类事项上并非没有区分和选择的。案件与争议两者之间并非是一致的,所有的争议都构成案件,但有些案件并非都是争议。从适用的范围方面讲,案件同时包括刑事和民事的纠纷,但争议一般只适用于民事方面的纠纷。重要的是宪法之所以选择将涉及主题方面的纠纷称为案件,同时将有关当事人特质的纠纷称为争议,在深层的意义上体现了制宪者对于司法权,特别是最高法院司法权功能的区分性理解。联邦最高法院的司法功能,不仅包括纠纷解决,还包括法律阐释和宣布功能,而且联邦最高法院的法律阐释和法律宣布是更为主要的功能。在所有触及宪法、法律和条约,涉及大使、公使和领事,以及海商法的一切案件中,都涉及法律的阐释和宣布,这些情形对于维护更加完善的政治联盟的国家利益以及国际利益都具有重要的作用。参见 Robert J. Pushaw,Jr. ,"Article Ⅲ's Case/Controversy Distinction and the Dual Functions of Federal Courts",69 *Notre Dame Law Review* 447,494－503 (1994)。因此,联邦最高法院的司法权所维护的最高性,就包括宪法、依据宪法制定的法律以及先前以经依据宪法制定的条约的最高性,而不仅仅是司法权自身的最高性。关于条约的最高性,参见 Carlos Manuel Vazquez, "Treaties as Law of the Land:The Supremacy Clause and the Judicial Enforcement of Treaties",122 *Harvard Law Review* 599 (2008)。

论是初审管辖权，还是上诉管辖权，国会仍然为最高法院对这些联邦案件的上诉管辖权提供了可能。

与阿玛不同，克劳斯（Laurence Claus）则认为，由于宪法明确赋予了司法权的九种管辖权事项，正如宪法明确地列举了国会的诸种立法权力一样，在宪法所授予最高法院的司法权管辖范围内，国会不能剥夺最高法院在九种事项上的最终决策权。因为最高意味着决策权的最终性，它决定了最高法院在属于自身管辖权范围的决策权最终性。如果宪法仍然要想保持最高法院司法权的最高性的话，国会就不能以例外和规制条款为依据取消最高法院在其管辖权事项上的最终决策权，这实际上是取消了最高法院在这些事项上的最高性。[①] 但是，这并不意味着国会对最高法院的上诉管辖权的例外规定与规制权是无用的，而是说要对例外与规制条款做出一种新的理解。由于最高法院的管辖权，除了初审管辖权以外，就是上诉管辖权，因此克劳斯认为国会可以改变这九种类型案件进入最高法院的路线，例如可以将最高法院的上诉管辖权事项转变成最高法院的初审管辖权。

当然，应该指出的是，几乎每个学者，即便是文本主义学者都承认，对于司法权的界定和保护，一种完全的文本解释是不可能的。[②] 但是，文本主义者仍然坚持认为正是因为围绕着第三条款所存在的诸多不相容、相互冲突的理论模型，才为文本解释提供了可能。文本解释允诺了一种清晰地解决复杂宪制问题的指导方案，确保了司法独立。在这个意义上，文本解释即便是不可能的，也是法律应该达到的一种目标。然而，尽管文本解释有着这种优点，但是文本解释在实践中仍然存在着困难。这些制度实践，如果不是完全违宪，特别是如果不遭受彻底的改造和重组的话，它们已经构成了美国的"不成文宪法"，成为美国宪法的一部分。

（一）立法性法院的组建

从美国的早期开始，国会就已经利用《宪法》第一条第八款第九项"组建

---

① See Laurence Claus, "The One Court that Congress Cannot Take Away: Singularity, Supremacy, and Article Ⅲ", 96 *Georgetown Law Journal* 59, 64－66 (2007).

② 例如，美国著名文本主义学者阿玛就指出，在美国宪制实践中，存在着两个持久的真理。首先，制度实践通常超越了成文宪法；第二，制度实践很少反对经典文本。即便基础文本没有成为一种排他性的控制，仍然构成一种有意义的约束。我们都是文本主义者，同时我们也都是活宪制主义者。参见 Akhil Reed Amar, *America's Unwritten Constitution: The Precedents and Principles We Live By*, New York: Basic Books, 2012, p. 335。

最高法院之下的低级法庭"的权力①，组建了一系列联邦法律授权的立法性法院。② 这些法院由不具有第三条款地位的法官组成，但是它们却解决了本应属于联邦司法权管辖范围内的大量案件。③ 例如，在1828年的坎特案（Canter）中④，首席大法官马歇尔就支持了国会创立属地法院（Territorial Courts）的权力，尽管领地法院的法官缺少第三条款任期和薪酬的保障，也尽管该案件属于联邦海商法的管辖，因而涉及联邦法院的司法权。确实，正如首席大法官马歇尔指出，属地法院根据第一条款建立，不能够获得第三条款规定的联邦司法权。⑤ 但最高法院并没有发现任何障碍，由第三条款法院之外的机构最初裁判该争议。⑥

类似的，1855年建立的索赔法院（Court of Claims），显然并不具有第三条款法院的地位，其法官也缺少任期与薪酬的保障，其最初是由7名法官组成，在15名"专员"（commissioners）的协助下裁决案件。1982年国会对其结构进行了重组，改名为 Claims Court，由16名总统任命、参议院认可的法官组成，任期是15年，年薪是133600美元。⑦ 但是，索赔法院却解决了涉及联邦法律的索赔争议，即裁决由公民提起的针对美国政府的索赔案件，这些案件大部分来自因行政合同引起的赔偿请求，其他部分案件涉及出于公用目的而对私人财产进行征收的补偿问题。实质上，索赔法院在全国范围内的管辖权限于针对政府的所有有关合同、税收和人身伤害等所有非侵权问题的索赔要求的初审管辖权。侵权案件由联邦地区法院拥有排他性管辖

---

① See U. S. CONST. art. I, § 8, cl. 9: The Congress shall have power "to constitute Tribunals inferior to the Supreme Court"（国会拥有权力"组建最高法院之下的低级法庭"）。

② See e. g. , Robert Jennings Harris, *Judicial Power of the United States*, Louisiana: Louisiana State University Press, 1940, cha. 4; Richard H. Fallon, "Of Legislative Courts, Administrative Agencies, and Article Ⅲ", 101 *Harvard Law Review* 916, 923 (1988); Paul M. Bator, "The Constitution as Architecture: Legislative and Administrative Courts under Article Ⅲ", 65 *Indiana Law Journal* 233, 236 (1990).

③ 然而，由于立法性法院是由国会宪法的立法条款创设的，因此理论上就没有任何东西能够阻止其通过法规，赋予此类法院的法官与由宪法创设之法院的法官享有类似或者同样的地位和权利，尽管实践中却是另外一回事。

④ See American Insurance Co. v. 356 Bales of Cotton (Canter), 26 U. S. (I Pet.) 511 (1828).

⑤ See American Insurance Co. v. 356 Bales of Cotton (Canter), 26 U. S. (I Pet.) 511, 546 (1828).

⑥ 当然，有学者认为马歇尔的判决意见表示并不是在解释第三条款的含义，而是受确认路易斯安那购买合法性的欲望促动的，参见 Judith Resnik, "The Mythic Meaning of Article Ⅲ Courts", 56 *University of Colorado Law Review* 581, 590—591 (1985)。

⑦ See e. g. , William M. Wiecek, "The Origin of the United States Court of Claims", 20 *Administrative Law Review* 387, 387—404 (1968).

权,在税收偿还案件中,联邦地区法院与索赔法院拥有重叠管辖权,此外所有金额超过 1 万美元的针对政府提起的诉讼,一直都是在索赔法院审理的。① 尽管这些争议属于第三条款规定的阿玛所强调的强制性管辖权范围之内,索赔法院至少在其存在的初期,实质上行使了联邦司法权,而且有时是最终地、排他性地行使本应属于联邦法院的司法管辖权。②

索赔法院的创设是对古老的主权不得起诉理论的否认,索赔法院被称为"国家良心的守护者"。另外,由于针对政府的抱怨大量存在和裁决这些案件所需要的时间,索赔法院的存在,加之其管辖权同时覆盖到美国及其属地和所有财产,因此索赔法院的创立对于美国的普通法律来说是一个福音,否则它的诉讼事件表一定要比现在拥挤得多。更为重要的是,正如其他特定领域的法院一样,索赔法院也已被证明是国会一种非常节省时间和减少麻烦的设置,因为有许多针对联邦政府的争端通过这些法院处理和裁决,否则他们就会来到国会大厅,要求创设针对普通法律进行修正的修正案或者特殊的地方性议案。

此外,除了领地法院、索赔法院,国会在不同时期也组建了其他一系列缺乏第三条款地位与保障的专门性法院。例如 1950 年作为军事审判统一法典一部分而被创设的美国军事上诉法院(The U. S. Courts of Military Appeals),1969 年根据其征税权创设的美国财税法院(The U. S. Tax Court),1988 年依据第一条第八款第十二—十四项而创设的美国退伍军人上诉法院(The U. S. Court of Veterans Appeals),1910 年创设的美国关税和专利上诉法院(The U. S. Courts of Customs and Patent Appeals,在 1982 年同老的索赔法院在管辖权上进行合并,转变成依据宪法创设的联邦巡回上诉法院),1980 年改为国际贸易法院的美国海关法院(The U. S. Customs Court)等。③ 毫无疑问,这些由国会在不同时期组建的专门性法院,已经构

---

① 不过,1946 年制定并于 1959 年修订的《联邦侵权索赔法》允许 2500 美元以下的针对政府的索赔案件可以由行政性官员来审理,前提条件是相关的损害是由政府及其雇员的过失或者疏忽造成的。对于联邦地区法院裁决的针对联邦政府的某些特定类别的侵权索赔案件,索赔法院还享有很小一部分与联邦巡回上诉法院重叠的上诉管辖权。在适当的情形下,索赔案件的判决可以被上诉至联邦最高法院。参见[美]亨利·J. 亚伯拉罕:《司法的过程(第七版)》,泮伟江等译,北京大学出版社 2009 年版,第 179 页。

② See Gordon v. United States, 69 U. S. (2 Wall.) 56I, 56I (1864). 在该案中,联邦最高法院否认了其对索赔法院的上诉管辖权。

③ 对这些专门法院的简要分析,可参见[美]亨利·J. 亚伯拉罕:《司法的过程(第七版)》,泮伟江等译,北京大学出版社 2009 年版,第 171—182 页。

成了联邦法院系统的一个相对独立的法院体系,甚至它们会被看作是具有特殊司法义务的,依据宪法授权而创设的法院,尽管它们还履行着某些准立法和准行政管理的职能(例如,美国海关法院所享有的征税权,以及美国军事上诉法院享有制定规则以管理和规制美国海军和陆军的权力)。国会通过的法律也不断地改变它们的结构和组成,由于这些专门性法院已经拥有的管辖权,特别是它们在各自领域所表现出来的专业性优势,至少在理论上我们有理由假设国会将不会拒绝给予这些专门性法院司法权,即便这些司法权属于《宪法》第三条款所规定的管辖权范围之内。

(二)行政裁判的兴起

通常来说,1880 年之前的判例倾向于认为司法机关拥有可能涉及的自由、资产和个人财物方面,包括审理和判决在内的一切事务的专有排他性权力。1880 年之后,判例首先是坚持向法院提起上诉以及司法审查的可能性,但是到了后来就开始抛弃相关的要求,只剩下一些司法控制的残余,并且越来越倾向于认为凡是与个人之间争议的判决不直接相关的各种类型的权力都具有行政管理的性质,并且应属于各行政机构和委员会的法定事务范围。① 水利灌溉方面的法律为我们提供了一个很好的实例,现在已广泛地拓展到各个方面。在 19 世纪 80 年代之前,干旱州的水资源调拨者"分配"给用户的用水总量常常比水流的最大量还要高出许多倍,针对冲突的用水权争议可能导致过去由衡平法院审判的诉讼案件的急剧增多,"裁判水源"的诉讼便成为法官谙熟的一套程序。② 后来,有关水利灌溉的法律被制定出来,判断水资源被占用的性质、影响和优先权问题以及分配用水量的权力被授予各州的工程部门或是水利灌溉部门和监管部门。在 1870 年,有人以这些被授予给行政部门的权力是司法性质为由,认为这些有关水利灌溉的法律是违宪的。但最高法院并没有支持这种主张,30 年以后法院也同意这方面的权力并不是由司法机关所独有的。

到 1910 年为止,法院不再像以前那样坚持司法审查的有关规定。例如,一部有关航运管理局局长有权对错误或违法征收吨税问题进行最终判决的法律也获得了人们的认可。③ 此外,还有一种观点认为,行政官员不仅

---

① 参见[美]罗斯科·庞德:《法理学(第二卷)》,封丽霞译,法律出版社 2007 年版,第 334—335 页。

② See Samuel C. Wiel, "Waters American Law and French Authority", 33 *Harvard Law Review* 133,146—148 (1919).

③ See Oceanic Steam Navigation Company v. Stranahan, 214 U. S. 320 (1909).

有权针对一名无论是否有足够财产担保或其他必要条件的外国人,是否有资格进入美国国土做出最终和决定性的判决,还可以对自称是美国公民而且有权进入美国国土的人的资格做出最终和决定性的判决。① 当然,行政官员的判决仍然受宪法第五修正案所施加的针对武断和反复无常的剥夺公民自由的行政行为的限制。最为显著的,在 1942 年哥伦比亚广播公司案(Columbia Broadcasting System, Inc. v. United States)中,联邦通信委员会在行使立法权时制定的一些规则受到越权的诘难,但联邦通信委员会申辩说,由它制定的规章不应受司法机关审查,除非该规章存在对当事人造成不可挽回的伤害的危险,并且当事人已向司法机关提出审查的要求。美国联邦最高法院就此做出了支持联邦通信委员会的判决。两名持异议的法官认为,即使联邦通信委员会确实犯了一个错误,法院也没有任何的救济途径,除非国会对此问题专门做出规定。② 这种做法在随后最高法院的一个裁判中也得到了确认,似乎已成为一种惯例。③

总之,20 世纪三四十年代的美国,越来越多的行政机构建立起来以解决现代行政国家对于专业性裁判的新增需求,并且这些行政机构不仅被赋予广泛的权力,而且经常可以做出不受司法审查的最终判决。④ 关于工伤事故、纯食品法、卫生法和住宅法等社会立法实施的压力,庞大而拥挤的城市社会对法院和行政机关提出的新要求,工商业的扩张带来了立法以及需要以新的法律规则进行调整,或是对旧规则进行新适用的状态的急剧增加,而这些又导致了诉讼的剧增。但是,在拓荒时代或 18 世纪前半叶的农村社会形成和发展起来的美国法院组织和程序性机制,在很多方面已不能充分实施这些法律,不能满足社会的需要,而且同时也过于严格地束缚了行政机关的手脚。⑤ 试图由法院审理这些案件,或者迫使行政官员像法官一样依

---

① See United States v. Ju Toy, 198 U. S. 253 (1905).

② See Columbia Broadcasting System, Inc. v. United States et al. , 316 U. S. 407, 417 (1942).

③ See Falbo v. United States, 320 U. S. 549 (1944).

④ See e. g. , Nestor M. Davidson & Ethan J. Leib, "Regleprudence—at OIRA and Beyond", 103 Georgetown Law Journal 259, 265－270 (2015); Bertrall L. Ross Ⅱ, "Embracing Administrative Constitutionalism", 95 *Boston University Law Review* 519, 556－563 (2015).

⑤ 庞德认为,行政审判兴起的原因一部分是飞速发展的经济一体化以及后来的经济专门化迫切要求相应的行政事务的发展,还有一部分原因是行政机关作为领导者的特征变化巨大,并且在全世界范围内越来越明显,但从很大程度上来说,行政司法的复兴是无法司法的不完全回复。在庞德看来,无法司法在法律史上是长久存在的,而且只要法律制度一时不能全部或部分地履行其目的,或不能完全输入当前的价值观念和道德情感,无法司法就会运转起来。参见[美]罗斯科·庞德:《法理学(第二卷)》,封丽霞译,法律出版社 2007 年版,第 339－340 页。

据上述法律来处理这些案件只会导致失败。但这些法律涉及的又是社会最重要的那部分利益,因而需要更为有效的执行。于是就只能诉诸行政机关,即时决的行政行为开始流行。①

显然,现代行政审判的兴起表明,判决的这种发展趋势与包括审理和建立在审理基础之上的完全排他性司法的本质观念相去甚远。正如庞德(Cuthhert W. Pound)所指出的,"作为区分于立法权与行政权的司法权,所有的司法权不能够,也从未被排他性地授予法院。要么我们必须坦白地说明在这个国家的实践中以及普通法的实践中,司法权在某些方面被分配到其他地方;要么在所有涉及事实决定以及法律的司法宣布的情形时,我们必须在司法权与准司法权之间引入一种精微的区分"。② 换言之,越来越多的非第三条款裁判机构被创建,进而获得解决一系列属于第三条款司法权范围内纠纷的权力这一现实提示我们,对司法权的概念性理解,不能够仅仅诉诸第三条款的语言。面对文本主义解释在实践中的不可运作性,法院自身以及理论学者也都各自提出了自己的替代性方案,尽管避免了文本解释的问题,但在严酷的政治现实面前,各种替代性方案依旧困难重重。

二、法院自身的替代性方案

面对国会依据相应立法权组建的一系列立法性法院,特别是随着现代行政国家行政裁判的兴起,法院再也不能够固执地坚守司法权仅仅由其排他性享有。正如罗伯特·杰克逊(Robert Jackson)大法官所指出,如果没有将其自身的教条逻辑与实践智慧取得某种调适,那么法院便有将宪法转变成"一个自杀契约"的风险。③ 如何将宪法文本与现实实践达成妥协,进而寻找自身在新的政治现实中的角色和定位,便成了联邦法院努力回答的问题。

---

① See e. g. , Peter L. Strauss,"The Place of Agencies in Government:Separation of Powers and the Fourth Branch",84 *Columbia Law Review* 573 (1984);Linda Silberman,"Judicial Adjuncts Revisited:The Proliferation of Ad Hoc Procedure",137 *University of Pennsylvania Law Review* 2131 (1989);Richard L. Revesz,"Specialized Courts and the Administrative Lawmaking System", 138 *University of Pennsylvania Law Review* 1111 (1990); Alan B. Morrison, "Administrative Agencies Are Just Like Legislatures and Courts—Except When They're Not",59 *Administrative Law Review* 79,98—118 (2007);Mila Sohoni,"Agency Adjudication and Judicial Nondelegation:An Article Ⅲ Canon",107 *New York University Law Review* 1569(2013).

② Cuthhert W. Pound,"The Judicial Power",35 *Harvard Law Review* 787,793 — 794 (1922).

③ See Terminiello v. Chicago,337 U. S. 1,37 (1949) (Jackson,J. ,dissenting).

(一)坚守范畴性约束的防线

尽管早在 1828 年的坎特案中,首席大法官马歇尔就支持了国会创立非第三条款法院的合宪性,但最高法院本身并没有因此发展出一套独特的教义来判断第三条款之外的裁判机构的合宪性。对于判断这些非第三条款裁判机构解决明显属于第三条款联邦法院管辖权范围内纠纷的合宪性依据,最高法院最早在 1855 年莫里的租户案(Murray's Lessee v. Hoboken Land & Improvement Co.)中表达了"公共权利"学说。① 根据这一学说,最高法院认为存在着三种不同范畴的争议,我们必须首先予以区分,因为每一种不同范畴的争议,需要不同的宪法保护。其一,有一些争议并不受第三条款法院裁判的影响,国会不能将这些争议给予它们裁判。例如,政治问题的争议明显就属于这一类型的纠纷。② 其二,存在着完全属于司法权范围内的争议,对此国会不能拒绝联邦法院裁判。这些争议被界定为从其性质上属于普通法、衡平法或者海商法诉讼上的事项。其三,存在着一种争议,虽然受制于司法裁判,但同样受制于立法或者行政决定的影响。第三种主张的范畴,即所谓涉及"公共权利"的事项,国会拥有自由裁判权,国会可以依据它所认为适当的方式,将公共权利争议置于或者不置于法院审判管辖权范围之内。

进一步,1932 年的克洛威尔案(Crowell v. Benson)对最高法院来说是一个重要的转折点。③ 在该案中法院不仅进一步明确了第三条款法院的司法权,即这些联邦法院仅仅排他性地涉及纯粹私人之间的争议。更重要的是,该案还明确地确认了国会作为制度设计者的地位,即国会可以依据第一条款所授予的相应权力组建一系列受非第三条款约束和保障的专业性裁判机构,只要这些裁判机构仍然"附属于"第三条款法院,即受制于第三条款法院的审查与监督。④ 同样,1982 年的北方管道建设公司案

① See Murray's Lessee v. Hoboken Land & Improvement Co. ,59 U. S. (18 How.) 272,284 (1855).

② See e. g. ,Luther v. Luther,48 U. S. (7 How.) 1 (1849).

③ See Crowell v. Benson,285 U. S. 22 (1932). 实际上,有些学者认为正是该案奠定了美国现代行政国家的基础,参见 Richard H. Fallon,"Of Legislative Courts,Administrative Agencies,and Article Ⅲ", 101 *Harvard Law Review* 916,946 — 948 (1988); Peter L. Strauss,"The Place of Agencies in Government Separation of Powers and the Fourth Branch",84 *Columbia Law Review* 573,591—592 (1984); Thomas W. Merrill,"Article Ⅲ ,Agency Adjudication,and the Origins of the Appellate Review Model of Administrative Law",111 *Columbia Law Review* 939,981—984 (2011).

④ See Crowell v. Benson,285 U. S. 22,51 (1932).

（Northern Pipeline Construction Co. v. Marathon Pipe Line Co.）进一步解释和发展了克洛威尔案的核心要义。该案涉及 1978 年《破产法案》中条款的合宪性,该条款扩大了破产法院的权力,给予破产法院有关联邦破产争议以及一系列相关州法诉求的管辖权。① 对此,政府提出了两种论证来捍卫《破产法案》中授权破产法院对于州法事项的管辖权。首先,政府诉诸国会传统的创造立法性法庭的权力,破产法院属于国会自身权力范围之内,因此破产法院中的诉求应该由缺乏第三条款地位的法官继续审判下去。其次,政府提及了克洛威尔案,政府认为由于破产法院仍然受制于联邦地区法院的监督与审查,因此破产法院附属于（adjunct to）联邦地区法院。

最高法院拒绝了政府所提出的这两种正当性证明,布伦南大法官代表联邦法院书写了多数意见,马歇尔、布莱克门以及史蒂文斯大法官加入到该意见之中。布坎南大法官首先承认了最高法院自身对于立法性法院审理领土、军事以及公共权利诉讼的容忍。但是,第三条款特别是司法独立的价值要求对公认的例外进行狭窄的解释,对新的例外承认要保持极高的警惕性。最高法院拒绝了政府提出的附属论证,其多数意见注意到尽管破产法院受制于司法审查,破产法院同样拥有与法院一样（court-like）的特征,包括执行自身判决的权力,引导陪审团审判的权力,某种特定情形下惩罚藐视法院的行为的权力,分发传票的权力。② 拥有这些法院一样的特征,破产法院被正确地认为正在运用"司法权的本质性特征"。③因此,这些与法院一样的特征,使得破产法院不能再诉诸克洛威尔案的附属特征来正当化破产法院的合宪性。通过拒绝承认第三条款的一种新的例外,通过维持破产法院作为附属物的地位,该案再一次支持了传统的观点,即只有第三条款法院可以运用"联邦司法权"。

问题在于,公共权力这种例外是否能够产生有效约束与清晰界定国会

① See Northern Pipeline Construction Co. v. Marathon Pipe Line Co. 458 U. S. 50 (1982). 很多学者认为最高法院在该案中的判决是错误的,相关的批评可参见 Martin H. Redish, "Legislative Courts, Administrative Agencies, and the Northern Pipeline Decision", 1983 *Duke Law Journal* 197, 203−204; Richard H. Fallon, "Of Legislative Courts, Administrative Agencies, and Article Ⅲ", 101 *Harvard Law Review* 916, 991 (1988)。

② See Northern Pipeline Construction Co. v. Marathon Pipe Line Co. 458 U. S. 50, 55 (1982).

③ Quoting by Crowell v. Benson, 59 285 U. S. 22, 51 (1932).

权力范围的原则呢？学者对公共权利范畴表示出极大的不友好。[①] 例如，雷迪奇（Martin H. Redish）就认为，公共权利范畴本身建立在一种十分可疑的基础之上，即该范畴错误地认为普通法的诉求相对联邦法律事项更应获得第三条款法院的裁判。[②] 实际上，建立在州法之上的普通法诉求很多时候应该从属于联邦利益，并不涉及第三条款的核心价值。实际上，公共权利范畴已经被证明具有相当大的可塑性。在最高法院斯泰恩诉马歇尔（Stern v. Marshall）案件中[③]，现任首席大法官罗伯茨进一步揭示了公共权利教义内在具有的复杂性。罗伯茨认为："界定一种权利是公共的而不是私人的原因，是该权利内在地与特定的联邦政府行为相关。"[④]依据这一新的阐释，公共权利案件便包括以下两种，争议中的诉求产生于一种联邦管制规划，或者在行政机构权力范围内一种专门的政府机构对诉求的解决是限制性管制目标必不可少的，那么这些案件可以在国会选择的非第三条款法院那里予以裁判。

应该指出的是，大法官布伦南在北方管道建设公司案的判决意见，并没有得到所有法官的支持。在颇具预言性的异议中，大法官怀特就拒绝了多数意见所采用的范畴类型，而赞成一种权衡测验。[⑤] 大法官怀特指出，大量的立法法院与行政机构的兴起，使得我们无法回到对于第三条款的文义解释中。第一条款法院能够审理表面上看起来属于第三条款管辖权范围内的案件，因此第一条款法院与第三条款法院的运作实质上并没有原则性的区别。面对这种政治现实，怀特最终转向一种权衡路径来判断国会制度设计的合宪性。概括而言，怀特认为法院需要在以下三种因素之间取得平衡，即司法独立的价值，国会偏离第三条款的立法方面的利

---

① 学者描述了这些范畴的死亡以及实用主义的兴起，参见 Richard B. Saphire & Michael E. Solimine，"Shoring Up Article Ⅲ：Legislative Court Doctrine in the Post CFTC v. Schor Era"，68 *Boston University Law Review* 85，101－106（1988）；Paul M. Bator，"The Constitution as Architecture：Legislative and Administrative Courts under Article Ⅲ"，65 *Indiana Law Journal* 233，248－251（1990）；Cf. Caleb Nelson，"Adjudication in the Political Branches"，107 *Columbia Law Review* 559，563－565（2007）；Jaime Dodge，"Reconceptualizing Non-Article Ⅲ Tribunals"，99 *Minnesota Law Review* 905，949－951（2015）。

② See Martin H. Redish，"Legislative Courts，Administrative Agencies，and the Northern Pipeline Decision"，1983 *Duke Law Journal* 197，203－204.

③ See Stern v. Marshall，131 S. Ct. 2594（2011）.

④ Stern v. Marshall，131 S. Ct. 2594，2598（2011）.

⑤ See Northern Pipeline Construction Co. v. Marathon Pipe Line Co.，458 U. S. 50，94－109（1982）.

益以及上诉审查的可得性。① 怀特的异议为法院转向一种新的路径提供了可能。

(二)权衡第三条款的价值

仅三年之后,在 1985 年的托马斯诉美国碳水化合物农产品公司案(Thomas v. Union Carbide Agric. Prods. Co.)②中,怀特的权衡测验便由异议成为法院的多数意见,奥康纳大法官代表法院撰写了多数意见。为了对司法独立适度的威胁提供一种有效的替代性方案,对于成熟的联邦管辖权的需要,奥康纳支持将联邦赔偿诉求的审查职能配给仲裁,联邦法院的审查则仅限于欺诈、歪曲陈述,或者其他类似的严重不当行为。③ 布伦南大法官在判决中附议认为,案件中的赔偿诉求可以纳入传统的公共权利例外的范畴,尽管在该案中并不存在联邦政府作为一方当事人,表面上看仅仅是私人性质的争议。④ 一年之后,美国商品期货贸易委员会诉肖尔案(Commodity Futures Trading Commission v. Schor)⑤挑战了行政机构解决同时涉及管制商品经纪人的联邦法律、联邦诉求与产生于州法的附属诉求的合宪性。奥康纳再一次撰写了多数意见,支持第一条款法院审理相关州法诉求,进一步说明了权衡路径中需要考虑的因素。尽管司法独立在美国联邦《宪法》中具有无与伦比的重要性,然而,对于像商品经纪公司信托义务这样的专业性纠纷,如果国会能够提供更为专业、有效的替代性方案,那么,联邦法院就应当承认国会权力的合法性。

显然,权衡路径的转向反映了最高法院对于国会作为制度设计者的公开承认。正如首席大法官马歇尔于 1825 年的维曼案(Wayman v. Southard)所指出的,政治权力有着令人困惑的分类方式,这些权力应在宪法规定的一个以上的政治部门中予以适当地分配,而且应该由一个专有的立法职能部门来为这些部门分配权力。⑥ 正是由于害怕担心侵犯国会在现代行政国家中制度设计者的角色和作用,最高法院对于司法权的界定和保护采用了权衡

---

① See Northern Pipeline Construction Co. v. Marathon Pipe Line Co. ,458 U. S. 50,113－115 (1982).

② See Thomas v. Union Carbide Agric. Prods. Co. ,473 U. S. 568 (1985).

③ See Thomas v. Union Carbide Agric. Prods. Co. , 473 U. S. 568,573－574,590－593 (1985).

④ See Thomas v. Union Carbide Agric. Prods. Co. ,473 U. S. 568,598－562 (1985).

⑤ See Commodity Futures Trading Commission v. Schor,478 U. S. 833 (1986).

⑥ See Wayman v. Southard,23 U. S. (10 Wheat.) 1,46－47 (1825).

路径。① 表面上看，权衡路径的采用反映了最高法院对于国会制度设计者的尊重，然而实质上，权衡路径不仅使国会制度设计者的角色受到侵犯，最高法院自身的处境也变得更加糟糕。

首先，权衡路径具有内在的复杂性与不确定性，在实践中容易导致司法权过度保护。在这里，存在着三种机制可以解释这一点。② 一是惯习性机制。法官像其他人一样，总是倾向于固守司法实践中已经存在的行为惯例，乃至经常夸大这些行为惯例的重要性。惯习性机制的存在，容易导致法官将他们一直做的事情混同于司法权的基本组成成分，进而混同于宪法上的要求，这就使得任何偏离于既定行为惯例的制度设计方案受到合宪性的挑战。二是信息机制。与法规的目的和社会效果相比，法官对于某种立法行为可能对结构性的司法利益、权力、特权所产生的影响，拥有更好的信息。法官有关立法政策与司法特权的这种差异性信息，就使得他们经常低估某种法定规划的可得性收益，甚至某些时候使得法官认为立法目的是不重要的。③ 例如，在克莱因(United States v. Klein)案中，该案涉及国会一项法规的合宪性，其规定证据效力要受制于总统赦免，最高法院以国会试图在未决案件中规定判决规则违反了权力分立的约束和限制为依据宣布该规定无效。④ 同样，在普劳特案(Plaut v. Spendthrift Farm, Inc.)中，最高法院以司法权的最终性为依据，宣布了国会一项要求重新审理损害赔偿判决的法律无效。⑤ 三是显著效应机制。显著效应是指相较于某种抽象、一般、汇总性的情形，大量具体、特殊、分散的信息的存在，使决策者更容易采用一种标准

---

① See Jaime Dodge, "Reconceptualizing Non-Article Ⅲ Tribunals", 99 *Minnesota Law Review* 905, 915 (2015).

② See Adrian Vermeule, "The Judicial Power in the State (and Federal) Courts", 2000 *Supreme Court Review* 357, 390－395.

③ 显然，这里不能仅仅依据最高法院在某个案件或者某些案件中，裁判国会有关司法权的例外及其规制的法律无效，就断定存在着过度保护司法权的问题。司法裁判法律合宪性的结果，要么是有效，要么是无效。如果仅以无效而断定存在司法权过度保护的问题，那么过度保护命题也就没有意义。但是，由于司法裁判存在着犯错的可能，特别是司法权作为一种权力，也存在滥用的可能，因此所谓的司法权过度保护的问题，是在以下意义上说的，即法院的裁判被上级法院或者自己随后的判决推翻，或者判决违宪的相关法律重新又被立法机关以非实质性修改的方式予以重新通过，特别是以绝对多数的形式予以通过。在这些情形中，我们可以有理由说存在着司法权过度保护的问题。换言之，我们有充分的理由认为法院在有关司法权的案件中的裁判是错误的。

④ See United States v. Klein, 80 U. S. (13 Wall.) 128, 146－147 (1871); Cf. Robertson v. Seattle Audubon, 503 U. S. 429, 432－433 (1992).

⑤ See Plaut v. Spendthrift Farm, Inc. , 514 U. S. 211 (1995); Cf. Miller v. French, 530 U. S. 327 (2000).

本位的决策方式。在权衡测试中,法官对于司法权与立法效果的区别性信息掌握,特别是特定案件的显著性特征,就导致法官倾向于采用一种标准而不是规则形式来实施,进而测试相关的法律指令。但是,标准是高成本的,因为标准的适用需要全面的信息,标准不具有可预测性。① 这并不奇怪,正如斯卡利亚大法官所说的那样,不到 30 年的使用过程中,权衡测验已经包含了一系列如此不同的因素,这显示了权衡测试的不可运作性。② 在斯泰恩案中,多数意见也承认权衡路径对于澄清公共权利与私人权利之间的界线并"没有提供具体的指导",对于某种特定非第三条款裁判的合宪性也没有给出确定的答案。③

但重要的是,当我们说运用权衡测试界定司法权的范围,存在司法权过度保护风险的时候,隐含着司法不正当地侵犯了其他政治权力的范围和权限,侵犯了国会作为制度设计者的地位,进而牺牲权力之间的制约和平衡。皮德斯指出,由于"时不时地没有充分注意到政治与其他领域之间的差异,最高法院反射性地将其他领域不恰当借用的权利理解运用到政治中。结果就是限制了本应在民主设计中可以接受的实验"④。在复杂的疑难案件中,不仅法官没有相应的制度能力来保证其决定一定比立法机关更为正确,而且具有扩张性的司法审查的边际收益看起来是完全不确定的,但对立法行为的司法审查所产生的决策成本和法律不确定的成本却是实实在在的,因为推翻一种法规的后果实在是太严重了。如果没有这种形式的司法审查,美国的政治系统可能会运行得更好。⑤

其次,宪制实践中存在着司法权过度保护的风险,这并不意味着最高法院自身的权力变得更为强大、有力,相反,最高法院的处境变得更为糟糕。因为权衡路径承认非第三条款法院,无论立法性法院、行政机构以及州法院,所行使的权力是联邦司法权,只要这些机构行使权力不是太多、太频繁。⑥ 在司法权的范围内,非第三条款法院甚至能够在一些本质是联邦问题的案件中拥有最终的权威,这意味着权衡路径否认了第三条款的授权性

---

① Adrian Vermeule,"Interpretive Choice",75 *New York University Law Review* 74 (2000).

② See Stern v. Marshall,131 S. Ct. 2594,2621 (2011).

③ Stern v. Marshall,131 S. Ct. 2594,2615 (2011).

④ Richard H. Pildes,"The Supreme Court,2003 Term-Foreword:The Constitutionalization of Democratic Politics",118 *Harvard Law Review* 29,55 (2004).

⑤ 例如,最高法院就指出宪法修正案的程序效力不受制于司法审查,参见 Coleman v. Miller,307 U. S. 433 (1939)。

⑥ Cf. Morrison v. Olson,487 U. S. 654,693-696 (1988).

质以及指任功能,该条款仅仅描述了司法权行使的某些主体,并没有限定司法权行使的排他性主体。因此,权衡路径的采用实际上意味着,第三条款法院与国会创建的非第三条款法院之间是相同的,它们同等地拥有联邦"司法权",在司法权的管辖范围内拥有重叠的管辖权,有时是最终的管辖权,只要非第三条款裁判机构并没有过分地违反第三条款的价值。换言之,采用权衡路径界定和维护司法权,意味着对任何形式的司法等级结构的拒绝。① 然而,非等级的联邦司法系统将侵蚀进而掏空最高法院的司法权得以存在和运用的根基。

我们知道,与英格兰普通司法体系不同,1787 年的美国制宪者们并没有创建一系列同等的普通法、衡平法与海事法的最高法院,在实践中这些最高法院互相竞争业务,特别是采用解释性虚构,从而扩大司法管辖权。② 相反,第三条款创建了一个最高法院,凭借着其最高性和所有其他联邦法院仍然低于它的要求,这个最高法院能够监督所有联邦法院的管辖权界限,从而避免管辖权方面的冲突和混乱。虽然国会可以创建额外的下级法院参与司法部门的工作,但国会不能够通过创建一个拥有联邦司法权范围内裁判权威的独立政治实体,从而取代最高法院的最高性。③ 通过《宪法》第三条款,制宪者们将联邦司法的角色定义为一种独立的政治部门。正是依据这种理解,最高法院才发展出了一系列熟悉的原理,如等级性、独立性、可诉性以及咨询意见的禁止。正是在等级性这个概念之下,最高法院才能够监督低级法院,包括国会所创建的一系列非第三条款的裁判机构,从而保证最高法院对于任何提交其裁判的案件的最终性。联邦法院的判决是决定性的,仅受制于联邦司法等级系统内更高级法院的审查。可见,尽管司法权的文本主义解释存在着问题,在某种意义上,司法权界定和保护的文本主义路径仍然是必要的。

---

① 某种意义上,非等级的联邦司法也确认了本质功能理论对于司法权的界定和维护路径。对哈特为代表的程序学派而言,只有联邦最高法院才能够履行联邦司法的本质性角色,参见 Henry M. Hart, Jr., "The Power of Congress to Limit the Jurisdiction of Federal Courts: An Exercise in Dialectic", 66 *Harvard Law Review* 1362, 1364－1365 (1953)。而在辛格的本质功能版本中,所有的联邦法院都能够履行联邦司法的本质性功能,参见 Lawrence Gene Sager, "The Supreme Court, 1980 Term-Foreword: Constitutional Limitations on Congress' Authority to Regulate the Jurisdiction of the Federal Courts", 95 *Harvard Law Review* 17, 55－57 (1981)。

② See Daniel Klerman, "Jurisdictional Competition and the Evolution of the Common Law", 74 *University of Chicago Law Review* 1179 (2007).

③ See James E. Pfander & Daniel D. Birk, "Article Ⅲ and the Scottish Judiciary", 124 *Harvard Law Review* 1613, 1656－1657 (2011).

另外,随着附属于第三条款的专业性裁判机构的激增,很多学者都表示出一种担心,即权衡路径可能最终导致司法独立受侵蚀。① 进一步,权衡路径本身是否具有合法性,特别是如果第三条款实质上要求当国会选择创建低级法庭的时候,必须尊重司法独立,符合第三条款的要求,批评者想要知道究竟是什么允许国会或者法院,在追求其他价值的时候可以权衡宪法的要求。正如首席大法官罗伯茨所指出的那样,"就像完全清除司法权一样,一部法规能够合法地慢慢抽空司法分支权力的实质。'轻微的侵蚀将创造新的界线,在其中,权力的罗马军团能够寻找新的捕获领地'"②。权衡路径本身具有的不确定性以及持续地对于侵犯第三条款价值的风险,要求我们必须寻找一种更为合理的分析联邦"司法权"界定和保护问题的路径。

三、学者的替代性方案

与最高法院所采取的权衡路径不同,学者认为现代行政国家的实用性需求,以及对于司法价值的忠诚,要求我们在两者之间取得某种调适,而不是进行没有原则的个案式权衡。具体而言,有两种需求应取得某种调适:一是国会作为制度设计者的地位,二是第三条款法院的内在价值。

(一)内在权力路径的内部张力

内在权力路径认为,虽然宪法承认了国会作为制度设计者的地位,但是国会在司法机构设计方面的权力并不是没有限制的。一方面,必要与适当条款仅仅授权国会便利而不是排除或者损害联邦法院运用内在权力,是第三条款法院必不可少的内在要求。③ 另一方面,由于司法权本身

---

① See e. g. , Gordon G. Young, "Public Rights and the Federal Judicial Power: From Murray's Lessee Through Crowell to Schor", 35 *Buffalo Law Review* 765, 857 – 863 (1986); Daniel J. Meltzer, "Legislative Courts, Legislative Power, and the Constitution", 65 *Indiana Law Journal* 291, 295 (1990).

② Stern v. Marshall, 131 S. Ct. 2594, 2620 (2011).

③ See U. S. CONST. art. I, § 8, cl. 18: The Congress shall have power "to make all laws which shall be necessary and proper for carrying into Execution the foregoing Powers, and all other Powers vested by this Constitution in the Government of the United States, or in any Department or Officer thereof"(制定实施以上各项权力以及依本宪法授予合众国政府的权力或者政府任何部门或官员的权力之所必需与适当的法律)。

是一个复杂的组成部分,我们必须首先从其内部将其归类、整理。① 在这方面,普萧法官(Robert J. Pushaw,Jr.)认为,存在着三种不同类别的司法权,即纯粹的"司法权"、"隐含的必不可少的"权力以及"受益性"权力。虽然它们都是内在于司法权整体组成,但是不同类别的司法权却要受制于国会不同程度的控制。

首先,就纯粹的"司法权"而言,《宪法》第三条款将联邦"司法权"授予自主的"法院"去决定某些特定的"案件"与"争议"假定了一种核心权威,这种核心权威来源于盎格鲁—撒克逊传统中有关司法职位的本质性界定与理解。这种纯粹"司法权"包括在某个特定案件中将先前确定的法律适用于某个事实中,能够独立地产生一种最终的、有约束力的裁判。② 超过两个世纪里,法院持续性地使用这种"司法权"的界定捍卫法院权力的运用,来免于政治权力的不正当干涉和侵扰。③

其次,"隐含的必不可少的"权力是指只有法院无法有效地完成其公开的宪法功能时,才能够推断出一种权力。在司法实践中,这种严格的必要性主要产生于两种情形。一是在纯粹司法权决定案件过程中,裁判要求一种非偏私、相关的、持续的事实发现,因此,在程序法以及证据法的适用过程中,联邦法院必须拥有弥补这些法律中的漏洞的权力,法官必须能够强制证人作证、管理证据发现的规则以及其他确保一种完全准确的事实所必要的措施。④ 二是对产生于第三条款的对"法院"的创造中"法院"的解释和理解。据此,法院作为一种独立的政治部门,理应有权管制法院

---

① See e. g. , Henry M. Dowling,"The Inherent Power of the Judiciary",21 *American Bar Association Journal* 635,635－641 (1935);Michael M. Martin,"Inherent Judicial Power Flexibility: Congress Did Not Write Into the Federal Rules of Evidence",57 *Texas Law Review* 167 (1979); Daniel J. Meador,"Inherent judicial Authority in the Conduct of Civil Litigation",73 *Texas Law Review* 1805 (1995);William W. Van Alstyne,"The Role of Congress in Determining Ineidental Powers of the President and of the Federal Courts:A Comment on the Horizontal Effect of the Sweeping Clause",40 *Law and Contemporary Problems* 102 (1976);David E. Engdahl,"Intrinsic Limits of Congress' Power Regarding the Judicial Branch",75 *BYU Law Review* (1999);Robert J. Pushaw Ir. ,"The Inherent Powers of Federal Courts and the Structural Constitution",86 *Iowa Law Review* 735 (2001).

② See James S. Liebman & William F. Ryan,"'Some Effectual Power':The Quantity and Quality of Decisionmaking Required of Article Ⅲ Courts",98 *Columbia Law Review* 696,771 (1998).

③ 两个最受尊重的司法意见说明了这项纯粹的"司法权",参见 Hayburn's Case,2 U. S. (2 Dall.) 409 (1792);United States v. Klein,80 U. S. 128 (1871)。

④ See Daniel J. Meador,"Inherent judicial Authority in the Conduct of Civil Litigation",73 *Texas Law Review* 1805,1807－1809,1819－1820 (1995).

内部的行政事务、监督司法过程以及对于藐视法院权威行为进行处罚①，这些权力类型对于维持法院的权威、保障裁判过程正常有序地进行都是必不可少的。

最后，"受益性"权力是指仅仅对于实施第三条款有帮助、有用或者有便利的权力。例如，有关法院辅助人员的数量与配置、法院的预算、普通法的责任规则与令状救济方式、程序与证据规则等，联邦法院不应该单方面的主张这些受益性权力，因为宪法将隐含的权力仅仅限定为出于真正的必要性。而且，必要适当条款给予国会所有有关受益性权力存在以及范围进行完全自由裁量的决定权，这一点也得到了法院自身多年的承认。②

在这基础之上，普萧法官认为，对于《宪法》本身以及第三条授权条款的尊重，要求国会对于纯粹的司法权的行使，国会必须表示极大的尊重。纯粹司法权是宪法的创造物，尊重这种核心司法权的行使，也就是尊重宪法，尊重自己。宪法所规定的必要适当条款，确立了国会作为制度设计者的地位，这意味着授权国会为联邦法院运用其内在权力提供便利，这些内在权力对于行使第三条款的权力是必不可少的。准许国会对于联邦法院的受益性权力拥有充分的权威。在决定有关内在权力法规的效力时，联邦法官应该表示极大的尊重，仅仅需要探究的是理性上它们是否与实施第三条款的目的相关。③ 因此，如果一部管制隐含的必不可少的权力的法律，能够合理地解释为有效司法权的运用，那么法院就必须支持该法律，即便是法院可能偏好另外一种他们认为的更有帮助，或者更有益的不同规则。同样，如果是涉及管制收益性权力的法规，该法官应该总是得到维持，因为国会对于决定这些收益性权力是否以及在何种程度上帮助法官履行第三条款法院的角色，拥有排他性的自由裁量权。④

---

① See e. g. , Robert Jennings Harris, *Judicial Power of the United States*, Louisiana: Louisiana State University Press, 1940, pp. 145－153; Dan B. Dobbs, "Contempt of Court: A Survey", 56 *Cornell Law Review* 183 (1971).

② See e. g. , Chisholm v. Georgia, 2 U. S. (2 Dall.) 419 (1793); United States v. Hudson & Goodwin, 11 U. S. (7 Cranch) 32 (1812); Anderson v. Dunn, 19 U. S. (6 Wheat.) 204 (1821); Wayman v. Southard, 23 U. S. (10 Wheat.) 1 (1825).

③ See e. g. , McCulloch v. Maryland, 17 U. S. (4 Wheat.) 316, 421 (1819); Wayman v. Southard, 23 U. S. (10 Wheat.) 1, 22 (1825).

④ See Robert J. Pushaw Jr. , "The Inherent Powers of Federal Courts and the Structural Constitution", 86 *Iowa Law Review* 735, 843 (2001).

　　显然,通过区分司法权内部的复杂构成,进而界定司法权在不同层面所具有的不同属性,确定与限制国会的权力范围,内在权力路径一方面保护了核心的"纯粹"司法权,另一方面也承认了国会作为制度设计者的地位和角色,因而对现代行政国家中所存在的两种相互竞争的需要取得了某种调适。① 尽管内在权力路径具有这种优点,但由于其建立在一种并不稳固的理论基础之上,内在权力路径本身仍然没有解决现代行政国家中两种相互竞争的需要所固有的张力。特别是,就司法权的界定和保护而言,由于内在权力路径采取的是对于司法权进行自我限缩的方式,而且没有令人信服的正当理由,内在权力路径就不能够满足现实实践对于司法权所提出的其他更高的要求,因而封闭了司法权向外发展、延伸的可能性,限制了司法权获得更为丰富、饱满含义的空间。

　　首先,从概念上讲,纯粹的司法权,并不显得那么纯粹。如果司法权的纯粹性,仅仅表现在将法律适用到某个具体的情形中,那么,正如很多学者所指出的那样,司法权如何能够在实质意义上区别于行政权力。② 例如,总统有忠诚地实施法律的义务。在面对某种特定情形的时候,为了知道去做什么以及特定的情形是什么,总统必须既阐释法律,也需要发现事实。真诚地实施本身就是将法律适用到事实中。税务官将某种税收施加于某个人,交通警察将处罚决定适用于某个违反交通法规的个人,这些都涉及将法律适用到某种事实中。对此的一个可能回答是,只要第三条款的法院能够重新(de novo)审查这些行政行为,司法权就仍然区别于行政权力,即便两种权力行使在功能上没有本质性区别。然而,重新审查的要求不仅将严重地改变现代行政国家的特质,而且也可能消除了非第三条款裁判机构的许多优势。

　　从结构性视角,"司法"权力之所以能够区别于"行政"权力,或者一般意义上的司法权独立于政治权力的外部影响和控制,作为一种独立的政治权力类型,并不在于这两种权力所履行的任务以及发挥的功能,而是宪法的规定使然,准确地说是具体的制度设计问题,体现着制宪者对于司法权在宪制政府中角色的理解与预期。当然,在宪法构造了三种独立的政

----

　　① See Jeffrey C. Dobbins, "The Inherent and Supervisory Power", 54 *Georgia Law Review* 411, 455—462 (2020)

　　② See e. g. , David A. Strauss, "Article Ⅲ Courts and the Constitutional Structure", 65 *Indiana Law Journal* 307, 310 − 311 (1990); Paul M. Bator, "The Constitution as Architecture: Legislative and Administrative Courts under Article Ⅲ", 65 *Indiana Law Journal* 233 (1990).

治实体的意义上，说最终是宪法使"司法"权力区别于"行政"权力，总有一些套套逻辑的味道。但是，套套逻辑并不因此就是无用的，相反它为我们分析问题、看待事物提供了一种新的视角。^① 因此，说宪法构造区别了司法权，我们必须将宪法纳入我们的分析框架之中。换言之，我们必须理解解释宪法是"如何树立正义"的^②，本书将在第三部分对重点展开分析。就此处的目的而言，记住纯粹的"司法权"并不能够有效地区别行政权力就足够了。

其次，内在权力路径界定纯粹的"司法权"在裁判特质方面的含义时，仅仅集中于联邦法院与外在于第三条款的行为者之间的关系，即法院的裁判要免受国会、行政官员等外部政治行为者的干扰和侵犯。但是，联邦法院内部之间的关系，对于理解司法权的含义，在概念上同样具有意义。实践中存在着许多充分界定的情形，某个联邦法院为了遵从另一个通常更为优越的联邦法院的权威，常常受到削弱。例如，考虑到"最终性"这项纯粹的"司法权"特质。无论是学者还是法院都承认，最终性是第三条款授予联邦法院司法权的一项本质特征，司法判决不能受制于立法机关、行政官员，甚至州法院的修正或者取代。然而，在一个联邦法院的裁决可以被更高一级的拥有上诉管辖权的联邦法院修正的意义上，该联邦法院显然缺乏最终性。因此，某个特定联邦法院所授予司法权的最终性，应该被限定为在面对外部行为者时的最终性，以及在面对其他第三条款法院时潜在的非最终性。正如最高法院在普劳特案(Plaut v. Spendthrift Farm, Inc.)所指出的那样，第三条款给予联邦司法的权力，并不仅仅就案件进行裁决，而是决定这些案件仅仅受制于在第三条款等级系统内的高级法院的审查。司法权是一种产生决定性判断的权力。^③

同样，就独立性这项纯粹的"司法权"特质而言，这项特质意味着司法权

---

① 关于套套逻辑作用和限度的分析，可参见张五常：《科学说需求》，中信出版社 2010 年版，第 50—67 页。

② See U. S. CONST. preface: We the people of United States, in order to form a more perfect Union, establish Justice, insure domestic Tranquility, provide for the common defence, promote the general welfare, and secure the Blessings of Liberty to ourselves and our Posterity, do ordain and establish this Constitution for the United States of America(我们合众国人民，为建立更完善的政治联盟，树立正义，保障国内安宁，提供共同防务，促进共同福利，并确保我们自己和后代自由的幸福，特为美利坚合众国制定本宪法)。

③ See Plaut v. Spendthrift Farm, Inc. , 514 U. S. 211, 218—219 (1995).

包含一种权威与义务——就"宣布法律是什么"①做出自己最佳的独立判断。对此，国会不能够要求联邦法院遵从国会对于法律的理解或者一个州法院的法律解释。然而，联邦法院的独立性解释，再一次在等级性的联邦法院内部妥协。遵循先例的学说要求一个待决法院需要在实质意义上遵从自己先前的裁决或者同级法院就相同或类似案件所做出的裁决，有时候甚至必须完全遵从一个高级法院的裁决。② 最明显地，当一个高级法院推翻了一个低级法院的判决，然后发回到低级法院进行进一步审理，此时低级法院实际上被命令以一种它所认为错误的方式来行使其司法权。可见，低级法院遵守对它们拥有上诉管辖权所确立法律先例的一般性要求，意味着低级法院独立的解释权威被有意义地限制着，而不是真正的独立。

因此，纯粹的"司法权"所含有的制度性结构提示我们，所谓司法权的某种本质性特征以及核心功能并非是某一个法院单独享有的，毋宁说是归属于整体的司法系统。③ 因此，某一法院所能够拥有的司法权的本质性特征，就依赖于该法院在整体司法系统中的地位和角色。但是，一旦我们承认这一点，司法权的内在权力界定路径就在某种程度上遭到了削弱。因为某一法院在整体司法系统中的地位和角色，不仅是一个制度的安排和设计问题，更是由立法者具体解决的政治问题。在这个意义上，现代行政国家所内含的国会作为制度设计者的地位以及维护第三条款的宪法价值这两种相互冲突的需要仍然没有解决。

最后，《宪法》第三条款将司法权授予了最高法院，以及国会随时建立的低级法院，最高以及低级之区分依然显示了司法权在联邦法院内部的不同。基于此，实践中一个急迫的问题便是，在联邦司法系统内拥有不同或者重叠管辖权的不同联邦法院之间内在关系如何。由于没有区分纯粹司法权的特征究竟是属于某个法院，还是整体司法系统，内在权力路径本身无法对这个问题给出令人满意的回答。换言之，内在权力路径遮蔽了实践中联邦司法系统在司法权内部更为丰富和饱满的含义。因此，内在权力路径无法成为一种充分的司法权界定和保护的路径。

---

① See Marbury v. Madison, 5 U. S. (1 Cranch.) 137, 177 (1803).

② See Evan H. Caminker, "Why Must Inferior Courts Obey Superior Court Precedents", 46 *Stanford Law Review* 817 (1994).

③ See Evan Caminker, "Allocating the Judicial Power in a Unified Judiciary Symposium: Restructuring Federal Courts", 78 *Texas Law Review* 1513, 1523−1526 (2000).

(二)上诉审查理论的不充分性

关于"司法"权力范围的内在权力论证注定是失败的,因为法官与其他政府官员履行的职能和任务并没有本质性的区别,他们在做着同样的事情。但是,对于司法权界定和保护的需要,仍然具有理论上的意义以及实践上的急迫性。虽然法官与政府官员在履行职能的时候做着同样的事情,仍然有其他东西将这两种不同的权力予以区别。这种区别表现在我们对有关司法权的传统理解当中,非第三条款裁判机构虽然也在做出决定,但是法院更要确保它们所做之决定与法律的一致性。基于此,非第三条款裁判机构与法院之间的区别便在于执行与(最终)审查的区别。联邦"司法权",并不是一种先验的范畴,更需要在历史发展中获得含义。正如在1932年的克洛威尔案所显示的那样,非第三条款裁判机构只有在"附属于"第三条款法院的意义上,才能够得到联邦最高法院的认可,具有合宪性。换言之,《宪法》第三条款授予联邦法院的"司法权"是一种审查性的权力,而不是一种起始权力,即由《宪法》第三条款法院审查非裁判机构之决定与法律的一致性。因此,已经存在并确立的制度实践和传统表明,司法权的本质是一种审查的权力(judicial-power-as-review-power)。[1]

就如何调适国会作为制度设计者的地位与保护《宪法》第三条款价值而言,很多学者提出了上诉审查理论。概括而言,上诉审查理论认为国会拥有相对广泛的权力组建裁判机构,并可授予大量的初审管辖权,只要这些裁判机构仍然受制于第三条款法院充分透明的上诉审查。[2] 在支持上诉审查理论学者看来,较高级联邦法院,特别是联邦最高法院通过对非第三条款裁判

---

[1]　See Frank H. Easterbrook,"Success and the Judicial Power",65 *Indiana Law Journal* 277,280 (1990).

[2]　See e. g. ,Richard H. Fallon,"Of Legislative Courts,Administrative Agencies,and Article Ⅲ",101 *Harvard Law Review* 916 (1988);Martin H. Redish,"Legislative Courts,Administrative Agencies,and the Northern Pipeline Decision",1983 *Duke Law Journal* 197,226－228;Richard B. Saphire & Michael E. Solimine,"Shoring Up Article Ⅲ:Legislative Court Doctrine in the Post CFTC v. Schor Era",68 *Boston University Law Review* 85,88,138－139 (1988);Paul M. Bator,"The Constitution as Architecture:Legislative and Administrative Courts under Article Ⅲ",65 *Indiana Law Journal* 233 (1990);Judith Resnik,"'Uncle Sam Modernizes His Justice':Inventing the Federal District Courts of the Twentieth Century for the District of Columbia and the Nation",90 *Georgetown Law Journal* 607,668－669 (2002);Gordon G. Young,"Public Rights and the Federal Judicial Power:From Murray's Lessee Through Crowell to Schor",35 *Buffalo Law Review* 765,824－826(1986).

机构的初审判决进行审查,这样一方面保证了国会作为制度设计者的地位,使其能够有效地应对现代行政国家对专业性裁判机构的需求;另一方面也确保了这些裁判机构对于较高级联邦法院的附属地位,从而维护了《宪法》第三条款的价值。例如,在一篇颇具影响的研究论文中,贝特(Paul M. Bator)就指出,为了满足现代行政国家对专业性裁判所提出的实用要求,国会应该拥有几乎完全的权力将联邦司法事务,即第三条款所列举的管辖权种类,分配给缺乏第三条款保障的立法性法院与行政法院。但是,某些第三条款法院必须保持对这些非第三条款法院"最终控制"的权力,即纠正其法律错误。① 如果国会以其他方式任意地分配联邦管辖权案件给非第三条款法院,特别是阻断了第三条款法院进行上诉审查的路径,最高法院将保有不支持国会行动的权力。

显然,对于澄清《宪法》第三条款所授予联邦法院司法权的含义,以及确定非第三条款裁判机构何时能够审理联邦法律问题案件,上诉审查研究学者提出了一种简单、一致的路径。尽管上诉审查理论具有清晰与简单的优点,对于充分界定和保护司法权而言,上诉审查理论仍然受困于一系列因素,尽管这些因素表面上没有那么明显和确定。

首先,尽管上诉审查理论是从已经建立的制度实践出发提出来的一种理论,但是该理论仍然与其他制度实践存在冲突。例如,国会依据第一条款权力组建的军事法院,直到20世纪80年代之前,都不受制于联邦法院的上诉审查。对此,国会并不认为有什么不合适,而且即便存在上诉审查,也不是在每一个案件中都适用。② 另外,对于行政机构有义务执行的法规,最高法院已经确立了必须遵从行政机构合理解释的义务。最高法院对行政机构的这种遵从,就使得有时候在某些有关法律问题上,是行政机构而不是法院拥有最终的权威。③

而且,上诉审查理论也没有充分地解释为什么对于法律问题的(issue of law)司法控制,是《宪法》第三条款的本质性目的与核心价值所在。④ 换

---

① See Paul M. Bator, "The Constitution as Architecture: Legislative and Administrative Courts under Article Ⅲ", 65 *Indiana Law Journal* 233, 263—270 (1990).

② 关于军事法院的历史与第三条款的关系,一个新近分析可参见 Stephen I. Vladeck, "Military Courts and Article Ⅲ", 103 *Georgetown Law Journal* 933 (2015)。

③ See e. g. , NLRB v. Hearst Publications, Inc. , 322 U. S. 111, 130—131 (1944); Chevron U. S. A. , Inc. v. Natural Resources Defense Council, Inc. , 467 U. S. 837, 864—866 (1984).

④ 参见[美]劳伦斯·M. 弗里德曼:《美国法律史》,苏彦新等译,中国社会科学出版社2007年版,第143页。

言之,对于特定案件非偏私的决定就不是司法权的本质。实际上,对于第三条款法官行为良好的终身任职以及报酬不得削减的一个合理推理是,制宪者想要一种公平的判决。① 在每个案件中公平判决的作出,当然就需要对事实发现与法律宣布的同时控制。毕竟,在普通案件中,事实是一切。

其次,上诉审查理论本质上假设了国会将某种管辖权事项放置于非第三条款法院初始裁判之决定的合宪性。在这个意义上,实践中上诉审查理论就忽视了这样一种可能性,即这些立法性法院以及行政机构做出的初始决定,可能以一种侵犯有效上诉审查,或者加重当事人实施联邦权利的负担的方式而做出。实践中这种情形的存在,特别是出于保护当事人联邦权利的必要,对于非第三条款裁判机构的运作,就需要除了上诉审查形式之外的其他具有司法意义的监督形式,以保护《宪法》第三条款的价值。实际上,除了直接的上诉审查以外,司法实践仍然存在着诸如普通法的职务执行令状、人身保护令状、告知令状、中止令状等监督形式,以保障这些非第三条款的裁判机构在联邦司法系统内真正地低于第三条款法院,特别是联邦最高法院。②

最后,也是最为麻烦的,对于上诉审查的强调可能意味着允许国会建立某些裁判机构,偏离既定的制度传统。在联邦法院系统内部,所有的联邦地区法院都要受制于美国联邦(巡回)上诉法院的上诉审查,这种上诉审查是联邦(巡回)上诉司法依法当然取得的权利(as-of-right)。而且,一旦某个案件出现在联邦法院的诉讼日程表上,那么该案件就必须排他性地由受第三条款任职与薪酬保障的法官所组成的联邦法院处理。③ 在上诉审查中,国会可以自由地允许治安法院或者其他非第三条款的法官审理所有在联邦地区法院权力范围内的案件,但该制度安排可能为既定制度实践所阻止。

例如,考虑到这种可能性,国会可能组建一个拥有全国范围管辖权的专业立法性法院,来审查所有联邦地区法院在某一特定领域中的决定,该法院的法官缺乏第三条款的任职与薪酬保障。如税收或者专利法领域内的初审

---

① See David A. Strauss, "Article III Courts and the Constitutional Structure", 65 *Indiana Law Journal* 307,307,309 (1990).

② See James E. Pfander, "Article I Tribunals, Article III Courts, and the Judicial Power of the United States", 118 *Harvard Law Review* 643,721—731 (2004).

③ See Glidden Co. v. Zdanok,370 U. S. 530,582—584 (1962).

判决,以便获得这些领域中法律的统一。① 问题在于,如果这个法院的判决本身仍然受制于第三条款法院的进一步审查,如最高法院,那么该种制度设计是否仍然与第三条款的价值相符合? 显然,在这种情形下,即便对非第三条款裁判机构存在上诉审查,国会的制度设计侵犯了既定的传统,即非第三条款的法官不能参与属于联邦法院管辖权范围的司法审理。这种制度传统已经作为不成文宪法,进而成为宪法本身的一部分。在这种情形下,某种意义上的形式主义反而保证了一个等级性联邦司法系统的结构性要求。

因此,上诉审查理论虽然表面上对国会制度设计者的角色以及保护第三条款价值这两种需要进行了某种调适,但是上诉审查理论在实践中所可能出现的上述问题表明仅仅以上诉审查为监督形式,并不足以充分地保障《宪法》第三条款的价值。② 这种情况的出现意味着对于国会制度设计者角色的过度承认,因而学者所提出的作为文本解释主义路径替代的上诉审查理论,也不能成为界定和保护司法权的有力路径。

第三节　理解司法权的另外一种视角

传统意义上对司法权的界定在概念以及实践上所存在的困难,使得我们有理由寻找一种更为充分和全面的司法权的概念性界定。应该承认的是,传统意义上司法权界定的困难,也为我们的分析提供了指引,那就是对司法权的全面正确理解,必须将宪法结构以及政治权力实践纳入分析视野之中。"法院构成了政治体系和更加一般化的政体文化的一部分。寻求将法院与这类政治性影响完全隔离开来既不可能也不恰当。"从科学方法上讲,对于司法权的界定,所涉及的宪法的文本、结构以及历史,不能从狭义上理解,即仅仅以《宪法》第三条款授权条款为分析依据,以宪法文本通过时立宪者的具体设想为基础。对司法权的全面理解,需要将整个宪法结构纳入分析框架之中。在这个意义上,要追问的是,是否一定要诉诸某种司法可执行意义上的本质特征和核心功能,才能保持和维护某种恒久的、中立的和独

---

① See James E. Pfander,"Article Ⅰ Tribunals,Article Ⅲ Courts,and the Judicial Power of the United States",118 *Harvard Law Review* 643,774 (2004).

② 实际上,这点也早为布伦南大法官在管道施工(Pipeline Construction)案中所指出,当他注意到对于第一条款法庭的上诉审查并不总是能够充分地保护第三条款的价值。参见 Pipeline Construction Co. v. Marathon Pipe Line Co.,458 U. S. 50,74 n. 28,86 n. 39 (1982)。

立的司法权？通过分析宪法结构以及政治权力实践，可以发现存在着支持司法权的重要情形。司法权的界定和维护，无须诉诸某种具有司法意义上的界定性特征。

一、司法权的结构性构造

在宪法主要是有关政治的构成、组建意义上，1787 年美国联邦《宪法》本身创造了三种政治实体，国会、总统以及一个最高法院。① 司法权产生于宪法这一事实提示我们，对于司法权的正当性辩护与准确理解，必须置于宪法结构之中去领会。

关于司法权正当性的经典辩护，源自建国者们关于权力，尤其是不受制约或限制的权力，在本质上对政治自由充满着敌意这一清晰的理解。在美国制宪者那里，政治权力是必须的，但它是危险的，必须以一定的方式来安排这些权力，防止太多的权力集中于个别部门的手中。可以说，政治体的内部结构决定了它们自身的命运，为其成员设定了不断扩张的条件，这种不断扩张的原则既不是膨胀，也不是征服，而是权力进一步的组织和联合。② 这必须建立在对政治体的本性深入了解的基础之上，以此构建起来的政治实体才可以联合成一个长期同盟，而不至于丧失自身认同。孟德斯鸠在美国制宪过程中所扮演的角色，几乎可以与卢梭在法国大革命所起的作用相媲美。我们知道，在孟德斯鸠那里，权力问题只有通过权力本身来制止，这样权力才能够保持自身的完整。③

事实上，正是政治权力之间分立与制约的原理，使得民主政体最初为坚

---

① See e. g. , Martin H. Redish, *The Constitution as Political Structure*, Oxford: Oxford University Press, 1995, pp. 6—9.

② 显然，美国宪法的真正目标不仅仅是限制权力，而是创造更多的权力，实际上是要成立和正式构建一个全新的权力中心，以便联盟或者联盟某一部分，也就是已经正式构建的州的权力都不会相互削弱或者破坏。这一复杂缜密的体系是精心设计出来的，以保持联邦权能的完整性，不让各种权力源泉在进一步扩张中，由于其他成员的加入而增长的过程中干涸。正如阿伦特所指出的，"如果联邦会议不去创造和构建新的联邦权力，而是选择削弱或废除州权，立国者将立刻遭遇法国同行们的质疑；他们将丧失其制宪权力。这也许是为什么就连最坚贞不渝地支持一个强中央政府的人，都不愿意彻底废除州权的原因。联邦体系不仅仅是民族国家唯一的替代选择，它还是避免陷入制宪权力和宪制权力恶性循环的唯一道路"。［美］汉娜·阿伦特：《论革命》，陈周旺译，译林出版社 2007 年版，第 149—150 页。

③ "为了防止滥用权力，必须通过事物的统筹协调，以权力制止权力。我们可以有这样一种政治体制，不强迫任何人去做法律不强制他做的事，也不强迫任何人不去做法律允许他做的事。"［法］孟德斯鸠：《论法的精神》（上卷），许明龙译，商务印书馆 2012 年版，第 185 页。

定倡导自由的建国者所重视。① 因此，并非是论证司法权，而是论证全部政治权力制衡的首要主张就是立基于这样一个消极性的基础，也就是假如权力受到另一种权力的制约和权衡，那么自由便得到允诺。特别是在麦迪逊那里，建立联邦政府的结构所依据的权力分立原则，意味着每一个部门都具有必要的宪法性手段和个人动机抵制其他部门的不正当侵犯，用麦迪逊的话说就是，"我们必须用野心来对抗野心。我们必须使个人利益和他所服务的那个部门的宪法权力发生关系……设计一个由人来管理人的政府，最大的困难是：首先你必须使政府有力量，能够控制被统治的人；其次必须要使它能够控制自己。无疑，依赖人民是控制政府最基本的办法；但是经验告诉人类，我们还必须采用辅助的预防办法"②。假如法院能够作为一种施于政治权力运行之上的制约而行动，作为一个保护自由的屏障，司法权将很好地服务于一个自由社会的宪法的承诺。一种权力受到制约的政治体制意味着获得自由承诺的宪制政治。

因此，麦迪逊主义分权体制的一个重要方面便是通过不同形式的代表和权力组合保证一种更忠实和常规的政治结构，从而防止政治权力结盟及其可能带给人民的危险。"宪法所规定的复杂或者说平衡政治从根本上说是宪法秩序或者说权力的平衡，和宪法职能区分混在一起，它是由宪法的制定者所形成的，需要人民的同意，从而赋予其生命，需要公民和代表们的私利和野心，从而保证其一直处于动态之中。"③通过一系列涵盖面相当广泛的程序保障以及十分精巧的制度设计，从而确保做出实体性选择的决策程序会尽量在平等的基础上向所有人开放，同时使决策者负起责任，美国宪法创造了一个有活力的、自我执行的宪制政治。④

---

① See Larry D. Kramer, "Madison's Audience", 112 *Harvard Law Review* 611, 670 — 679 (1999).

② Hamilton, Madison and Jay, *The Federalist Papers*, introduction and noted by Charles R. Kesler, New York: New American Library, 1961, no. 51, p. 319.

③ ［美］赫伯特·J. 斯托林：《反联邦党人赞成什么：宪法反对者的政治思想》，汪庆华译，北京大学出版社 2006 年版，第 116 页。

④ 分权是自我执行机制的核心组成成分，参见 Steven G. Calabresi & Livia Fine, "Two Cheers for Professor Balkin's Originalism", 103 *Northwest University Law Review* 663, 678 (2009); Jack Goldsmith & Daryl Levinson, "Law for States: International Law, Constitutional Law, Public Law", 122 *Harvard Law Review* 1791, 1832 (2009); Tara Leigh Grove, "A (Modest) Separation of Powers Success Story", 87 *Notre Dame Law Review* 1647, 1648 — 1650 (2012).

在这个意义上,鉴于由制宪者们设计的谨慎而深思熟虑的,几乎是精确的权力分立和制约机制,如果政治的第三个机构对另外两个并列机构的行动缺乏有效的复审性控制,就很难想象它如何能够像其他并列机构一样成为同等的政治组成部门。"一旦我们采用宪法作为最高法的理论,作为一种制约篡夺性以及任意性权力的司法权必须存在于法院之中。立法性法律必须由宪法标准所测量。"①这种源自权力的平等性并列的对于司法权的正当性论证,并不只是由于授权法院对另外两个部门实施制约而宣告终结,而且有助于强调这些部门施于法院之上的同等、并列的制约。重要的,这样一种论证还有利于另外一种竞争,即每一个并列的机构,其目的同样在于获取宪法的官方解释者的地位。② 我们知道,在美国宪制政府之中,不仅立法机关是代议的,行政机关也是代议的。立法机关仅仅是人民的代表,而不是人民本身,人民仍然通过其他选举方式来表现人民的意志和主权。③ 美国的国会在批准之时,参议院由各州立法机关选举组成,众议院按人口比例进行分配,主要代表的是各州范围内的选民利益,而总统却由全国人民选举,代表的是国家范围内的选民。可见,宪法构造了不同代表模型,创造了不同的政府机构,它们各自由不同的选区构成、拥有不同的任期期限以及面对不同的约束,为的是没有任何一个政府机构可以永久地、完美地代表美国人民自身,但是又彼此竞争更好地代表美国人民。权力和部门内部制衡的确立,意味着要着手做两件事:一是确保每一个机构相互分立的独立性;二是确保每一个机构的公共责任。在一个权力制衡的宪制体系中,将法院视作一个相互平等且发挥功效的统治机构,就能够使得司法权发挥制约作用的同时又被制约,保持司法权的有效性,同时确保法院独立但不独裁,防止了司法至上主义。

---

① Cuthhert W. Pound,"The Judicial Power",35 *Harvard Law Review* 787,790 (1922).

② 参见[美]约翰·埃格里斯托:《最高法院与立宪民主》,钱锦宇译,中国政法大学出版社2012年版,第72—73页。

③ 正如威尔逊所指出的,美利坚合众国的分权体制不是一项协定或契约,相反,它是人民颁布的一项法令或法规,"本宪法由人民自己制定并确立;而我们,这些投票支持该宪法的人,只不过是各自选民的代表而已。我们作为人民的代表签署该宪法,而我们自己,作为个人,也是认同该宪法的"。[美]詹姆斯·威尔逊:《美国宪法释论》,李洪雷译,法律出版社2014年版,第90页。

　　然而,这种权力分立的消极性观点,就理解司法权而言,仍然是一种不充分的观点。权力在各不相同、展开互动的政治部门之间进行的分配,并不只是保护人民的自由免受政治权力故意的或者欠缺深思熟虑的侵害。在宪制政府中,作为整体的政治体系和合法性要依赖于人民的认同,正如汉密尔顿所言,"宪法的基础是人民的权力,执行政治权力的是人民的直接代表和公仆。这里,严格意义上人们并未交出任何东西;因为他们保有一切东西,他们没有必要作特别的保留"①。但是,特定政府部门的合法性,如法院,并不依赖大众对于机构表现的赞同,不管是暗示还是其他的方式,或者大众对于机构运作过程的认可。相反,特定政府部门的合法性要依赖该政治部门在政治体系中发挥作用的能力及其遵守其作用限度的意愿。

　　在这个意义上,权力分立原则还有一个积极的面向,这种积极的面向常常为理论学者所忽视,特别是在分析法院功能的时候。在宪法之下,"对于一个非经选举产生且终身任职的,在很多方面享有对政治及个人行为进行支配的实质性权力的法官组成的国家机构而言,对其正当性的唯一可能的辩护,就是这样一个机构具有一种潜能。这种潜能有助于使我们在这个社会中获得那些我们永远期望得到的东西,阐明和实现那些使我们的生命凝聚成一个与众不同且值得称颂的民族的原则,并且在对于民主统治的需求予以充分关注的前提下这样去做"②。在今天的形势下,宪法中的正当程序条款的含义是什么,平等保护意味着什么,言论自由和出版自由又拓展到了何种新的领域? 这些都是法院不得不回答的问题。正是凭借司法权的行使,法院能够引导人们朝着民主的方向,在对理念和原则的捍卫与滋养过程中,按照民主政体的要求,过一种受宪法规则支配的生活,一种与塑造这个国家的特定理念相一致的生活。

　　从效果和真实原理的层面,从对于政治生活所做的积极贡献的层面,而不仅仅是对政治活动进行制约的层面上看,独立的司法机关的最重要功能才得以显现。宪法充满着原则、理念和理论,需要由博学之才适用,在变迁的环境中对其进行解释,并且对其最终展示出来的含义进行严肃的思考。当代诉讼的社会作用不在于解决争议,而是在宪制政治的语境中赋予宪法

① Hamilton, Madison and Jay, *The Federalist Papers*, introduction and noted by Charles R. Kesler, New York: New American Library, 1961, n. 84, p. 512.
② [美]约翰·埃格里斯托:《最高法院与立宪民主》,钱锦宇译,中国政法大学出版社 2012 年版,第 161 页。

原则以及价值理念以具体的含义。① 这些宪法原则和价值理念超越了争端解决模式内生的个人动机需要,它们明确和限定了政治的功能,界定了我们赖以生活的方式,构建了公共道德的核心,同时也构成了现代意义上的结构诉讼的实质基础。② 结构诉讼的任务是铺设一个新的现状,更加接近我们理想的状态。例如,对于监狱和学校系统的重建不能视为对于争议前状态的重建,而是体现了我们改革社会现实的努力。结构诉讼来自社会现实,反映某种对于现状公正性的怀疑,表现了对政治权力行使上的信任,建立在对于公共价值存在和重要性的确信之上,相信需要依靠政治权力才能将这些价值转变为现实。

二、支持司法权的重要情形

当然,对于司法权的这种结构性理解,仍然仅仅在理论层面上。问题在于,这种意义上的司法权在实践中是可运作的吗?存在着支持和维护司法权的因素以及可执行的机制吗?上面已经指出,能够影响司法权范围及其效能的因素有很多,但是能够直接左右司法权大小、有无的因素,则是司法权的对事权③,即法院的管辖权。对于法院而言,"没有恳求者,就没有事务;没有事务,就没有权力"④。由于联邦法院的管辖权,特别是最高法院的上诉管辖权,要受制于国会例外以及规制条款的约束(这也是为什么司法权需要界定和保护的原因)。因此,在这里如果我们能够证明理论上国会对于联邦法院管辖权消极意义上的剥夺、限制以及削弱,在实践中受到"非司法"的替代性的执行机制阻止的话,联邦法院的司法权也就间接地得到了界定

---

① [美]欧文·费斯:《如法所能》,师帅译,中国政法大学出版社 2008 年版,第 19 页。

② 结构性改革的核心概念在于,司法权作为政治权力的一种,依靠特定程序获取自身的合法性。法官赋予宪法价值意义的权威来自他的独立性和参与围绕意义讨论话题的意愿。法官对于结构性改革的参与借用了其既有的解释权力,同时来自他们行使权力的过程。参见[美]欧文·费斯:《如法所能》,师帅译,中国政法大学出版社 2008 年版,第 67—69 页。

③ 关于最高法院事务的一个经典开创性研究始于法兰克福特和兰迪斯在 1928 年出版的著作,他们特别分析了《1925 年司法法》对最高法院事务的影响,可参见 Felix Frankfurter & James M. Landis, *The Business of the Supreme Court: A Study in the Federal Judicial System* (originally published in 1928, with new introduction by Richard G. Stevens), New Brunswick, NJ: Transaction Publishers, 2007, cha. 7.

④ Barry Friedman and Erin F. Delaney, "Becoming Supreme: The Federal Foundation of Judicial Supreme", 111 *Columbia Law Review* 1137, 1182 (2011).

和保护。① 换言之，在美国权力分立的宪制体制当中，对司法权的保护存在着替代性的执行机制，这些机制一方面保护着独立的司法权，支持最高法院在宪制政治中的恰当角色；另一方面却不需要同时分享司法权的司法界定以及执行所存在的困难。

(一)立法过程对于司法权的保护

阻止管辖权剥夺的首要障碍，便是《宪法》第一条款所规定的立法过程。根据这一条款，所有的联邦立法必须要经过国会两院的同意并提交给总统批准。② 对于每一种联邦立法，宪法所规定的立法过程便有效地创造了一种超级多数的要求，因此给予政治党派，甚至政治少数群体，相当大的权力"否决"他们所不同意的联邦立法，尤其包括剥夺联邦法院管辖权的立法。③ 最近政治学者的研究也显示了，政治行动者拥有强有力的激励使用这种结构性否决来阻止管辖权的立法提案。政治学者主张在如今政治分裂的社会，联邦法院判决的整体内容要取得全部政治党派、社会团体的认同是非常困难的，因此，支持法院判决的政治群体就有理由授权(empower)联邦司法以及阻止约束法院的提案。④ 重要的是，这种政治支持与美国的宪法结构相联系。宪法规定的联邦法官的任命与批准过程能够有效地保证每一位联邦法官由占主导地位的政治群体挑选，这就使得联邦法官有关宪法以及其

---

① 虽然对于国会对联邦法院管辖权的权力范围以及界限，学者间存在巨大分歧，但他们却对以下两个原则存在共识：一是排除或者限制某些种类的联邦管辖权的提案，如果不是违宪的话，也是不明智的或者不适当的；二是限制最高法院的上诉管辖权以及有关宪法主张的管辖权这两种情形，尤其应该引起合宪性的关注。参见 Lawrence Gene Sager, "The Supreme Court, 1980 Term-Foreword: Constitutional Limitations on Congress' Authority to Regulate the Jurisdiction of the Federal Courts", 95 *Harvard Law Review* 17, 66 (1981); Gerald Gunther, "Congressional Power to Curtail Federal Court Jurisdiction: An Opinionated Guide to the Ongoing Debate", 36 *Stanford Law Review* 895, 921 (1984); Akhil Reed Amar, "A Neo-Federalist View of Article Ⅲ: Separating the Two Tiers of Federal Jurisdiction", 65 *Boston University Law Review* 205 (1985); Daniel J. Meltzer, "History and Structure of Article Ⅲ", 138 *University of Pennsylvania Law Review* 1569 (1990); Martin H. Redish, "Same-Sex Marriage, the Constitution, and Congressional Power to Control Federal Jurisdiction: Be Careful What You Wish For", 9 *Lewis & Clark Law Review* 363, 369 (2005); James E. Pfander, "Federal Supremacy, State Court Inferiority, and the Constitutionality of Jurisdiction-Stripping Legislation", 101 *Northwest University Law Review* 191, 213 (2007); Richard H. Fallon, Jr., "Jurisdiction-Stripping Reconsidered", 96 *Virginia Law Review* 1043, 1086 (2010)。

② See U. S. CONST. art. I, § 7, cl. 2.

③ See e. g., Bradford R. Clark, "Separation of Powers as a Safeguard of Federalism", 79 *Texas Law Review* 1321, 1339 (2001); John F. Manning, "Second-Generation Textualism", 98 *California Law Review* 1287, 1314 (2010).

④ See Ran Hirschl, "The Political Origins of Judicial Empowerment Through Constitutionalization: Lessons from Four Constitutional Revolutions", 25 *Law & Social Inquiry* 91, 116 (2000).

他法律议题的观点,至少在开始,某种程度上分享着任命他们的政治群体的观点。①

确实,在实践中只有共享占主导地位政治群体的政治日程与意识形态的人才能够被任命为联邦法官,这几乎是一个已经得到所有学者承认的政治现实。② 诚然,政治学者普遍承认最高法院做出的每一个判决或它的法理学教义的每个方面都能够被化约为当权派的政治利益,或者根据任命最高法院的政治党派的法律观点做出判决,这肯定不是真实的情况。③ 但是,在理解最高法院如何成功地主张并行使宪法解释权和司法审查权时,理会这种政治群体确实倾向于赞同相对"友好的"(friendly)联邦法院判决的总体内容,领会司法权与政治领导人的诉求如何共存会是有利的。④

例如,在 19 世纪晚期共和党由亲商业(pro-business)的保守派所控制,他们力图通过联邦司法推动他们的经济进程。⑤ 保守派大部分时期控制了总统和参议院,他们利用这种权威任命了对大企业持同情态度的联邦大法官。进一步,当共和党在国会拥有充分的政治权力时,他们争取扩大联邦法院的规模以及联邦管辖权的范围。同样,在 20 世纪后半叶,社会进步主义者试图利用联邦司法来促进某些进步目标,例如各种族的民权、校园祈祷、堕胎权。当他们预计具有同样目标与抱负的总统和参议院会使用宪法权力提名以及批准联邦法官时,国会中的进步主义者就倾向于投票支持扩大司法管辖权,改革派的总统也最有可能提名能够依据这些进步性价值来裁判

---

① [美]马克·图什内特:《让宪法远离法院》,杨智杰译,法律出版社 2009 年版,第 205 页。

② 毫无疑问,总统如何提名联邦法官是一个复杂的问题,包括但不限于党派性和意识形态、政治环境、从业经验、地区、宗教、种族和性别、友谊和报恩的因素,都会影响到总统的选择,一个细致分析可参见[美]杰弗瑞·A.西格尔、哈罗德·J.斯皮斯:《正义背后的意识形态:最高法院与态度模型》,刘哲玮译,北京大学出版社 2012 年版,第 163—169 页。

③ 参见[美]基斯·威廷顿:《司法至上的政治基础:美国历史上的总统、最高法院及宪政领导权》,牛悦译,北京大学出版社 2010 年版,第 308—309 页。

④ 在现代许多国家,如新西兰、加拿大、南非以及以色列,司法审查由选举的官员来建立和维持,通过司法裁判是政治家和政治运动寻求将他们的宪法教义成为国家法时所运用的手段之一,参见 Mark A. Graber, "Constructing Judicial Review", 8 *Annual Review of Political Science* 425 (2005)。

⑤ See Howard Gillman, "How Political Parties Can Use the Courts to Advance Their Agendas: Federal Courts in the United States, 1875—1891", 96 *American Political Science Review* 511, 512—513, 516—521 (2002).

案件的联邦法官。① 最后,如果进步主义者不再处于当权者的地位,当他们的对手强烈地反对这种所谓友好的联邦法院的判决,进而通过众议院提出联邦法院管辖权的措施时,这时仍然控制着参议院的进步主义者就可以使用结构性否决来击败所有这些剥夺管辖权的努力。例如,在 19 世纪七八十年代来自共和党和民主党内部的社会保守主义者设法通过参议院来剥夺联邦法院有关校园祈祷、校车接送、堕胎权等方面的管辖权。但是,社会进步主义者使用他们在众议院中的结构性否决权来维持联邦法院对于这些宪法诉求的管辖权。② 事实是,这些剥夺管辖权的立法议案在国会两院中的命运告诉我们,它们很少或者从来没有成为法律,更不用说能够避免总统的否决权了。③

由此可见,实践中处于当权者的政治党派持续地寻求司法授权来实现他们的政治目标。④ 当这些政治党派不再处于当权者的地位时,这种动态关系便给联邦司法的支持者们一种强有力的激励,进而使用《宪法》第一条款规定的否决权来阻止任何剥夺管辖权的立法提案,如果这种提案削减了他们所组建的"友好的"联邦司法权威的话。因此,第一条款的立法过程已经被证明为一种有效保护联邦司法的重要屏障,政治党派,无论是不是当权者,无论是多数派还是少数派,他们能够持续性地使用宪法规定的结构性否决来阻止管辖权剥夺的努力。除了立法过程以外,对于联邦司法的支持和维护,还存在着一种额外的结构性保护措施,即宪制政治的行政分支。

(二)负责条款对于司法权的保护

行政部门拥有很多可以处置的工具来反对宪法上有问题的立法议案。

---

① See Tara Leigh Grove,"A (Modest) Separation of Powers Success Story",87 Notre Dame Law Review 1647,1655 (2012);Barry Cushman,"The Judicial Reforms of 1937",61 *William & Mary Law Review* 995 (2020).

② See Tara Leigh Grove,"The Structural Safeguards of Federal Jurisdiction",124 *Harvard Law Review* 869,900—916 (2011).

③ See Daniel J. Meltzer," History and Structure of Article Ⅲ ",138 *University of Pennsylvania Law Review* 1569,1624 (1990);see also William C. Louthan, *The United States Supreme Court:Lawmaking in the Third Branch of Government*,Englewood Cliffs, NJ:Prentice Hall,1991,pp.193—194.

④ 确实,政治学者研究发现只有当政治党派预期总统任命以及参议院批准与他们偏好一致的法官时,他们通常倾向于扩大联邦司法的规模以及管辖权,一个经验性分析可参见 John M. De Figueiredo & Emerson H. Tiller,"Congressional Control of the Courts:A Theoretical and Empirical Analysis of Expansion of the Federal Judiciary",39 *Journal of Law & Economics* 435,438—460 (1996)。

宪法规定国会两院通过的法案需要提交给总统批准,因此总统在实质意义上参与到国会立法过程当中,分享了国会的立法权力。[①] 据此,总统就能够否决或者威胁否决他认为有问题的立法。[②] 有学者甚至认为,否决权的存在已经使得美国总统成为一位"首席立法者"。[③] 除此之外,美国联邦《宪法》第二条第三款还规定总统"负责法律得到忠诚地执行"。[④] 总统负责法律忠诚执行的义务就可以确保总统在法律的适用过程中发挥重要的作用,这同样也表现在总统对于联邦司法管辖权的支持和保护上。[⑤] 再次,社会科学经验性研究显示行政机关拥有强有力的激励,使用这种宪法权威来反对约束联邦管辖权的努力。

在宪制实践中,一些政治学者辩称总统经常通过联邦法院中的诉讼提出他的宪法哲学,诉诸司法来促进宪法目标。[⑥] 相应的,总统便有强有力的激励来维护某些有关宪法主张的联邦管辖权,特别是保护最高法院的上诉管辖权,因为最高法院的判决建立了下级法院得以运作的法律以及意识形态框架。理论上,总统当然可以选择批准管辖权剥夺的立法,进而将某些宪法主张排除在联邦法院管辖权之外,但是由于遵循先例原则的存在,州法院以及联邦低级法院有义务遵循最高法院的

---

① See U. S. CONST. art. I, § 7, cl. 2.

② 在实践中,总统的立法否决权有以宪法为依据的立法否决和以政策为依据的立法否决这两种情形。在后者为依据的立法否决中,总统直接以政策或者法律为依据而不是以宪法为依据否决国会的某项提案,从而表达了总统本人的政策偏好,美国正在逐渐迈向一种"总统行政主义"。参见 J. Richard Broughton, "Rethinking the Presidential Veto", 42 *Harvard Journal on Legislation* 91, 93 — 94 (2005); Elena Kagan, "Presidential Administrative", 114 *Harvard Law Review* 2245 (2001).

③ See Vasan Kesavan, J. Gregory Sidak, "The Legislator-in-Chief", 44 *William and Mary Law Review* 1, 3 (2002).

④ See U. S. CONST. art. II, § 3.

⑤ See e. g. , Tara Leigh Grove, "The Article III Safeguards of Federal Jurisdiction", 112 *Columbia Law Review* 2507, 270—273 (2012).

⑥ See e. g. , Robert A. Dahl, "Decision-Making in a Democracy: The Supreme Court as a National Policy-Maker", 6 *Journal of Public Law* 279 (1957); Keith E. Whittington, "'Interpose Your Friendly Hand': Political Supports for the Exercise of Judicial Review by the United States Supreme Court", 99 *American Political Science Review* 585 (2005); Robert Anderson, Alexander M. Tahk, "Institutions and Equilibrium in the United States Supreme Court", 101 *American Political Science Review* 811 (2007); James L. Gibson, "Challenges to the Impartiality of State Supreme Courts Legitimacy: Theory and 'New-Style' Judicial Campaigns", 102 *American Political Science Review* 59 (2008); Benjamin E. Lauderdale &Tom S. Clark, "The Supreme Court's Many Median Justices", 106 *American Political Science Review* 847 (2012).

先前判决①，这就使得总统所不赞成的联邦法院判决仍然存在，考虑到替代性措施的政治成本，总统就有激励来支持和维护联邦法院的上诉管辖权。因此，如果总统对于先前的宪制秩序持反对态度，同时他拥有自己独特的宪法哲学，总统就有非常强的动机通过诉讼修正先前的宪制秩序，进而实现自己的宪法哲学。

总统维护联邦司法的激励进一步由司法部（Department of Justice）的制度激励所增强。在美国，首席检察官（Solicitor General）几乎负责联邦最高法院中的所有联邦诉讼，而首席检察官是由总统任命并对总统负责的行政官员。因此，一旦案件到达联邦最高法院，首席检察官便在联邦法律的发展中扮演着重要的角色，对于宪法原则以及其他法律原则的建立发挥着实质性的影响。② 通过保护最高法院的权威，首席检察官能够最大化其在联邦法律发展方面的权力和影响。因此，无论是共和党还是民主党的首席检察官就有充分的理由反对剥夺最高法院上诉管辖权以及宪法主张的立法，在他们看来宪法解释以及裁判的问题属于联邦司法的权限范围，最高法院完全以及不受损害的上诉管辖权是美国政体的基础。

在政治实践中，即便是总统对于联邦法院的宪法法理学教义持强烈的反对意见，甚至剥夺管辖权的立法提案得到总统所属政治党派成员的支持时，总统仍然选择反对这些管辖权剥夺的提议。例如，在 19 世纪 30 年代最高法院挫败了一系列新政立法，某些特定的民主党立法者想要清除一些最高法院有关宪法主张的上诉管辖权，甚至主张废除司法审查，召回法院判决，或是由国会推翻法院的宪法判决。但是，罗斯福政府拒绝了这些提议，而是选择了法院填充（court-packing）计划。③ 正如当时一名行政官

①　当涉及解释联邦法律时，美国联邦《宪法》第六条保证了州法院有义务遵循最高法院的先例，然而不清楚的是州法院是否有义务遵循联邦低级法院的先例，有学者认为州法院也应该遵循低级联邦法院的先例，义务先例的约束力与法院的等级系统没有必然的联系。参见 Amanda Frost，"Inferiority Complex Should State Courts Follow Lower Federal Court Precedent on the Meaning of Federal Law"，68 *Vanderbilt Law Review* 53，79－80（2015）。

②　See Drew S. Days Ⅲ，"Executive Branch Advocate v. Officer of the Court: The Solicitor General's Ethical Dilemma"，22 *Nova Law Review* 679，680（1998）.

③　这一计划美其名曰是解决联邦法院因不堪重负的各类案件所带来的所谓难题，即只要原来的大法官年逾七旬且不肯退休，罗斯福就能够任命一位新的法官协助各种工作。这一做法的巧妙处在于，该计划将允许总统任命 6 位新的大法官，由此来保证新政计划的通过。这实实在在是一项"法院填充计划"，如果通过，就会创下一项先例，由此司法审查的制度可能永世不得翻身。这样的法案是对有限政府的美国传统的致命一击，这样说绝不过分。因为提出这一法案的总统，刚刚获得几乎是举国一致的信任投票，他提出来的任何重要要求还没有被国会否决过。参见［美］罗伯特·麦克洛斯基：《美国最高法院》，桑德福·列文森增订，任东来等译，中国政法大学出版社2005 年版，第 134－135 页。

员所说的,最高法院"宣布立法无效是司法权的核心……这些权力免于立法上的控制"。① 实际上,罗斯福想通过安插自己的支持者来填充最高法院的计划根本不包括任何要求司法克制的条款。② 相反,罗斯福贯彻了重建型政治的一般主题,强调他自己解释宪法的独立性和直接负责法律忠诚地执行的义务,以及用过去司法机关的宪法解释控制当下政治决定这种做法的不恰当性。对于罗斯福而言,为了让联邦司法"在成功实现民主中做好自己的本分",所需要的是一个"重新恢复活力的、有着自由意志的司法机关",其能够理解"宪法的当代意义"。③ 因此,即便是面对着一个咄咄逼人的最高法院,政府能够做的也仅仅是控制最高法院的权力,而非摧毁这种权力。④

(三)法律人共同体对于司法权的保护

宽泛地讲,司法权受到政治权力的支持和维护这一论断并非新鲜,也不缺少宪法文本的支持。这里仅仅是说对司法权的理解,不能超越构造司法权以及其他政治权力的宪法结构。值得注意的是,尽管存在着政治权力影响和塑造司法权的诸种情形,但在所有这些情形中,司法权仅仅是政治权力斗争的战场,而非战场中的部队、斗争的参与者。为了理解司法权与其他政治权力之间的复杂关系,必须再一次将《宪法》第三条款纳入分析视野之中。尽管联邦法官是任命产生的,但第三条第一款所规定的联邦法官行为良好得终身任职以及国会对于联邦法官的薪水不得削减,最大程度上保障了联邦法官的独立。这一规定不仅是司法独立的典型范例,也是司法独立如何获得的极致表达。⑤ 也许正是因为政治行为者期待司法权能够给他们带来如此重要的政治利益,一种独立的司法权就是必不可少的。重要的是,独立的司法权能够保证宪制实践中其他政治权力支持和维护司法权这一事实,并没有使得司法权本身成为进而混同为一种政治过程。在某种情形下,通过授权司法进而选择与司法权协调一致的行动,政治行为者支持和维

---

① Tara Leigh Grove,"A (Modest) Separation of Powers Success Story",87 *Notre Dame Law Review* 1647,1661 (2012).

② See Barry Cushman,"Court-Packing and Compromise",29 *Constitutional Commentary* 1,2—3 (2013).

③ [美]基斯·威廷顿:《司法至上的政治基础:美国历史上的总统、最高法院及宪政领导权》,牛悦译,北京大学出版社 2010 年版,第 285 页。

④ Cf. Leslie H. Southwick,"Federal Judicial Selection from Bush to Trump",95 *Notre Dame Law Review* 1847,1919—1926 (2020).

⑤ See Judith Resnik,"Trial as Error,Jurisdiction as Injury:Transforming the Meaning of Article Ⅲ",103 *Harvard Law Review* 924,1014 (2000).

护了他们所珍视的宪法价值,以免受与之竞争的政治行为者的逐渐侵蚀和置换。

也正是在这里,我们发现了对于司法权需要独立的一种新的理解。司法权之所以需要独立,并不仅仅是因为它的性质使然,更重要的在于政治行为者希望司法权能够独立,为的是联邦法院能够践行政治行为者在竞争、讨价还价的政治过程中所达成的体现在宪法以及法规中的妥协条款。① 换言之,当联邦法院作为一种参与者进入宪法裁判中,间接地参与到政治权力范围和界限的解释过程中的时候,联邦法院的角色是实施这些妥协条款,而不是判断这些妥协条款的必要性、妥适性以及明智性。联邦法院尤其不能以自己的判断代替政治过程中实际发生着的妥协以及讨价还价,在审查政治权力的合宪性时,应该依据宪法对该政治权力行使的约束和限制条款进行合法性的审查,而不是明智性的审查。② 一旦从参与者的角度理解司法权,就会发现实践中存在着另外一种支持和维护司法权的重要情形,即法律人所组成的共同体。

作为提供职业性的法律服务以获取有偿报酬的律师,在社会生活中通常都是以私人身份的形象出现的,我们也总是乐于将律师看成是只为自身利益着想的经济意义上的私利个人。"他们优先考虑利润,满足预算,以不同于社会服务职业者的方式管理员工和客户。总而言之,他们受商业逻辑而不是专业技术逻辑的驱使。"③对律师职业的这种传统观点使得在某种意义上,律师在政治生活中的公共角色和作用被相对地忽视了,或者说遮蔽了。然而,如果我们向传统和历史看去的话,律师所组成的共同体在维持和发展政治制度、程序规则等方面发挥着重要的甚至不可替代的作用。正如斯通所指出的那样:"在法律和政府领域拥有专门性的训练,被授予他职业所需要的独特特权,在公共事务领域的经验,精通商业组织和行政管理方面的问题,如果不是律师的话,我们能够向谁寻求解决一个非常脆弱的社会秩序所产生各种问题的指导?"④律师不仅是专业法律知识的生产者,复杂法律制度的重要创造者,他们也是专业法律知识的受益人,更是复杂法律制度的维护者。支持独立的司法权威,特别是维护法院管辖权不受肆意的剥夺

---

① See William M. Landes and Richard A. Posner,"The Independent Judiciary in an Interest-Group Perspective",18 *Journal of Law & Economics* 875,885-887 (1975).

② See Murray's Lessee v. Hoboken Land & Improvement Co. ,59 U. S. (18 How.) 272,283-286 (1855).

③ [英]杰拉尔德·汉隆:《律师、国家与市场:职业主义再探》,程朝阳译,北京大学出版社2009年版,第202页。

④ Harlan F. Stone,"The Public Influence of the Bar",48 *Harvard Law Review* 1,2 (1934).

以及克减,律师所组成的共同体构成了一种重要的力量主体。

律师是一个利益多元、充满竞争的异质性群体,律师的利益也并非总是与法院的利益完全一致,但观察到的经验却显示,有时候良好组织起来的法律人共同体能够支持和维护独立的司法权,就像政治行为者能够维护各自选民的利益一样,在政治过程中,法律人共同体也可以很好地有效代表着法院的利益。① 律师,尤其是出庭律师(trial lawyers)有强有力的激励来抵制立法对于有关实质性法律规则以及救济的重大修改,特别是对于司法程序的过分简单化改革,因为立法上的这些改变降低了出庭律师在有关法律信息以及诉讼技巧方面的垄断性权力。② 科学的法律改革理想所刻画的法律人共同体,"其与众不同的形式,很少表现在其实践智慧——对特殊的人和情况的判断上,而更多地表现在对其社会基本结构理论的理解和对形成整个社会经济秩序力量方面的知识上。这种知识是抽象的知识"③。因此,司法的利益并非像传统意义上所理解的那样,在政治过程中总是得不到相应的代表,存在着过低保护的问题。当我们将司法权做一种扩大化的理解时,司法权就并非总是显得那么脆弱,在司法的内部,在法律人的职业共同体当中,仍然存在着支持和维护司法权的重要情形。

综合上面的分析,我们现在可以说美国的宪制结构确保了存在着支持和维护司法权的替代性的执行机制。概括而言,美国的司法部门之所以能够赢得独立的解释宪法的权力,作为一种独立的、同等的政治权力,是因为其他政治参与者承认这样一种权力能够帮助他们获得政治上的利益。首先,当不再处于当权者地位的时候,特别是成为政治上少数的时候,政治党派能够利用立法过程中的否决权来反对剥夺最高法院管辖权的提案。其次,相对的司法独立和司法权能够帮助民选政治官员,特别是帮助创业型的总统克服一系列日常工作中遇到的政治困境。如果政治联盟从一开始就是支离破碎或者不稳固的,又或者盟友们对一些重大的政治议题有分歧,那么转向司法机关作为一种替代场所来推进总统的宪制哲学以及政治目标就是有必要的。最后,宪制政府以外的其他社会力量也有充分的理由支持独立

---

① 例如,现代产品责任法在很大程度上归因于侵权律师的利益,参见 Paul H. Rubin & Martin J. Bailey,"The Role of Lawyers in Changing the Law",23 *Journal of Legal Studies* 807,808 —809 (1994)。

② See e. g. , Peter Schuck, "Legal Complexity: Some Causes, Consequences and Cures", 42 *Duke Law Journal* 1 (1992);Frank B. Cross,"The Role of Lawyers in Positive Theories of Doctrinal Evolution",45 *Emory Law Journal* 523 (1996)。

③ [美]安东尼·T. 克罗曼:《迷失的律师:法律职业理想的衰落》,田凤常译,法律出版社2012年版,第22页。

的司法权,维护司法过程的技术性和复杂性表达了他们所专属的技术性收益,他们有理由组织起来反对任何剥夺法院管辖权或者提议诉讼程序以及证据规则变得简单通俗的提案。总之,在由政治参与者设定的边界内,司法部门已经获得了解释宪法的极大自主性,独立的司法权受到了其他政治行为者的支持和肯定,构成了自我执行宪制政治中的一个组成部分。

第四节　反对意见的答复

事实是顽固的石头,它们仅仅展现事物本身,而迈向任何形式的社会变革的首要一步就是公开地承认它们、理解它们、解释它们。麦迪逊主义的分权原则构造了一个自我执行意义上的宪制政治,关于司法权必须纳入这种结构性宪法之中去理解。重要的是,这种自我执行意义上的宪制政治,在实践中至今仍然有效地运行着,保护着重要的政治价值和原则,同样界定和维护着联邦法院在宪制政治中的角色和作用。联邦最高法院构成宪制政治运作的重要一环,在宪制实践中,政治行为者总是乐于运用不同的宪法条款所提供的工具来保护《宪法》第三条款授予联邦法院的司法权。换言之,在美国的宪制实践中,司法权无须诉诸司法意义上的概念界定,正是宪法的结构性条款所提供的制度性激励界定和维护着司法权。没有疑问,这种理解司法权的新视角可能受到各方面的怀疑和反对,在本书看来,这些可能存在的反对意见都是不令人信服的,司法权无须司法界定这一命题仍然是成立的。

可能存在的第一种反对意见认为,让我们姑且承认政治权力对于司法权的概念界定产生影响,在政治实践中也存在着支持和维护司法权的重要情形,但是为了判断哪种情形、哪种政治权力能够支持和维护司法权,而不是其他政治权力,我们必须诉诸司法意义上的可执行性标准。因此,对于司法权的界定最终仍然是司法的界定。正如"何谓法律"(what the law is)的权力最终落在法院特别是联邦最高法院[①],有关司法权的界定以及范围,最终的权威也必然在于司法上的界定,在于最高法院。在本书看来,该反对意见自身便违背了一条最基本的司法原则,即任何人都不能成为自身案件的法官。据此,为了确立司法权的范围以及性质,最终的权威同样也不能仅仅在于依据司法的本质性特征以及核心功能,非司法意义上的因素、其他政治主体也应该纳入司法权的界定过程当中。

进一步,为了判断哪种情形、哪种政治权力能够支持和维护司法权,我

---

① See Marbury v. Madison, 5 U. S. (1 Cranch.) 137, 177 (1803).

们需要诉诸的依据并非一定是司法意义上的可执行性标准,而毋宁是宪法为其他政治权力所提供的结构性激励以及联邦法院,特别是联邦最高法院在政府组成中的地位和角色。在这里,司法权本身所固有的本质性特征与宪法赋予司法权的结构性品格应该分开。虽然宪法在赋予司法权的结构性品格时,应该尊重司法权本身所固有的本质特征并以之为基础,但是司法权在政府构成中的结构性地位,更多的是一个制度设计的问题,还需要考虑其他因素,如一国的政治构成传统、习惯以及可行性。

第二种反对意见认为,我们接受司法权受到政治权力的影响和塑造这一政治现实,但是如此构造起来的司法权还是司法的权力吗?此外,如果要判断某种权力是不是司法权,即便最终权威不是司法的,我们仍然要事先诉诸某种司法意义的可识别性依据,对于司法的本质特征和核心功能的需要是不可避免的,即便司法的这些本质特征和核心功能是不完全、有错误乃至存在着偏见和先入之主的成见。正如阐释学者经常强调的那样,任何阐释都必然是带着某种先前理解进行的,不存在没有先前理解的阐释活动。①在这个意义上,对于司法权的界定,我们也必须事先诉诸有关司法权的先前理解,这些先前理解必然是司法意义上的本质特征,只有这样对于司法权的任何重新界定所产生的结果才可能是司法的权力。

在本书看来,这种反对意见具有部分说服力,但也仅仅是部分。为此,我们需要把握司法权界定这个问题的性质。正如本书上面的分析所表明,司法权之所以迫切地需要界定,主要因为司法权易受其他政治权力的侵犯。为此,我们需要准确理解司法权与其他政治权力之间的关系,厘清各自的正当权限和范围,把握各自在政府结构中的角色和作用。换言之,司法权的界定不仅仅是对概念的澄清和说明,更是一个宪制安排和选择的问题。司法权的来源并不是司法权本身,司法权的来源可以有多种。因此,正如法的来源不是法一样②,司法权的来源也并非一定具有司法意义上的本质性特征。承认司法权受到多种政治力量的影响和塑造这一政治现实,就要求我们必须分析进而理解司法权在政治实践中的复杂性,对于司法权的概念性体认才能够提高到一种新的、更加深入的层面之上。

在这个意义上,影响和塑造司法权的各种来源,包含实际上也必须包含具有司法识别意义上的本质特征和核心功能的这种先前理解的因素。在这

---

① 参见[德]卡尔·拉伦茨:《法学方法论》,陈爱娥译,商务印书馆2003年版,第121—126页。

② See Fabio Perin Shecaira, "Sources of Law Are not Legal Norms", 28 *Ratio Juris* 15, 22—28 (2015).

里,反对意见是正确的。但是,我们不应该忘记的是关于司法权的这种先前理解,它不仅仅是司法权界定来源的一种组成部分,还应该包括其他具有政治约束意义上的构成因素。实际上,传统意义上的司法权界定之所以特别强调具有司法识别的本质性特征和核心功能,这种权力界定路径主要服务的是司法独立这项政治价值。但是,在司法权的构造当中,司法独立仅仅是司法权所内含的一种政治价值,司法的问责制也同样是司法权所需要服务的重要政治价值。重要的是,我们不仅要认识到司法权所内含的独立和问责制这两种政治价值,而且要注意到司法权的这两种政治价值之间处于紧张关系。在这个意义上,司法权这个概念本身也是一个"本质上论争性的概念"。关于司法权,问题不是要不要司法独立,而是如何在司法独立和司法问责制两种相互冲突的价值之间取得某种平衡。① 据此,一个科学全面的有关司法权的概念界定框架,除了司法识别意义上的本质特征和核心功能之外,理应受到其他政治权力的影响和塑造。

　　第三种反对意见认为,即便上述两种反对意见的答复是令人信服的,但司法权要受到其他政治权力的支持和维护这一命题,却是建立在一个并不稳固的假设基础之上,那就是其他政治权力都主动愿意支持和维护司法权。考虑到政治行为者都是自我利益最大化这一严酷的政治现实,所谓司法权受到其他政治权力支持和维护这一命题仍然是不能成立的。因此,在政治实践中缺乏任何机制可以保证以促进自身利益或者野心为目的的制度之间的竞争,能够造成一种整体上可欲的状态,进而保护我们所珍视的宪法价值。② 换句话说,麦迪逊主义的分权体制不能解释为什么政府官员会使用他们的宪法权力(constitutional power)来保护,而不是损害或者中立于宪法价值。

　　但是,正如我们已经看到的,政府官员的确有激励使用《宪法》第一条和第二条所规定的结构来保护依据《宪法》第三条所设立的联邦法院,这很大程度上因为美国的宪法结构确保了司法是政治上建构起来的。在结构性宪法之中,政治行为者能够任命联邦法官、决定司法的规模以及联邦管辖权的范围。这些结构性工具确保政治党派构造同情它的宪法价值的司法机构,正如 19 世纪晚期亲商业的保守主义者以及 20 世纪社会进步主义者所做的那样。一旦政治党派已经授权(empower)于该"友好的"法院,政治党派便

----

　　① See David P. Currie,"Separating Judicial Power",61 *Law and Contemporary Problems* 7, 7－14 (1998).

　　② See e. g. , Adrian Vermeule, "The Supreme Court, 2008 Term-Foreword: System Effects and the Constitution",123 *Harvard Law Review* 4,27－28 (2009).

有激励使用《宪法》第一条否决权来保护联邦法院的当前权威,即便他们成为政治上少数派。另外,由于任命以及负责条款给予了行政机构发展联邦法律的直接角色,总统也有制度激励来保护联邦法院的管辖权。在这些语境之中,通过给予政治行动者制度激励来授权以及影响联邦法院,宪法结构本身(在其中,麦迪逊主义的分权体制居于核心)提供了一种坚强的机制,这种机制能够将选举官员的私人政治利益与独立司法的公共利益很好地连接在一起,而独立的司法是我们重视且珍惜的一种宪法价值。

当然,有些人可能怀疑联邦法院是否真正地独立于它的政治支持者。在这里,联邦法院的案例法实践再一次显示了联邦法院并非总是屈从于授权于他们的政治党派。例如,沃伦法院(1953~1969)有关校车接送、学校祈祷、堕胎权的判决,即便是在任命它的社会进步主义者那里,也显得非常不受欢迎。因此,实践经验表明联邦法院确实有一些余地超越任命它们的政治支持者的议程以及政治目标,进而支持一些在政治支持者眼中认为"不受欢迎"的宪法价值。从另外一个视角看,在联邦司法旨在保护人权以及其他宪法价值的意义上[1],通过授权以及保护联邦司法,政治行动者尽管不情愿,他们仍然保护了我们所珍视的其他重要宪法价值。[2] 在这个意义上,我们有理由认为政治行动者的私人利益在宪法结构的支持下能够维护重要的宪法价值,进而产生一种总体上可欲的公共状态。

第四种反对意见认为,既然司法权受到政治权力的支持和维护主要是一个结构性激励的问题,在制度设计没有发生相应改变的情况下,在政治实

---

[1]　See e. g. ,Aharon Barak,"The Supreme Court,2001 Term-Foreword:A Judge on Judging: The Role of a Supreme Court in a Democracy",116 *Harvard Law Review* 16,20－21 (2002).

[2]　最近,一些学者对法院在大部分案件中保护人权以及其他宪法价值的能力表示了怀疑,相关分析可参见 Thomas Poole, "Legitimacy, Rights and Judicial Review", 25 *Oxford Journal of Legal Studies* 697 (2005);Wojciech Sadurski,"Judicial Review and the Protection of Constitutional Rights",22 *Oxford Journal of Legal Studies* 275 (2002);Rafael La Porta et al. ,"Judicial Checks and Balances",112 *Journal of Political Economy* 445 (2004)。在沃尔德伦看来,在权利领域应该反对司法审查,因为当权利存在合理分歧的时候,最好的回答是我们享有权利的每一个人,将权利问题交给司法决定,就剥夺了我们最为重要的民主自我决定的权利(a right to democratic self-determination),权利主体应该通过立法过程来解决权利分歧,参见 Jeremy Waldron,"The Core of the Case Against Judicial Review",115 *Yale Law Journal* 1346,1361－1369 (2006)。对沃尔德伦的批评,可参见 Richard H Fallon,Jr. ,"The Core of an Uneasy Case For Judicial Review",121 *Harvard Law Review* 1694,1709 (2008);Mark Tushnet,"How Different are Waldron's and Fallon's Core Case For and Against Judicial Review",30 *Oxford Journal of Legal Studies* 49 (2010)。解决这种争论超出了本书的范围,但就当前目的而言,只要我们注意到以下这点就足够了:法院在实施某些宪法规范方面扮演一种角色,在联邦管辖权受到政治行动者支持和保护的范围内确保了法院有机会,即有权力,发挥那种角色。

践中所存在的司法权过度保护的问题,仍然没有解决。在这个意义上,对于司法权的司法界定的批评,就同样适用于司法权受到政治权力的支持和维护这一命题。而且,由于没有提出相应的制度设计以减少乃至排除司法权过度保护所产生的原因,所出现的结果要么是司法权过度保护的情况仍然存在,要么是司法权受到其他政治权力更为严重的侵扰和破坏,进而造成司法权的过低保护。无论是何种情形,司法权的处境都变得更为糟糕。

对此,应该承认的是,在普通法裁判中,对于一系列重复发生的相同或类似案件,尤其是涉及某种概念或者原则的范围和界限的时候,除非问题能够一劳永逸地解决,否则在以后的案件中法院总是要不可避免地做出自由裁量,在某种意义上就必然存在着过度保护或者保护不足的问题。① 例如,涉及言论自由的范围、正当程序的含义、平等保护的要求的案件,联邦法院总是不断地修改以及完善先前的判决原理,赋予这些宪法原则和价值以新的含义。在这个意义上,司法权本身也存在着过度或者过低保护的问题也就不足为奇了。但是,就这里的目的而言,我们首先要清楚司法权在宪制实践中存在过度保护的原因。实践中司法权之所以更多地存在着过度保护,不是法官动机上的原因,即法官要最大化他们自身的权力为唯一目的,而是法官认知能力的偏差,更存在于司法权所天生具有的脆弱性这一假定。如果在宪制实践中,司法权远非理论上所认为的那样脆弱,而是受到其他政治权力的支持和维护,那么法院再诉诸某种具有先验性质的本质特征和核心功能来维护所谓司法权的必要性就降低了。于此而言,有关司法权过度保护或者保护不足的问题便自然消解了。

因此,对于司法权的正当性证明以及司法在政府实体运行中的适当角色,都必须诉诸建构这种政治实体的宪法结构。换言之,对于司法权的界定和维护,我们不需要以某种具有司法识别以及执行意义的本质性特质或者核心功能为依据,实践中宪法结构所内含以及提供的政治激励就能支持和维护司法权。

第五节　理论含义

一旦将司法权的诸种政治构造作为一种政治现实予以接受和肯定,并进行深入理论思考,那么在概念上,我们对司法权的理解会产生相应变化。同时,在理论上,坚持司法权的政治构造这一观念对澄清当前围绕着第三条

---

① See Akhil Reed Amar, *America's Unwritten Constitution:the Precedents and Principles We Live by*, New York:Basic Books,2012,pp. 227-228.

款的某些理论论辩也有帮助。

一、例外与管制条款的性质

在美国宪法理论中,有关例外与管制条款赋予国会在联邦法院的管辖权,特别是最高法院上诉管辖权的权力范围,已经成为美国宪法中一个持久性的论辩主题。[①] 虽然存在着分歧,但是这些理论争论却有一个共同的前提,那就是例外与管制条款构成最高法院司法权的一种约束与限制。例如,布莱克法官(Charles L. Black)就将国会对于联邦管辖权的最终控制称之为"民主国家中司法工作的合法性所赖以存在的基石"[②]。在一个符合宪法的、依法成立的政体当中,任何一种政治权力的行使都需要进行合法性控制,这是一项最基本的政治权力原则。当联邦政权三个分支的任何一个变得过于强大时,包括司法权,就需要另外一种政治权力予以制约,进而保持政治权力之间的平衡。

然而,美国的宪制实践却告诉我们,宪法结构本身含有许多保护联邦法院管辖权,特别是联邦最高法院上诉管辖权的措施。宪法对于联邦法院所提供的结构性保护,使得消极意义上剥夺、削减联邦法院管辖权的立法提案,特别是剥夺、削减最高法院的上诉管辖权以及有关宪法主张的管辖权,很少成为法律。因此,通常意义上所认为的例外与规制条款构成联邦法院司法权的一种约束就是不准确的。[③]

但是,很少成为法律并不意味着该条款的规定是多余的,也不是说国会

---

① 对各种观点的详尽综述和评价,参见 Robert N. Clinton et. al. , *Federal Courts : Theory and Practice*, Boston : Little, Brown, 1996, cha. 2。

② See Charles L. Black, Jr. , "The Presidency and Congress", 32 *Washington & Lee Law Review* 841, 846 (1975). See also Paul M. Bator, "Congressional Power Over the Jurisdiction of the Federal Courts", 27 *Villanova Law Review* 1030, 1041 (1982); Charles E. Rice, "Congress and the Supreme Court's Jurisdiction", 27 *Villanova Law Review* 959, 984—85 (1982).

③ 一种权力之所以需要约束和控制,是因为该权力过分强大,有被滥用的风险。但是,司法权是否或者变得过于强大,本身就是有疑问的。在汉密尔顿看来,实践中司法机关侵犯立法机关权限的危险,其实是一种夸大其词的不实说法,虽然"特定的歪曲或违反立法机关意志的情况可能不时有所发生;但是,此种个别实例永远不可能达到阻碍,或者影响政治系统秩序的程度。这可以从司法权的一般性质,从它所涉及的对象,从它行使的方式,从它本身的相对软弱性,从它根本没有力量做其超越本身权力的后盾等诸方面,确定地推断出。这种推论也可以由下述一点重要宪法制约得到确保,即宪法规定授予立法机关对司法人员实施弹劾的权力,做法是由立法部门的一院提出,另一院判决。仅此一点就足以保证,永远不会发生法官不断有意侵犯立法机关权限以致引起立法机关联合起来加以反对的情事,因为立法机关可用撤去其法官职务予以惩治"。See Hamilton, Madison and Jay, *The Federalist Papers*, introduction and noted by Charles R. Kesler, New York : New American Library, 1961, no. 81, p. 484. 可见,如果像其他政治权力那样,确实存在着司法权自身滥用的可能,可能诉诸的制约体制是宪法规定的弹劾,而不是规制与例外条款。

对于联邦法院管辖权的剥夺和限制的立法提案从来没有成为法律，而是说要对该条款的性质和作用做出一种新的理解。在这个意义上，如果例外与规制条款不是对最高法院司法权的一种消极意义上的限制和削减的话，那么我们应该如何理解该条款的性质呢？对此的一个回答是，例外与规制条款是对司法权的一种积极意义上的保护和支持。当然，例外与规制条款对于司法权的支持和保护，仅仅是在特定的语境中，在特定的条件下。

概括而言，我们知道宪法仅仅建立了一个联邦最高法院，但是随着联邦案件数量的不断增长，在所有涉及联邦问题的诉讼由一个最高法院来做出判决已经变得完全不可能。① 结果则是，联邦最高法院自身持续地请求国会利用例外与规制条款之下的广泛权力来解决其日益增长的案件负担。例如，在 19 世纪晚期，联邦最高法院第七任首席大法官韦特（1874～1888），就敦促国会帮助联邦最高法院处理迅速增长的案件负担。对此，首席大法官韦特争辩道，"所需要做的是当前最高法院上诉管辖权的一种削减，如果这一点被坚持的话，很容易发现大量的案件种类不需要在最高法院那里最终决定，这些案件可以同样令人满意地由出于那个目的而拥有必要管辖权的低级法院更有效率的处理，这些低级法院拥有充分的品质和尊严来满足诉讼人的要求……我请求费城律师界在这方面做它能够做的，因此帮助最高法院成为，正如最高法院的名字所暗示的那样，一种执行正义的有力辅助机构"。② 在 20 世纪，第十任首席大法官塔夫脱（1921～1930）和第十五任首席大法官伯格（1969～1986）就向国会做出了同样的请求，他们坚持认为随着最高法院事务的不断增长，除非国会减少最高法院剩下的强制上诉管辖权，对于最高法院"就不可能像它曾经所做的那样迅速地、有条理地解决重要的问题"。③

面对联邦最高法院的相关请求，国会则是通过对于联邦最高法院的强制管辖权做出例外规定以及授予自由裁量性的调卷令审查，从而使对于是

---

① 从 1880 年到 1920 年，申请最高法院复审的案件稳定在 500 件左右，并无太大的变化。从 1930 年到 1950 年之前，出现了小幅增长，约 900 件。从 1950 年开始，最高法院的案件负担突破了 1000 件，但 1961 年，就提升到了每年 2000 件。6 年后，变为每年 3000 件，再过 6 年变为每年 4000 件。从 1950 年到 1995 年，最高法院的案件负担增加了近 6 倍。对此的分析，可参见［美］杰弗瑞·A. 西格尔、哈罗德·J. 斯皮斯：《正义背后的意识形态：最高法院与态度模型》，刘哲玮译，北京大学出版社 2012 年版，第 163－169 页。

② Notes, "Remarks of Chief Justice Waite", 36 *Albany Law Journal* 318, 318 (1887).

③ Jurisdiction of Circuit Courts Hearing, cited by Tara Leigh Grove, "The Exceptions Clause as a Structural Safeguard", 113 *Columbia Law Review* 929, 980 (2013).

否受理案件最高法院拥有很大的决定权。① 大法官通过自由裁量来选择审查案件②，这增加了最高法院自身事务方面的独立性，并提供一种隔离于政治上反冲的保护屏障。"允许法院选择审理的案件，这不仅提高了作为一个决定重要议题的法院形象，而且法院可能会运用政治头脑来决定什么是它的优势，哪些必须回避。"③所带来的后果就是，联邦最高法院只选择他们认为重要的案件。国会的成员一般也同意，强制性管辖权很大程度上损害了法院对于争议的联邦问题提供一种确定性解决的能力。通过诉诸例外与管制条款，国会就可以将一些相对不那么重要、不具有宪法意义的诉讼案件排除在联邦最高法院的管辖权之外，从而能够使最高法院专心地关注重大的社会和政治议题。④

尤其是，在学者之间存在着一种共识，那就是国会拥有的例外与管制的权力，仅仅适用于联邦最高法院的上诉管辖权，而不适用于初审管辖权。对于涉及大使、公使以及领事和以州为诉讼一方之案件的初审管辖权，宪法文本已经清楚地赋予了最高法院。如果联邦最高法院的上诉管辖权同样免于国会控制的话，在国会的权力范围之外的话，即如果没有例外与规制条款，很难想象还存在着其他的途径可以满足联邦最高法院对其自身上诉管辖权不断调整的需要。因此，例外与规制条款的存在，就消除了任何国会相关权力的怀疑。对于联邦最高法院上诉管辖权的"例外"与"规制"属于国会的权力范围之内，这确保了国会能够将联邦最高法院的强制性上诉管辖权转变成裁量性的上诉管辖权，以满足联邦最高法院面对持续增长的案件负担时向国会所提出的相关请求。在这个意义上，

---

① 在这个方面，国会通过的最为重要的法案便是《1925 年司法法》，正是经由该法最高法院的管辖权才由强制性的管辖权转向自由裁量的管辖权，关于该法案对最高法院事务的影响，可参见 Gregory Hankin，"U. S. Supreme Court under New Act," 12 *Journal of American Judicature Society* 40 (1928)。在《1925 年司法法》之前，最高法院审理的案件 75% 是由强制性管辖权提供，剩余的 25% 的案件需要由四名大法官投票裁量才能听审，参见 Peter Bozzo et al. ，"Many Voices，One Court：The Origin and Role of Dissent in the Supreme Court"，36 *Journal of Supreme Court History* 193，207(2011)。

② 当事人请求最高法院依据其上诉审的权力进行复审的案件或争议，一般都通过三种主要的途径中的一种上诉到最高法院，而最高法院的每一个法官也是从这三个方面来考察每一个复审请求的：(1)依据上诉令(writ of appeal)，要求是与权利有关的，这一方式于 1988 年开始受到了严格的限制；(2)依据调卷令(writ of certiorari)；(3)依据"意见确认"(certification)。参见[美]亨利·J. 亚伯拉罕：《司法的过程》(第七版)，泮伟江等译，北京大学出版社 2009 年版，第 205 页以下。

③ See Barry Friedman and Erin F. Delaney，"Becoming Supreme：The Federal Foundation of Judicial Supreme"，111 *Columbia Law Review* 1137，1186—1187 (2011)。

④ See Sangeeta Shah et al. ，"Rights，Interveners and the Law Lords"，34 *Oxford Journal of Legal Studies* 295，324 (2014).

例外与规制条款就是对于联邦最高法院的一种保护，尤其是确保联邦最高法院能够有效地作为宪法法院①，在美国宪制政府中发挥不可替代的重要作用。

二、并非至上的司法权

应该承认的是，在结构性宪法之中联邦法院的管辖权，特别是联邦最高法院的上诉管辖权，之所以能够得到其他政治权力的支持和维护，很大程度上由于联邦法院所具有的决策制定者的地位。② 进一步，联邦法院尤其是联邦最高法院之所以具有决策制定者的地位，固然是由宪法的结构所支持，但更为关键的在于司法权包括司法审查权这一重要的政治权力内容。③

我们知道司法审查因为表面上的"反民主"而受到学者的不断批评④，但是宪制实践中政治行为者利用各自宪法上的手段来支持和维护司法权这一现象，却从另外一个角度说明最高法院并没有因为司法审查权的存在而使得司法权至高无上。⑤ 因为在不同的情形中，政治行动者通过维护司法权而最终使自己受益。美国历史经验显示，政治参与者能够积极地协助构建司法权，他们并非司法权运作的，特别是司法审查的受害者。正如威廷顿所说的那样，"宪法的真正存在需要公民和政府官员不断地接受并重塑。最高法院不能站在政治之外去担当宪政原则独一无二的守护者。关键的问题

① See e. g. , Jamal Greene, "The Supreme Court as a Constitutional Court", 128 *Harvard Law Review* 124 (2014).

② See e. g. , William C. Louthan, *The United States Supreme Court : Lawmaking in the Third Branch of Government*, Englewood Cliffs, NJ: Prentice Hall, 1991, pp. 29－43.

③ 例如，查耶斯(Abram Chayes)认为，联邦最高法院的司法权，除了审查立法行为以外，还包括创造联邦一般普通法、解释与适用联邦法规、实施积极的司法行动，参见 Abram Chayes, "How Does the Constitution Establish Justice", 101 *Harvard Law Review* 1026, 1029－1039 (1981)。

④ 关于理论上反多数难题的一般性分析，参见 Luc B. Tremblay, "General Legitimacy of Judicial Review and the Fundamental Basis of Constitutional Law", 23 *Oxford Journal of Legal Studies* 525 (2003)。为消除司法审查反民主的指责最著名的辩护当数美国著名宪法学者伊利，伊利提出了一种用以支持参与导向的、强化代议制的司法审查方法，这种司法裁判方法主张法官最适合于承担监督代议程序的职责，以纠正代议程序中发生的以下两种失灵：一是体制内的掌权者阻碍政治变革的渠道，阻止体制外的无权者进入体制内；二是代表们出于偏见而对分散而孤立的少数人采取完全敌视的态度，从而在制度上使其处于不利地位。可参见 John Hart Ely, *Democracy and Distrust : A Theory of Judicial Review*, Cambridge, MA: Harvard University Press, 1980, p. 103。

⑤ See Baker v. Carr, 369 U. S. 186, 211 (1962); Miller v. Johnson, 515 U. S. 900, 922 (1995); United States v. Morrison, 529 U. S. 598, 616－617 n. 7 (2000); Cf. Youngstown Sheet & Tube Co. v. Sawyer, 343 U. S. 579 (1952)(将司法过程描述为在解释宪法上的最终权威); Cooper v. Aaron, 358 U. S. 1, 18 (1957)(在州违背法院的命令而不是国会的以及总统与法院的判断发生分歧时，在阐释宪法上联邦司法是最高的)。

不是司法解释不能保持'客观''中立'和免受政治考虑的干扰,更为根本的
问题是,除非其他有影响力的政治参与者接受解释任务的重要性和司法判
断的优先地位,否则最高法院的判决不会有实际效果。宪法性法律处于一
个更大的宪法政治领域中,它的范围和实质内容由那种宪法政治所塑
造"①。美国权力分立构建起来的自我运转的政治体制是支持和维护司法
权的推动力,而不仅仅使它成为可能。在宪制政府中,解释权的政治角力很
多方面回应了宪法重建本身。权力的转移本身同样是一种政治选择,并且
是在民主政治的背景中予以实现的,授权(empower)以及支持最高法院行
使的司法权,就可以使得最高法院试图实现的宪制承诺能够主张一种确定
的民主渊源。

尽管如此,司法权受到其他政治权力的支持和维护这一宪制事实,也并
没有使司法权成为其他政治权力的工具,相反正是这一宪制事实创造了司
法权一项神圣不可侵犯的核心功能和本质性特征,即司法审查。独立的司
法审查是政治竞争者,尤其是风险规避(risk-averse)的政治党派,实施相互
约束时所诉诸的一种重要机制。② 对于法官而言,实施司法审查就不仅是
司法权运行的一种重要方式,更是法官的一种宪法义务。③ 对于司法审查
这一重要司法权内容,我们只需要注意到以下这一点就足够了,那就是对于
司法审查的批评,并不在于司法审查权力本身,而在于司法审查所作用的个
别案例。④ 正如格哈特所指出的那样,"国会一般不会通过普通立法来推翻
最高法院的宪法判决,并且国会就算努力,一般也无法通过制定法规来取得

---

① [美]基斯·威廷顿:《司法至上的政治基础:美国历史上的总统、最高法院及宪政领导权》,
牛悦译,北京大学出版社 2010 年版,第 28—29 页。

② See Matthew C. Stephenson,"'When the Devil Turns...':The Political Foundations of
Independent Judicial Review",32 *Journal of Legal Studies* 59,71—73 (2003).

③ See e. g.,Thomas M. Keck,"Party,Policy,or Duty:Why Does the Supreme Court Invalidate
Federal Statutes",101 *American Political Science Review* 321,331—335 (2007);Stephen Gardbaum,
"Separation of Powers and the Growth of Judicial Review in Established Democracies (or Why Has
the Model of Legislative Supremacy Mostly Been Withdrawn from Sale)",62 *American Journal of
Comparative Law* 613,630—639 (2014).

④ 面对着一个侵蚀其他政治权力的最高法院,联邦宪法本身留下了种种政治回应和反击的
空间,例如大法官可以被弹劾,最高法院的预算可以被大幅削减,总统可以无视法院的法令,国会可
以剥夺法院的管辖权、缩小其规模,用新成员来填充法院、赋予它繁重的新职责或修改司法程序。
但是,正如埃格里斯托所指出的,"所有的这些权力或多或少都对法院作为一种政治结构而发挥功
能的能力展开了强烈的攻击。在大多数案件中,需要其他的政治机构做出回应的是司法判决,而不
是法院的一般权力或者官员。为了获得或者颠覆一个特定的判决而攻击司法机关的权力或者法院
官员,是过于极端的、通常不正当的,并且几乎总是无可原谅的"。[美]约翰·埃格里斯托:《最高法
院与立宪民主》,钱锦宇译,中国政法大学出版社 2012 年版,第 133 页。

本属于最高法院管辖权的方式改变或撤销在先评价。同样,国会一般不愿因为法官的裁决就弹劾或罢免他们,而且,也没有任何一个大法官因为其做出的判决而被罢免。因此,政治性反击某些特定的先例,即专门任命新的大法官去推翻这些先例,就成为唯一的选择"。① 是的,孤立地看,联邦最高法院既可以做出种族隔离合宪的斯科特案②,也可以做出种族隔离违宪的布朗案③;既可以做出工时限制违宪的洛克纳案④,也可以做出支持经济进步改革的卡罗琳案。⑤ 但重要的是,整体上看,毕竟联邦最高法院本身推翻了自己先前的判决,在布朗案中是一致地认为种族隔离违宪,而在卡罗琳案中斯通大法官书写了也许是联邦最高法院历史上最为著名的第四脚注,为司法权的重建做好了准备。⑥ 同时,不应该忘记的是,即便在判决种族隔离合宪的斯科特案中,联邦最高法院的大法官们也并不是完全意见一致没有异议的,更不用说在洛克纳案中霍姆斯大法官所发表的短小精悍的著名异议了。⑦

在这里,能给出的最好回答也许是一个制度性的解答:联邦最高法院作为一级法院,解读先例特别是它自己的先例,是最宜于被信赖的。联邦最高法院内部的分歧为进一步的审思创造了机会,而这一过程对于联邦法院高墙外的人是可见的。因此,关于司法权在内的政治权力的正确理解,问题始终不是"在政府结构当中,宪法的至上性到底在什么地方",而是"在宪制政府当中,司法的结构性角色是什么"。美国政府是分权的政

---

① [美]迈克尔·J.格哈特:《先例的力量》,杨飞等译,中国法制出版社2013年版,第10页。

② See Dred Scott v. Sandford, 19 Howard 393 (1857).

③ See Brown v. Board of Education, 347 U. S. 483 (1954).

④ See Lochner v. New York, 198 U. S. 45 (1905).

⑤ See United States v. Carolene Products Co., 304 U. S. 144 (1938).

⑥ See United States v. Carolene Products Co., 304 U. S. 144, 152—153 note 4 (1938).

⑦ 在洛克纳案中,霍姆斯大法官发表如下异议:"宪法第十四修正案并没有将赫伯特·斯宾塞先生的《社会静力学》变成法律。前几天,我们肯定了马萨诸塞州的疫苗接种法,还在前不久支持旷工赢得的八小时工作制。这些法律中有些体现的是法官可能也具有的信念或偏见。但是,一部宪法不是为了体现某种经济理论,无论是家长式做法、公民与州的有机联系,还在自由放任主义。宪法是为持有各种不同观点的人们制定的,尽管偶尔会发现某些观点天然熟知,或者新奇甚至令人震惊,也不应先判断体系这类观点的法律是否与美国宪法相冲突,然后得出我们的判决。"[美]马克·图什内特编著:《反对有理:美国最高法院历史上的著名异议》,胡晓进译,山东人民出版社2010年版,第72页。在斯科特案中,大法官哈伦的异议同样犀利有力,"在我国,白种人以优势种族自居,在声望、成就、教育、财富与权力方面,他们也的确如此。因此,如果白人忠于自己的遗产,坚守宪法的自由原则,我并不怀疑他们的优势会永远维持下去。但是,从宪法上看,在法律的眼中,我国不存在上等、优越、占统治地位的公民阶级。这里没有等级。我们的宪法不分肤色,不承认、也不容忍在公民之中出现阶级。就公民权利而言,所有公民在法律面前一律平等"。[美]马克·图什内特编著:《反对有理:美国最高法院历史上的著名异议》,胡晓进译,山东人民出版社2010年版,第60页。

府,每一个组成部分既相互分立,又相互重叠,在立法过程中分权,在对宪法做特定的系统阐释的过程中存在着分权,在对宪法原则和价值理念的发展过程中同样存在着分权。在宪制政治当中,法院应当首先被视为一种与其他政府部门相平行的政治权力。这种观点并非是要降低法院的地位,而是要将它提升到在一个政府当中作为参与者的高度。① 换言之,我们应该将法院视作一个相互平等且发挥功效的治理机构,它制约又被制约,独立但不独裁。

对也罢,错也罢,恰恰主要是在对先前案例的解释过程中,关于宪法含义的论战展开了。因此,在任何重大的宪法改变过程中,无论这种改变合法与否,联邦最高法院都必定成为争议的中心。从树立司法权威角度,公共理性是联邦最高法院能够履行的唯一理性。通过公共理性,联邦最高法院可以"强制政治讨论采取一种原则化的形式,以便根据正义和公共理性的政治价值来讨论宪法问题。于是,公共讨论成了超出权力和地位竞争的讨论。这教育了公民,使他们通过集中注意基本宪法问题,来运用公共理性及其政治正义的政治价值"②。美国联邦最高法院的判决意见,某种意义上就成为除了《联邦主义者文集》以外,最接近宪法含义之物。在公共理性的运作过程中,公民之间可以相互鼓励,并和那些在宪法问题上担负着特殊职责的法官们一道,运用各自的智识和经验进行理性的会谈。

在政治生活中公开表达关于宪法意义的各种相互冲突的观点,这是使国家致力于辩论的一种正当方式,也是展示这样一种论辩在最好的状态下会怎样的一种方式。正如哈特(Henry M. Hart)所指出的那样,从长远来看,联邦最高法院"注定要成为理性的一种声音,它承担着颇具创造性的功能,据以重新识别、阐明和发展那些客观的、永恒的原则"。③ 司法也可以在现代政府治理中发挥着重要的作用,在政府其他权力部门不能发挥作用时,

---

① 关于宪制政府的对话主义路径,参见[美]约翰·埃格里斯托:《最高法院与立宪民主》,钱锦宇译,中国政法大学出版社 2012 年版,第 21 页以下;新近分析和辩护可参见 Barry Friedman, "The Importance of Being Positive: The Nature and Function of Judicial Review", 72 *University of Cincinnati Law Review* 1257 (2004); Barry Friedman, "The Politics of Judicial Review", 84 *Texas Law Review* 257 (2005); Richard L. Hasen, "End of the Dialogue? Political Polarization, the Supreme Court, and Congress", 86 *Southern California Law Review* 205 (2013)。

② [美]约翰·罗尔斯:《政治自由主义》,万俊人译,译林出版社 2011 年版,第 221 页。

③ Henry M. Hart, Jr., "The Supreme Court, 2003 Term-Foreword: The Time Chart of the Justices", 73 *Harvard Law Review* 84, 99 (1959).

法院应该顺应社会、政治情势去推动社会变革和发展，为司法赢得名誉。①
这取决于法官对于社会、政治情势的准确判断、睿智的思考。无论在何种情形下，认为司法决定无须诉诸价值、道德以及社会政策方面的判断而做出都是错误的。当然，司法对于社会、政治情势的判断以及审查当然会出错，但司法有着自我调整的机制。重要的是，回归到判断/审查，我们也同时捕捉到了司法权的本真性。

第六节 我国司法体制改革的元问题反思

2019 年开始，我国启动第五轮的司法改革。② 新一轮司法改革在前四轮的基础之上，尤其是第四轮所确立的司法权去地方化、去行政化的目标指导下，将深化人民法院司法体制综合配套改革作为新一轮司法改革的重点。与先前司法改革聚焦于程序、技术性规则不同，简单地"去政治化"目标不同③，随着改革的推进，司法改革越来越聚焦于体制方面，新一轮司法改革更是将司法体制综合配套改革作为重点。"从根本上说，司法改革要成功，就必须在体制上做文章。"④在体制内部进行司法改革，必然涉及司法权的

---

① 这在 1954 年的布朗案中得到集中体现，20 世纪中期种族隔离已经对美国政府造成了严重损害。但是在当时一种资历制度支配着美国国会，一党制的南方获得了无节制的权力，因为其选民事实上全是白人，而根据现有规则，只有 2/3 的票数才能打破这种阻挠。因此，国会不会通过一项处理种族隔离的学校的法律，因为国会从来就没能通过一项处理私刑的法律。但种族隔离对于美国政府所造成的严重损害使得某些政府机构必须能够做些事。要么什么也不会发生，要么联邦最高法院不得不单独行动，这就是布朗案的魅力所在。参见［美］小卢卡斯·A. 鲍威：《沃伦法院与美国政治》，欧树军译，中国政法大学出版社 2005 年版，第 39 页以下。

② 参见 2019 年 2 月 27 日《最高人民法院关于深化人民法院司法体制综合配套改革的意见——人民法院第五个五年改革纲要（2019—2023）》（法发〔2019〕8 号）。

③ 在现代社会，司法构成了政治过程的基本环节，并承载着直接或间接政治功能。因而，司法过程不仅仅需要讲究法律技术，更需要讲究政治智慧。但在中国，对司法与政治的关系似乎总存在着某种程度的病态的认识，要么泛政治化，要么去政治化。所谓泛政治化（pan-politicalization），即将司法政治化，将司法与政治等同，使司法成为直接的政治体现形式；滥用政治意识形态，无视司法规律与法治原则，以牺牲司法公正来迎合政治干预；司法机关在组织上以及具体案件的处理上都受到政治的直接控制。在此基础之上，所谓去政治化（De-politicization），即谋求远离政治的"纯粹司法"，所谓"司法的归司法，政治的归政治"，司法不干预政治，政治也不干预司法。严格来说，司法的政治性与技术性一样，均为司法本身所固有，具有必然性。至于是政治性多一点，抑或技术性多一点，并不关涉司法之本质与功能，毋宁它仅仅关涉司法的发展阶段。司法与政治相关联并非"是否应当的"价值判断，而是"不可避免"的事实存在。参见江国华：《常识与理性：走向实践主义的司法哲学》，上海三联书店 2017 年版，第 213-214 页；陈卫东主编：《建设公正高效权威的社会主义司法制度研究》，中国人民大学出版社 2013 年版，第 120-135 页；程竹汝：《司法改革与政治发展》，中国社会科学出版社 2001 年版，第 17-20 页。

④ 李拥军：《司法的普遍原理与中国经验》，北京大学出版社 2019 年版，第 58 页。

"再政治化"问题。评估新一轮司法改革之可能成效,也必须从一种政治化的司法权之理解着手。

概括来说,新一轮司法体制改革确立了综合配套改革的 10 项主要任务:(1)完善人民法院坚持党的领导制度体系,即全面加强党对人民法院工作的绝对领导、全面加强人民法院党的建设工作、完善党的政治建设工作机制、贯彻落实新时代党的组织路线加强人民法院党风廉政建;(2)健全人民法院服务和保障大局制度体系,服务与保障的内容包括三大攻坚战、国家重大发展战略,打造国际化、法治化、便利化营商环境,"一带一路"国际商事争端解决机制,产权与知识产权司法保护等;(3)健全以人民为中心的诉讼服务制度体系,主要包括诉讼服务中心现代化建设、多元化纠纷解决机制改革、司法救助以及涉诉信访机制改革;(4)健全开放、动态、透明、便民的阳光司法制度体系,主要包括司法公开机制、审判流程信息公开、庭审活动公开、裁判文书公开与执行信息公开等;(5)健全以司法责任制为核心的审判权力运行体系,内容包括贯彻"让审理者裁判,由裁判者负责"审判权力运行机制,健全院长、庭长办案常态化机制,健全审判委员会讨论决定重大、疑难、复杂案件法律适用问题机制,审判监督管理机制,审判流程标准化建设,统一法律适用机制,司法履职保障机制以及法官惩戒等;(6)完善人民法院组织体系和机构职能体系,主要内容包括四级法院职能定位、与行政区划适当分离的司法管辖制度改革、省以下地方法院编制人事管理改革与建立经费动态调整机制等;(7)健全顺应时代进步和科技发展的诉讼制度体系,主要内容包括探索构建适应互联网时代需求的新型管辖规则、诉讼规则,推动审判方式、诉讼制度与互联网技术深度融合;(8)健全切实解决执行难长效制度体系,主要内容包括健全完善综合治理执行难工作大格局、切实解决执行难的源头治理机制、推进审执分离体制改革、优化执行权配置、执行信息化建设、执行规范化、标准化建设以及加大强制执行力度等;(9)健全人民法院人员分类管理和职业保障制度体系,主要内容包括编制动态调整机制、法院人员分类管理、常态性和机动性相结合的法官遴选机制、完善法官单独职务序列配套举措、与法官工作实绩紧密联系的薪酬分配机制、审判辅助人员配备、建立符合司法警务工作特点的管理体制、建立覆盖职业生涯的终身学习制度、人民陪审员管理配套与全国法院组织人事系统完善等;(10)建设现代化智慧法院应用体系,主要内容包括推进智慧法院基础设施建设、推动科技创新手段深度运用、有序扩大电子诉讼覆盖范围、完善电子卷宗生成和归档机制以及完善司法大数据管理和应用机制等。[①]

可以说,新一轮司法改革者所欲实现的 10 项任务,涉及司法权运作的方方面面,必将对司法权运作机制、环境产生深远影响,进而提高司法公信力。然而,虽有如此乐观预期,当前与司法改革的强力推进形成鲜明对比的是,改革者并没有提出一套令人完全信服的司法权理论。[②] 在很大程度上,新一轮改革仍然存在着"理论准备不足"的问题。因为从综合配套的表述来看,新一轮司法改革是对第四轮司法体制改革的继续和深化,仍然是在上轮司法改革的结构性框架内展开。

根据较为权威的分析,当前司法改革主要依托于"两个理论基点":一是司法权作为"判断权"和"中央事权"的司法性质论;二是"让人民群众在每一个司法案件中都感受到公平正义"的司法价值论。[③] 司法价值论具有强烈的意识形态属性,不是这里分析的问题。可以说,新一轮司法体制改革的重要理论支撑仍然是司法权的"判断权"与"中央事权"的概念定位。作为"判断权"和"中央事权"的司法权,所必然推演出的逻辑结论是司法体制改革应该以"司法的去地方化"和"司法的去行政化"作为基本制度框架。某种程度上,当前司法改革者无疑找到了我国司法制度所存在的结构性问题。所谓"去地方化",则主要是保障法院的人财物不再受到地方同级政府的干预和控制,实现省级一些法院人财物的统一管理;所谓"去行政化",主要是在法院内部实现司法行政管理权与司法裁判权的分离,确保独任法官、合议庭在行使裁判权时不受那些司法行政管理者的干扰。

改革者对司法权所做的两个基本定位,尽管分别被用来解决前述两个问题,却带来了新的理论难题,无法完全达到改革者所预期的改革效果。[④] 在"去行政化"方面,改革者强调司法权的"判断权"和"裁量权"属

---

① 有关司法体制综合配套改革的一般性分析,参见黄文艺:《新时代政法改革论纲》,载《中国法学》2019 年第 4 期;吴洪淇:《司法改革与法律职业激励环境的变化》,载《中国法学》2019 年第 4 期;郭志远:《司法体制综合配套改革:回顾、反思与完善》,载《法学杂志》2020 年第 2 期。

② 我国大部分学者对司法体制改革的反思,更多的从方法的角度进行,参见邵新、黄斌:《司法改革试点工作的方法论建议》,载《中国法律评论》2014 年第 6 期;熊秋红:《司法改革中的方法论问题》,载《法制与社会发展》2014 年第 6 期;江国华:《司法改革方法论》,载《湖北社会科学》2019 年第 7 期。

③ 参见贺小荣、何帆:《深化法院改革不应忽视的几个重要问题》,载《人民法院报》2015 年 3 月 19 日,理论版;樊崇义:《"把握司法规律推进司法改革"系列之何为司法规律》,载《人民法治》2016 年第 6 期。

④ 参见陈瑞华:《司法改革的理论反思》,载《苏州大学学报(哲学社会科学版)》2016 年第 1 期。

性,没有按照司法裁判权与司法行政管理权的相分离原则,来重新设置司法裁判机制和司法行政管理机制,使得司法裁判权仍然受制于司法行政管理系统的控制,而司法行政管理机制也没有走向真正的专门化。在"去地方化"方面,改革者强调司法权的"中央事权"属性,从理论上否认司法权的"地方事权"性质,司法权的这一定位与我国建立"人民主权"原则基础上的"人大领导下的一府两院制"存在冲突,由于改革是自上而下地进行,仍然是行政主导的,反而会带来新的"省级地方保护主义",各高级人民法院通过对下级法院人财物的实际控制,更可能会助长上级法院对下级法院的"垂直领导",破坏宪法所确立的上级法院对下级法院的"监督"体制。① 从实现司法正义的角度来说,改革者在强调"去行政化"的过程中,由于没有真正确立"法官独立"的理念,仍然在"法院独立"的传统观念上左右徘徊;改革者在推行"去地方化"的过程中,也没有解决高级人民法院的"外部独立"的问题,更没有在上下级法院之间确立"审级独立"的观念,由于司法体制改革由最高人民法院以及高级人民法院自上而下主导,这种单一的决策模式使得改革非常容易在"去地方化"名义下重新陷入"省级地方保护主义"的误区。② 很显然,当前司法改革陷入了理论困境,无法为司法改革提供令人信服的理论支持。

那么,我们究竟应该采取一种什么样的司法改革理论呢?结合美国联邦法院的案例法实践,本书认为一种适当的司法改革理论之建构,必须理解司法权为结构性宪法塑造这一客观现实。作为一种国家权力,司法机关作为政治系统的重要组成部分,其存在自身也涉及合法性问题。作为结构性宪法中的司法权,必须从"司法宪法化"而非"宪法司法化"的角度,理解司法权的一般性质。所谓"司法宪法化",即让司法返回到宪法之中,在宪法上予以准确定位,将司法权及其运行过程纳入宪法轨道,实现宪法对司法改革的规制。中国传统社会的政治制度和轻视诉讼的法律文化,决定了真正意义上的司法制度的变革必须具有两个基本前提:一是异质文化的冲击,如司法

---

① 在我国当前政法体制下,之所以出现上级法院对下级法院的"垂直领导"而非宪法规定的"监督",进而产生法院系统内部的行政化现象,一个重要原因在于法院院长承担的多重角色。总体上看,法院院长首先扮演着管理家与政治家角色,法律家角色则处于相对次要地位,大致形成"管理家→政治家→法律家"的角色体系。于此而言,我国上下级法院要想真正形成法律上的监督关系,法院院长的角色转变和重新定位是必不可少的前提性条件。相关具体分析参见左卫民:《中国法院院长角色的实证研究》,载《中国法学》2014年第1期;左卫民:《审判委员会运行状况的实证研究》,载《法学研究》2016年第3期。

② 参见李拥军:《司法改革中的体制性冲突及其解决路径》,载《法商研究》2017年第2期;陈晓雷:《破解司法潜规则的制度反思》,载《经济研究导刊》2019年第12期。

独立的概念性认识、司法公正的本质要求、司法的形式性要件、司法人员专业化要求等知识和理念；二是司法必须在结构性宪法的框架下得以认识和根本解决。① 在结构性宪法视野下，建构我国司法体制改革的理论根基必须坚持以下三个方面。

首先，必须坚持并明确司法权的国家属性。在规范意义上，司法之本源在于宪法。我国 1982 年《宪法》第一百二十三条规定："人民法院是国家的审判机关。"其中，"国家"二字即意味着人民法院属于"国家机关"之范畴。因而，"国家机关"当然地具有"国家性"，宪法配置给人民法院并规定依法独立行使的司法权，也当然地具有"国家性"。据此，尽管我国宪法设置了"最高级"司法机关和"地方各级"司法机关，但其所行使的司法权都是"国家司法权"，不存在"中央与地方"之划分。司法权的"国家性"排除了"中央司法权"和"地方司法权"非此即彼的二元观点。坚持司法权的"国家性"意味着：一是"国家性"不等于司法权的"中央性"，司法改革应该警惕国家司法权向"最高人民法院集中""高级人民法院集中"所可能带来的新的"高度行政化"倾向，避免出现"切蛋糕者先拿蛋糕"的现象。二是组织法和程序法以"管辖权"的方式，对各级司法机关裁决案件的范围作了明确划分，非经法定程序，不得擅自变更各级法院的管辖范围，司法改革应当警惕将地方各级司法机关依法行使司法管辖权夸饰成"司法权的地方化"或"地方绑架司法"所可能带来的地方各级司法机关"主体性"被掏空之困厄。② 三是从国家层面调整权力组织结构，继续推进跨行政区域司法机关建设。在此，可以试行学者所提出的基层法院、中级法院与高级法院一起向省级人大负责的机制，并在时

---

① 参见侯欣一：《从司法为民到人民司法——陕甘宁边区大众化司法制度研究》，中国政法大学出版社 1998 年版，第 48—53 页。对中国的司法权应当将其放在司法权的结构框架内进行分析，也可以由现实生活情景对司法的矛盾心理所反映出来。"在关注中国的现实生活场景时，我们往往一方面对政府大加指责，或者指责其对司法权横加干涉，或者指责其越俎代庖。另一方面，对诉讼当事人也倍加责难，认为中国国民权利意识缺乏，即使在已经设立现代法院的地方，也常常出现将纠纷交给行政机关解决的现象。但是若把这些现象均放置在司法权的内部结构中来分析，我们可以发现这些指责并没有触及问题的本质。对于政府来讲，当然行政权总是表现着扩张的特性，但是当面对的是一种实质上具有行政特性的司法权时，行政权的扩张性更显得没有限制而具有任意性。对于诉讼当事人来讲，如果司法权和行政权在运行过程中所表现出来的价值偏好、权力行使方式和原则、对待行为人的方式和态度等都基本相同，均高高地凌驾于当事人之上，对当事人发号施令，那么对于当事人而言，向哪个机关提起诉讼是无关紧要的，其更为关心的是哪个机关有更大的决定权，哪个机关有最后的决定权，而这是符合人的理性要求的。"沈国琴：《中国传统司法的现代转型》，中国政法大学出版社 2007 年版，第 276—277 页。

② 参见江国华：《司法立宪主义与中国司法改革》，载《法制与社会发展》2016 年第 1 期。

机成熟时以修改两院组织法的形式予以确认。① 同时,继续扩大跨行政区域司法机关的试点,更大限度地消除司法机关"地方化"和司法人员"本土化"的弊端,实现地域内司法人员流动机制,最大限度地减少各地关系和力量对司法的干预。

其次,明确司法体制改革的法律依据,制定《司法改革法》。成功的司法改革大多首先以立法形式推进,这已为世界各国司法改革的经验所证明。例如,在美国联邦法院系统建立之时,依据联邦宪法,联邦法院只对军事、条约权利、异籍、针对联邦的犯罪等一些事项行使管辖权,直到 1875 年《司法法案》出台,联邦法院才获得了广泛的联邦问题管辖权,即依据联邦宪法和法律以及条约提起的所有具有民事性质的诉讼,无论是普通法还是衡平法诉讼。② 又如在日本,从 1999 年开始至 2004 年末,日本共制定或修改了 24 部司法改革的相关法律。1999 年日本国会通过《司法改革审议会设置法》,拉开了司法改革的序幕。司法制度改革审议会于 1999 年 7 月成立后,多次对改革内容进行调查审议。最终向内阁提交了《审议意见书》,主张 21 世纪应有透明而公正的法律,在依法审判的同时,要对权利、自由受侵害的群体给予迅速的法律救济。2001 年 11 月,日本制定了《司法制度改革推进法》。正是基于该法,2001 年 12 月成立了以小泉首相为部长的"司法制度改革推进本部",进行为期三年的司法改革。③ 就我国而言,从目前进行的五轮司法改革实践来看,司法改革都以法院和检察院根据党的会议精神发布"五年纲要"为指导,当前司法改革之政治色彩明显浓于其法治色彩,司法改革因缺乏明确的法律依据而面临合法性质疑。而且,从我国历次司法改革经验来看,最高院和最高检都是各自发布改革方案,始终是"自我改革",合法性不足。

然而,从国家政治体制整体来看,司法体制的核心即是司法权的配置与司法资源的整合,这不仅关涉司法机关内部之间的权限调整,更与其他国家机构之间的权力秩序息息相关。因而,司法改革中面临的许多结构性、体制性问题,仅凭司法机关自身难以解决,而必须从国家制度层面进行整体考量和设计。司法改革尤其是进入体制改革层次,以高位阶的《司法改革法》为改革依据,方可确保改革的规范性、持续性和可欲性。④ 就《司法改革法》内

---

① 参见陈瑞华:《司法改革的理论反思》,载《苏州大学学报(哲学社会科学版)》2016 年第 1 期。

② 参见[美]弗兰克·M. 柯芬:《美国上诉程序——法庭·代理·裁判》,傅郁林译,中国政法大学出版社 2009 年版,第 33 页。

③ 参见范纯:《当代日本司法制度改革评析》,载《日本学刊》2007 年第 3 期。

④ 参见江国华:《司法立宪主义与中国司法改革》,载《法制与社会发展》2016 年第 1 期。

容而言,至少包含两个方面:一是将党的十九大和十九届二中、三中全会有关司法改革的顶层设计予以法律化;二是将人民法院、人民检察院、公安机关、司法行政部门等四部门出台的司法改革清单法律化。《司法改革法》之制定应该遵循司法权运作规律,对司法改革的顶层设计和改革清单制定改革计划、明确相关主体和程序。

最后,司法体制改革应该畅通不同法律职业者之间的信息交流机制,尤其重视基层司法机关的经验和诉求。[①] 所谓司法,在一般的意义上,就是一套解决纠纷的实践和经验,而这套经验主要集中在基层和地方。由于基层司法案件最多,法官人数最多,与社会距离最近,它既是我国当下司法最有活力的部分,也是我国司法病症最多的领域,同时也是知晓司法病症的人最集中的场域,所以基层司法才是改革的"买方市场"。[②] 同时,律师也是我国法律实践中最活跃的群体,相比较体制内的法官、检察官,律师更为自由,更能贴近社会,更了解司法的现状,因此,他们也应该成为司法改革的重要信息源。然而,新一轮司法体制改革并没有让律师充分地参与任何改革的过程。改革只有以"买方市场"为导向,不断地倾听基层的声音,感知基层法官和从业律师的诉求,充分了解实践中存在问题,不断地以实践为指向调适思路和措施才能确保改革成功。那种"一言堂"的改革进路只能增加失误概率,延迟司法公正目标之实现。

第七节　小　结

传统意义上法院所天生具有的脆弱性已经成为我们对于司法权的一种固化理解,如何界定以及维护司法权免受其他政治权力的不正当侵犯,始终构成一项历久而弥新的政治作业。[③] 诉诸具有司法意义的本质性特征以及核心概念的传统路径,无论是在理论上还是实践中,都存在着诸种困难。司法权是由宪法本身所构建的这一政治现实提示我们,对于司法权的界定和维护需要纳入到宪法所创造的政府结构当中。

如果司法权受到政治权力的支持和维护这一政治现实,使得对于司法

[①]　参见李拥军:《司法改革中的体制性冲突及其解决路径》,载《法商研究》2017 年第 2 期;谢进杰:《基层司法改革存在的四大挑战及解决之道》,载《人民论坛》2020 年第 3 期;缪蒂生:《当代中国司法文明与司法改革:一种实证方法的研究》,中央编译出版社 2007 年版,第 20—35 页。

[②]　参见谢进杰:《基层司法改革存在的四大挑战及解决之道》,载《人民论坛》2020 年第 3 期。

[③]　参见公丕祥:《当代中国的司法改革》,法律出版社 2012 年版,第 239—247 页;李拥军:《司法改革中的体制性冲突及其解决路径》,载《法商研究》2017 年第 2 期。

权的界定无须诉诸具有司法意义上的本质特征和核心概念这一分析和论证能够成立，并且对于可能存在的反对意见的答复也是令人信服的话，那么我们现在可以说在政治实践中，司法权的界定必然要受到其他政治权力的影响和塑造，司法权是一种政治构造物。当然，承认司法权是一种政治构造物，并不是说政治权力对于司法的构造是任意的，相反政治权力对于司法权的构造仍然要遵循政治原则，受到政治价值的规范。另外，虽然司法权是政治构造起来的一种政治权力，但在政治实践中，存在着支持司法权的重要情形。确切地说，宪法结构所提供的制度性激励，维持和保护着司法权的某些本质性功能。

换言之，司法权与政治权力之间并不必然处于紧张、相互冲突的关系，在政治实践中司法权与政治权力之间的关系要复杂得多。在传统司法形象的理解中，司法权作为一种独立、中立的权力，要想切实发挥相应的功能，特别是司法判断功能，就必须要摆脱各种政治权力的影响和侵扰。然而，传统意义上有关司法权的固化理解虽然并不是完全错误的，但是不完整的，而且传统观点忘记了司法权本身也是一种政治权力，是政治权力的组成部分。这意味着司法权同样分享着政治权力的特质，司法权的存在和运行要受制于政治环境和条件的约束。司法权作为一种政治构造物的特质，这就使得构建司法权的做法并不处于常规政治和重大"政治时刻"之外，而是出现于政治发展过程中，因此，对于司法权的全面正确理解，就需要政治上的解释和研究。

第二章　可裁判性的一般概念

经由第一章分析可知,诉诸司法审查来界定和保护司法权,只不过是将"司法权"界定和保护的问题推向了另一个层面,本身仍然没有解决由谁并且依据何种依据来界定和保护司法权的问题。就美国联邦法院而言,美国联邦《宪法》第三条并没有描述或者规定联邦法院的职能,相反,它只是将可能存在的问题归入了"司法权"这个短语下。它也并没有试图告诉联邦法院如何裁决案件;它只是规定了九种类型的案件和争议是该法院具有管辖权的。① 然而,在司法权是什么这个问题存在争议、模糊不清的情况下,并不是每一种提交给联邦法院要求处理的案件或者争议,都必然能得到联邦法院的正面和积极的回应,即受理案件并就案件所涉及的实质问题做出裁决。但是,管辖权作为联邦法院的组成部分,作为手段,却为我们一般意义上的司法权是什么做出了提示。因为在法律或推理中一项最明显的原理是,"在要求实现一项目标的时候,这一要求本身就含有授权使用手段的意思。只要赋予一项做某件事的一般权力,它一定包含做这一件事所必需的每一项特殊权力"②。如果联邦宪法构造了三种政治实体,即一个两院制的国会、一个强有力的总统和一个独立的联邦最高法院③,并分别授予其一般意义上的立法权力、行政权力和司法权。那么,就独立的联邦法院而言,不仅在管辖权范围内,法官所做的一切都是法,而且联邦法院的这种行为都影响和形塑着一般意义上的司法权是什么。

在这种意义上,对联邦司法权最重要的保护,也进而构成对司法权的一种限制,就是充分地界定联邦法院在何时以及在何种情况下,能够

---

① 通常来说,管辖权一词最宽泛的含义是法院受理并审理案件的权力。管辖权有三个维度,即地域管辖、级别管辖和事项管辖。显然,管辖权的这三个方面中最重要的是事项管辖,因为它规定了联邦法院受理案件的范围。参见[美]杰弗瑞·A. 西格尔、哈罗德·J. 斯皮斯:《正义背后的意识形态:最高法院与态度模型》,刘哲玮译,北京大学出版社 2012 年版,第 205-208 页。

② [美]亚历山大·汉密尔顿、詹姆斯·麦迪逊、约翰·杰伊:《联邦论》,谢叔斐译,吉林出版集团有限责任公司 2012 年版,第 230 页。

③ See Robert J. Pushaw, Jr. , "Justiciability and Separation of Powers: A Neo-Federalist Approach", 81 *Cornell Law Review* 393,407-435 (1996).

就《宪法》第三条所规定的九种类型的案件或者争议做出裁决。① 实际上,正是在管辖权范围内,在案例法运作过程中,联邦法院已经创造了一系列的规则,就提请联邦法院并要求作出裁决的案件,尤其是其中涉及重要宪法议题的案件,通过运用自由裁量权来决定是否受理并做出相应的裁决。② 联邦法院所创造的这些界定进而限制司法权的规则当中,最重要的莫过于可裁判性原理。那么,可裁判性原理之于司法权界定和保护在何种意义上是重要的? 可裁判性原理在结构性宪法中如何证成自身的合法性? 可裁判性原理又具有何种政治含义? 对这些基础性问题的分析将构成本章的主题。

第一节 可裁判性原理的界定

我国学者对于可裁判性(justiciability)或者可诉性的分析③,通常将其

---

① 这九种类型的案件与争议分别是:由于本宪法、联邦法律和依据联邦权力已缔结或将缔结而产生的普通法和衡平法的案件;涉及大使、公使和领事的一切案件;关于海事法和管辖权的一切案件;联邦为一方当事人的争议;两个或两个以上州之间的争议;一个州与另一个州公民之间的争议;不同州公民之间的争议;依据不同州的转让证书而对土地主张权利所产生的争议;一州或其公民同外国或外国公民、国民之间的争议。参见美国联邦《宪法》第三条第二款。

② 在 1936 年的阿什旺达诉田纳西流域管理局案(Ashwander v. Tennessee Valley Authorit)中,布兰代斯大法官在附随意见中,归纳了七种联邦法院在管辖权范围内所创造的自治性规则:(1)法院将不会在一种友好的、非对抗的程序中,就制定法的合宪性做出判断;(2)在有必要决定一个宪法问题之前,法院不能够预感到一个宪法问题;(3)法院不能够构造一种比所适用的精确事实更宽的宪法规则;(4)如果同时存在其他依据处理该案件,那么法院不能够就一个宪法问题做出判断,即便该宪法问题已由诉讼记录适当地提出;(5)如果当事人没有从法规的运作中遭受个人损害的话,那么法院不能够就某法规的效力做出判断;(6)如果某人从法规已经受益,法院不能够就该法规的合宪性做出判断;(7)当问题所涉及的是国会法案的合宪性,即便对合宪性提出了严重的怀疑,一个基本的原则是法院首先确定是否能够通过法规的解释,将合宪性这个问题予以避免。参见 Ashwander v. Tennessee Valley Authority,297 U. S. 288,346−348 (1936)。应该承认的是,所有的这些规则都从不同方面确保了联邦法院的自治地位。但这些规则更多的是一种法律方法,是司法权之运用的结果,它们与联邦法院在宪制秩序中的角色并没有直接的联系,而这一问题却是可裁判性原理所主要关注的。因而,这些自治性规则并不在本书的分析范围之内。

③ "justiciability"既可以翻译为可司法性、可裁判性,也可以翻译为"可诉性",在我们的法学用语当中,这两种含义并没有予以明确的界分。然而,"可诉性"有申诉者的纬度,但英语"justiciability"除了当事人的维度之外,还包括时机、议题等维度,旨在回答的是某种事情是否适合由法院处理,重点在于法院与政治部门之间的关系。可以说,不具有可裁判性是不可诉的一个深层次原因,二者的层面稍有不同。因而,将"justiciability"翻译为可裁判性更为可取。

理解为法律的一项界定性特征，即能够被法院作为裁决案件时的依据而引用。① 从最抽象的层面来说，法律性裁判理论是一种逻辑理论的裁判方式，在某些被公认为合法正当的材料的基础上进行法律裁量。通过将这些相关因素在法律模型下整合起来，人们就可以得到一种独立于政治、经济意识形态之外而解决双方当事人争议并最终产生结果的法律推理过程。依据这种逻辑，如果某种法律不能够被法院作为裁决的依据，那么，这种法律就不是真正的法律。同样，能够称之为法律的东西，也必然能够被法院作为裁决案件时的依据。在这个意义上，我国学者特别对抽象的规范性法律文件、宏观调控行为不具有可裁判性提出了激烈的批评②，并对所谓福利、社会保障以及住宅之类的社会权、环境权的可裁判性问题提出了质疑或者论证。③

从逻辑角度，将可裁判性作为法律的一项界定性特征，是一种同一反查，没有内容的套套逻辑。首先，法院之所以称之为法院（Court of Law），其重要或者说唯一的原因便在于，法院是依据法律而非其他依据受理并审理案件。法律是司法权的基础力量，法院自然有依附法律的倾向与激励。④在法律意义上，每一项争端在规范上都是可裁判的，因为每一个法律问题都有其解决的标准。正如以色列前最高法院院长巴拉克所说的那样，"法律弥漫于整个世界。没有哪个空间没有法律，没有法律标准。所有的人类行为都被囊括在法律的世界当中"⑤。虽然法律不等于一切，但一切之中都应当存在法律。

其次，在司法实践过程中，也并非所有的法律都能够形成案件。即有些法律永远都不可能引起我们称之为诉讼的明确争端，或者说即使发生了这

---

① 例如，参见王晨光：《法律的可诉性：现代法治国家中法律的特征之一》，载《法学》1998 年第8 期；毛国辉：《论宪法的可诉性》，载《政治与法律》2001 年第 4 期；刘治斌：《论法律原则的可诉性》，载《法商研究》2003 年第 4 期；王新红：《经济法的可诉性障碍及其克服》，载《福建论坛（人文社会科学版）》2006 年第 8 期；蒋悟真、胡明：《预算法的可诉性理念及其司法机制构建》，载《当代法学》2012年第 5 期；赵万一、张长健：《后立法时代的中国公司法可诉性》，载《北方法学》2014 年第 1 期。

② 例如，参见郑建勋：《抽象行政行为的可诉性》，载《西南民族学院学报（哲学社会科学版）》1998 年第 1 期；焦泉：《关于抽象行政行为可诉性之研究》，载《江苏社会科学》2003 年第 5 期；胡光志：《论宏观调控行为的可诉性》，载《现代法学》2008 年第 2 期；徐澜波：《宏观调控的可诉性之辨》，载《法学》2012 年第 5 期。

③ 例如，参见龚向和：《论受教育权的可诉性及其程度》，载《河北法学》2005 年第 10 期；龚向和：《理想与现实：基本权利可诉性程度研究》，载《法商研究》2009 年第 4 期；付龙飞：《社会保障权可诉性论成》，载《郑州大学学报（哲学社会科学版）》2012 年第 1 期；冯彦君、张凌竹：《社会救助权的可诉性及其证成》，载《江苏社会科学》2013 年第 2 期。

④ 参见[美]弗兰克·克罗斯：《美国联邦上诉法院的裁判之道》，曹斐译，北京大学出版社2011 年版，第 50 页。

⑤ [以]巴拉克：《民主国家的法官》，毕洪海译，法律出版社 2011 年版，第 164 页。

种争端,也可以想象没有人愿意将它提交给法院审理。在这个意义上,不能仅仅因为抽象的规范性法律文件本身、宏观调控之类的政府行为不具有裁判性,就予以激烈的批评。同样,也不能仅在理论上对社会权、环境权之类的事情具有可裁判性做出论证,就认为可裁判性能够自动解决这些权利的实现问题。司法权只有在案件中行使和得到实现,在没有案件的地方,便没有司法权。

最后,在司法实践过程中,某些案件仅凭法律并不足以支持判决,意识形态或其他因素都可以作为裁判过程的输入因素,从而影响案件的最终结果。案例法实践中,所有正当合理的法律材料若是都指向同一个方向,依据法律得出结果自然十分清楚。然而,如果正当合理的法律材料导致矛盾的结果,那么遵照法律的指引得到的答案就不那么清晰了。在这种情况下,裁判需要法官动用很大的自由裁量权,包括意识形态在内的法外因素就可以趁机而入,法律性裁判受到冲击。当然,承认意识形态等法外因素会左右判决结果,并不是说司法裁判降格为纯粹的政治过程,法律性裁判规则尤其是程序性法律规则仍然限制了法外因素发挥作用的条件和方式。

20世纪下半叶,在西方司法裁判过程的理论探究中,法律性裁判理论的一个重要方面便是程序性法律规则所起的作用越来越受到理论和实务的重视。① 法律性裁判理论基本是正当程序流派独占鳌头,不仅为法律性裁判提供了具体的实现途径,更强调程序在法律性裁判过程中的中心地位。虽然法官必须围绕实体性法律规则做出处理,人们却认为这类处理的客观性毕竟及不上程序性法律规则的设定和执行,因此程序性法律规则是案件处理的基础,比如缺乏管辖权,没有起诉资格或者在超出诉讼时效的情况下,就根本不会去考虑该诉讼行为是否有实体法律规则支持。② 然而,法律

① See e. g. , Ward Farnsworth, "Ambiguity about Ambiguity: An Empirical Inquiry into Legal Interpretation", 2 *Journal of Legal Analysis* 257 (2010); Richard Ekins, "Interpretive Choice in Statutory Interpretation", 59 *American Journal of Jurisprudence* 1 (2014); William Baude & Stephen E. Sachs, "The Law of Interpretation", 130 *Harvard Law Review* 1079 (2017); Charles L. Barzun, "The Positive U-Turn", 69 *Stanford Law Review* 1323 (2017); Arie Rosen, "Statutory Interpretation and the Many Virtues of Legislation", 37 *Oxford Journal of Legal Studies* 134 (2017); Abbe R. Gluck & Richard A. Posner, "Statutory Interpretation on the Bench A Survey of Forty-Two Judges on the Federal Courts of Appeals", 131 *Harvard Law Review* 1298 (2018); Hanoch Dagan, "The Real Legacy of American Legal Realism", 38 *Oxford Journal of Legal Studies* 123 (2018); Dennis Patterson, "Theoretical Disagreement, Legal Positivism, and Interpretation", 31 *Ratio Juris* 260 (2018).

② 参见[美]弗兰克·克罗斯:《美国联邦上诉法院的裁判之道》,曹斐译,北京大学出版社2011年版,第44—46页。

模型的这一绝对性方面始终为社会学家和其他实证研究者弃之不理,所以对程序法律规则进行研究可以帮助我们更好地理解司法权,理解司法权运行的内在机制和条件。

总之,可裁判性并非法律的一项界定性特征,两者并非等同。法律与可裁判性之间存在的这种鸿沟,要求我们必须深入思考可裁判性问题本身的复杂性。准确来说,可裁判性意指某种事情适合由法院而非其他政治机构作出裁决的特性或者状态。例如,在《元照英美法词典》中"justiciable",其含义是"可受法院裁判的、可以司法方式处理的";"justiciable controversy",即可由法院裁决的争议,"指存在于就当事人之间的,一方基于现实存在的事实向对方提出确定的权利主张,对方予以争辩而引起的可提请法院裁决的争议。它必须是真实的、实质性的争议,区别于假设的或纯理论性的争议,对后者法院不予裁决"①。质言之,可裁判性与法院的管辖权相关,更与一般意义上司法权的范围和界定相关。如果某种事情缺乏可裁判性,那么,除了拒绝受理案件以外,法院不能够进一步做任何事情。特别是,如果不具有可裁判性,法院不能够继续就案件的实质问题进行判断,如果法院这样做了,那么,结果就是一个无效的决定。相反,如果法院拥有管辖权,其就案件实质所做出的判断就有约束力,即便法院经由严重有缺陷的程序达成了错误的决定。

在这个意义上,关于某种事情是否具有可裁判性的问题,必须以法院在此领域的真实运作过程作为分析对象,准确地理解和批判性地评估法院就某种事情是否具有可裁判性做出判断时所诉诸的标准,探究这种标准是否存在,所存在的测试标准是否合理,其背后的原则支持和理据又是什么。可以说,通过深层次地探究可裁判性问题,我们会发现可裁判性蕴含着极为丰富的理论含义和实践重要性。

概括而言,所谓可裁判性原理旨在回答的问题是:法院能够审理和决定何种事情(matter),必须驳回(dismiss)何种事情。可以说,有关可裁判性与否的诸种测试标准构成了一种门槛性规则,是原告在其案件被联邦法院受审之前必须跨越的法律程序上的屏障。据此,通过设置一系列特定的门槛性规则,最终进入联邦法院中的案件和争议就是被筛选和过滤过的。研究这些程序性门槛规则,对于分析司法中的政治而言至关重要。即便那些认为裁判过程纯粹意识形态化的人也承认,由于诉讼程序的存在,意识形态在司法决策中的地位与在立法机关以及行政部门的决定中还是有细微的差

---

① 参见薛波主编:《元照英美法词典》,法律出版社 2003 年版,第 764 页。

别,联邦法院只能将权力运用于双方当事人之间实际发生诉讼的案件。不同于其他国家的法院,美国联邦法院不能抽象地就某些法律的适用范围或合宪性发表意见,联邦法院只能围绕案件中特定事实和特定诉求,裁判原告已经提起诉讼的案件。

事实上,与意识形态、个人偏见、党派等政治因素的地位相对,这些门槛性规则的存在,恰恰证明了法律在司法裁判中的重要作用。为了回应法律现实主义者对司法客观裁判是否可能的质疑,联邦法院和理论学者可以援引这些程序上的门槛性规则,作为传统的法律性裁判模型的依据,这也是强调程序性规则的程序法学派法理学应运而生的重要缘由。① 程序法学派坚持主张中立的法律规则的重要性证明了法律决不仅仅是政治,诸如诉讼门槛级别要求等程序性规则证实了法律独立的重要性,因为这些规则并不包含明显的意识形态内容,无论是来自保守派还是自由派当事人的诉讼请求都可能遭到阻止,"追求统一的程序对于法律来说至关重要,因为这既比实体统一性容易达到,又比挥舞着写满意识形态真相的条幅更适合我们的职业"②。形式上中立的程序性门槛规则,忽略或者避免案件中实体的政治性内容,从而来支持判决之下的程序法律规则。

通过分析这些可裁判性原理为主要内容的程序性门槛规则在案例法上的实际运作,我们会进一步发现虽然司法审查对于联邦法院的权力是重要的,特别是司法审查确定了时机成熟和审理无意义原理所存在的独立运作领域,但以司法审查为视角检视某些可裁判性原理可能是非常不适当的,例如,咨询意见的禁止和政治问题原理。因为咨询意见之禁止、政治问题原理的确立,在时间上要早于司法审查的确立。从方法论的角度,我们希望能够通过理解和评估诸种可裁判性原理在案例法实践中的确立、发展和适用,能够增进和丰富对于一般意义上司法权的概念性理解。

虽说如此,诉诸可裁判性原理来理解司法权需要首先回答一个前提性问题,即从何种找寻可裁判性原理? 实际上,由于诸种可裁判性原理是由联邦法院在案例法实践中所创造和表达的,但无论是宪法文本,还是体现在制宪会议中制宪者的意图,都没有对可裁判性做出规定和说明,那么,联邦法院是以什么为依据构造了所谓的可裁判性原理呢? 其合法性依据何在? 特

---

① 程序法学派法理学以哈特(H. Hart)和萨克斯(A. Sacks)为代表,有关分析可参见 H. Hart and A. Sacks, *The Legal Process: Basic Problems in the Making and Application of Law*, William N. Eskridge, Jr. and Philip P. Frickey (ed.), Westbury, New York: Foundation, 1994, pp. 20—55。

② J. Harvie Wilkinson Ⅲ, "The Question of Process," 98 *Michigan Law Review* 1387, 1387 (2000).

别是,程序性的门槛规则都是针对原告所设置的诉讼障碍,在何种意义上可裁判性测试标准并非构成原告诉权的一种不正当克减?① 这是接下来所要分析的问题。

第二节　可裁判性的性质和依据

与平等保护、正当程序和言论自由等其他法律概念一样,可裁判性也并不是一个拥有固定内容,或者能够被科学验证的法律概念,可裁判性的适用是许多微妙压力的产物。② 通常来说,可裁判性原理的依据在于美国联邦《宪法》第三条中的"案件"与"争议"两个语词,但这两个语词本身太过于模糊以致不能够解决某种具体议题。如弗兰克福特大法官所强调的那样,它们必须涉及充分人为事实(human facts)才能够推演出相应的法律含义,事实是决定性的。③ 联邦最高法院有关可裁判性问题的意见和推理,对这个问题给出了某种回答。

一、法定要件与审议要件之区分

尽管联邦法院裁判所必需的这些可裁判性原理,是在案例法的运作过程中由联邦法院所创造的,联邦最高法院仍然对这些规则区分了两种来源。首先,联邦最高法院表示,某些可裁判性原理是美国联邦《宪法》第三条解释的结果。联邦最高法院反复强调,美国联邦《宪法》第三条中"案件与争议"对联邦司法权强加了一种实质性限制。④ 例如,作为判断是否具有可裁判性的一个方面,当事人适格旨在分析的问题是原告是否已经在争议的结果中宣称了个人利害关系,从而能够为启动联邦法院管辖权提供了保证,也为联邦法院以他的名义运用救济权力提供了正当性证明。⑤ 在每一个联邦案件中,在确定联邦法院受理该诉讼的权力时,这是个必须先予回答的前提性

① 表面看来,程序性的门槛规则存在都是针对原告设置的障碍,联邦法院可以据此在不考虑实体法律的情况下直接对案件做出处理,因为原告连门槛级别的程序要求都没有达到。不过,如果原告确实满足程序上的门槛性要求,联邦法院必须就原告诉讼主张的实体性法律问题做出说明。在诉权同时为原告与被告共同所有的意义上,虽然程序性规则可能会使得被告的某些辩护主张不被法院采纳,但通常不会对他们的辩护行为本身设置障碍。

② See Poe v. Ulinman,367 U. S. 497,508 (1961).

③ See Felix Frankfurter,"A Note on Advisory Opinions",37 *Harvard Law Review* 1002,1005 (1924).

④ See e. g. ,Flast v. Cohen,392 U. S. 83,96－97 (1968);Warth V. Seldin,422 U. S. 490,498－501 (1975).

⑤ See Baker v. Carr,369 U. S. 186,204 (1962).

问题。联邦最高法院指出,美国联邦《宪法》第三条所规定的司法权主要是为了纠正或者保护申诉当事人的个人损害而存在,即使联邦法院的判决可能使其他人间接地受益。① 当事人适格作为一种可裁判性测试标准,其设定目的在于庭前确保该案件是真正的法律争议,并不是请求联邦法院脱离特定争议事实而就法律做出抽象决议。因此,只有当原告自己从某种假定的违法行为中,已经实际或者将要遭受某些损害时,联邦法院的司法权才能够被启用。

作为一种门槛性的程序性测试标准,可裁判性原理担保了联邦法院的裁判是依法进行的法律裁判模式,而非依据法律之外的政策或者法官个人态度。通常来说,在最为基础的层面上,联邦法院可被定义为在审理案件时,追求两种不同目标。② 一是追求案件的最佳结果,即通过衡量先例、宪法和法律基本含义、制宪者意图以及其他与法律相关的因素,努力得出一个相关法律争议的"正确"回答。二是由于联邦法院法官本身也在创制公共政策,所以他们可能希望判决能够反映他们所偏好的政策。据此,司法裁决主要有两个形成路径:法律模型与政策模型。③ 法律模型认为,对于法律争议存在确定的正确答案,法官则努力从权威性的法律材料中寻求法律问题的正确解答;政策模型则认为法官所处的环境,司法体制内外的各种因素,法官自身的态度与价值取向都对判决产生决定性的影响。众所周知,法律性裁判模式越来越受到法律现实主义的祛魅,变得越来越不可信和脱离实际;政策模式的裁判模式则将司法裁判降格为纯粹的政治现象,变得政治极化和不可理解。④ 要想一种法律性的裁判模式得以继续坚持和维护,一种更贴近于案例法实践的裁判模式得以真实呈现和描述,对联邦法院的裁判过程之认识需要某种解毒剂。聚焦于程序性的门槛性规则事项,可裁判性测试标准对此提出了一种可行的思路和方向。因此,可裁判性测试标准是联邦法院对自身权力运作方式和限度的自我探知,并在案例法实践中不断地予以反思和完善。

---

① See Linda R. S. v. Richard D. ,410 U. S. 614,617 (1973).

② See Lawrence Baum, *The Puzzle of Judicial Behavior*, Ann Arbor: University of Michigan Press, 1997, pp. 2—18.

③ 参见[美]杰弗瑞·A. 西格尔、哈罗德·J. 斯皮斯、莎拉·C. 蓓娜莎:《美国司法体系中的最高法院》,刘哲玮、杨微波译,北京大学出版社 2011 年版,第 17—40 页。

④ 参见苏力:《解释的难题:对几种法律文本解释方法的追问》,载《中国社会科学》1997 年第4 期;[美]理查德·A. 波斯纳:《法理学问题》,苏力译,中国政法大学出版社 1994 年版,第 548—556页;[美]卡尔·M. 卢埃林:《普通法传统》,陈绪刚等译,中国政法大学出版社 2002 年版,第 618—625 页。

其次,虽然可裁判性本身为联邦宪法所要求,但可裁判性与否的具体测试标准却由联邦法院自我界定。于此而言,诸种程序性的门槛性的可裁判性测试标准并非起源于宪法,而是源于审议性司法行政的考虑。换句话说,尽管宪法允许联邦法院裁决,然而联邦法院已经决定在某些特定情况下,敏锐的政策考虑可能对司法审查产生不利影响。这些可裁判性原理通常称之为"审议性的"。① 例如,审理无意义原理通常作为可裁判性的阻却事由,即诉讼进行过程中许多不同类型的事件都可能使得某个案件变得没有审理意义,如刑事被告在上诉过程中死亡,或者当事人通过和解解决了系争问题,或者如果受到挑战的法律被废止或期限已过致使关于其是否合宪的争论不再有审理意义的价值,从而使得案件不再具有可裁判性。② 然而,在案例法的运作实践中,联邦法院仍然创造了一系列所谓的审理无意义之例外,即"能够反复,但规避审查"之例外、"被告自愿放弃"之例外以及"集体诉讼"之例外。③ 在这些"例外"情形下,联邦法院指出,即便某种事由的发生使得当事人的个人利害关系在相关的案件中变得没有审理意义,但这并不当然使得它们不再具有审理的价值,联邦法院仍然能够以各种审议性因素为依据,决定是否进一步对审理无意义的案件所涉及的实质作出宪法裁判。

应该指出的是,可裁判性原理中的宪法要件与审议要件之间的区分是重要的。因为这直接关联着国会在可裁判性问题上的权力界限。即如果某种可裁判性原理是审议性的,那么国会便能够通过制定法,将司法所创造的这种审议性可裁判性原理予以修改或者推翻。④ 但对宪法的可裁判性原理,国会就不能够这样做。因为国会不能够将联邦法院的权力拓展到《宪法》第三条所授予联邦法院的司法权范围之外,即便是联邦制定法也不能够改变或废除宪法对联邦司法权的限制。但由于审议限制并非源于宪法,国会便能够指示联邦法院舍弃这种限制,将先前联邦法院认为不具有可裁判性的问题转变成具有可裁判性,进而要求联邦法院必须就该事情受理并就所涉实质问题做出裁决。

---

① See Evan Tsen Lee,"Deconstitutionalizing Justiciability:The Example of Mootness",105 *Harvard Law Review* 603 (1992).

② See e. g. ,United States v. Chambers,291 U. S. 217,224 (1934);Eisler v. United States,338 U. S. 189,194 (1949);Roe v. Wade,410 U. S. 113,125 (1973);Friends of the Earth,Inc. v. Laidlaw Envtl. Servs. ,Inc. ,528 U. S. 167,189 (2000).

③ 对这三种类型的审理无意义之例外,介绍性分析可参见 Erwin Chemerinsky, *Federal Jurisdiction*(6th ed.),New York:Wolters Kluwer Law & Business,2012,pp. 137-150。

④ See Warth V. Seldin,422 U. S. 490,501 (1975).

最后,必须强调的是,虽然可裁判性原理存在着宪法要件与审议要件之区分,但这种区分本身仍然是联邦最高法院判决的产物。实际上,某些可裁判性原理,如当事人适格原理、审理无意义原理,同时拥有宪法的和审议的组成部分。政治问题原理本身的性质,究竟是一种宪法要件还是审议要件,联邦法院也并没有给出确定的回答。于此而言,某种程度上对可裁判性原理中的宪法方面和审议方面作出清晰的界定,也是非常困难的,因为它们都反映了同样的政策性考虑因素,即司法资源有效利用、司法决策制定的质量。正是这些基本的政策性考虑因素为所有的可裁判性原理提供了基础和依据。

二、可裁判性背后的政策考量

在司法资源有限的世界里,联邦法院必须考虑如何充分有效地利用现有的有限司法资源。正如学者所指出的那样,联邦法院不仅在时间和金钱方面有着有限的资源,而且联邦司法的政治资本也是有限的。[①] 即联邦法院通常要依赖于其他政治分支自愿地遵守司法命令,其他政治分支的这种默认要最终依赖司法的公信力。也因此只有当司法权之运用是真正必要的时候,可裁判性原理才允许联邦法院消耗其政治资本,而不是将其浪费在不适当的事情之上。

在这个意义上,以不具有可裁判性为理由,将某些案件予以驳回,可裁判性原理能够节约司法资源,从而允许联邦法院将他们的注意力集中在他们认为最值得审查的问题上。[②] 在这方面,审理无意义原理表现得最为明显。依据审理无意义原理,如果诉讼过程中某种事由的发生使得先前案件不再呈现为一种真实的具体争议,那么联邦法院就必须驳回案件。无论是"能够反复,但规避审查"之例外,还是"被告自愿放弃"之例外,以及"集体诉讼"之例外,之所以能够在案例法实践中得到稳固的确立,成为可裁判性原理的一个组成部分,除了案件所涉议题本身具有复发的可能性以外,一个重要的考量因素就是稀缺司法资源有效利用,即要在已经花费的司法资源和仍然需要投入的司法资源间进行某种权衡。

除了司法资源的有效利用以外,可裁判性原理另外一个重要的政策性

---

① See Erwin Chemerinsky, *Federal Jurisdiction* (6th ed.), New York: Wolters Kluwer Law & Business, 2012, pp. 43—44.

② See Don B. Kates, Jr. and William T. Barker, "Mootness in Judicial Proceedings: Toward a Coherent Theory", 62 *California Law Review* 1385, 1433—1434 (1974).

关注便在于如何改善司法决策制定的质量。① 在这方面,决定某种问题是否具有可裁判性并不仅仅具有理论上的含义,以不具有可裁判性为由,联邦法院将案件予以驳回,固然能够节约有效司法资源。然而,如果某种问题具有可裁判性,那么联邦法院不得不就受理案件并就案件所涉及的实质问题做出裁决。重要的是,联邦法院裁决的最终产物,无论是表现为一种决定(decision),或者判决(decree)②,或者命令(order),都是一种经济学意义上的公共产品。对联邦法院而言,这构成一种具有约束力的先例;对当事人以及当事人以外的第三人而言,这构成一种进一步行为时的依据。因此,联邦法院必须关心经由诉讼的法官造法本身的决策质量。

问题是,为什么联邦法院会选择可裁判性测试标准作为门槛性程序规则处理案件,而不是依据实体性法律规则裁判? 一种可能的回答是,依据实体法作出的判决会在先例效应方面影响更大,可能赋予法官更大的法律力量。然而,一项有关联邦巡回法院的实证研究推翻了这一看法。克罗斯从联邦上诉法院数据库挑选出了 1971 年以来的 4000 多起案件,对符合可裁判性测试标准要求的案件判决做统计回归发现,依据可裁判性测试标准这种门槛性条件做出的判决具有更多的正面援引效应。结果可参见表 2.1。③

表 2.1 符合门槛性规则要求的先例效应

变量	总体效应	负面效应	红旗	黄旗
推翻判决	0.092(0.000)	0.095(0.000)	0.134(0.000)	0.076(0.000)
意识形态	0.000(0.977)	0.014(0.425)	−0.031(0.074)	0.010(0.570)
宪法性案件	0.093(0.000)	0.029(0.087)	0.080(0.000)	0.057(0.001)
联邦制定法案件	0.067(0.000)	0.074(0.000)	0.068(0.000)	0.057(0.001)

① See Peter S. Menell and Ryan Vacca, "Revisiting and Confronting the Federal Judiciary Capacity 'Crisis': Charting a Path for Federal Judiciary Reform", 108 *California Law Review* 789, 880—886 (2020).

② "decree",判决或者裁定,尤指衡平法院或御前大臣法庭的判决。衡平法中的判决是法庭在审理和听取各方辩论意见后,依据公平和良知原则确定诉讼各方权利而做出的裁决和命令,是法院对已查明事实的法律后果所做的宣告。在普通法诉讼和衡平法诉讼合并后,一般用"judgement"代替"decree"。参见薛波主编:《元照英美法词典》,法律出版社 2003 年版,第 308 页。

③ 参见[美]弗兰克·克罗斯:《美国联邦上诉法院的裁判之道》,曹斐译,北京大学出版社 2011 年版,249 页。红旗标识意味着某判决至少包含一处见解与现行法不同,判决可能被上级法院或者国会推翻;黄旗标识则代表负面援引的历史,判决虽不被推翻,但限定判决的适用范围。

续表

变量	总体效应	负面效应	红旗	黄旗
有门槛性规则而符合	0.013(0.452)	0.012(0.489)	0.040(0.021)	0.042(0.016)
巡回法院	0.166(0.000)	0.050(0.004)	0.102(0.000)	−0.019(0.280)
N	3364	3388	3364	3363
R^2	0.051	0.019	0.044	0.015

统计回归分析表明,相对于提起可裁判性这种门槛性问题但最终依据实体法进行的判决来说,依据门槛性规则做出的判决更具有重大影响,受到更多的正面援引效应。联邦法院之所以选择诉诸门槛性程序规则,重要原因在于这类判决比依据实体法做出的判决更具有先例效应,可以通过门槛性规则庇护被告,得出对其有利的判决,并且免受后续法院的推翻或者批评。实际上,依据程序性法律规则做出的裁判,相比起来更不易引起上级法院的兴趣,即便被审查,也不会额外附加裁判成本。[1] 这是由于如果联邦巡回法院的裁判依据门槛性规则做出,即便联邦上诉法院撤销了原先判决,最多也只是将案件发回原审法院令其审理案件实体部分,而不是直接宣布法律规则的内容。如果克罗斯对联邦法院的这一统计回归分析可以成立,可以说诉诸可裁判性规则作为门槛性条件所得出的裁判结果便较少而不是较多或者完全受法官意识形态的影响,反而是法律因素和当事人对案件对挑选更为重要。

可裁判测试标准所具有的这种规则效应意味着,联邦法院要想仍然坚持法律性的裁判模式,就必须极其重视当事人因素对案件的影响和塑造作用。然而,关于联邦法院一个既定的现实是,特别是在进行独立事实调查方面,联邦法院存在着有限的能力。因此,联邦法院决策的质量就最终依赖于当事人是否充分地提供相关的信息。在这方面,诸种可裁判性原理之存在就是为了确保联邦法院做出高质量的决策时能够拥有所必需的各种信息。基于此,联邦法院认为与诉讼结果存在利害关系的当事人,通常能够很好地履行这种任务。[2] 许多可裁判性原理,如当事人适格、时机成熟以及审理无意义原理,就是为了确保具体的争议和诉讼当事人的存在而孕育和适用的。

---

① See Joseph L. Smith & Emerson H. Tiller, "The Strategy of Judging Evidence from Administrative Law," 31 *Journal of Legal Studies* 61,79—82 (2002).

② See e..g.,Flast V. Cohen,392 U. S. 83,94 (1968);City of L. A. v. Lyons,461 U. S. 95,101 (1983);Phillips Petroleum Co. v. Shutts,472 U. S. 797,804 (1985).

当然,在实践中这些可裁判性原理的具体规则是否能够有效地服务于这种目的则是另外一回事。

总之,司法资源的有效利用以及改善司法决策制定的质量这两种政策性考量因素,经常出现在联邦法院有关某个可裁判性原理的讨论之中。然而,应该强调的是,限制司法角色的这些依据和理由,必须同时与司法审查的需要取得某种权衡。因为在很大程度上,联邦法院的存在是为了阻止对联邦法律的违反。司法审查在禁止所有层面的政府和政府官员所施加的宪法侵犯方面,是尤其重要的。① 正如德沃金所指出的那样:"假如没有以司法审查为核心的法律和政治文化,他们便不可能如此敏锐地对待原则。要是没有那个文化,他们所代表的民众也将不可能像他们实际上做到的那样去理解、思考、争论,甚至参与投票。"②在这个意义上,尽管可裁判性原理服务于重要的政策性目的,在理解和评估可裁判性原理的运作时,至少以下方面的考虑也是同等重要的,即可裁判性原理不能够阻止联邦法院履行其本质性职能,即支持联邦宪法、阻止以及纠正对联邦法律的侵犯。

因而,有关可裁判性原理的批判性分析中,一个反复的议题是为了在约束和审查之间取得某种平衡,什么应该是可裁判性原理的内容。在根本的意义上,这种辩论要依赖于一个规范性问题,即法院在民主社会中适当界定的角色问题。③ 批评者声称,联邦法院在限制可裁判性方面走得如此之远,以致阻止了联邦法院保护和确证重要的宪法权利。联邦法院的捍卫者则坚持,有关可裁判性之决定适当地界定了联邦司法在民主社会中的有限角色。联邦司法的适当角色,这一规范性问题应该始终贯穿于每一个可裁判性原理的讨论之中。④ 不可避免地,可裁判性原理最终要与分权原则取得某种联系。首席大法官沃伦就指出,为了确保联邦法院不侵犯宪法授权其他政府部门的领域,案件与争议语词界定了三权分立的宪制所分配给司法的角色。⑤ 换言之,由于可裁判性原理所确定的是何时联邦法院审查一种问题是适当的、何时联邦法院遵从其他政府分支是必要的,因而可裁判性界定了

---

① See Susan Bandes,"The Idea of a Case",42 *Stanford Law Review* 227,283－285 (1990).

② Ronald Dworkin,"The Forum of Principle",56 *New York University Law Review* 469,518 (1981).

③ See Warth V. Seldin,422 U. S. 490,498 (1975).

④ See e. g. , F. Andrew Hessick, "Cases, Controversies, and Diversity", 109 *Northwestern University Law Review* 57 (2015).

⑤ See Flast v. Cohen,392 U. S. 83,95 (1968).

联邦法院在权力分立的宪制秩序中的适当角色。那么,这种角色应该是什么呢?

第三节 可裁判性的政治含义

没有疑问,对于联邦法院而言,一个确定性的真理是如果没有恳求者,那么就没有事务;而如果没有事务,那么最终就没有权力。[①] 但是,从效果上讲,以某种问题不具有可裁判性为理由,联邦法院拒绝受理某种案件并拒绝将案件所涉实质问题做出裁决本身就有耗散司法权的效果,更不用说对当事人进入法院(access to court)这一诉讼权利所产生的克减作用。那么,在何种意义上,最终以政策考量为依据的可裁判性原理能够获得合宪性的支持? 因为在分权的宪制秩序中,任何一种权力的运用,包括司法权之运用,都必须经过合宪性的检视与考察。实际上,如果联邦最高法院的司法权变得过于危险和强大,宪法本身已经为司法权的制约留出了空间。例如,大法官个人会被弹劾、联邦最高法院的上诉管辖权受到国会所制定的"例外"与"规制"的限制以及联邦法院可能会被重组。[②] 因此,如果说可裁判性涉及联邦法院在宪制秩序中的角色,那么必须解释在何种意义上可裁判性界定着联邦法院的宪制角色。

首先,从理论上讲,在分权的政治体制中,任何一种政制构成都应该由三种要素组成:新宪制秩序的发动者、新宪制秩序的确认者以及已经得到确认的宪制秩序的保守者。[③] 显然,在人民主权这一占据支配性的政治话语中,新宪制秩序的确认者都最终只能是人民自己。[④] 同样,考虑到司法权所具有的被动性、中立性的特质,联邦法院也不适合作为新宪制秩序的发动者。实际上,作为制度组成部分的联邦最高法院其最显著的制度品性便是连续性,即它不像别的政治机构会在一夜之间发生重大变化。即便联邦最高法院更换一两位大法官,甚至更换了首席大法官,也不大可能像总统更替那样立刻产生巨大的影响。正如比克尔所言:"就其作为决策变化的工具而言,大法官们是

---

① See Barry Friedman and Erin F. Delaney,"Becoming Supreme:The Federal Foundation of Judicial Supreme",111 *Columbia Law Review* 1137,1182 (2011).

② 参见[美]约翰·埃格里斯托:《最高法院与立宪民主》,钱锦宇译,中国政法大学出版社2012年版,第132—145页。

③ See Rivka Weill, "Evolution vs. Revolution Dueling Models of Dualism",54 *American Journal of Comparative Law* 429,469—471 (2006).

④ See Larry D. Kramer, *The People Themselves:Popular Constitutionalism and Judicial Review*,Oxford University Press,2004,p. 227.

定时炸弹,而不是引爆炸弹的弹头。"①因而,在分权的宪制秩序中,联邦法院能够扮演的角色只能是已经确认的宪制秩序的保护者。

于此而言,最终以政策性考量为依据所孕育和发展的可裁判性原理之所以能够获得合宪性的地位,根本原因就在于可裁判性原理能够保证联邦最高法院作为已经得到确认的宪制秩序的保守者地位。以可裁判性作为门槛性程序性条件,通过将一定比例的原告阻挡在联邦法院之外,本身便会给法律带来系统性的偏向保守的效应。正如论者所强调的那样:"历史地看,程序主义便总是在法律、政治和文化中扮演保守者的形象。"②实际上,以某些事情不具有可裁判性为依据,联邦法院拒绝受理并就某些案件实质问题做出裁决,联邦法院的这一决定本身具有维持现状的作用。③ 另外,在宪法诉讼中,特别是在司法审查的语境中,如果联邦法院认为某些事情具有可裁判性,进而决定受理并将案件所涉及的实质问题做出宪法裁决,又如果联邦法院的司法权(审查)之运用是阿克曼所强调的"维持人民所实现的高级立法方案在日常政治期间免受侵蚀"这一任务是必不可少的话④,就不能仅由于司法审查剥夺了国会制定任何它想制定的法规的全面权威,它就可以被推定成是反民主的;同样,也不能像权利本位论者所坚持的那样,联邦法院运用哲学方法阐述对所有时代和所有地点都有效的基本人权这种做法,就可以为司法权之运用提供正当性的支持。在宪制秩序中,正是联邦法院作为已经得到人民确认的宪制秩序的保守者这一角色为司法权之运用提供了正当性支持。

其次,承认联邦法院的保守者角色并不是否认联邦法院在引领社会发展和结构转型方面的积极和主动作用。在美国联邦司法体系中,严格来说,

　　① [美]亚历山大·M.比克尔:《最小危险部门:政治法庭上的最高法院》,姚中秋译,北京大学出版社 2007 年版,第 33 页。连续性是最高法院首要关注点,因为这是最高法院在美国人的心目中占有一席之地的主要原因所在。当然,也存在一些例外。例如,1870 年格兰特总统任命了两位大法官,立刻使导致当时有关联邦政府的货币权之关键性裁决发生逆转;另外,似乎正是在罗斯福总统提名的第一位人选布莱克大法官于 1937 年到任之后,新的司法理论很快就占据了上风。不过,总的来说,最高法院的变化不是突然的,也不会受到新的大法官人选的突然影响。

　　② Kimberle Crenshaw & Gary Peller, "The Contradiction of Mainstream Constitutional Theory",45 *UCLA Law Review* 1683,1712 (1998).

　　③ 在批判法学者看来,在通过判决造法的领域中,不同的意识形态小团体强力追求着他们不同的议程。影响他们成功的因素有时间、法官任命过程,多变的折中与授权效应,对政治图景的限制有益于维持现状。参见[美]邓肯·肯尼迪:《判决的批判:写在世纪之末》,王家国译,法律出版社 2012 年版,第 200 页。

　　④ 参见[美]布鲁斯·阿克曼:《我们人民:奠基》,汪庆华译,中国政法大学出版社 2013 年版,第 61 页。

所谓保守和自由更多的是意识形态之结果,而非意识形态之起点,是法律性裁判模式运作的结果,而非在裁判过程中意识形态经常或者总是作为输入因素并对裁判结果起着决定性作用。有学者通过对美国上诉法院数据库全体案件中不涉及门槛性规则的案件、涉及门槛性规则的案件、符合门槛性规则的案件以及不符合门槛性规则的案件进行统计回归分析,发现四类不同类型案件的裁判结果的平均意识形态值,数据值从 1.0 到 3.0,其中 2.0 表示意识形态完全中立,结果如下:①

不涉及门槛性规则	1.8237
涉及门槛性规则的案件	1.9121
达到门槛性规则的案件	2.1857
未达到门槛性规则的案件	1.6579

从上述基础性分析中可以得知:(1)通过运用门槛性规则,原告提起诉讼的障碍增多,并且原告没有符合门槛性规则的条件时,导致实体性规则总体结构向保守倾向倒戈;(2)而当案件涉及门槛性程序规则时,并且原告符合门槛性规则时,总的来说,案件处理结果便会更为自由化。如何解释这一表面上看起来难以理解的悖论。实证分析并不能为这一结果提供决断性的解释,无论是意识形态还是策略性挑选案件都不能给出令人满意的答案。克罗斯认为,一种可能的解释是逻辑性,即实证分析的结果始终与实体法相关,待审案件如若增加门槛性程序性规则问题,说明偏向保守的被告在案件中处于实体法方面的劣势地位,因而有可能提起上诉,渴望能在门槛性程序问题上翻盘。而如果被告在门槛性问题上也不能成功,依据实体法得到的裁判结果将会异常偏向自由。②

在本书看来,克罗斯对涉及门槛性规则案件裁判结果的自由化倾向的解释并非令人满意。因为提出某个门槛性规则要求需要事实支持,需要正当性地提出,而不能仅仅是原告或者被告的一厢情愿。某些门槛性程序规则在内涵上也具有相当的模糊性,在某些案件中,当事人是否提出以及联邦法院是否采纳某一门槛性规则的问题上仍然有可选择和可裁量的余地。联邦法院在涉及门槛性规则案件中的自由化倾向,特别是在某些案件中能够发挥引领社会发展和促进结构转型方面的作用,原因在于联邦法院之裁决

---

① 参见〔美〕弗兰克·克罗斯:《美国联邦上诉法院的裁判之道》,曹斐译,北京大学出版社2011 年版,第 209 页。

② 参见〔美〕弗兰克·克罗斯:《美国联邦上诉法院的裁判之道》,曹斐译,北京大学出版社2011 年版,第 210—211 页。

是一种原则性裁决,而不是一种规则性或者政策性裁决。① 在联邦法院,尤其是联邦上诉法院,法律性的裁判模式是或者说应当是一种原则性的法律裁判模式。原则性的法律判决模式是关于在分权的宪制秩序中人民拥有什么权利的裁决,而政策的判决是关于总体福利如何才能得到最佳提升的裁决。从制度性优势方面讲,"法院具有处理原则问题的技能,而这样的技能是立法机构和行政部门所不具备的。法官有或者说应当有余裕,受过训练,也会超然地遵循那些追寻治理之目的的学者的方式行事。对于筛选一个社会的永久性价值而言,这一点是至为关键的,这样的事情不是一个偶然做得不错,但在大多数情况下却又按照另一套方式行事的机构能做好的。这要求一种心灵的习惯,要求一种始终如一的制度性习惯"②。正是原则裁决,使得联邦法院成为美国当下现实和合法性的见证人。原则裁决保证了联邦法院与过去的联系,也充当了某些全新的东西的通报者。

为什么美国联邦司法体制会关注法律原则的运用呢?卡拉布雷西认为,答案存在于这种信念中,即法律基础结构和从结构而来的原则,与大众意愿的某个方面,与在某种意义上多数所欲求的东西最为接近,"正是这种信念,刻画出为司法的普通法权力所作的大多数辩护的特征。每一项司法判决都尽力表现为一次运用一系列先前的判决解决一个眼前问题的合乎逻辑的常识"③。原则性的法律判决模式担保了即便某个个案中裁判是错误的,但整体意义上的司法权之运用却是正当的。

然而,更加重要的在于,可裁判性原理在某些案例法实践中的运作和存在,表明联邦法院要想作出一种原则性裁决,必须以某些政策性因素作为先行考虑因素,以决定某种事情是否具有可裁判性。因而,原则和政策在整个司法决定做出的过程中,就不是通常所理解的两种相互排斥的因素,毋宁是它们各自在不同诉讼进行阶段维护和支持了联邦法院在宪制秩序中的独立角色和自治地位。这意味着联邦法院想要一种原则性裁决,而非一种政策性裁决,进而增加所做之裁决能够被接受和信服的力量,那么可裁判性就必须在每个案件的诉讼过程中作为一个独立的议题而被提出和讨论。

---

① See e. g. , Herbert Wechsler, "Toward Neutral Principles of Constitutional Law", 73 *Harvard Law Review* 1, 15 (1959); Ronald Dworkin, "The Forum of Principle", 56 *New York University Law Review* 469, 516 (1981).

② [美]亚历山大·M.比克尔:《最小危险部门:政治法庭上的最高法院》,姚中秋译,北京大学出版社 2007 年版,第 27 页。

③ [美]盖多·卡拉布雷西:《制定法时代的普通法》,周林刚等译,北京大学出版社 2006 年版,第 170 页。

　　换言之,如果联邦法院忽视了可裁判性作为一种独立的议题所具有这种先行提示作用,那么联邦法院就案件所涉实质问题做出的裁决,可能就是不那么不令人信服的。有时候,甚至可能会危及联邦法院自身的合法性,遭受政治其他部门的反击和报复。例如,在 2000 年使联邦最高法院陷入空前危机的布什诉戈尔案(Bush v. Gore)①,联邦法院就没有处理可能存在的可裁判性议题。正如学者乔姆林斯基(Erwin Chemerinsky)所指出的那样,联邦最高法院本应该问一下是否能够以可裁判性为依据将案件予以驳回,从而使自己免于陷入政治漩涡之中。② 因而,最根本的工作仍然是要找到并且遵循法律原则的指示,在某种意义上,是原则反映了一种更为深层的大众意志,而这是司法权,尤其是司法造法权力的基础。无原则的决断,特别是不符合法律图景的规则,是越界的,而且容易造到批评。③

　　最后,可裁判性原理也代表着桑斯坦(Cass R. Sunstein)所谓的司法最低限度主义(judicial minimalism)之一种,能够起到促进民主的作用。④ 桑斯坦指出,由于存在着决策成本和错误成本,一个奉行司法最低限度主义的联邦法院在解决它所遇到的案件时,并不是对所有的事情都做出确定的裁决,而是选择让某些事情处于未决状态,从而将这些事情留给民主过程去解决。因为现代社会是多元异质的社会,其中公民对重要问题和复杂观念必然存在着合理分歧,联邦法院对这一事实非常敏感,也对其自身的制度能力有着清晰认识。用桑斯坦的话说就是,"如果民主处于某种道德或者政治的不确定之中,法院也未必会处于做出终局裁决的最合适位置。司法给出的答案也有可能是错误的。即使是最好的,他们也未必能够达到预期的目的。法院最好起到一种间接促进作用而不是越俎代庖替代民主的过程,而这一点也符合法院是审慎的民主商议系统的参与者这一事实"⑤。联邦法院通过对自身制度性局限的自觉和关于根本宪法保障的某些基本观点联系在一起,将言论自由的核心界定为在政治平等的条件下坚持不受审查的政治异议的权利,同时将平等保护的核心内容理解为禁止政府将某些公民区分为

---

　　① See Bush v. Gore, 531 U. S. 98 (2000).

　　② See Erwin Chemerinsky, "Bush v. Gore Was Not Justiticiable", 76 *Norte Dame Law Review* 1073 (2001).

　　③ 参见[美]盖多·卡拉布雷西:《制定法时代的普通法》,周林刚等译,北京大学出版社 2006 年版,第 198 页。

　　④ See Cass R. Sunstein, "Leaving Things Undecided", 110 *Harvard Law Review* 4, 51—52 (1996).

　　⑤ [美]凯斯·R. 桑斯坦:《就事论事:美国最高法院的司法最低限度主义》,泮伟江、周武译,北京大学出版社 2007 年版,第 318—319 页。

二等公民,通过这些努力联邦法院可以做到这一点。

实际上,即便是可裁判性原理要求联邦法院必须就某种事情做出裁决,它通常也寻求一个狭窄的理由裁决案件,尽可能避免清晰的规则和终局性的解决方案。当然,应该承认的是,可裁判性原理所蕴含的这种司法最低限度主义并非对所有的法律问题,都是一种最好的处理方法,在某些领域中允许联邦法院以问题不具有可裁判性为理由去避免某些案件,或者在可裁判性决定的伪装下就争议的实质问题做出判决,更有违反做出司法裁决的宪法义务。① 但是,至少在宪法领域,可裁判性原理具有明显的功效,因为使得某些事情处于未决状态,对某些事情不做裁决有时候倒是最好的。因而,从科学方法的角度,我们必须努力准确地界定诸种可裁判性原理所存在的独立运作领域,进而在可能的地方批判性地评估和改进诸种可裁判性原理,最终为法院的相关行为提供规范性的指导。

第四节 我国人民法院的治理者角色及其实现

在国家治理体系和治理能力现代化的中国,一个极其迫切而又重要的议题是"人民法院是否以及以何种方式参与社会治理"。在"政法"的传统和话语中,法律并非是超然于国家行政的实体,而更多的是政党所采用的治理手段。② 从权力属性方面讲,司法权无论呈现为何种方式,在司法权作为国家权力之一的意义上,人民法院参与社会治理是没有疑问的。③ 作为微观社会矛盾纠纷的灵敏"显示器"和社会治理状态的"预警机",通过将社会冲突的化解纳入司法化轨道,实现对公权力监督和控制,捍卫权利并适度地创新规则,宣示法律的时代价值观,促进公众守法习惯的养成,法院在社会治理体制创新中具有强烈的制度优势。④ 因而,人民法院内含一种治理者角色,所需要争论并解决的问题在于:人民法院参与社会治理的领域与方式究竟为何? 对此一种观点认为,人民法院在工作中,积极主动发现可能影响社会和谐稳定的因素,提出相应司法建议,就属于人民法院参与社会治理的重

---

① 有关宪法义务的一般性分析,可参见 Arthur Selwyn Miller,"Toward a Concept of Constitutional Duty",199 *Supreme Court Review* (1968)。

② 参见黄宗智:《中国的新型正义体系:实践与理论》,广西师范大学出版社 2020 年版,第 245－246 页。

③ 参见施新州:《司法权的属性及其社会治理功能》,载《法律适用》2014 年第 1 期。

④ 参见吕忠梅主编:《法官论司法和谐》,法律出版社 2007 年版,第 13－27 页;杨建军:《通过司法的社会治理》,载《法学论坛》2014 年第 2 期。

要制度和方法。① 立足于"枫桥经验",更多学者主张法院参与社会治理应该将经济原则与人性化司法相结合,把程序作为吸收多元司法资源和推进普遍信任机制的竞技场,以司法的基层设计为抓手,协调制度设计与基层司法治理实验,推进社会综合治理的法治化转向。②

在本书看来,从治理体系自身的结构与功能优化出发,肯定法院的治理者角色,探索法院参与社会治理的方式问题,需要采取一种"元治理"的视角。在治理理论中,"元治理"解决的问题是各权力主体在政策网络中的地位、不同制度得以运行的有效条件与关键激励和制约因素、不同治理策略和方案的适配性以及不同治理形式的绩效与评估等问题。③ 在治理实践中,如果缺乏元治理的分析,那么政策非理性、制度间的恶性斗争、管辖权的重叠以及竞争性政策网络的扩散等问题就会大量出现,影响治理的有效运行,妨碍治理绩效与目标的实现。④ 据此,从优化我国治理体系与能力的视角,法院作为国家治理系统的子系统,应该通过司法理性来传递促进各子系统及其相互关系的规范化和制度化,进而促进国家治理系统的适应、目标达成、整合和维持功能的实现。通常来说,"影响司法权能最直接的因素是其所在的司法系统,司法系统在结构与功能上的优化要以实现良性运转为标准保障司法权"⑤。在本书看来,分析司法权良性运转的制约条件,需要把握当前困扰司法权有效运行的前提性条件。⑥ 如果司法权得以运作的前提性条件不存在,那么,法院参与社会治理便也丧失了依据。

基于此,由于可裁判性并非法律的一项界定性特征,毋宁是司法权得以

---

① 参见鲁篱、凌潇:《论法院的非司法化社会治理》,载《现代法学》2014 年第 1 期;郑智航:《法院如何参与社会管理创新——以法院司法建议为分析对象》,载《法商研究》2017 年第 2 期;褚宸舸、王桥波、柯德鑫:《通过司法建议的社会治理》,载《人民法治》2019 年第 4 期。

② 参见李少平:《传承"枫桥经验"创新司法改革》,载《法律适用》2018 年第 18 期;廖万春:《新"枫桥经验"语境下基层司法参与基层社会治理的因由及路径》,载《社会科学家》2019 年第 3 期;于浩:《推陈出新:"枫桥经验"之于中国基层司法治理的意义》,载《法学论坛》2019 年第 4 期。

③ 参见王浦劬、臧雷振编译:《治理理论与实践:经典议题研究新解》,中央编译出版社 2017 年版,第 195—216 页。

④ 参见[英]斯蒂芬·奥斯本:《新公共治理? 公共治理理论和实践方面的新观察》,包国宪等译,科学出版社 2016 年版,第 33—46 页。

⑤ 沈德咏、曹士兵、施新州:《国家治理视野下的中国司法权构建》,载《中国社会科学》2015 年第 3 期,第 53 页。

⑥ 在法国"旧制度"中,治理与司法往往混为一体,所有行使司法权者同时握有治理权,特别是法国高等法院通过颁布管理条例在关涉公共秩序和安全的领域行使其社会治理权力。可以说,由于缺乏司法权运作的前提性条件,绝大多数法院与大部分法官并没有能力对其社会治理原则做出整体的修正与反思,所导致的结果便是旧制度政府司法与行政相互混杂、彼此冲突。参见庞冠群:《司法与王权——法国绝对君主制下的高等法院》,人民出版社 2020 年版,第 54—71 页。

运作的程序性门槛规则,可裁判性原理为法院参与社会治理的领域和方式提供了指引。简单来说,由于不能抽象地就某项法律的含义及适用范围发表意见,法院只能围绕原告所提起的案件中特定的事实和特定的诉讼请求予以裁判,因而,可裁判性作为司法权运作的程序性的门槛条件,意味着人民法院要想参与社会治理,应首先回归到"审判机关"之本位①,在案件的裁判过程中履行相应的社会治理职责。换言之,可裁判性测试标准决定了人民法院所承载的社会治理只能是"通过审判(裁判)的社会治理"②。"司法"这一事物,不仅涉及司法机关及其活动,关联司法制度及相关体制,同时还包含特定争议所形成的"案件",这三种要素相互依存,共同构成所谓现代意义上的"司法"。③

由可裁判性测试标准建构的"案件"对司法权运行具有重要意义。一般规律在于,这些程序上门槛性规则使得法院可以在不考虑实体法律的情况下直接对案件做出处理,因为原告连门槛级别的程序要求都没有达到。然而,可裁判性测试标准作为程序性门槛性规则,并非为了阻碍司法而设置人为的障碍,毋宁说其背后有着宪法性要求和政策性考量,旨在提升法院供给裁判这一公共物品的可行能力,其治理上的效果便是法院参与社会治理的领域和方式得以科学限定,最终提升了法院的公共影响力。

首先,依据可裁判性原理的界定和政治含义分析,人民法院能够参与的社会治理领域必须满足适格性的前提性要求,即某事项适合由法院予以审理和裁判。概括而言,可裁判性原理要求:一是审判权专属于人民法院,在管辖权范围内具有唯一性,其他主体不得进入,在级别和地域两个层面,管辖权可能存在竞合,尤其是碰到与法院所在地联系的密切程度是否足以行

---

① 我国《人民法院组织法》第三条规定:"人民法院的任务是审判刑事案件和民事案件,并且通过审判活动,惩办一切犯罪分子,解决民事纠纷,以保卫无产阶级专政制度,维护社会主义法制和社会秩序,保护社会主义的全民所有的财产、劳动群众集体所有的财产,保护公民私人所有的合法财产,保护公民的人身权利、民主权利和其他权利,保障国家的社会主义革命和社会主义建设事业的顺利进行。人民法院用它的全部活动教育公民忠于社会主义祖国,自觉地遵守宪法和法律。"由此可知,通过审判(裁判)活动,是法院参与到社会治理的重要或者说唯一路径。应该指出的是,相对于"裁判"而言,我国理论和事务界更习惯用"审判"这一术语,"审判"通常被认为包含审理和判决两个意思,体现了司法活动的过程性,而"裁判"则被视为一种结论,难以体现过程性。参见陈瑞华:《司法体制改革导论》,法律出版社2018年版,第7页。虽然"裁判"与"审判"具有重叠含义,但本书更倾向于"裁判",因为"裁判"不仅体现司法权运用的结论性,诸可裁判性测试标准更强调启动司法权的前提性。所谓前提决定结论,作为可裁判性原理的"裁判"更具有决定性。

② 参见江国华:《通过审判的社会治理——法院性质再审视》,载《中州学刊》2012年第1期。

③ 参见曹全来:《历史、理论与实践:中国国情与司法改革》,人民法院出版社2011年版,第62页。

使对人管辖权的问题;二是法院应该在案件审理中展现司法权,尽管在案件之外法院也行使一些权力,但这些权力并非司法性的,法院尤其不能发表一些没有约束力的咨询性意见;三是提起诉讼的当事人是适格的,适格当事人尤其要求原告必须具有充分的个人理由来提起一件法院可能受理的真正意义上的法律案件或争议;四是当事人所提起的案件应该是实质性的具有审理意义的案件,如果诉讼消失,案件没有审理的价值和意义,法院应当予以驳回,以免浪费司法资源以及司法权被任意操作;五是某些案件,当事人所提起的案件应该是时机成熟和条件具备的,"司法是正义的最后一道防线",只有当可利用的救济手段都用尽时,法院才得以进入;六是某个案件即便原告有正当有效的法律依据,法院仍然需要避开裁决,因为争议的问题太多政治化,不适合由法院审理。如宪法已将问题授权给其他政府机构处理,政府需要用一种声音说话时,问题就不应该由法院裁决。

总的来说,每一个可裁判性测试标准都有独特的含义,在不同领域独立运作,但这些门槛性的程序规则在性质上却属于不具有意识形态的法律规则。可裁判性测试标准担保了法院所从事行为的法律属性,保证了司法权的纯粹性,从不同层面丰富了司法权的内涵。可裁判性测试标准决定了法院参与社会治理的唯一性和不可替代性,从而优化了国家治理体系。

其次,在满足适格性的基础之上,人民法院参与社会治理的方式应该是一种原则性裁判,既非服务于政治斗争[1],为经济建设保驾护航,亦非降格为社会稳定排忧解难的工具[2];相反,人民法院应该坚守自身的品格,通过解释和平衡社会公平正义之原则和诉求,为法治原则和价值"注译导航"。[3] 在当下中国,司法裁判是法院执行公共政策的一种重要方式,无论是最高人民法院"发布典型案例",还是地方法院"将公共政策作为裁判说理依据",都肯定了人民法院在参与社会治理方面的重要作用。[4] 然而,一项实证研究发现,我国人民法院通过司法裁判执行公共政策的实践却呈现出相应困境,即典型案例的遴选过于注重案件裁判结果所具有的社会效果;法院援引公共政策作为说理依据仅起到"背书"的效果与作用;法院最终判决结果带有明显的政策性偏好,

---

① 参见刘风景:《"刀把子"的隐喻学解释——分析人民法院性质与职能的新进路》,载《清华法学》2008年第1期。

② 参见江必新:《能动司法:依据、空间和限度——关于能动司法的若干思考和体会》,载《人民司法》2010年第1期;公丕祥:《当代中国能动司法的理论与实践》,法律出版社2012年版,第3—15页。

③ 参见江国华:《转型中国的司法价值观》,载《法学研究》2014年第1期。

④ 参见张友连:《论最高人民法院公共政策创制的形式及选择》,载《法律科学》2010年第1期。

同法官中立的一般原理相抵牾。① 在社会治理领域,仍然是政治逻辑而非法律逻辑主导着人民法院的裁判过程,法院参与社会治理的效果并非理想。

政治逻辑主导的法院参与社会治理固然体现着国家政权建设之需要,然而,国家政权建构也应该注重法治与民主方面的相容和平衡问题。② 即便是法院参与社会治理,法院也应该以独特的逻辑,即一种原则性的法律裁判模式,通过对法治国家中核心价值和原则的展示和宣扬,来例证司法对国家基本秩序、社会团结以及社会信任与合作条件之维系所具有的可能作用。人民法院通过司法裁判创制和执行公共政策来参与社会治理,应当遵循司法运行的基本逻辑,如此方能取得治理实效。法院的社会治理效果绝非取决于法官多么"勇敢",而是依赖于法官如何"智慧"。有所为,有所不为,摆正自身的位置,懂得借力和助推。

第五节 小 结

就其本身而言,可裁判性并非法律的界定性特征,而毋宁为司法权之运用提供了前提性的测试标准。在美国联邦法院的案例法实践中,联邦法院孕育了一系列测试标准用于判定某种事项是否适合于联邦法院予以裁判。虽然可裁判性原理内部有着复杂性,并不是一个有着固定含义、能够被科学验证的概念,但作为一种原理和学说,可裁判性的目的和旨在回答的问题是清楚的,即所谓的可裁判性是联邦法院在其管辖权范围内,基于自治的目的所孕育出来的一系列的规则、原则体系和测试标准,旨在回答的问题是联邦法院能够审理和决定何种事情,必须驳回何种事情。就性质而言,可裁判性原理存在着宪法和审议两种要件,但它们都是联邦法院判决的产物,最终要依赖司法资源的有效利用以及改善司法决策制定的质量这两种政策性考量因素。从内容方面讲,由于可裁判性是包括由管辖权、咨询意见的禁止、当事人适格、时机成熟、审理无意义以及政治问题原理在内的一系列原理所组成,探究这些不同的可裁判性原理,在何种方面界定和维护了联邦法院在宪制秩序中自治地位,又在何种意义上诉诸和影响了一般意义上的司法权,便是接下来的章节所要分别完成的作业。

---

① 参见孟融:《中国法院如何通过司法裁判执行公共政策——以法院贯彻"社会主义核心价值观"的案例为分析对象》,载《法学评论》2018 年第 3 期。

② 参见姜峰:《法院"案多人少"与国家治道变革——转型时期中国的政治与司法忧思》,载《政法论坛》2015 年第 3 期。

第三章　作为合法性假定的管辖权

第二章指出蕴含着丰富司法权的可裁判性原理,是联邦法院在管辖权范围内孕育和适用的。从文义分析,法院拥有管辖权是法院之为法院的概念性界定,是司法权的界定性特征。"无论对法院还是一般意义上的法律,管辖权都是重要的。"①正如波斯纳法官所说的那样:"形式主义者喜欢说,现实主义者在决定案件时都跑到法律外面去了。这就提出了一个何为法律的问题。他想当然地认为法律就是形式主义者通过语词理解的东西。并非如此,法官在其管辖权范围内所做的一切都是法。"②然而,管辖权在何种意义上使司法权区别于其他政治权力,则是在理解其他可裁判性原理之前必须解决的问题。何谓管辖权,管辖权是否必然为一种强制性的程序性规则?对管辖权性质的理解,构成本章分析的主题。

在传统意义上,作为一种强制性的程序规定,一般认为缺乏管辖权,除了拒绝受理案件以外,法院不能够进一步做任何事情,特别是法院不能够继续就案件的实质问题进行判断。③ 如果法院这样做了,那么结果就是一个无效的决定。管辖权方面的缺陷,不能够被剥夺、被放弃或者受制于当事人的同意。由于涉及法院的权力,管辖权方面的规则是学理意义上的强制性规则,能够由任何一方当事人在任何时间提出,包括在上诉中首次提出,法院也有义务监督这些管辖权规则的履行。程序上的缺陷则不同,通

---

① 在存在违宪审查制度的现代法治国家,对法律尤其是法律权威的法哲学思考,必须将管辖权纳入分析者的框架之中,管辖权对增进法律的概念性思考具有不可替代的作用,参见 Dimitrios Kyritsis,"The Persistent Significance of Jurisdiction",25 *Ratio Juris* 343,358-362 (2012)。

② [美]理查德·波斯纳:《波斯纳法官司法反思录》,苏力译,北京大学出版社 2014 年版,第150 页。

③ 我国民事诉讼法也确定了管辖权的强制性,关于当事人起诉和法院受理审判案件的制度安排,管辖关涉国家公权力和司法资源的分配,具有公共秩序性、公法性和强制性。依据我国《民事诉讼法》第三十六条规定:"人民法院发现受理的案件不属于本院管辖的,应当移送有管辖权的人民法院,受移送的人民法院应当受理。"有关专属管辖的规定更具有典型性,管辖不仅排斥协议管辖和应诉管辖,如若违反,还会导致本案实体判决当然被撤销的后果。最高人民法院《关于适用〈中华人民共和国民事诉讼法〉的解释》第三百三十一条规定:"人民法院依照第二审程序审理案件,认为第一审人民法院受理案件违反专属管辖规定的,应当裁定撤销原裁判并移送有管辖权的人民法院。"

常是可放弃的,这主要取决于诉讼当事人的选择。① 这是有关管辖权的传统观点。

　　在本书看来,有关管辖权概念的传统理解是有问题的。本章将论证管辖权规则与非管辖权规则在概念上存在区分的困难,管辖权规则与非管辖权规则在实践中有着复杂的关联方式,管辖权规则可以产生非管辖权效力,同样非管辖权规则有时会拥有类似管辖权的作用和效果。重要的是,忽视这种情形的存在,将会产生不可欲,有时甚至危险的后果。在这基础之上,从合法性假定的角度思考管辖权,我们可以据此发现管辖权这一概念所具有的更为丰富、饱满的理论含义,同时管辖权概念拥有更为紧迫的实践重要性,存在着发挥作用的更多方式。

第一节　传统管辖权概念及其理论困境

一、管辖权的传统界定

　　在传统理解中,管辖权直接涉及法院的权力,有关司法权得以运用的前提性条件。"对于理解为何有的案件被受理,有的却被驳回,管辖权和程序事项是很关键的。"②管辖权是原告在其案件受审之前必须跨越的法律程序上的屏障,是司法权得以运用的一项门槛性规则。③ 正如霍姆斯大法官精辟的格言指出的那样,"管辖权的基础是物质权力"④。缺乏管辖权,法院唯一能够做的便是拒绝受理案件,不能进一步就案件实质做出裁判。⑤ 如果法院在不具有管辖权,缺乏权力的情况下做出了一种判决,法院的决定是无效的,不具有约束力。严格来说,作为一种形式上的界定,管辖权不同于程序,也有别于案件实质。⑥ 虽然这些概念并非总是容易相互区分的,甚至在分析上无法分开,然而,法律是一个语言的世界,我们对于法律的信心源自

---

　　① See e. g. ,Lawrence Solum,"Procedural Justice",78 *Southern California Law Review* 181,200－203 (2004).

　　② [美]H. W. 佩里:《择案而审:美国最高法院案件受理议程表的形成》,傅郁林等译,中国政法大学出版社 2010 年版,第 30 页。

　　③ 参见[美]弗兰克・克罗斯:《美国联邦上诉法院的裁判之道》,曹斐译,北京大学出版社 2011 年版,第 198 页。

　　④ McDonald v. Mabee,243 U. S. 90,91 (1915).

　　⑤ See Mayor v. Cooper,73 U. S. (6 Wall.) 247,250(1867);Ex parte McCardle,74 U. S. (7 Wall.) 506,630 (1868).

　　⑥ See e. g. , Lee A. Albert,"Standing to Challenge Administrative Action:An Inadequate Surrogate for Claim for Relief",83 *Yale Law Journal* 425,425－427 (1974).

其观念和范畴能够表达事物的能力,它们是真实存在的。

就管辖权而言,必须存在着某种东西使得管辖权能够区别于其他相似的范畴和概念。[1] 作为形式上的事情,一般认为管辖权是法院发布合法、有约束力以及可执行命令的权力或权威。程序是对法院一旦获得这种权力或权威的管制。案件实质是最终支持法院裁判合法、有效与可执行的依据与正当性理由。

毫无疑问,在美国的语境之中,作为权力的管辖权,真正体现了一系列的制度性价值,例如联邦制、分权原则以及有限政府原则。[2] 就联邦制而言,管辖权确保一个案件能够恰当地在州法院与联邦法院之间进行分配,既保障了地方法院的自主权,又维护了联邦法院的上诉审查方面的利益。就分权原则而言,管辖权体现的是法院自身正当权力范围,一种管辖权概念的科学合理界定,能够确保政治权力在三个政治部门之间的合理分工和配置,尊重了其他政治部门的正当权力。就有限政府而言,法院作为政治的一个重要组成部门,也应该遵循政治权力配置的一般原则,权力必须由宪法明确地授予,任何一种政治权力有滥用的倾向和风险,必然要受另外其他政治权力的约束和控制。在这个意义上,美国联邦《宪法》第三条第二款一方面既授予了联邦法院包括九种类型的"案件"与"争议"的管辖权,同时又规定联邦最高法院的上诉管辖权虽然原则上没有限制,但应受"国会所确定的例外与规制的限制"[3]。

另外,程序则是对法院合法权力的一种规制。特别是在对抗制诉讼法理念的支持下,程序处理的不是法院是否有权力,而是法院所获得权力运用的方式。[4] 如果管辖权是在政治部门之间正当权力范围的区分和配置,所服务的是制度性价值,那么,程序则主要服务的是当事人的价值,即效率与自治。虽然程序性规则在服务当事人价值时,在某种意义上也可以产生宽泛的制度性价值,例如,可预测以及公平,但这些制度性价值实际上是程序规则的延伸效应。[5]

---

① See e. g. , Perry Dane, "Jurisdictionality, Time, and the Legal Imagination", 23 *Hofstra Law Review* 1, 21—23 (1994).

② See Robert J. Pushaw, Jr. , "Justiciability and Separation of Powers: A Neo-Federalist Approach", 81 *Cornell Law Review* 393, 511 (1996).

③ See U. S. CONST. art. Ⅲ , § 2.

④ See Scott Dodson, "In Search of Removal Jurisdiction", 102 *Northwestern University Law Review* 55, 60 (2008).

⑤ Alex Lees, "The Jurisdictional Label: Use and Misuse", 58 *Stanford Law Review* 1457, 1488 (2006).

　　管辖权与程序两者不仅在概念上有所殊异，在功能上也存在区别。概括而言，管辖权方面的缺陷，特别是事项管辖权方面的缺陷，不能够被剥夺、被放弃，或者当事人的同意，它们也不受制于衡平法上的禁止反言原则，能够由任何一方当事人在任何时间提出，包括在上诉中首次提出。就联邦法院而言，具有强制性效力的管辖权规则迫使联邦法院有义务监督这些管辖权规则的履行，对于管辖权方面的缺陷法院必须自发地提出和处理。另外，由于程序性规则所服务的主要是当事人方面的价值，程序上的缺陷通常是可放弃的，可能被避免，这主要取决于诉讼当事人的选择。换言之，程序规则在功能上的效应，恰好是管辖权规则的反面。一般认为，管辖权规则与程序规则之所以存在功能上的区别，一个重要的原因在于对抗程序主要依赖于诉讼当事人来提出他们认为值得提出的程序权利和价值，通过仅解决当事人认为值得判决的案件从而促进了司法效率。① 实际上，程序规则所服务的价值并不能通过严格适用这些程序规则得到促进，相反可能在某种情形中阻碍程序价值的实现。② 如果正在谈论的程序规则旨在服务的是促进公平或者公平地实施法律，那么在某种特定情形中当衡平法或者公平允许的时候，允许法院不严格遵守或者打破这些程序性规则就是合乎情理的。

　　显然，传统意义上的管辖权，无论是在形式上还是在功能上都区别于程序性规则。换言之，区分某个特定的规则是管辖权规则还是程序性的非管辖权规则意义重大，这是因为谈论和诠释事件的不同方式构成了话语。"同样的事件、认识、行为等等，可以用完全不同的方式给予命名和解释。因而，以一种特定的话语命名一个行为或事件，从而解释该事件的意义并确定其背后的动机是一个行使权力的过程。每一种命名都预示着一种解决方式。"③不同建构和诠释就会产生不同的表达和不同的解决方式。既然不同的诠释具有如此不同的后果，那么至关重要的是，传统意义上的管辖权界定可以成立吗？这不仅仅是一个语词存在的问题，更存在着直接的法律效应与实践后果。

---

　　① See Perry Dane, "Jurisdictionality, Time, and the Legal Imagination", 23 *Hofstra Law Review* 1, 36—37 (1994).

　　② See Scott Dodson, "In Search of Removal Jurisdiction", 102 *Northwestern University Law Review* 55, 60 (2008).

　　③ ［美］萨利·安格尔·梅丽：《诉讼的话语》，郭星华等译，北京大学出版社 2007 年版，第151 页。

二、二分法的困难及其后果

传统意义上,管辖权规则与非管辖权规则的两分法,忽视了实践中两种规则之间相互作用的复杂方式。重要的是,实践中如果我们忽视这两种情形的存在,将会产生不可欲、有时甚至危险的后果,进而忽视了一种新的理解管辖权规则的理论视角和思维方式。

首先,管辖权规则的效用可能是相当复杂的。例如,主权豁免是主权没有其自身的同意,不受私人诉讼的权利或特权。虽然有多种方法来描述该教义①,一种方法是将其描述为联邦法院管辖的限制。② 毕竟,州的主权豁免的主要文本依据便是联邦宪法第十一修正案。而且,美国联邦最高法院在很多案件中也承认主权豁免是管辖权的一种限制。③ 然而,尽管其潜在的管辖权的地位,主权豁免可以放弃。④ 在这个意义上,主权豁免显然不是管辖权,考虑到经常被援引的那句格言,即联邦事项的管辖权并不能由当事人的同意所创造。⑤ 而且,主权豁免也受制于司法实践所创建的以下例外,即不适用于针对政府官员所提出来的未来禁止令或宣告救济。⑥ 联邦最高法院认为,主权豁免议题不需要联邦上诉法院自发地(sua sponte)提出和监管。⑦ 此外,一种管辖权规则也可能拥有非管辖权的先决条件。如上诉管辖权,如果没有在上诉通知期内提出的话,就不存在。但是,什么构成一种通知,可能受制于某些公平的变通方法。

同样,依据可裁判性原理,联邦法院不能受理过时、审理无意义的案件。⑧ 过时、审理无意义的问题是指,由于某种影响当事人诉由的情况发

---

① See e. g. , Corey Brettschneider & David McNamee, "Sovereign and State: A Democratic Theory of Sovereign Immunity", 93 *Texas Law Review* 1229 (2015).

② See Bradford C. Clark, "The Eleventh Amendment and the Nature of the Union", 123 *Harvard Law Review* 1817, 1833 (2010).

③ See e. g. , Monaco v. Mississippi, 292 U. S. 313, 320 (1934); Edelman v. Jordan, 415 U. S. 651, 677-678 (1974).

④ See e. g. , Clark v. Barnard, 108 U. S. 436, 447 (1883); LapidesV. Bd. of Regents of the Univ. of Ga. , 535 U. S. 613, 620 (2002).

⑤ See James E. Pfander, "History and State Suability: An 'Explanatory' Account of the Eleventh Amendment, 83 Cornell Law Review 1269, 1373 (1998).

⑥ See Ex parte Young, 209 U. S. 123, 159-160 (1908); see also Laura S. Fitzgerald, "Is Jurisdiction Jurisdictional?", 95 *Northwestern University Law Review* 1207, 1210-1211 (2001).

⑦ See Wis. Dep't of Corr. v. Schacht, 524 U. S. 381, 394 (1988); Idaho v. Coeur d'Alene Tribe of Idaho, 521 U. S. 261, 267 (1997).

⑧ See e. g. , Liner v. Jafco, Inc. , 375 U. S. 301 (1964); Babbitt v. United Farm Workers Nat'l Union, 442 U. S. 289 (1979); Duke Power Co. v. Carolina Envtl. Study Group, 438 U. S. 59 (1978).

生,致使该案件无审理意义。比如,庭外和解使后续的程序失去价值;某部法律被废除,致使关于其是否合宪的争论不再有审理意义。然而,联邦法院认为,如果案件失去审理意义的原因并非由原告造成,那么在某些情况下,它可能依然具有审理的价值,尤其是"对大多数联邦法院管辖的案件来说,只要求在上诉或调卷审查时,存在实质性的争议,而在案件的初始阶段并不作严格要求"①。例如,一名针对禁止堕胎的法令的当事人向法院起诉,法院就不能因为妇女已经不在怀孕期为由,认定案件过时、无意义。事实上,只要联邦法院愿意,即使那些过时、没有审理意义的案件,它也能够找到办法予以审理。②

其次,非管辖权规则并不拥有像管辖权规则一样固定的效力,实践中存在着一些非管辖权规则,但它们却体现着管辖权规则的某些特质,进而产生管辖权方面的效应。③例如,为了避免和其他纠纷解决方式发生冲突,联邦法院规定当事人到联邦法院起诉之前,必须穷尽一切行政救济方式。只有当其他机构拒绝启动纠纷解决程序时,当事人才能够将案件提交到具有管辖权的联邦法院。当然,在其他纠纷解决机构看来,可能并非如此,因为无论这些机构是否启动了自己的纠纷解决程序,总会有当事人向法院提起诉讼,其理由包括提供救济的不适当、救济迟延、损害的无法弥补以及纠纷解决机构过分能动地处理争议。④显然,行政救济穷尽规则虽然是强制性的,但并非管辖权方面上的限制,可以由当事人放弃,也不受制于法院的自由裁量权。⑤

重要的是,如果我们忽视实践中管辖权规则与非管辖权规则这种复杂相互作用的存在,继续严格地坚持管辖权与非管辖权的两分法,那么,不可避免地将产生以下两个方面的后果。

首先,在理论上,两分法遮蔽了一种中间路径的存在,这种中间路径更为准确地展示了管辖权概念丰富的含义。例如,一种规则可能是非管辖权规则,然而却拥有管辖权方面的特质。有时,我们为了解释一个概念的含义而必须说到的,在这里指的是概念的重要性,往往是些极其普通的事实,这

---

① See Roe v. Wade,410 U. S. 113,125 (1973).

② See Scott Dodson,"Hybridizing Jurisdiction",99 *California Law Review* 1439,1448—1450 (2011).

③ See e. g. ,Eberhart v. United States,546 U. S. 12,19 (2005);Day v. McDonough,547 U. S. 198,205 (2006).

④ 参见[美]杰弗瑞·A. 西格尔、哈罗德·J. 斯皮斯:《正义背后的意识形态:最高法院与态度模型》,刘哲玮译,北京大学出版社 2012 年版,第 217 页。

⑤ See Jones v. Block,549 U. S. 199,211 (2007).

些事实由于甚为普通而几乎从不被提起。对管辖权这一概念也是如此,但是传统意义上的两分法不允许这种规则的存在,因而阻碍了对于管辖权的概念性体认。我们知道,对于任何事物的概念性体认是一种理论分析的目的所在,用日常语言哲学家赖尔的话说就是,概念分析"并不在于增加对于研究对象的所知,而在于纠正我们已经掌握的知识的逻辑地理格局(logical geography)"①。

其次,实践中,对两分法的严格坚持可能有过低或者过度决定案件的风险。② 设想这样一个案件,在其中涉及某种规则是否受制于公平例外的问题。法院可以将该规则解释为管辖权规则以解决这个问题,但是这将过度解决了这个问题:通过将该规则界定为管辖权规则,法院也潜在地解决了其他没有提出的问题,例如,法院是否必须自发地监督该规则的执行或者该规则是否受制于当事人的同意。另外,考虑到强制性规则的存在,如果法院仅仅将规则解释为非管辖权规则,但没有进一步决定该规则拥有何种管辖权特质的话,如是否不受制于公平例外的考虑,法院也同样低估了问题。

考虑到一旦将某种规则界定为管辖权规则还是非管辖权规则在法律上所具有的不同后果,我们可以说在这一命名的过程中存在着一个在很大程度上还未被认识的隐含的权力领域,在管辖权话语中,嵌入权力支配是一个十分微妙的过程。美国联邦法院的案例法实践也进一步例证了管辖权问题的复杂性,相比较联邦法院对管辖权测试标准的复杂运用,两分法的界定和分类还过于简单和粗糙。

第二节 联邦法院管辖权的种类与具体操作

众所周知,美国制宪者对于一个强有力的、集中的政府抱有恐惧,出于对"最好的政府就是管的最少的政府"的信仰以及联邦主义的原因,美国拥有两套自治的法院系统,即联邦法院与州法院。③ 通过宪法和法律赋予两套法院系统不同的管辖权,联邦法院与州法院得以在各自范围之内运作。在美国联邦法院内部包含着三层组织建构,联邦地区法院、联邦上诉法院与

---

① [英]吉尔伯特·赖尔:《心的概念》,刘建荣译,上海译文出版社 1988 年,第 1 页。

② See Scott Dodson,"Mandatory Rules",61 *Stanford Law Review* 1,6—7 (2008).

③ 有关美国联邦—州法院体制的简要分析,可参见[美]弗兰克·M.柯芬:《美国上诉程序——法庭·代理·裁判》,傅郁林译,中国政法大学出版社 2009 年版,第 31—50 页。

联邦最高法院,然而除联邦最高法院外,联邦宪法并没有明确要求创设任何联邦法院,因而有必要就联邦地区法院、联邦上诉法院的创制与发展,特别是各自法定的管辖权范围,予以简单介绍。

一、联邦法院体系的发展

当前美国联邦司法体系的成立基础,最早可追溯到国会 1789 年《司法条例》。作为美国第一个司法法案,1789 年《司法条例》建立了联邦法院体系,包括由 1 位首席大法官和 5 位大法官组成的联邦最高法院,3 个巡回法院,即东部、中部、南部巡回法院,分别由 2 位进行巡回审判的最高法院法官和 1 位地区法官组成,以及 13 个地区法院,每州 1 个。[①] 就地区法院而言,随着新的州加入联邦,新的地区法院也被创设,且往往延续了各州境内有一个统管全州的法院的做法。一般来说,国会创设地区法院的行为具有很强的政治性,其中两项重要因素是:(1)商业发展状况,包括案件的数量及其复杂性;(2)政治因素,诸如国会和总统是否有同一党派控制。[②] 目前,美国共有 94 个地区法院。

作为初审法院,联邦地区法院拥有初审管辖权,能审理涉及美国宪法条款、国会法案以及美国缔结条约的相关案件以及异籍案件。为减少案件负担,国会要求在异籍案件中人身或财产损害金额至少为 7.5 万美元。此外,地区法院对于州和联邦囚徒的人身保护令申诉也具有管辖权,审查监禁是否合法。当然,绝大部分申请都是不必要的,而只是作为申请出狱最后一根稻草,因而地区法院经常在开庭前就将执行案件审结,只有 3% 的案件到达开庭审判阶段。应该指出的是,除了管辖权要求,案件要想到达联邦地区法院,还必须满足其他可裁判性要求,如存在真实争议、已用尽其他救济、不是所谓政治问题,否则案件会被驳回。

就巡回法院而言,国会最初创设了三个巡回法院,每半年会在辖区内的地区法院中审理案件,原则上这些巡回法院享有与地区法院不同的管辖权,宽泛地说,分配给巡回法院的案件多是涉及多种公民权。不过,很大程度上,他们并不是作为处理地区法院与最高法院之间的上诉法院而发挥作用。然而,早期的"骑乘巡回"(circuit riding)对大法官来说是一项沉重负担,长

[①]　See Peter S. Menell and Ryan Vacca, "Revisiting and Confronting the Federal Judiciary Capacity 'Crisis':Charting a Path for Federal Judiciary Reform", 108 *California Law Review* 789, 795-802 (2020).

[②]　参见[美]杰弗瑞·A. 西格尔、哈罗德·J. 斯皮斯、莎拉·C. 蓓娜莎:《美国司法体系中的最高法院》,刘哲玮、杨微波译,北京大学出版社 2011 年版,第 197 页。

期旅行往往会损害大法官们的健康,如大法官威尔逊(James Wilson)就在巡回审判中死于疾病。随后,虽然国会进行了一系列管辖权改革,但直到1891年的《巡回上诉法院法》,很少有关于最高法院上诉管辖权的改革能够持续下来。

1891年法案创设了巡回上诉法院,以严格地履行上诉职能,联邦巡回法院成了一个独立的上诉法院系统,审理大部分从地区法院上诉的案件,该法案授权在某些领域巡回上诉法院的判决将具有终局性,减轻了最高法院的案件负担。可以说,1891年法案在重构最高法院上诉管辖权的道路上迈出了重要一步。因为在授予巡回上诉法院某些判决终局性的同时,该法案还规定,"上述任何在巡回上诉法院作为终审的这类案件,最高法院都有资格凭借调卷令或其他方式,要求任一这类案件向最高法院确认(certified),以同样的权力和权威复审和裁决,就如同它是由上诉(by appeal)或纠错令状(writ of error)被提交到最高法院一样"①。1948年,国会将巡回法院改名为"巡回上诉法院"(circuit courts of appeals),其案件现在完全由巡回法院内部的法官进行审理。目前,美国共有11个巡回上诉法院,一个哥伦比亚特区巡回法院以及1982年国会为联邦巡回法院设立了联邦上诉法院(United States Court of Appeals for the Federal Circuit)。这是一个依据事务管辖权所确立的巡回法院,取得了关税及专利上诉法院、索赔法院的地位,该法院受理对下述机构裁决的上诉:联邦国际贸易法庭、考绩制度保护委员会、合同上诉委员会以及农业与商业部长所作的相关行政性裁决和所有专利上诉案件。联邦上诉法院的管辖权不限区域,而是对特定事项行使全国性的管辖权。

除1982年联邦上诉法院的管辖权及于全国范围以外,巡回上诉法院的管辖权受到地理界限的约束,因为巡回法院多是依据州而设置的。巡回上诉的管辖权的性质如名称所体现,是上诉性和强制性的,法院受理的案件既有轻率诉讼(frivolous)案件,也有重大案件,但其在制止前者与鼓励后者上,并无多少权限。不过,巡回上诉法院并不完全同等对待所有案件,其只在极少数案件中允许普通辩论,并制作公开审判意见。案件来源通常是对地区法院判决的上诉,其他案件中的大多数则是对行政裁决的上诉。哥伦比亚特区巡回法院由于其地理位置的原因,不服行政裁决而上诉的案件占其审理案件的最多数。地区法院的事务管辖权范围在联邦巡回上诉法院中

---

① [美]H. W. 佩里:《择案而审:美国最高法院案件受理议程表的形成》,傅郁林等译,中国政法大学出版社2010年版,第389页。

同样适用,如涉及联邦问题的案件,或异籍公民之间的案件,上诉法院不能提供咨询意见,只能审理真正的争议,无法解决所谓的政治问题等。若未满足上述条件,或者上诉未被适当的提起,则巡回上诉法院有权对案件予以程序性而非实体性的驳回。

就联邦最高法院而言,管辖权相对复杂。出于维护宪法中国家至上条款的目的,联邦最高法院可以通过当事人上诉和调卷令的形式,对联邦法院和州法院两个层面的判决进行复审,具体法律依据和条件可见表 3.1。对于来自下级联邦法院和州法院的上诉申请,最高法院必须审理;而对于以调卷令形式的复审请求,最高法院在请求其审理的案件中运用自由裁量权进行挑选。换言之,通过调卷令进行的复审并非一项当事人的权利,一份调卷令申诉只有当存在特殊而重大的理由时才会被许可。①

表 3.1　美国联邦最高法院上诉和调卷令的依据和条件

	上诉	调卷令
联邦法院	《美国法典》第二十八编第一千二百五十二——一千二百五十四节: 1. 国会法案在民事诉讼中被判决违宪 2. 上诉法院宣告州制定法无效 3. 由三名法官法庭做出的判决	《美国法典》第二十八编第一千二百五十四节: 上诉法院中的任何一件民事或者刑事案件,在判决或判令做出之前或之后
州法院	《美国法典》第二十八编第一千二百五十七节: 联邦的条约或制定法被宣告无效;或者当州制定法以与联邦宪法、法律或条约相抵触为理由受到挑战时被判决有效	《美国法典》第二十八编第一千二百五十七节: 由可能的最高一级法院做出的决定,并且该判决是终局性的;并且州制定法的有效性以与联邦宪法、条约或制定法相抵触为理由受到质疑;或者主张一项联邦权利被侵犯,并且主张必须已经在州法院中提出,州判决没有充分和独立的非联邦依据

表面看来,联邦法院内部与州法院在管辖权上的区分十分清晰,两套法院系统在各自管辖权范围内独立运作。然而,联邦法院利用在案例法实践中所创设的三项政策,即礼让、合适与独立的州法依据以及法律选择政

---

① "调卷令"使联邦最高法院能对自己议程进行裁量性控制,是联邦最高法院履行公共政策功能的关键,有关调卷令的详细分析,可参见[美]H. W. 佩里:《择案而审:美国最高法院案件受理议程表的形成》,傅郁林等译,中国政法大学出版社 2010 年版,第 364－370 页。

策①,将管辖在联邦法院和州法院之间进行了再次分配,管辖权规则产生了复杂效应。

二、联邦法院与州法院管辖权的再分配

通常来说,管辖权最基本的含义是法院受理和判决案件的权威性依据,虽然管辖权通常有地域、级别以及事项三个方面,但其中最主要的是事项管辖权。事项管辖权关涉着法院审理和判决案件的标的,例如刑事案件,人身损害案件,房屋租赁争议案件。联邦法院有权管辖所谓的"联邦问题",案件的解决依赖于宪法某项条款,或国会的某个法案,或美国所签订的某个条约。② 出于对州法院可能在本州居民与外州居民的诉讼,即异籍案件中,判决偏向于本州居民,制宪者授权联邦法院解决此类争议,即便这些案件中不存在联邦问题。

除此之外的其他纠纷仍属于州法院的管辖范围,州法院的管辖范围覆盖了法律争议的其他部分。然而,这两个司法体系仍有重合之处。只要与州法律存在紧密关联,即使是涉及联邦问题的案件,当事人仍有权选择向州法院起诉,因而州法院经常需要对联邦法律作出认定、解释和适用③;联邦法院审理的案件争议可能引发纯粹的州法问题,如异籍案件法院如何选择法律适用;一个常规的刑事案件也可能会产生联邦问题,原因在于州法院拒绝了被告人获得被陪审团审判的权利,或拒绝其获得律师代理的权利,或强迫其自证其罪。所以,许多争议产生了共同管辖(concurrent jurisdiction)。④ 共同管辖只存在于州法院在其行为程序中注入了联邦问题,若缺乏联邦问题,则不会有共同管辖的存在。共同管辖的存在意味着联邦司法体系要想正常运作,必须创造某些原则在联邦和州两个层面对管辖权予以再分配。联邦法院所创造的政策中最著名的有三类,即礼让、合适与独立的州法依据以及法律选择政策。

---

① 参见[美]杰弗瑞·A.西格尔、哈罗德·J.斯皮斯、莎拉·C.蓓娜莎:《美国司法体系中的最高法院》,刘哲玮、杨微波译,北京大学出版社 2011 年版,第 181—187 页。

② 直到 1875 年《司法法案》,联邦法院才获得了广泛的联邦问题管辖权,在建国之初联邦法院只对军事、条约权利、异籍、针对联邦的犯罪等事项行使初审管辖权。到了 1925 年《法官法》才确立了今天"法定调卷令"作为联邦最高法院占主导性的复审方式的地位,强制性管辖权的种类所剩无几。有关联邦法院管辖权历史的一个简要分析,参见[美]H. W. 佩里:《择案而审:美国最高法院案件受理议程表的形成》,傅郁林等译,中国政法大学出版社 2010 年版,第 383—391 页。

③ 参见陈杭平:《统一的正义:美国联邦上诉审及其启示》,中国法制出版社 2015 年版,第 50 页。

④ 参见[美]杰弗瑞·A.西格尔、哈罗德·J.斯皮斯、莎拉·C.蓓娜莎:《美国司法体系中的最高法院》,刘哲玮、杨微波译,北京大学出版社 2011 年版,第 175 页。

　　首先，礼让原则使得联邦法院有管辖权的事实，并不能由此强迫联邦法院行使该管辖权。依据宪法，虽然有关联邦问题的案件最终管辖权属于联邦最高法院，然而这一事实并没有使得州法院关于联邦问题的判决成为多余。考虑到州法院及其法官的脆弱的敏感性，最高法院通过礼让制度的创设①，即对州法院判决的遵从，使得两个司法体系之间的冲突最小化。在适用中，弃权原则要求联邦法院避免主动介入州法院正在进行的诉讼，或者重复受理已经在州法院进行的诉讼。② 弃权原则意味着一旦州法院诉讼程序开始，除非存在州蓄意的、迟延的程序，或者某人被恶意追诉，必须在请求联邦法院进行审理之前用尽行政和司法救济。如果州法院对任何涉及联邦问题的案件判决符合联邦法律，则当事人请求最高法院审查的基础将不复存在。

　　例如，在埃弗里诉佐治亚州案（Avery v. Georgia）中③，联邦最高法院认定佐治亚州陪审团的遴选方法违反了宪法第十四条修正案平等保护条款，该遴选办法将白人的名字写在白色选片上，而黑人名字都写在黄色选片上。在本案中，被告律师未及时在法庭审理程序中以此理由提起上诉动议，最终佐治亚州最高法院维持了有罪判决。联邦最高法院发出了调卷令。在口头辩论中，佐治亚州承认被告的有罪判决未能满足宪法标准，但是其主张由于其律师没有在程序进行中适当地提出反对，所以被告丧失了再审的权利。对此理由，最高法院认为，佐治亚州依据州法是否进行再审拥有自由裁量权，但当被告宪法性权利被侵犯时，佐治亚州最高法院不得拒绝再审。然而，负责撰写多数派意见的法兰克福特大法官不愿意对简单推翻佐治亚州最高法院判决承担风险，而是认为"我们有管辖权的事实并不能强迫我们行使管辖权"，最高法院将该案以"有序的司法程序"的名义发回原审法院重审④，而未直接推翻。礼让原则为联邦法院提供了一个避免与佐治亚州发生冲突的合适理由，最高法院在该案中的管辖权只及于陪审员遴选方法这一联邦问题。此案还存在其他合法的州目的，并且州的确如此行为，则完全属于州法问题，联邦法院对此并无管辖权。

　　其次，合适与独立的州法依据使得联邦法院即便没有管辖权的法定依据，联邦法院却可以由此审查几乎所有他们想审查的州法院的判决。与礼

---

　　① See e. g. ,Railroad Commission of Texas v. Pullman Co. ,321 U. S. 496,501 (1941).

　　② See Ann Woolhandler & Michael G. Collins,"State Jurisdictional Independence and Federal Supremacy",72 *Florida Law Review* 73,109—125(2020).

　　③ See Avery v. Georgia,345 U. S. 559 (1953).

　　④ See Williams v. Georgia,349 U. S. 375,391 (1953).

让原则不同,合适与独立的州法依据,既可以为联邦主义所用,也可以成为赞成州权者的武器。据此,如果某州法院的判决包括了联邦问题和州问题,州的判决将有充分和独立的州法依据。在 1983 年一个普通的搜查与扣押案件中,联邦法院指出,"州法院判决明显主要依据联邦法院作出,或者与联邦法律相互交织,并且当无法从判决中看出任何清楚的充分与独立的州法依据时,我们将接受……州法院对案件的判决,因为其相信联邦法律要求其如此行为"①。由此可知,如果州法院清楚地明确表明其判决依据真诚而单独的、充分的依据,则最高法院不会对该判决进行重新审查。然而,模糊的附加词"清楚地""真诚""单独"等,却使得任何一州法院的判决都可能通过调卷令的方式为最高法院所审查。

对于调卷令申请,与上诉管辖权不同,并非强制性的,对此联邦法院能够进行充分的控制,即"决定是否决定"(decide to decide)②。调卷令使得最高法院对自身的议程设定有自主的支配权,对联邦法院来说,其所受理的案件类型并非仅指诉讼标的/争议事项(subject matter),而且指所有使案件具有调卷价值(如巡回法院之间的冲突、具有全国重要性的争点、对法律规则具有重要意义、对价值阐明和填充有着重要指导)的特征。③ 联邦法院的管辖权作为联邦制的组成部分,可以说正是最高法院对自己议程的充分控制,担保了最高法院的权力在联邦司法体系中的最高性。

最后,法律选择政策使得在某些异籍诉讼中,当没有主导性联邦法律存在时,欲对非本州居民进行起诉的原告,有权"挑选法院"(forum shop),法院的管辖权可以经由当事人赋予而非法律规定或者授权。当州法与联邦法律发生冲突时,宪法至上条款将发生作用,联邦法院将联邦法律作为裁决案件的依据。但是,联邦宪法并没有规定如果某案件中不存在联邦法律时,法院将如何处理。在 1842 年的一项判决中,最高法院将对异籍居民争议解决的适用法律界定为州宪法和法律,而非州法院法官的创制法。④ 由于立法者在 20 世纪之前很少制定法律,并且州法院强制政府所不能做的事情,而非其能够做的事情,所以普通法的基础非常广泛。从而,在处理异籍案件中,联邦法院有权创制法律。进行异籍诉讼的原告,通常便选择先例最能支

---

① See Michigan v. Long,463 U. S. 1032,1040-1041 (1983).

② 参见[美]H. W. 佩里:《择案而审:美国最高法院案件受理议程表的形成》,傅郁林等译,中国政法大学出版社 2010 年版,第 374 页。

③ 参见[美]H. W. 佩里:《择案而审:美国最高法院案件受理议程表的形成》,傅郁林等译,中国政法大学出版社 2010 年版,第 331-341 页。

④ See Swift v. Tyson,41 U. S. 1 (1842).

持原告诉求的法院。更进一步的结果便是,最先起诉的一方有权选择法院:其所在州内相关法院、对手所在地法院,以及原告居住地的联邦法院和被告居住地的联邦法院,如果诉因处于其他州,还包括那里的州法院和联邦法院。①

　　总的来说,美国联邦法院的案例法实践使得管辖权的传统含义变得逐渐黯淡,管辖权并非不可变的强制性程序规则。然而,联邦法院对管辖权传统特质的冲击不应该被视作一种缺陷,因为管辖权作为可裁判性原理的一种测试标准,在背后服务于一系列政策性考量和目的。不过,管辖权的复杂运作方式却提出了一个概念性问题,应该如何构想管辖权这一概念?

第三节　从"权力"到"合法性假定"

　　实践中,管辖权规则与非管辖权规则相互作用的复杂方式,使得我们有必要重新审视管辖权在司法权运作过程中的地位和作用。对此,一种观点认为由于管辖权规则内部有着大量的例外、不一致,除了人为地制造混乱以外,并无有助于问题的解决,管辖权是一个无用、多余的术语,是一个"高尚的谎言",应该取消其在法律话语中的使用。② 然而,考虑到几个世纪的英美法理学,特别是现实主义法学流派,是建立在所谓的"管辖权"观念基础之上,管辖权是转向裁判议题的述词③,如果所有管辖权的概念和规则都被废除,每个面临政治或社会争议主张的法院、当事人、社会公众,必须就判决是否合法进行全面政治和社会学分析,这将极大地扰乱现行司法的有效运行。因此,废除管辖权这一语词显然是不可接受的。那么,应该如何使用进而理解管辖权这一概念呢? 如果管辖权不是权力,那么管辖权是什么? 为此,需要明确一般意义上的权力究竟包括何种含义。

---

① See Kenneth F. Ripple and Kari Anne Gallagher, "Certification Comes of Age: Reflections on the Past, Present, and Future of Cooperative Judicial Federalism", 95 *Notre Dame Law Review* 1927, 1954—1960 (2020).

② See Erwin Chemerinsky, "A Unified Approach to Justiciability", 22 *Connecticut Law Review* 677, 696－697 (1990); Frederic M. Bloom, "Jurisdiction's Noble Lie", 61 *Stanford Law Review* 971, 993－106 (2009).

③ See Evan Tsen Lee, "The Dubious Concept of Jurisdiction", 54 *Hastings Law Journal* 1613, 1628 (2003); Scott Dodson, "Hybridizing Jurisdiction", 99 *California Law Review* 1439, 1482－1483 (2011).

一、权力的两种含义

显然,我们不能仅仅因为实践中管辖权规则与非管辖权规则相互复杂方式的存在本身,就认定管辖权的传统界定存在着问题。因为实践中存在着事物,有时应该成为理论反思和批判的对象,而不是作为概念系统合法与否的标准。尽管如此,我们仍然有理由说传统意义上的管辖权界定是有问题的,或者至少是必须予以修正的。

实际上,我们之所以做如此判断,是因为在司法裁判的语境下,在整体诉讼话语之中,传统所界定的管辖权与相应的法院权力运作存在着不一致。在法院权力运作的意义上,是否仍然存在着其他关于管辖权含义的理解,或者当我们说"管辖权是权力"的时候,究竟意味着什么? 当我们做如此追问的时候,可以发现一种新的分析管辖权概念的视角。

毫无疑问,"权力"这个概念拥有极为丰富的含义和内涵。[1] 尽管存在着争议,通常认为,以下两种意义上的权力概念不应该被忽视。首先,权力意味着一种能力(ability)或者可行能力(capacity),即达成某种结果的能力。[2] 另外,权力也可以被界定为一种权威或者授予的权威。[3] 这两种权力概念界定之间的不同是重要的。"可行能力"概念是纯粹描述性的。"权威"概念则不同,它表示的是一种规范性的评价,具有合法与正当的含义。在这基础之上,当我们将"管辖权"这一词语适用于司法裁判的语境时,我们必须回答在何种意义上,即是在描述还是在规范的意义上,使用这一语词的。当我们说某种特定的议题具有可诉性,进而法院对此有权力受理该案件,是否意味着法院有纯粹的物质性能力来强制它的判决得到遵守? 或者,仅仅意味着法院在这种情形下的权力运用在某种方式上是合法的?

显然,这里的回答是后者。换言之,这里是在规范意义上使用管辖权这一语词的。法院是否能够拥有强制性的物质手段确保它的判决得到遵守和执行,与它们对某些主体或者主题的议题是否拥有管辖权是两个完全不同

---

① 中外历史关于权力本源的各种观点和理论,大致包括强力说、天意说、祖传世袭说、社会契约说、阶级斗争说等五种,对此详细分析参见漆多俊:《论权力》,载《法学研究》2001 年第 1 期;有关权力的更多理论界说,参见[英]肯尼斯·E·博尔丁:《权力的三张面孔》,张岩译,经济科学出版社 2012 年版,第 96—100 页。

② 例如,韦伯就将"权力"定义为"行为者在一个社会关系中,可以排除抗拒以贯彻其意志的机会,而不论这种机会的基础是什么"。[德]马克斯·韦伯:《社会学的基本概念》,顾忠华译,广西师范大学出版社 2005 年版,第 71—72 页。

③ See Amit Ron, "Power: A Pragmatist, Deliberative (and Radical) View", 16 *Journal of Political Philosophy* 272, 280—281 (2008).

的问题。执行某种命令的能力是一种权力问题，一种描述性的事情。进入某种命令的管辖权是一个权威问题，是一种完全脱离于权力问题的规范性的事情。

因此，管辖权不能够真正成为一种权力问题，相反，必须是一种类似于合法权威的问题。那么，问题是为什么"合法性权威"不是管辖权的形而上意义的本质或者必要条件。问题虽然重要，但回答却是简单的。合法性权威之所以不是管辖权的本质或者必要条件，是因为合法性并不专属于管辖权问题，案件的实质同样也是关于合法性的。[①] 正是因为如此，实践中法院才发现很难将管辖权议题与案件实质议题这两者予以区分。管辖权在概念上无法区别于案件实质，这意味着管辖权议题本身并不存在某种本质性特征，使其能够必然地与案件实质议题区分开。[②] 在管辖权这个概念范围之内，在管辖权与案件实质都与最终判决合法性相关的意义上，显然没有任何因素能够绝对地将管辖权问题区别于案件实质问题，正如没有任何因素能够绝对地将"缓慢行驶"与"快速行驶"区别开一样。

重要的是，从方法论的角度，意在产生某种结果的行动方法，例如，铁匠赋予铁水某种形式，医生治疗患者使其康复，科学实验者得出可以应用于其他情况的结论，正确的反应方式应该是在其结果得到检验之前，它们在本质上都是尝试的、不确定的。在这里，按照实用主义的观点，只要注意概念、理论、体系无论如何精细、如何首尾一贯，都必须看作假说，这就足够了。用实用主义哲学家杜威的话说就是，"它们只能作为检验它们的行动基础来接受，而不是结局。领悟这一事实就是从世界上废除死板的教条，是认识到概念、理论和思想体系总是要通过应用而得到发展，是强化训诫我们必须注意改变它们的迹象以及对它们加以声明的机会。它们是工具，同所有工具一样，它们的价值不在于自身，而在于它们创造的结果所显示的性能"[③]。

据此，从实用主义哲学的角度，在管辖权最终与作为结果的判决合法性相关的意义上，可以说管辖权便意味着一种支持预期判断合法性的假定。传统观点认为管辖权是权力，即便判决是错误的，仍然具有约束力。但是真理很少具有绝对性。管辖权议题无法与案件实质议题区分开，它们最终都与作为结果判决的合法性有关。为了理解这一点，必须从假定这个概念本

---

① See Evan Tsen Lee, "The Dubious Concept of Jurisdiction", 54 *Hastings Law Journal* 1613, 1618－1620 (2003)；

② 参见许少波：《论民事案件受理权与管辖权的统一与分开》，载《法律科学》2019 年第 3 期。

③ ［美］约翰·杜威：《哲学的改造》，张颖译，陕西人民出版社 2006 年版，第 83 页。

身开始进一步分析管辖权概念。那么,在法律的意义上,假定是什么? 作为合法性假定的管辖权,在司法权的界定和运作过程中,又发挥着何种作用? 对此问题的分析将我们带入有关管辖权概念理解的新层面之上。

二、管辖权作为合法性假定的特质

实际上,假定作为一种法律观念和范畴,既非遥远也非陌生。① 用美国著名学者塞耶(James Bradley Thayer)的话说就是,"假定是推理和论证的辅助,它出于某些给定研究的目的而假设特定事情是真的。他们可能是建立在一般经验或任何形式的概率基础之上,或者仅仅以政策和便利为依据。通过将某些事情看作是理所当然的,或者通过假设某些事情的存在,无论假定建立在何种依据之上,它们都是在先于或者无关乎论证和证据的情形下运作的"②。通常来说,假定在法律上具有以下方面的含义。

第一,假定并非客观存在的描述,假定与存在无关。毋宁说,假定的作用更多的是引导我们接受或认为命题为真,或者说把它当作真实的,即便该命题不是真的,或者该命题的真并不清楚、确定。假定的存在使得法律人注意到,不宜将法律术语理解为对单一、离散实体的命名,而应理解为一组限制,只是在这组限制之内通常所理解的法律概念,如玩忽职守、诽谤、近因,可以被合情合理地理解和应用。③

第二,假定具有语境依赖性。例如无罪推定,它只是在审判的过程中使得法官和陪审员,接受或认为嫌疑人是无罪的,并不必然适用于其他语境,也不适用其他人员。假定的这种语境依赖性,要求法律人理解法律概念不能脱离于围绕该概念的诸种语境性因素,这些语境性因素使得该功能可以理解,并赋予相应意义。相应的法律概念根据考察主题的不同,其含义会被压缩或放大。

第三,假定使一个人将一个命题当作真的,即使他不相信。可以说,为了获得一种行动的出发点,假定并不要求也不使一个人相信假定的内容。④因此,假定具有信念上的独立性。事实上,当一个假定具有实践相关性时,

---

① See e. g. ,J. B. Thayer,*A Preliminary Treatise of Evidence at the Common Law*,Boston: Little,Brown,& Co. 1898,p. 313.

② J. B. Thayer,*A Preliminary Treatise of Evidence at the Common Law*,Boston:Little, Brown,& Co. 1898,p. 314.

③ 参见[美]路易斯·梅南:《形而上学俱乐部:美国思想的故事》,舍其译,上海译文出版社2020年版,第250页。

④ See Ullmann-Margalit,"On Presumption",3 *Journal of Philosophy* 143,146—148 (1983).

它的功能正是对信念的代替。至于该命题是否确定或者最终为真实的,对于假定的地位来说并不重要。

第四,当假定具有实践相关性时,假定通常受到实践理性的塑造。实际上,这些原因与我们之所以需要社会规则的理由相类似。规则可以用来减少推理的错误成本,或者促进有效审议的决策。例如,当两个人在同一事故中去世的情况下,不能确定谁先去世,法律规定推定年长的人先死。这一假设有助于在审议中避免僵局。

最后,也是最为重要的,由于假定从性质上讲是一种虚构或者假说,最终的结果就可能被相关事实所确定或否决。从科学方法上讲,能被事实所证实或证伪,是假定也是一般理论的重要特征和价值所在。假定的重要作用在于形成新的构成和尝试,从而证明、反驳或改变我们的猜想。重要的是,假定能够扩展我们的经验,加深我们对于事物的概念性认识。

在这基础之上,通过将管辖权适用到假定这一概念框架之中,据此我们也可以说作为合法性假定的管辖权具有以下几个方面的特质。

首先,管辖权作为一种观念和范畴,虽然必须是真实存在的,但作为观念和范畴的管辖权这种真实的存在,并不需要在外部客观世界有相应的参照物。换言之,实践中并不存在,也不需要某种客观的社会存在,据此我们确定无疑地称之为具有法律含义和效果的管辖权。在这个意义上,当我们从合法性假定的角度分析和理解管辖权时,所需要的只是法官接受,或者认为管辖权是真实的,就足够了。至于管辖权在法律中是否真实存在着相应的客观事物,对于使法官接受合法性假定这一观念来说,并不是必要条件。

其次,管辖权作为一种合法性的假定,具有背景依赖性,因为我们总是在某种语境下才将管辖权作为一种假定。概念上,管辖权的存在与不存在、管辖权规则与非管辖权规则的区别,在很多的情形中都能够被某些肯定性的事实所确证,因而不存在所谓合法性假定的需要。因为管辖权必须予以确立的要求,源于司法权的性质和限制,更准确地说源于法治社会的权力分工原则,虽然管辖权不是司法权的全部,但管辖权是司法权的一种重要组成部分。在整体意义上,当司法权是清楚、确定的时候,管辖权的含义也是清楚的,在通常情况下没有例外。法院宣布某部法律的意义或者合宪性,如果该法院没有权力这样做,按照定义,法院显然是在超越权限而行动。然而,实践中也存在着一些边际情形,管辖权的存在与否有争议,管辖权规则的界定性特征存在模糊。正是这些边际情形,才使得管辖权作为一种合法性假定具有理论上的含义以及实践上的重要性。

进一步说,正如管辖权的存在仅创造了一个支持合法性的假设,管辖权的缺乏也仅创造了一个反对合法性的假定。没有管辖权的法院,在极其不同寻常的情况下,仍然给予一个判决,这种判决仍然被认为是合法的。参考纽伦堡审判,依据传统意义上的管辖权界定,我们当然能够怀疑纽伦堡法庭是否拥有管辖权来做出它已做出的判决。但是,每个人都同意在那种情况下对一个国际法庭的迫切需要、判决结果毫无疑问的公正性、裁判过程是精心地经由公平程序而做出的这些客观事实,使得几乎所有人都认为纽伦堡审判是合法的。如果说纽伦堡审判的情形过于非同寻常的话,那么让我们考虑一个在实践中经常发生的一种情形。假设一个确定无疑的无罪被告即将交付执行,但此时某个上诉法官主动停止了案件的执行,因为被告错过了上诉的最后期限。在这种情形下,我们无法想象有什么理由来批评上诉法官的此种行为,我们也有理由承认法官判决的合法性,尽管它将不受到管辖权方面的支持。

因而,当面对真正非同寻常的情况下,法官应该知道自己能够就案件的实质进行裁决,即便在那种情形下没有管辖权。管辖权作为一种合法性假定,在诉讼中的作用就不是这样的一个问题,即法院是否能够(can)就案件的实质进行裁决,而是法院是否应该(should)就案件的实质进行裁决,如果法官有充分的理由这样做的话。因此,作为合法性假定的管辖权不可避免地涉及它的第三个特质,即行动理由。

再次,我们之所以在某种语境下需要将管辖权作为一种合法性假定,一个重要原因是基于行动理由的考虑,即任何一种判决,特别是公正合理的判决,构成当事人遵守和执行该判决的一种理由,存在着一种确认性力量。在诉讼法理论中,"确认诉讼之所以成为很有用的诉讼类型,是因为确认本身有可能成为一个有用的救济方法。确认判决之救济在于原告拥有法律上应予保护的利益,而且通过确认判决认可应予保护的关系之后,原告将获得这种法律利益,也只有在这种场合才有确认诉讼的诉的利益"①。换言之,管辖权的存在并不仅仅是合法性的先驱,它也构成一种接受作为最终结果判决的理由。法院可以在缺乏管辖权的情况下,发布一些有效的判决。当然,这些判决可能是无效的,因而没有法律约束力,但这些都是规范性问题。尽管如此,确认性力量的存在却能够使得这些判决可以作为一种理由,在实践中确实发挥作用。

实际上,在复杂多元的现代社会,人们之间始终存在着某种真实的合理

---

① [日]谷口安平:《程序的正义与诉讼(增补本)》,王亚新、刘荣军译,中国政法大学出版社2002年版,第190页。

分歧,提交这样的分歧给某个公正的仲裁者予以裁判便是合理的。重要的是,一旦中立和公正的第三方做出某种决定,便构成被告屈服的一种理由,尽管不是充分的。的确,一个因管辖权有缺陷而无效的判决,几乎消除了任何它将被执行的可能性。但事实上,一个公正的法庭对某种分歧的裁定,却可能创造让被告屈服和让步的道德的和实用主义的理由。① 道德的原因源于这样一个事实:一个公正的仲裁者决定并不是任意的,而是基于一个总体上公平的程序。实用的原因是大多数被告希望社会其他人服从公正仲裁者的决定,即使事实证明他们的判断在技术上有缺陷。换言之,一个即便在管辖权上存在技术缺陷的无效判决,如果对案件实质的判决是正当合理的,该判决仍然有一种确认性力量,从而构成当事人一种行动理由。虽然一个有效、可执行的判决可能比一个管辖权有缺陷而被撤销的无效判决,构成一种强有力的理由,这一事实是无关紧要的。因为这是一个程度的问题,因情况而异。

在这个意义上,如果法院在某个案件中裁定一个支持不歧视雇员的主张,但随后因为某种管辖权上的缺陷,撤销了自己的判决。此时,该裁定仍然构成强有力的实用理由,使得雇主必须做某些事情。特别是,如果雇主希望被继续视为一个公平合理的雇主,让其他员工和公众觉得他并非有意歧视该雇员,那么,尽管雇主不能做到法院判决给该雇员的一切,但雇主仍然不得不做些什么。总之,一个因管辖权的缺陷被撤销的裁决,某种意义上仍有一些合法性的力量。这种合法性力量的存在,要求我们必须进一步理解管辖权作为合法性假定在实践中发挥作用的复杂方式,即管辖权必然受到实践理性方面的影响。

又次,管辖权作为一种合法性假定,经常受到实践理性的塑造。美国联邦法院的实践中,在诉讼进行的过程中经常会出现这样一种情形,即案件虽然已在联邦法院起诉,但严格地说联邦法院是没有事项管辖权的。例如,一个不称职的原告的律师没有提出发回重审一个不可移交的案件的动议,或者因为在悬而未决的诉讼中,久拖未决在后期可能使得该案件变得过时,变成不具有审理价值和必要的案件,但双方此时仍然都想要一个有关案件实质的裁决,或者因为原告起先从未有当事人资格,但被告并没有提出挑战和质疑。显然,如果联邦法院坚持裁判的话,联邦法院在这些情况下的判决效果,与联邦法院拥有事项管辖权时的判决是一样的。

---

① See Evan Tsen Lee,"The Dubious Concept of Jurisdiction",54 *Hastings Law Journal* 1613,1621 (2003).

法官仍然在一种称之为"命令"(order)的文件上签名,获胜者仍然可以执行"判决"(judgement),败诉者可能也会遵从判决,如果最终判决在实质上是公正的、令人信服的。

在严格权力的意义上,我们知道这些判决显然是无效的。如果管辖权真的作为一种严格授权意义上的权力的话,不管实践中有多少充分的理由,我们都不可能允许这样的行为发生。就像无论我们有多么好的理由去某地,但汽车没有汽油,就不能行驶一样。管辖权的权力视角,没有为辩论在管辖权存在技术缺陷时需要做些什么,留下任何分析的空间。然而,在现实世界中这些存在管辖技术缺陷的判决,往往与有效的判决发挥着一样的作用,它们在现实世界的影响,也无法区别有效判决在现实世界的影响。在客观描述的意义上,发布这些无效判决的联邦法院,显然不存在管辖权,是"没有权力的"(powerless)。但实质上,这些法院某种意义上肯定是在行使某种强制性的"权力"。

在这里,如果将管辖权作为一种合法性的假定,而且如果我们有充分的理由认为这些情形是可欲的,那么就可以通过诉诸法律上的技术,例如,合约法和信托法中的显见代理、事后批准或者衡平法上的禁止反言规则,来纠正这些管辖权上的瑕疵。只要我们将管辖权概念理解为最终与合法性问题相关,只要我们承认管辖权不是作为结果的最终判决合法性的一种绝对的本质性组成部分,这些补救措施就都是可利用的。因此,关于管辖权这种观念和范畴,最好是让法官和律师知道,管辖的重要性源于理性和实证法律,而不是来自形而上学。

最后,也是最为重要的,由于受到实践理性的塑造,管辖权作为一种合法性的假定,本身并不是目的,而是要为最终意义上的判决结果所服务。因此,作为结果的最终判决合法性,就可以被某些确定事实,或者相当不同寻常的情形所否决。例如,裁判人员的腐败、偏袒和非中立、正当程序被严重违反、判决结果的显然不正确,或者所有这些因素的组合。①

应该强调的是,强调管辖权的假定特质,并不要求法院在实践中放弃管辖权的常规分析。在大部分通常案件中,在案件的一开始,法院应该首先决定管辖权问题,遵从管辖权优先(jurisdiction first)规则。但是,正如布雷耶

---

① 在我国,一项有关涉诉信访的问卷调查结果发现,60%受访者认为人民法院出现错误裁判是由于"法官贪赃枉法"所致,而非法官的职业能力,参见徐艳阳《涉诉信访问题研究——以制度博弈为视角》,人民日报出版社 2013 年版,第 87 页。有媒体也做过一项有关司法腐败的调查,在 200人的样本中,各级法院原院长、副院长分别是 41 人、43 人,共占样本总数的 42%。参见杨雄:《法官腐败报告:院长成腐败高发人群》,载《财经》2015 年第 5 期。

大法官所指出的那样,宪法本身并没有强加一种严格的司法权的"运作顺序"(order ofoperations)①,当这样做会导致严重的实际问题时,尤其如此。实践中,严格地遵从绝对管辖权优先规则隐含着这样一种可能性,即某种程度上增加了"迟到的正义"(justice delayed)的风险,而"迟到的正义"则意味着"正义的拒绝"(justice denied)。②

第四节　制度性收益

将管辖权看作一种合法性的假定,而不是严格意义上对法院权力的界定和授予,实践中也可以产生诸多制度性收益。

首先,作为一种合法性假定的管辖权允许法院和当事人对于涉及管辖权问题、议题等予以自由裁量和控制,而不是传统意义上拥有先验的特征、固定两分法的效应。就法院而言,作为一种合法性假定的管辖权,减轻了法院自发的必须监督管辖权规则得到遵守的负担,实践中法院的这种监督义务为法院强加了巨大的成本。免于这种监督义务,法院就不需要为管辖权规则出现的时候是否得到遵从而烦恼。相反,法院需要处理的仅仅是受益于这种管辖权规则的当事人是否适当地提出了这个问题③,法院因而依赖当事人在诉讼文书中提出来的议题。在这个意义上,作为合法性假定的管辖权可以促进案件判决的精确性。

同样,由于将管辖权作为一种合法性假定,当受益于这种管辖权规则的当事人适当地提出这个问题时,在管辖权声明处于待决状态的任何时间内,双方当事人都可以提交补充性的法律理由,提请法院注意任何最新的案例或者立法。此时,法院会以不同方式处理上诉案,如将有可能管辖的案件记

---

① See Steel Co. v. Citizens for a Better Env't,523 U. S. 83,111 (1998).
② See Steel Co. v. Citizens for a Better Env't,523 U. S. 83,112 (1998).
③ 从诉讼程序进程看,如果当事人认为受诉法院对案件没有管辖权,有三次寻求救济的机会:异议—上诉—申请再审。我国 2012 年修改的《民事诉讼法》将"违反法律规定,管辖错误的"这一再审理由删除,当事人已不能针对管辖权异议的终审裁定申请再审。然而,在新法实施后,最高人民法院处理再审案件的诉讼实务中,当事人以"管辖错误"为由申请再审和法院对"管辖错误"进行再审并未真正消除。民事诉讼法学界认为,保留"管辖错误"再审仍然具有积极意义,即有助于消除当事人对地方保护主义的担忧和防范可能发生的地方保护,解决管辖规则适用中的疑难问题和统一各法院关于管辖规则的理解与适用。参见汤维建:《"管辖错误"作为再审事由不宜删除》,载《法学家》2011 年第 6 期;李浩:《删而未除的"管辖错误"再审——基于 2013 年以来最高人民法院裁定书的分析》,载《法学研究》2015 年第 2 期。

录在案,或者推迟管辖(postpone jurisdiction),或者以简易方式处理上诉案。① 如果法院希望查看有关于实质性问题和口头辩论的全部摘要,即案件的实体问题,它就会对"有可能管辖的案件做备忘录"。一旦如此,双方当事人都要准备实质性问题的书面理由书,并约定一个口头辩论的时期。如"有可能"所提示的,在辩论后法院也许会认定自己不具有合法的管辖权,但通常这个情况不会发生。口头辩论之后,法院会就维持或撤销下级法院的判决,制作一个全面的司法意见书。法院也可能选择做出一项裁定,宣布管辖权问题被推迟的口头辩论之后决定。这也要求律师在口头辩论阶段提出管辖权问题和实质性问题。辩论后法院可能会以缺乏管辖权为由驳回上诉,也可能作出简易处理,亦即案件不能享受对实质性问题提交理由书和进行辩论的待遇。

其次,考虑到管辖权规则与非管辖权规则在实践中复杂作用的方式,管辖权作为一种合法性的假定这种思维方式,某种意义上也能够允许管辖权规则与非管辖权规则进行某种重组和混合,形成一种新的管辖权观念,例如,都得森(Scott Dodson)所归纳出来的指令性规则(mandatory rules)。② 一种指令性规则是非管辖权的规则,它会被放弃,或者受制于当事人的同意,但是法院却没有自发的义务监督它的执行,法院也没有自由裁量来宽恕它的不履行。例如,民事案件中提交上诉书的最后期限就是这种意义上的指令性规则。在都得森看来,指令性规则理论上所具有的收益是明显的:放弃和同意允许当事人指定何种议题需要法院的决定,而对当事人来说相对不重要的议题他们可能宁愿放弃提出诉讼。放弃和同意也鼓励了诉讼内的调解,例如,如果你不挑战最后期限的话,我也将不挑战最后期限。通过同意处理某些议题,指令性规则能够使复杂的诉讼变得明显简单。在这个意义上,指令性规则能够促进效率、鼓励调解、促进公平,从而保存了当事人的自主与对抗程序。

最后,将管辖权视作司法权合法性运作的一项假定条件,还将产生一种迟延效应,即联邦法院推迟对联邦问题的处理,对案件作出"迟延的"(holding)裁决。实践中,推迟对某些联邦问题的处理的原因可以多种多样,有时候是因为某大法官想要有更多的时间去说服其他同事支持申请,有时候是因为大法官需要更多的时间思考该案件,有时候则是因为大法官需要

① 参见〔美〕H. W. 佩里:《择案而审:美国最高法院案件受理议程表的形成》,傅郁林等译,中国政法大学出版社 2010 年版,第 39—41 页。

② See Scott Dodson, "Mandatory Rules", 61 *Stanford Law Review* 1, 9—10 (2008).

等待下级法院有关该实体问题有更为成熟、充分的处理意见。调卷令申请虽然仅需要 4 名大法官就可以得到批准，案件就能进入开庭审理阶段，然而 4 名大法官同意复审该案，并不必然导致对争议进行实质性裁决。从沃伦法院成立到 2003 年，最高法院开庭审理后，对其中的 160 宗案件作出了非实质性裁决，具体参见表 3.2。

表 3.2　1953—2003 年经过开庭审理却没有处理实体问题的案件　　单位：件

无实体性处理的行为	沃伦法院	伯格法院	伦奎斯特法院	总计
直接撤销案件	34	35	26	95
缺乏联邦问题	13	3	2	18
缺乏管辖权依据	3	3	1	7
没有足够的联邦背景	7	10	2	19
以州法院裁决为基础	4	5	2	11
其他	2	6	2	10
总计	63	62	35	160

资料来源：［美］杰弗瑞·A. 西格尔、哈罗德·J. 斯皮斯、莎拉·C. 蓓娜莎：《美国司法体系中的最高法院》，刘哲玮、杨微波译，北京大学出版社 2011 年版，第 286 页。

对于调卷令申请，无论最高法院许可还是驳回，通常都不具有先例效力，而且联邦最高法院也不给出理由。特别是最高法院的拒绝受理并不等于下级法院的判决是正确的，大法官只是表明他们不会复审该案，下级法院的判决被维持了，他们不会就判决的正确性或案件提出的争议做出正式裁断。"驳回调卷令申请无论如何不应被赋予什么意义。它既不创设先例，也不允许提出什么任何其他案件应予以衡量的原则。但对被驳回调卷请求的案件而言，它至少意味着本院容许维持下级法院的判决，无论它对有关当事人可能产生何种影响，无论是州法院还是联邦法院，均受既判力原理的约束。"①以缺乏管辖权或者其他未满足可裁判性原理为由而将案件予以驳回，由于不存在先例效应，一个直接相关的结果便是类似的案件将会被再次提起，直到类似也是更为成熟的案件复审申请获得批准。由于最高法院决定选取一件案件进行全面审理，该终局裁决对其同类案件具有相同效力，对某些案件作出延迟的裁决就是必要的，如果该案件不具有充分的代表性和典型性。

---

① See Brown v. Allen, 344 U. S. 433, 542—543 (1937).

当然,由作为合法性假定的管辖权所生发的这些制度性收益,不可避免地存在着相应成本。传统意义上的二分法是简单易于理解的,在大部分案件中能够被相应的识别和界定,作为合法性假定却使事情变得复杂。但是,在一种描述的意义上,管辖权的复杂性是客观存在的,无论我们喜欢与否。重要的,对于二分法的严格坚持在实践中会产生不可欲的后果。作为一种替代选择,在制度的意义上,管辖权作为合法性的假定提供了一系列广泛的可利用范畴,在其中为了获得某些可欲的效果和正当的目的,不同的规则安排能够被选择和使用。

第五节　我国最高人民法院巡回法庭的功能困境与化解

2014 年 10 月,党的十八届四中全会通过的《中共中央关于全面推进依法治国若干重大问题的决定》(以下简称《决定》)明确提出"最高人民法院设立巡回法庭,审理跨行政区域重大行政和民商事案件"。最高人民法院 2015 年 1 月 5 日通过的《关于巡回法庭审理案件若干问题的规定》(以下简称《规定》)进一步指出,通过这些案件的依法及时公正审理,"推动审判工作重心下移、就地解决纠纷、方便当事人诉讼"[1]。随后,最高人民法院在全国范围内相继设立了六个巡回法庭[2],巡回法庭的职能定位和运行机制遂成为理论与事务关注的热点。[3]

在制度设立初期,巡回法庭承载着非常高的功能定位和期待,如破解"司法地方保护主义"、统一法律适用、通过司法化解地方社会矛盾等,巡回

---

[1]　《最高人民法院关于巡回法庭审理案件若干问题的规定》(法释〔2015〕3 号),2015 年 1 月 5 日最高人民法院审判委员会第 1640 次会议通过。

[2]　第一巡回法庭设在广东省深圳市,巡回区为广东、广西、海南、湖南。第二巡回法庭设在辽宁省沈阳市,巡回区为辽宁、吉林、黑龙江。第三巡回法庭设在江苏省南京市,巡回区为江苏、上海、浙江、福建、江西。第四巡回法庭设在河南省郑州市,巡回区为河南、山西、湖北、安徽四省。第五巡回法庭设在重庆市,巡回区为重庆、四川、贵州、云南、西藏。第六巡回法庭设在陕西省西安市,巡回区为陕西、甘肃、青海、宁夏、新疆。最高人民法院本部直接受理北京、天津、河北、山东、内蒙古有关案件。

[3]　参见傅郁林:《最高人民法院巡回法庭的职能定位与权威形成》,载《中国法律评论》2014 年第 4 期;刘贵祥、胡云腾:《巡回法庭:司法改革的"排头兵"——专访最高人民法院第一、第二巡回法庭庭长》,载《中国法律评论》2015 年第 1 期;方斯远:《最高人民法院巡回法庭的制度建构》,载《法律科学》2015 年第 2 期;顾永忠:《最高人民法院设立巡回法庭之我见》,载《法律科学》2015 年第 2 期;郭研:《司法改革背景下巡回法庭制度之审视》,载《山东科技大学学报(社会科学版)》2018 年第 3 期;陈文曲、易楚:《最高人民法院巡回法庭职能定位再思考》,载《湘潭大学学报(哲学社会科学版)》2019 年第 3 期。

法庭被看成是新一轮司法体制改革的"试验田""排头兵"。① 然而,从实践运行来看,巡回法庭并没有取得预期的效果,或者显著的预期功能②,反而主要践行了便利诉讼、接访与分流的职能,巡回法院成了"信访办"。③ 虽然对社会矛盾纠纷表现出强劲的吸附力与化解力,但"每案必巡"使"巡回法院"承受高负荷的案件负担,最终成为最高人民法院的"分区法院"。④ 为何会如此? 个中原因复杂多样,难以言尽。然而,管辖权视角能够给出某种思路。

　　首先,依据《规定》,巡回法庭的自我制度定位是作为最高人民法院的派出机构,代表最高法,巡回法庭的裁判就是最高法的裁判,在效力上相同,都是终审判决,不存在上诉问题。巡回法庭的此种制度定位,决定了巡回法庭并无独特的管辖权。虽然《决定》授予巡回法庭"审理跨行政区域重大行政和民商事案件",然而,何谓"跨区域""重大"均无明确表述。依据自身制定的《规定》第三条,最高人民法院将巡回法庭受案范围规定

---

① 参见纵博:《最高人民法院巡回法庭的设立背景、功能与设计构想》,载《法律科学》2015 年第 2 期;方乐:《最高人民法院巡回法庭的制度功能》,载《法学家》2017 年第 3 期;李玉萍:《巡回法庭能否破解司法地方化难题》,载《人民法治》2017 年第 12 期。

② 有学者指出,对于设立巡回法庭或其他类型的跨省高级法院破除司法"地方保护主义"的建议,这并非所谓"各国通行之例",英美"巡回法院"只是特定历史的产物。参见聂鑫:《近代中国的司法》,商务印书馆 2019 年版,第 153 页;汪楫宝:《民国司法志》,商务印书馆 2013 年版,第 104－107 页。更有观点认为,在我国目前政法体制下,上级法院和地方政府都可对地方法院领导人的利益施加影响,如果政法体制、审级制度未发生改变,巡回法庭的"去地方化"功能非常有限,参见秦汉:《宪法视域下巡回法庭的"去地方化"功能》,载《政治与法律》2017 年第 3 期。实际上,在我国语境中,司法"地方保护主义"难以破除,根源在于司法必然具有地方性,而具有地方性的法院对司法体系的整体活跃性是必不可少的,"作为地方法院,不可能超然于地方社会治理的区域布局,地方法院服务的'大局'首先也只能立足于本地方经济社会发展的大局。应当看到,只要地方党委确定的地方发展任务符合中央总体政策和法律,符合本地区的科学发展,地方发展任务的实现也就实现了地方的'善治',各个地方实现'善治'的同时也就为全国的'善治'和科学发展做出了贡献"。参见徐子良:《地方法院在司法改革中的能动性思考——兼论区域司法环境软实力之提升》,载《法学》2010 年第 4 期。众所周知,我国法院布局的一个基本特色是各级法院建立于特定行政区域,并以地域关系分割管辖范围;地方各级法院主要由同级地方人大产生,并对其负责;法院具有参与地方治理的客观职责,法官在审理案件、适用法律的时候,必然要受到其所处的特定的地理环境影响;所有案件都有其特定发生与发展空间,空间特殊性构成了个案特殊性的有机元素,个案的地方性又往往成为法律适用差异性之内在必然。参见江国华:《常识与理性:走向实践主义的司法哲学》,上海三联书店 2017 年版,第 110－112 页。

③ 参见武欣中:《巡回法庭成了"信访办"》,载《中国青年报》2015 年 3 月 3 日第 4 版;王晓飞:《巡回法庭快要成了"信访办"》,载《京华时报》2016 年 2 月 2 日第 A05 版;叶竹盛:《不要因为信访量大,就悲观看待巡回法庭》,载《新京报》2016 年 2 月 4 日第 A04 版。

④ 参见汪小棠:《问题与出路:最高人民法院巡回法庭接访职能的初步考察》,载《甘肃政法学院学报》2018 年第 3 期。

为 11 类案件①,主要包括最高人民法院有管辖权的部分重大民商事案件与行政案件;同时依据《规定》第七条,当事人对巡回区高级人民法院的判决、裁定申请再审或申诉的,应向巡回法庭提出,从而排除了最高人民法院本部对这些案件的管辖权。

然而,普通民商事案件进行普遍审理的工作量巨大,巡回法庭审理跨省案件的数量和精力均有限。据第二巡回法庭公布的数据,自 2015 年 2 月 1 日至 2016 年 9 月 30 日,在其受理的所有民商事和行政案件中,跨省案件仅占到了全庭受理案件总数的 17.82%,不足两成。② 目前巡回法庭审理的案件中,无论是跨省案件,还是其他普通案件,其管辖权一直以来就属于最高人民法院,而非地方法院。在未设立巡回法庭之前,这些案件就由最高人民法院在北京进行审理,不存在受到地方干扰与偏袒的问题,无所谓"地方化"问题。如此,设立巡回法庭的基础和独特意义便丧失了。

其次,在司法实践中,多数重大案件的一审都在中级法院作出,省级高院一审的案件数量较少,所以巡回法庭作为二审、再审法庭,本身能够管辖的案件并不多。依据我国《民事诉讼法》第三十八条规定③,管辖权能够在上下级法院之间进行转移,即如果上级法院认为"确有必要",可将案件交由下级法院审理,下级法院认为"需要",可将案件报请上级审理。管辖权移转的这种上下不对称,使得如果下级法院能够用自由裁量的方式来规避巡回

---

① 依据《决定》第三条,这 11 类案件分别是:(一)全国范围内重大、复杂的第一审行政案件;(二)在全国有重大影响的第一审民商事案件;(三)不服高级人民法院作出的第一审行政或者民商事判决、裁定提起上诉的案件;(四)对高级人民法院作出的已经发生法律效力的行政或者民商事判决、裁定、调解书申请再审的案件;(五)刑事申诉案件;(六)依法定职权提起再审的案件;(七)不服高级人民法院作出的罚款、拘留决定申请复议的案件;(八)高级人民法院因管辖权问题报请最高人民法院裁定或者决定的案件;(九)高级人民法院报请批准延长审限的案件;(十)涉港澳台民商事案件和司法协助案件;(十一)最高人民法院认为应当由巡回法庭审理或者办理的其他案件。从语词视角分析,这 11 类案件显然不同于十八届四中全会通过的《决定》中"跨行政区域重大行政和民商事案件"之表述。巡回法院的管辖权与最高法院本部的先前管辖权是一致的,或者说巡回法院的管辖权是对最高法院管辖权的简单复制和移植,并无独特的、自成一类的管辖权。正是管辖权上的一致性,才决定了"巡回法庭就是最高人民法院的派出机构,是最高人民法院的审判权在地方上的延伸,是最高人民法院的一个组成部分。"王公义:《十八届四中全会公报提出最高法设立巡回法庭,专家认为巡回法庭打破地方保护,确保独立审判》,载《南方日报》2014 年 10 月 25 日第 3 版。

② 参见秦汉:《宪法视域下巡回法庭的"去地方化"功能》,载《政治与法律》2017 年第 3 期。

③ 《民事诉讼法》第三十八条:"上级人民法院有权审理下级人民法院管辖的第一审民事案件;确有必要将本院管辖的第一审民事案件交下级人民法院审理的,应当报请其上级人民法院批准。下级人民法院对它所管辖的第一审民事案件,认为需要由上级人民法院审理的,可以报请上级人民法院审理。"

法庭的监督,就可能会导致巡回法庭无案可审的局面。① 对管辖权这种单向操纵的结果必然是巡回法庭所审理的案件,通常不具有法律意义的琐碎案件,难以发挥统一法律适用、消除地方保护的职能。

从管辖权视角,如果巡回法庭的受案范围限定为当事人对巡回区高级人民法院的判决、裁定申请再审或申诉,如果将巡回法庭的审判管辖权定位在与最高法院相同的终审管辖权上,那么,巡回法庭不论设在北京还是外地,由巡回法庭终审的效果与最高法院目前审理民行案件的现状并没有区别,甚至还不如现在情况好。因为由若干个设在外地巡回法庭审判案件在确保法律的正确、统一实施上,各巡回法庭对法律问题的认识也可能发生相互冲突,不如由最高法院本部直接审判案件更好。②

总的来说,如果不能保证巡回法庭的管辖权,厘清巡回法庭与最高法院、高级法院之间的关系,尤其是审级关系,巡回法庭的原初制度功能设定必然会大打折扣,甚至落空。或以为,贯彻《决定》关于"最高人民法院设立巡回法庭,审理跨行政区域的重大行政案件和民商事案件"重大举措的精神,关键在于科学界定巡回法庭的审判管辖权问题。从管辖权角度,巡回法庭应当是一级独立的审判机构,具有特定范围的审判管辖权,而不应当行使与最高法院同样的终审管辖权。既然巡回法庭的审判管辖权不应当与最高法院相同,那么,一个可取的替代选择是赋予巡回法庭与高级法院相同的审判管辖权,既赋予巡回法院以初审管辖权,又赋予巡回法庭以上诉管辖权,但巡回法庭的受案范围与高级法院不同。

按照上述设想,巡回法庭的管辖权的科学界定需要解决好两个问题:(1)对何谓"跨行政区域的重大行政案件和民商事案件"做出科学界定,这是最高法院设立巡回法庭需要解决的基本问题;(2)对巡回法庭与高级法院的受案范围做出明确的划分,这里面既有目前由高级法院按一审程序受理、审判的行政案件和民商事案件中那些属于"跨行政区域的重大行政案件和民商事案件",也包括目前由高级法院按二审程序受理、审判的行政案件和民商事案件中那些属于"跨行政区域的重大行政案件和民商事案件"。

首先,赋予巡回法庭与高级法院相同的一审管辖权,赋予当事人"挑选法

---

① 参见纵博:《最高人民法院巡回法庭的设立背景、功能与设计构想》,载《法律科学》2015 年第 2 期。

② 参见顾永忠:《最高人民法院设立巡回法庭之我见》,载《法律科学》2015 年第 2 期。

院"的权利,使巡回法庭成为与高级法院一样的"审理法院"(trail court)。① 作为审理法院,巡回法庭可以与地方法院之间形成一种有序竞争机制。赋予巡回法庭的初审管辖权范围,应该考虑到巡回法庭的设立原因,即破除司法"地方保护主义"。我国司法之所以产生"地方保护主义"问题,主要原因是一方当事人与受案法院在行政区划上的位置关系导致法院在裁判中有所偏倚。② 于此而言,"跨行政区划"司法改革措施,更多的是在法院设置和管辖区域层面,而非案件本身的性质层面说的。既然将巡回法庭设定为与高级法院相同审判管辖权,那么,赋予巡回法庭的一审管辖权"跨行政区划"案件宜理解为由省级高院或市级中院审理可能会受到干预的当事人不在同一省或直辖市的民商事案件,以及外地原告诉省级或直辖市政府及其职能部门的行政案件。③ 由于在审级上是初审,巡回法庭对这类案件审判后,当事人不服可以上诉到最高法院。

在我国目前的体制下,上级法院和地方政府都可以对地方法院领导人的利益施加影响。④ 巡回法庭"去地方化"的使命设置,将导致地方政府与最高人民法院展开博弈。通过赋予巡回法庭与高级法院相同的初审管辖权,某种意义上,能够使巡回法庭与地方法院形成一种竞争。⑤ 像美国国会最初设立巡回法院一样,有具有国家视野和全局考量的"国家主义者"深入田间地头,来到办案现场,"新建法院能与地方化的纠纷解决方式展开竞争。在他们赢得这场竞赛的这一范畴内,能够帮助中央权力介入原来地方习惯

---

① 在英美法系,"审理法院"(trail court)与"上诉法院"(appellate court)是按职能分工进行的一种分类。审理法院的功能在于对案件事实予以查明,并依据法律对证据所认定的事实予以裁判;上诉法院则仅对一审法院的法律解释和适用进行审查,不再接受新证据,上下法院都是各自独立的。参见贺卫方:《司法的理念与制度》,中国政法大学出版社 1998 年版,第 132—133 页。

② 参见刘作翔:《中国司法地方保护主义之批判——兼论"司法权国家化"的司法改革思路》,载《法学研究》2003 年第 1 期。

③ 参见方斯远:《最高人民法院巡回法庭的制度建构》,载《法律科学》2015 年第 2 期。

④ 参见秦宗文:《中国控制死刑的博弈论分析——以最高人民法院行使死刑复核权为背景》,载《法商研究》2009 年第 1 期。

⑤ 众所周知,现代英格兰司法的成长也是中世纪王室法院在与封建贵族司法管辖权、教会司法管辖权、地方公共司法管辖权的竞争过程中获得的,由于很长时间内,英王没有能力攫取大量的财富去组建一支听命于自己的常备军队和地方官僚队伍,从而不能简单地通过行政力量削弱多元权力格局的制约,于是英王通过在中央王室法院提供理性的审理方式、向封建领主院颁发权利令状(writ of right)以及大陪审(grand assize)的方式,以一种"平等竞争"的司法方式使原属于封建地方司法管辖权范围内的案件,大量地流向国王那里,最终在潜移默化中达到了控制其他权力主体的目的。有关英格兰司法成长的详细分析,参见李栋:《通过司法限制权力:英格兰司法的成长与宪政的生成》,北京大学出版社 2011 年版,第 121—124 页。

发挥作用的地域并且将征服者的影响带至乡村"①。当然,巡回法庭要想在与高级法院的竞争博弈中胜出,其根本还是从最高人民法院的权威地位、法律适用统一效能、判决的公平公正等角度出发,来对抗地方政府以本地的社会稳定、财政收入等具体政绩观作为利益取向而控制的当地司法运作。② 由巡回法院对高级法院管辖范围内"深入现场",初审结果便部分融入了上诉审(最高法院)法官的意见,使上诉改判或者撤销的概率降低,从而减轻了权利性上诉给最高法院带来的案件负担。案件负担下降,最高法院也能将稀缺的司法资源注入更具有法律意义、公共政策形成功能的案件中。

其次,就巡回法庭的二审管辖权而言,其管辖权范围是指受理审判不服中级法院一审判决、原来由高级法院管辖的二审案件中属于"跨行政区域的重大行政案件和民商事案件"。这类案件巡回法庭审判后是终审裁判,不可上诉。值得注意的是,巡回法庭受理的二审、再审案件,如果属于需要进行"重大"关系协调的复杂案件,涉及国家现行法律、法规、司法解释中的缺陷或不足,需要由最高人民法院进行司法解释的案件,必须由最高人民法院审判委员会讨论的案件,应当移送最高人民法院本部审理。"重大"的标准须结合本部与巡回法庭的职能区分来理解。从审判制度来看,最高法院功能的制度转换本身就是一场司法改革。就最高法院改革而言,其目标就是要建立一套有效的法官决策机制,减少司法成本和减少诉讼延沉。③ 从美国联邦法院经验来看,美国联邦最高法院和联邦巡回法院有着各自受案范围,巡回法院并非最高法院的组成部分,最高法院拥有裁量受理的特权,仅对其认为具有重大意义的案件"择案而审"。然而,将巡回法院定位与最高法院承担不同的制度职能,却使巡回法庭无权对自身案件负荷予以控制,所以对何谓"重大"应结合具体司法过程来理解。

实际上,某个案件是否具有典型性的指导意义,本身就是一个司法性、技术性较强的问题,更多需要依靠法官在个案中进行事后判断。目前可以考虑的方案可以包括形式审查和实质审查两种。④ 一般来说,对于事实争议不人的案件,如一审或二审决院的案件承办人、合议庭、审委会等对案件

① 〔美〕马丁·夏皮罗:《法院:比较法上和政治学上的分析》,张生、李彤译,中国政法大学出版社 2005 年版,第 34 页。

② 参见秦汉:《宪法视域下巡回法庭的"去地方化"功能》,载《政治与法律》2017 年第 3 期。

③ 参见侯猛:《中国最高人民法院研究——以司法的影响力切入》,北京大学出版社 2007 年版,第 186 页。

④ 参见纵博:《最高人民法院巡回法庭的设立背景、功能与设计构想》,载《法律科学》2015 年第 2 期。

事实的认定基本一致,适合由巡回法庭审理;相反,在审理过程中,如果巡回法庭发现案件所涉的法律适用有较大争议并具有典型意义的,特别是涉及法律冲突,具有巨大公共政策功能形成的潜力,宜移交给最高法院本部审理。由于巡回法院在此的判决是终局性的,某种程度上具有不言而喻的象征意义。要合理控制案件类型,均衡"纠纷解决"与"规则治理"的司法空间与结构力量,确保巡回法庭整体功能的稳定发挥。就案件类型的选择而言,要以有利于"就地解决纠纷"为标准,同时充分考量巡回法庭整体功能的发挥,既要批量办理一些较为简单的申诉再审案件,也要集中审理有着较大甚至全国性影响的个案,从而确保巡回法庭的运行能够从整体上减少纠纷存量、控制纠纷增量以及通过影响性诉讼的个案审理来提升巡回法庭的影响力和美誉度。①

最后,为了防止中级法院对管辖权进行单向转移,以规避巡回法庭的监督,可以借鉴联邦法院的飞跃上诉制度,允许当事人越过第二审法院,直接向巡回法庭提起上诉。飞跃上诉制度使得如果当事人对管辖权争议较大的案件,或者认为不适合由任何下级法院进行初审,可由巡回法庭直接审理。所谓飞跃上诉是指在实行三审终审制的国家或地区,允许当事人在一定条件下越过第二审法院,直接向第三审法院提出上诉。飞跃上诉是针对法律适用问题设置的一项特别上诉制度,其原理在于既然当事人是对一审法院裁判中的法律解释和法律适用问题不服,由对法律解释更具权威性的高级别的法院直接审理上诉案件,既符合此类上诉的目的,又符合诉讼经济的要求。美国联邦法院、德国、日本均设置了此项制度。②

在我国,根据 2017 年的《民事诉讼法》第三十八条,上级法院在作出把依法由自己管辖的案件交下级法院审理的裁定前,应当报请其上级人民法院批准。因而,若当事人不服驳回管辖权异议的裁定,再向作出批准的法院提出上诉,在程序设计上是存在疑问的,这样的上诉注定不会取得成功,上诉审法院驳回上诉是合乎逻辑的结果。因而,对管辖权异议的案件,我国可以借鉴飞跃上诉制度允许此类案件的当事人直接向巡回法庭申请再审,以保护当事人的合法权益。

---

① 典型的是第二巡回法庭,通过对"上海欧宝生物科技有限公司诉辽宁特莱维置业发展有限公司企业借贷纠纷案"的审理,建立起了"虚假诉讼"的司法审查规则;该案也成为最高人民法院第 68 号指导性案例。参见方乐:《最高人民法院巡回法庭的运行机制——以审判权的内部运行为中心的考察》,载《法学》2017 年第 3 期。

② 参见李浩:《删而未除的"管辖错误"再审——基于 2013 年以来最高人民法院裁定书的分析》,载《法学研究》2015 年第 2 期。

当然，当前我国巡回法庭的改革仍然在试验阶段，巡回法庭在运作过程中所发现的问题会得到顶层司法改革者的充分重视并得到及时修正。可以预见，随着巡回法庭实施效能不断正面化，国家宏观层面对其改革力度亦会有所加大，伴随着管辖权的科学配置，巡回法庭博弈地位的主导性亦将同时加大。于此而言，可以乐观地估计，"与其说当下巡回法庭的制度设计是一种逃避与停滞，倒不如说是一次能量的积累，是以相对温和的进路在司法改革的宏观谋篇中厚积薄发。"①

第六节　小　结

实践中，管辖权规则与非管辖权规则相互作用的复杂方式，提出了一个真正的问题，即应该如何看待管辖权这一概念。表面看来，管辖权不可避免地涉及司法权界定本身，但这些是思维事实的要求、分析研究的结果，而不是形而上思考的需要、分析探究的前提。从实用主义哲学的角度，管辖权意味着一种支持预期判断合法性的假定。将管辖权作为一种合法性假定，意味着司法权本身受到政策、实践理性的不断塑造，是一种不断生成之物。重要的是，由于管辖权作为一种合法性假定，本身并不是目的，因而它就可以被某些确定事实，或者相当不同寻常的情形所否决。管辖权作为一种合法性假定，不断地受到政策、实践理性的塑造这一事实，要求分析者必须深层次理解管辖权概念背后的实践理性与政策目的，为的是能够为司法权之运用提供有意义、有原则、可运作、清晰以及一致的指导方案，对司法权予以规训。司法权作为权力之一种，其存在和运行也必须以某种方式得到证成。

---

① 参见秦汉：《宪法视域下巡回法庭的"去地方化"功能》，载《政治与法律》2017 年第 3 期。

第四章　作为说服的司法权：
咨询意见的功能

　　管辖权是司法权得以运作的程序性门槛规则，也为联邦宪法所明确确定，其他可裁判性测试标准则是在承认联邦法院具有管辖权的前提之下，联邦法院在案例法实践中为实现自治地位所孕育和适用的。从时间顺序讲，咨询意见的禁止是联邦法院首先孕育和适用的一种可裁判性测试标准，在开端处标志着司法权的原初理解。因而，何谓咨询意见、咨询意见又蕴含着何种司法权类型，便是本章旨在回答的问题。

第一节　问题的提出

　　众所周知，美国联邦《宪法》第三条禁止联邦最高法院发布咨询意见①，这已经成为描述联邦最高法院司法权宪法界限的一种常识性陈述。② 然而，究竟什么是咨询意见，是一个远没有得到充分界定的问题。如果说咨询意见指的是联邦法官个人对某种抽象法律问题所发布的没有拘束性的观点和陈述，那么，在判决意见中附带意见（*Obiter Dictum*）显然就是一种咨询意见。一般认为，联邦法院针对某个案件所做出的判决意见由两部分组成，即判决理由（*Ratio Decidendi*）与附带意见。③ 判决理由指的是该判决的本质

---

　　① 虽然联邦宪法禁止联邦法院发表咨询意见，但并不表示州宪法也一律禁止州法院发表咨询意见。在美国，允许州法院发表咨询意见的州，包括佛罗里达州、马萨诸塞州、密歇根州。在允许发表咨询意见的州中，咨询意见的范围一般包括以下方面：(1)税收和政府金融；(2)政府结构；(3)商业监管；(4)投票和选举；(5)警察权监管；(6)路政；(7)地方政府和学校；(8)立法过程和法规解释；(9)社会保障和补偿金；(10)财产权益和土地征用权。参见 Oliver P. Field, "The Advisory Opinion—An Analysis", 24 *Indiana Law Journal* 203, 210 (1949); George Neff Stevens, "Advisory Opinions—Present Status and an Evaluation", 34 *Washington Law Review and State Bar Journal* 1 (1959); Mel A. Topf, "The Jurisprudence of the Advisory Opinion Process in Rhode Island", 2 *Roger Williams University Law Review* 207 (1997); Jonathan D. Persky, "'Ghosts that Slay': A Contemporary Look at State Advisory Opinions", 37 *Connecticut Law Review* 1155 (2005).

　　② See e. g. , Flast v. Cohen, 392 U. S. 83, 96 — 97 (1968); Felix Frankfurter, "A Note on Advisory Opinions", 37 *Harvard Law Review* 1002, 1005—1006 (1924).

　　③ 对判决理由与附带意见予以区分是重要的，尽管实践中两者经常纠缠在一起，很难清楚地划分，一个分析参见 Michael C. Dorf, "Dicta and Article Ⅲ", 142 *University of Pennsylvania Law Review* 1997 (1998).

的、主要的和必要的法律和宪法观点，构成应该遵循和坚持的法律规则，是对判决的一种正当性证明；相反，附带意见则多少是判决意见的作者所表达的无关宏旨、对该判决来说并不必要的观点，不过是一种信念、观点和情绪的表达，在理论上没有约束力。此外，联邦大法官个人对联邦法院的判决意见所发表的附随意见和异议，由于不是联邦法院判决意见的组成部分，显然也是一种咨询意见。①

另外，如果说咨询意见指的是联邦法院单方面就某种紧迫性、具有法律含义但尚未制定法律的问题所做出的提议或者解决方案，那么，联邦最高法院的首席大法官每年向国会提供关于司法会议（Judicial Conference）工作的年度报告以及立法方面的建议②，显然也属于咨询意见之一。虽然司法会议所建议的所有政策并非都能够被国会采纳或及时采纳，但国会还是显示了对司法会议之智慧的尊重。例如，国会在 20 世纪 60 年代就同意司法会议所建议的提供一笔适当的联邦基金，以资助那些在联邦法院打官司的穷困的刑事被告，正是这一措施最后促成了 1964 年的《刑事司法法案》的产生。在这个意义上，不仅联邦法官个人能经由某种案件发表咨询意见，而且联邦法院也能够在诉讼过程之外发表虽然没有约束力但构成其他政治分支行为时重要考量因素的咨询意见。

然而，牢固确立的宪法原则却告诉我们，联邦宪法严格禁止联邦法院整体或者法官个人发表咨询意见。③ 那么，关于咨询意见的真理又是什么呢？当然，咨询意见在界定方面所存在的困难，并不表示咨询意见在宪法的意义上没有其位置。而是说，如果联邦宪法真的禁止（某种）咨询意见的话，那么，这种禁止必然存在于其他某个地方，而不在于上述两个方面。因而，理

---

① See e. g., Lani Guinier, "The Supreme Court, 2007 Term-Foreword: Demosprudence through Dissent", 122 *Harvard Law Review* 6 (2008); Peter Bozzo, Shimmy Edwards, and April A. Christine, "Many Voices, One Court: The Origin and Role of Dissentin the Supreme Court", 36 *Journal of Supreme Court History* 193 (2011).

② 按照国会 1922 年的制定法要求，司法会议是由 27 名成员组成的，即联邦最高法院首席大法官、13 个联邦巡回法院的首席法官、12 个联邦地区法院的法官以及国际贸易法院的首席法官。司法会议每年至少由联邦最高法院在绝对保密的状态下召开两次，以履行立法中为它规定的任务，即"进行关于美国法院工作条件的全面调查，并且在必要的时候从/向联邦上诉法院或联邦地区法院调配法官的计划"。此外，它还被要求给各种法院提供各种"有利于迅速和协调一致地审理案件的建议"。参见［美］亨利・J. 亚伯拉罕：《司法的过程》（第七版），泮伟江等译，北京大学出版社 2009 年版，第 198 页。

③ 兰迪斯和波斯纳指出，联邦法院之所以被严格禁止就任何一种主题发表（无论是拟议法案的合宪性，还是政府内部的事务）咨询意见，根本的原因在于比起州宪法，联邦宪法更难以修正，错误的宪法解释的成本在联邦层面比州层面更高。参见 William M. Landes & Richard A. Posner, "The Economics of Anticipatory Adjudication", 23 *Journal of Legal Studies* 683, 710 (1994)。

解在何种意义上宪法禁止咨询意见，就成为一个不得不深入思考和探究的问题。

从宪法的角度，一种观点可能会认为，宪法对咨询意见的禁止是明显的，即这里所谓的咨询意见通常指的是政府官员针对某些尚未确定的抽象问题向联邦法院征求意见。例如，议会或政府相关部门已经提出，但尚未正式颁布的某些方案是否合宪。这一做法不仅缺乏依据，而且是在强迫联邦法院违背三权分立原则，更违背司法克制原则。① 然而，考虑到这样一个事实，即咨询意见之禁止是从一开始就牢固确立的宪法原则，因而对咨询意见的准确理解，我们必须放置于一个更为宽阔的视角中，而不是从既定的某种观念出发，去评估咨询意见在司法审查语境中的利益或者弊端。②

实际上，如果仅以司法审查作为透镜，我们可能忽视了消极意义上的咨询意见对司法权所进行的积极意义上的塑造和维护。③ 虽然事后来看，是第四任首席大法官马歇尔（1801～1835）使得首席大法官名副其实④，而且在司法权仍然具有可塑性的时候，马歇尔将其打上了强烈的个人色彩。⑤ 但是公正地讲，如果没有咨询意见之禁止对司法权所做的某种前提性准备，那么，马歇尔或者任何人对于司法审查权力的塑造不会，至少不会那么容易地完成。因此，对咨询意见的理解和评估，我们不能或者至少不能仅以司法

---

① 参见[美]杰弗瑞·A.西格尔、哈罗德·J.斯皮斯：《正义背后的意识形态：最高法院与态度模型》，刘哲玮译，北京大学出版社 2012 年版，第 211 页。

② See e. g. ,Note,"Advisory Opinions and the Influence of the Supreme Court over American Policymaking",124 *Harvard Law Review* 2064 (2011).

③ 在允许发表咨询意见州法院中，就咨询意见实践是如何形塑和影响司法权的一般分析，可参见 Helen Hershkoff,"State Courts and the 'PassiveVirtues':Rethinking the Judicial Function", 114 *Harvard Law Review* 1833 (2001).

④ 第一任首席大法官是《联邦党人文集》作者之一的约翰·杰伊(John Jay)，他于 1789～1795 年任首席大法官，在 1794 年与英国签订的《杰伊条约》为他赢得了不朽名声。第二任是约翰·拉特利奇(John Rutledge)，在杰伊 1795 年担任纽约州州长辞去首席大法官的职位之后，于 1795 年短期出任，仅坚持了 8 月的工作，处理了 2 起诉讼，但因为反对《杰伊条约》随后被参议院拒绝了总统的提名。第三任首席大法官是奥利弗·埃尔斯沃思(Oliven Ellsworth)，他于 1796～1800 年出任，由于身体健康、没有重要的案件等原因对最高法院的贡献很小，他与威廉·帕特森共同起草了《1789 年司法法案》。关于最高法院前三任首席大法官的详细介绍，可参见刘文涛主编：《美国首席大法官》，新星出版社 2011 年版，第 21～45 页。

⑤ 参见[美]亨利·J.亚伯拉罕：《法官与总统——一部任命最高法院法官的政治史》，刘泰星译，商务印书馆 1990 年版，第 73 页。

审查为透镜。① 从科学方法的角度，为了充分理解咨询意见之于可裁判性，进而理解一般意义上司法权的宪法含义，我们必须从咨询意见之禁止的缘起开始理论上的分析。事物的开端往往蕴含着某种神秘而伟大的东西。②

第二节　咨询意见禁止之确立

通常认为，美国联邦《宪法》第三条对联邦法院发布咨询意见的禁止可以追溯到 1792 年海伯恩案（Hayburn's Case）和 1793 年大法官给华盛顿总统的信件这两起具有"司法"意义的事件。尽管对这两个早期的司法事件，理论学者之间存在着不同的解释③，但事件本身的事实因由是清楚的，它们对"司法权"性质的一般理解所产生的影响是巨大而深远的。

在 1792 年海伯恩案中，联邦最高法院考虑的是联邦法院是否能够发布一种没有约束力的意见。④ 此案背景是国会 1792 年 3 月 23 日通过的一项法案，依据该法案，国会授予联邦巡回法院一种职权，即在审核革命战争期间伤残战士的养老金问题上确认事实，向政府部门报告有关申请人伤残的性质以及需要支付的养老金数额。但是，联邦法院的这种决定事实上将接受政府部门的审查，因为政府部门有权拒绝遵循法院的提议方案。当时，联邦最高法院的大法官们一项重要职责是各自巡回审理案件。尽管联邦最高法院从来没有公开地裁定该法规是违宪的，但是在大法官各自担任巡回法

---

① 在美国，国家、连续性、统一和共同目标的象征物，就是宪法，将宪法这个象征具体化，就成了联邦最高法院的一项重要职能。毫无疑问，假如联邦最高法院没有行使司法审查权，则联邦最高法院就不可能具有象征性功能，它也不可能走上我们现在所看到的那个舞台上。然而，到了今天，比克尔提示我们，这个象征要表现自己，并不总是要依赖于司法审查。有的时候，更为主要的，是由于联邦最高法院大法官们的终身任职，及他们中的一些人长期服务于政府机构所表现的。参见〔美〕亚历山大·M.比克尔：《最小危险部门：政治法庭上的最高法院》，姚中秋译，北京大学出版社 2007 年版，第 33 页。

② 马基雅维里指出，政治体为自身的安全而作出的任何改变，可靠的做法是回到它们的源头，因为"一切教派、共和国和王国的初创时期，必定包含着某些优秀的东西，利用它们可以重新获得最初的名望和生长能力。随着时间的流逝，这些优秀的因素会受到破坏，除非有外力的介入，使其恢复原来的标准，不然的话它必然杀死机体"。〔意〕尼科洛·马基雅维里：《论李维》，冯克利译，上海人民出版社 2012 年版，第 309 页。

③ See e. g., MaevaMarcus & Robert Teir, "Haybum's Case: A Misinterpretation of Precedent", 1988 *Wisconsin Law Review* 527；Robert J. Pushaw, Jr., "Why the Supreme Court Never Gets Any 'Dear John'Letters: Advisory Opinions in Historical Perspective", 87 *Georgetown Law Journal* 473（1998）；William R. Casto, "The Early Supreme Court Justices' Most Significant Opinion", 29 *Ohio Northern University Law Review* 173（2002）.

④ See Hayburn's Case, 2 U. S.（2 Dall.）409（1792）.

院法官的过程中,其中6名联邦最高法院大法官中的5位①,分别通过私人信件的方式告知华盛顿总统,要联邦法院承担这样一项任务是极其不恰当的。因为联邦宪法授予联邦法院的是"司法权"而非别的权力,这是一种做出终局性判决的权力,他们所做出的不是还得接受行政部门审查的意见。②尽管如此,当时仍然有两个联邦巡回法院表明,他们可以充当"委员"(commissioners)而不是法官。然而,宾夕法尼亚州联邦巡回法院拒绝按照法官或委员的身份,就海伯恩退伍老兵的养老金申请进行审核。

于是,司法部部长伦道夫(Randolph)请求联邦最高法院发布职务执行令状(writ of mandamus),以指导宾夕法尼亚州法院采取行动。伦道夫的诉求被联邦最高法院拒绝,但理由并非因为案件本身不具有可裁判性。③相反,由于联邦最高法院大法官以三对三的局面在一个狭窄的程序性问题上陷入僵局,即没有在总统特别批准的情况下,司法部部长伦道夫是否有权利依据职权(ex officio)提出职务执行令状申请。但伦道夫并没有选择寻求总统的批准,而是立即改变了方式,即声称他是代表海伯恩进行诉讼的,显然该案件已涉及案件的实质问题。对于伦道夫的这项动议,联邦最高法院法院表示,在下个开庭期之前,他们会周全地予以考虑。当然,联邦最高法院从未发布判决,因为国会迅速地通过一项新的退伍军人养老金法案,该法案不再要求联邦巡回法院就退伍军人的养老金数额进行确定。

第二个早期司法事件则广为人知,即联邦大法官针对国务卿杰斐逊的请求而给总统华盛顿回复的信件。面对当时的法国大革命和英国领导的反法战争,无论是总统华盛顿还是国务卿杰斐逊,都希望联邦最高法院能就如何处理《美法同盟条约》和中立问题提出意见。因而,杰斐逊于1793年7月18日致信于首席大法官杰伊和他的助理大法官们,在信中杰斐逊说道:"发生在欧洲列强之间的战争导致了在我们的港口和国境内的频繁交易,由此造成相当麻烦的问题,并且这对合众国的和平非常重要。这些问题之解决,有赖于我们条约和法律的解释,有赖于自然法和各国的法律,这些问题经常被提出来。但目前的情势是,这些问题的管辖权并没有授予本国的法庭,而

---

① 美国联邦最高法院大法官人数的多寡由国会立法规定,并非固定不变,最初是5位。1790年和1807年先后各增加一位。1837年,又增加了2位,变成了9位。在美国内战期间,1863年增加到10位。1869年恢复到9位,至今未变。

② See Robert J. Pushaw, Jr., "Article Ⅲ's Case/Controversy Distinction and the Dual Functions of Federal Courts", 69 *Notre Dame Law Review* 447,514 (1994).

③ See Steven L. Winter, "The Metaphor of Standing and the Problem of Self-Governance", 40 *Stanford Law Review* 1371,1400—1401 (1988).

对它们做出决定又根本不是执行部门的正常职能。因此，这些问题带来了很多麻烦和难题。假如总统发现他能够随时就这些问题听取合众国最高法院大法官们的意见，那么他将如释重负，因为大法官们在这个领域的知识能确保他不犯那些可能危及合众国和平的错误，他们的权威也肯定会获得所有当事人的尊重。因此，他请求大法官们能够出席就此问题召开的会议，以有机会……就已经发生或可能会发生的事情所涉及之抽象问题提出他们的建议。"①随后，杰斐逊列出了 29 条大大小小有关条约和中立方面的法律问题。

虽然杰伊本人是主张中立的，但他显然不希望通过联邦最高法院意见表达出来。在给华盛顿总统的回信中，杰伊和他的助理大法官们选择拒绝回答有关条约和中立问题所产生的法律议题。大法官们解释说，如果他们对其他政治部门给出了这些建议，那么联邦宪法所确立的分权就将遭到破坏。"宪法划定了三个政治部门之间的界线。在某些方面，三个政治部门之存在是为了相互制约。这为我们作为最高法院法官的下述行为的适当性提供了强有力的证据，即不能在司法之外决定所暗指的问题。尤其是，宪法授予总统要求部门首脑提供意见的权力，总统的这项权力似乎是有意地以及明确地指向行政部门。"②因而，大法官们以优雅的语调得出以下结论，"对于所有可能导致您的行政管理陷入窘境的事情，我们表示极端遗憾，但我们因为想到下面一点而倍感宽慰：您的判断力将会辨明什么是正当的，您的正常的审慎、决断和坚定，将会克服不利于合众国的权利、和平与尊严的一切障碍"③。

换句话说，在宪法规定的政府权力分配框架之中，联邦法院不能在司法之外（extra-judicially）就某种法律议题做出一种决定，例如通过和总统通信的形式表达某种法律议题的私人意见。只有行政部门的"部门首脑"能够给出这些私人建议。联邦法院仅限于法律议题的"司法"决定，联邦法院的阐

---

① Letter from Thomas Jefferson, Secretary of State, to Chief Justice Jay and Associate Justices(July 18,1793), cited in Richard H. Fallon, Daniel J. Meltzer & David L. Shapiro, *Hart & Wechsler's Federal Jurisdiction*(4th ed.), Brooklyn: Foundation Press, 1996, p. 65.

② Letter from the Justices of the Supreme Court to President George Washington (Aug. 8, 1793), cited in Richard H. Fallon, Daniel J. Meltzer & David L. Shapiro, *Hart & Wechsler's Federal Jurisdiction*(4th ed.), Brooklyn: Foundation Press, 1996, p. 66.

③ Letter from the Justices of the Supreme Court to President George Washington (Aug. 8, 1793), cited in Richard H. Fallon, Daniel J. Meltzer & David L. Shapiro, *Hart & Wechsler's Federal Jurisdiction*(4th ed.), Brooklyn: Foundation Press, 1996, p. 67.

释功能仅仅在公开的司法程序中得到运用。① 正如后来的首席大法官马歇尔所说的那样,"考虑到自己只构成了一个法定法庭,只对那些按照法定程式提交给他们的争议做出裁决,因而,这些先生们认为,通过宣告他们对于那些并非由于案件引起的问题的意见而涉入政治领域,乃是不恰当的"②。由于宪法文本已经清楚地将司法权仅仅拓展至所有案件和争议,此外再无其他,那么,司法权也就只能够在案件中得到运用。

显然,与通常理解不同,在这里,上述两种司法事件所确立的所谓咨询意见之禁止原则,并非是对司法权的消极意义上的限制,而是为司法权的任何一种运用,包括司法审查,提供了支持和依据。换言之,咨询意见本身并非构成对司法权的一种限制,毋宁说为司法权的运用指示了方向:(1)切莫以如此形式行使司法权,即联邦法院不可应其他部门之请,通过提供建议的方式,做出一般性的、抽象的宣示。换言之,联邦法院不可对那些不属于案件的问题进行裁决,这些问题也不需要裁决,因为它们并不呈现出对抗性的格局,对当事人的直接后果也并不以联邦法院对该问题的决定意见为转移。(2)即便是在案件中行使司法权,联邦法院也不可给出那种属于建议性的意见,更要防止联邦法院有关该案件的判决意见不具有最终性,能够被其他政府机构所修正或者废除,最终流变、降格为一种没有约束力的咨询意见,从而让案件的最终处理权力保留在别处。因而,如果说联邦宪法真的禁止咨询意见的话,其目的并非是要限制司法权,而是要保障联邦法院的自治,维护司法权所应当具有的独立自主之地位。

重要的是,由于司法权是在具体活生生的"案件"中行使的,这就使得联邦法院的判断通常是立法性政策在社会的实际运作中经受了检验之后所做出的,因而"案件"的要求能够在立法活动与司法裁判之间创造一种时间差。在某种程度上,这一时间差可以减少联邦法院与立法代议机构之间的冲突,使得联邦最高法院有能力在渐进地提出原则的时候证明那些原则,最终强化了使其原则被人接受的力量。正如比克尔所说的那样,"将立法机构的一项政策与一个实际案件有血有肉的事实联系起来的机会,因而,也就是从一个完全不同的有利角度观察和描述该政策的机会,即观察和描述立法机构在事前有可能或不可能看到的东西——正是这样

---

① See Robert J. Pushaw, Jr. , "Article Ⅲ 's Case/Controversy Distinction and the Dual Functions of Federal Courts",69 *Notre Dame Law Review* 447,516—517 (1994).

② James Bradley Thayer,"Advisory Opinion",in his *Legal Essays* ,Boston:The Boston Book Company,1908,p. 53.

的机会,跟别的优势一样,或者说是法院最大的优势,能够使法院诉请国民进行第二次思考"①。

　　总之,宪法对咨询意见的禁止提示我们,司法权必须在案件中行使。也只有在案件中,我们才能够评估司法权行使的正当性。但应该记住的是,我们提出这一点,仅仅作为一个观察结果,而并不是将其作为一个正当性论证。既然司法权只能够在案件中行使和评估,那么,这是否意味着任何当事人提起的任何一种案件,都必然在联邦法院那里具有可裁判性的? 显然,这里的答案是否定的。那么,判断一种案件是不是咨询意见,需要何种规范性的识别理据呢? 这是本书下面所要分析的问题。

第三节　避免成为咨询意见的识别理据

　　由于案件存在不同的种类,为了判断联邦法院就某个案件的判决意见是不是最终流变为一种咨询意见,首先需要解决一个前提性的问题,即什么是联邦法院司法权行使所必需的"案件"种类。对于该问题的回答是清楚的。我们知道依据联邦宪法,联邦法院是被授权在联邦宪法、法律和条约的全部范围内行使管辖权的,因而,正如斯托里大法官指出的那样,"只要涉及宪法、法律和条约的任何问题所表现出来的形式是司法权能够对其采取行动的形式。当问题表现出这样的形式,那时它就成为一个案件;那时,不是到那时为止,司法权对其起作用。一方当事人以法律规定的形式主张他的权利,向法院提交了涉及联邦宪法、法律或条约的某种事项,就产生了宪法本项条文意义上的一个案件。换句话说,一个案件是依据司法程序的正常流程而提起的普通法和衡平法上的诉讼;并且,当它涉及基于联邦宪法、法律或条约而发生的任何问题之时,它就属于被赋予联邦的司法权之内"②。那么,在这基础之上,某个案件要想具有可裁判性,从而联邦法院能够就案件所涉实质问题做出裁决,还需要何种测试标准呢? 联邦最高法院相关的案例法实践,为这个问题提供了某种答案。

---

　　①　[美]亚历山大·M.比克尔:《最小危险部门:政治法庭上的最高法院》,姚中秋译,北京大学出版社 2007 年版,第 123 页。
　　②　[美]约瑟夫·斯托里:《美国宪法评注》,毛国权译,上海三联书店 2006 年版,第 500 页。约瑟夫·斯托里是马歇尔法院(1801～1835)和坦尼法院时期(1836～1864)的大法官之一,他生于1779 年,1811 年获得麦迪逊总统任命出任联邦最高法院大法官,1829 年获得哈佛大学任命,成为戴恩教席法学教授,直到 1845 年逝世之前持续担任这两个职位。

一、两种测试标准

通过分析联邦最高法院某些有关可裁判性问题的案例法实践,可以发现在联邦法院那里,一个案件如果要想具有可裁判性,而不是最终流变、降格为一种咨询意见,通常来说,就必须满足以下两种测试标准:(1)必须存在着真实的争议,这种真实的争议发生在不利的当事人之间,不利当事人之间存在着真实争议是对抗制程序所必要的;(2)联邦法院对该案件的裁决,必须能够产生某种变化或者拥有某些效应,能够产生某种变化或者拥有某些效应归因于联邦最高法院判决所具有的最终性特质。

首先,必须存在着某种对抗格局,在其中当事人之间存在着真实的争议。① 正如斯托纳所指出的,法院"不是始于颁布和执行政策,而是从提交裁决的争议开始的;它的任务是通过阐明可适用的法律解决这个争议。因而,司法推理始于具体的情形,为了某种目的而探究法律,这个目的既不是抽象的,也不是政治性的,而仅仅是为了解决争议。对于法院来说,法律不是有待于制定的,而是有待于发现的,尽管从案件到法律,又回到案件的过程是一种艺术"②。换句话说,司法机构首先要依据提交到它面前的争议当事人来确定其取向,然后再来查看必须采用哪些法律来解决该案件。联邦法院的管辖权是由谁可能向它提起诉讼及涉及哪类争议来划定的,接下来不管需要什么样的法律,尽管有时候这种法律表现为宪法,都必须予以适用。

司法权行使的这项不利当事人之间存在真实争议测试标准,使得当事人能够把一些很具体的问题,而不是抽象沉闷无趣的宪法性问题摆在联邦司法机构面前并要求处理。可以说,自从联邦最高法院由国会制定的《1789 年司法法案》设立并有效运作以来,这一项测试标准已经得到了牢固的确立和适用。在多次场合,联邦最高法院曾表示,如果某种案件是当事人故意捏造虚假事实所产生的共谋诉讼,那么,联邦法院必须将诉讼予以撤销。③ 换言之,除非当事人之间存在着真实的争议,否则联邦法院不能够决定案件。④

---

① See e. g. ,Baker v. Carr,369 U. S. 186,204 (1962).

② [美]小詹姆斯·R. 斯托纳:《普通法与自由主义理论:柯克、霍布斯及美国宪政主义之诸源头》,姚中秋译,北京大学出版社 2005 年版,第 312 页。

③ See e. g. ,Hylton v. United States,3 U. S. (3 Dall.)171 (1796);Allen v. Georgia,166 U. S. 138,140 (1897);Fletcher v. Peck,10 U. S. (6 Cranch) 87 (1810).

④ See United States v. Johnson,319 U. S. 302,304—305(1943).

为了确定某种案件是否具有可裁判性，而不是降格为一种咨询意见，当事人之间真实争议的存在这项测试标准，最为显著地表现在马斯克拉特诉合众国案（Muskrat v. United States）中。① 此案的背景是，国会通过了一项在当地印第安部落土地分配中扩大了某些参与主体的法规。为了便于解决该法规相关的宪法问题，国会随后通过另外一项法规准许在索赔法院（Court of Claims）提起两起诉讼，以便确定先前法规的效力。一起诉讼依据该法规授权随后被提起，但联邦最高法院裁定该诉讼是不具有可裁判性的。因为政府与美洲原住民之间并不存在真实的利害关系。在联邦法院看来，国会仅仅通过了一项法规，该法规授权联邦法院就有关法规的合宪性问题发表咨询意见，这显然为《宪法》第三条所禁止。②

实际上，许多其他的可裁判性原理的存在，很大程度上也是旨在确保当事人之间存在着真实的争议。例如，在确定是否存在着某种能够为联邦法院所裁决的真实争议时，当事人适格原理要求原告必须证明其已经遭受或者即将遭受某种损害。③ 如果这种事实上的损害是虚假的、推测性的、遥不可及的，也就不存在真实的争议，案件不具有可裁判性。同样，时机成熟原理所检验的则是某种争议是否已经发生，或者对案件所涉实质议题做出司法裁判的相关条件是否已经具备。④ 此外，审理无意义原理确保联邦法院在诉讼进行过程中某种事由的发生使得当事人之间不再存在真实的争议时，应该将案件予以撤销，即便此种争议先前在某段时期真实存在过。⑤

其次，除了不利当事人之间存在着真实争议测试标准，一个案件要想具有可裁判性而不是一种咨询意见，还必须存在以下实质意义上的可能性，即联邦法院支持某种诉求的有利判决将要产生某种变化，或者拥有某种效应。⑥ 显然，联邦法院的有利判决要想产生某种变化、拥有某种效应，一个必不可少的条件是该判决必须是最终性的。因而，案件避免成为咨询意见的这项测试标准，源自联邦最高法院判决的终局性要求。换言之，某个案件请求联邦最高法院就相关议题所做出的判断必须是终局性的，至少有充分的预期相信不能够被其他政府机构所修正或者废除，终局性要求意在确保

---

① See Muskrat v. United States,219U. S. 346 (1911).

② See Muskrat v. United States,219U. S. 346,361−362(1911).

③ See e. g. ,Ass'n of Data Processing Serv. Orgs. v. Camp,397 U. S. 150,152 (1970).

④ See e. g. ,Abbott Laboratories v. Gardner,387 U. S. 136,149 (1967).

⑤ See e. g. ,Eisler v. United States,338 U. S. 189,194 (1949).

⑥ See Richard H. Fallon,Jr. ,"The Linkage Between Justiciability and Remedies—and Their Connections to Substantive Rights",92 *Virginia Law Review* 633,681−683 (2006).

的是联邦最高法院工作的质量。正如斯卡利亚大法官所说的那样,"宪法授予联邦司法的权力,不仅仅是裁定案件,而是决定它们"①。司法权是给出决定性判决的权力,因而最终性是保证案件具有可裁判性而不是流变为咨询意见的关键所在。

更为一般的,如果没有任何效应,对现状不产生任何变化,那么联邦最高法院的判决就纯粹是一种"咨询性的"意见。事实上,其他类型的可裁判性原理的存在就是为了阻止联邦法院在这种情况下进行司法审查,即如果联邦法院的判决不能够产生任何效应的话。例如,除了事实损害和因果关系,当事人适格原理的另外一个重要条件就是可救济性,即某个有利的联邦法院判决能够补救原告主张的损害必须存在着实质意义的可能性。② 如果原告所主张的诉求不能够通过有利判决得到救济,那么,联邦法院就必须以当事人不适格为理由而将案件予以驳回。同样,如果一个案件是审理无意义的,尤其是当事人在案件中的个人利害关系由于某种事由的发生而变得没有意义时,如被告通过履行满足了原告的请求,争议已经得到解决,联邦法院的判决将不会产生任何效应,那么,联邦法院必须将案件撤销,从而该案件不再继续具有可裁判性。③

总之,一个案件要具有可裁判性,而不是流变、降格成为一种咨询意见之请求,那么,当事人之间存在着真实争议与有利判决在实质意义上能够产生某种效应,这两种测验标准就必须得到满足。当然,无论原告寻求的是救济类型,还是损害赔偿救济,抑或禁令型救济、宣告判决之救济。

二、宣告判决的合宪性

曾经在某段时间内,联邦最高法院就请求宣告判决(declaratory judgment)之诉讼是否具有可裁判性存在着分歧和疑问。例如,在威灵诉芝加哥礼堂协会(Willing v. Chicago Auditorium Association)案中,布兰代斯代表联邦最高法院指出,宣告判决之救济并不在联邦宪法授予联邦法院的司法权范围之内。④

然而,在做出上述声明后不久,联邦最高法院就推翻了自身不能宣告判决救济的权力,承认宣告判决诉讼是具有可裁判性的,只要其满足司法

① Plaut v. Spendthrift Farm,Inc.,514U.S.211,244(1995).
② See e.g.,Lujan v. Defenders of Wildlife,504 U.S.555,560—561 (1992).
③ See e.g.,Liner v. Jafco,Inc.,375 U.S.301,305—306 (1964).
④ See Willing v. Chicago Auditorium Association,277U.S.274,289 (1928).

复查的条件。在铁路公司诉华莱士案（Nashville，Chattanooga & St. Louis Railway Co. v. Wallace）中，原告铁路公司所寻求的是这样一种宣告救济，即一项税收对于州际商业是违宪的负担。① 联邦最高法院认为，由于该问题作为一种禁令性救济可能是可诉的，因而宣告判决的诉讼也能够受制于联邦法院的裁决。大法官斯通代表联邦最高法院的多数意见指出，"宪法并没有要求案件或争议应该由传统的程序形式所呈现，仅仅诉求传统的救济类型。宪法的司法条款定义和限制了司法权，而不是权力可能被调用的特定方法……当司法权被调用以审查州法院的判决时，通过司法职能的运用，宪法的最终目的是保护产生于联邦宪法和法律中的权利……因此，只要案件保留着对抗制程序的本质性要素，即涉及一个真正而不是一个假设的争议、案件最终由州法院判决所决定，仅仅是程序形式或者方法的变化（通过这些程序联邦权利在州法院中得到了最终裁决）并不足以排除最高法院对裁决的审查"②。

在华莱士案做出判决不久，1934 年国会便通过了《宣告判决法案》。③该法案授权联邦法院在其管辖权范围内发布宣告判决，但必须在"案件或者真实争议"中。在 1937 年安泰人寿保险公司诉霍沃思（Aetna Life Insurance Co. v. Haworth）案中，联邦最高法院支持了该法案的合宪性。联邦最高法院指出，具有可裁判性的争议"必然是一个真正的和实质性的争议，其能够容许通过具有结论性特质的判决（decree）予以某种具体的救济，从而有别于在某个假设的事实状态下，法律可能是什么的一种建议性意见……哪里存在着这样一种具体案件，即在对控制程序中依据所主张的事实对当事人的合法权利能够容许一种立即的和界定性的决定，那么司法功能就可以适当地得到运用，即便诉讼当事人权利的裁决可能不需要程序的判定或者损害赔偿的支付"④。换句话说，联邦法院能够发布一种宣告判决，只要满足以下两个条件：对抗的当事人之间存在着一种真实的争议，且存在着一种实质意义上的可能性，即有利的联邦法院判决将要产生某种变化。正是案件所具有的这两种特质，解释了为什么宣告判决不构成一种咨询意见，进而为联邦宪法所禁止。

当然，承认宣告判决本身不是咨询意见，并不意味着所有的宣告判决之诉求都必然得到联邦最高法院的支持，案件仍然可能不具有可裁判性。卡

---

① See Nashville，Chattanooga & St. Louis Railway Co. v. Wallace，288 U. S. 249（1933）.
② Nashville，Chattanooga & St. Louis Railway Co. v. Wallace，288 U. S. 249，264（1933）.
③ See 28 U. S. C. § 2201.
④ Aetna Life Insurance Co. v. Haworth，300 U. S. 227，241（1937）.

尔德隆诉阿什莫斯（Calderon v. Ashmus）就是这样一个案件。① 该案所涉及的 1996 年《反恐和有效死刑法案》（*Antiterrorism and Effective Death Penalty Act*）的一项规定，即人身保护令的申请，法定期限是一年以内；但在死刑案件中，这种法定期限将缩短为半年，如果州为并行诉讼（collateral proceedings）提供了充分的律师救助的话。基于此，加利福尼亚州的死刑犯寻求一种宣告判决救济，要求联邦最高法院确认由于加利福尼亚州并没有提供律师救助，因而人身保护申请的限制不适用六个月的法定限制。

令人意外的是，对原告的这项宣告判决之诉求，联邦最高法院一致性地认为该宣告判决不具有可裁判性。联邦最高法院解释说，法定期限限制为一年或者六个月之决定，并不能够解决死刑犯或罪犯的关键争议：罪犯是否有权利获得并行救济。当潜在诉求必须在人身保护令的程序中裁决时，此类诉讼的败坏效应是巨大的。② 在联邦最高法院看来，罪犯在他们各自的人身保护令申请的诉讼中可以获得法定期限之确定，但不能获得宣告救济。

尽管联邦最高法院的意见是一致的，但这是一个令人困惑的裁定。③ 因为通常来说，宣告判决这种新的救济类型的存在，主要是为了确保当事人事先知晓他们的权利。显然，罪犯需要知晓为了提出人身保护令申请，所存在的法定期限究竟是一年还是半年，这里面存在着一种重要的权利。否则的话，这意味着罪犯要猜测，但如果猜错的话，例如，认为是一年但实际却是半年的法定期限，那么，联邦法院会以已过时效为理由否决其人身保护令申请。然而，在死刑案件中，这种错误却真正地意味着生与死之间的重大差别。尽管法定期限之确定不会解决某个特定罪犯是否有权利获得人身保护令的争议，但它却能够解决当事人之间的一个重要议题。在这个意义上，卡尔德隆案所主张的宣告判决之救济，不应该视为一种咨询意见。

第四节　我国行政诉讼中司法建议的制度偏差与矫正

与美国联邦宪法严格禁止联邦法院发表咨询意见不同，在我国的语境中，特别是现行权力体制格局下，不仅司法建议制度得到允许，而且受到最高人民法院的支持。例如，2012 年 3 月最高人民法院在《关于加强司法建

---

① See Calderon v. Ashmus,523U. S. 740 (1998).

② See Calderon v. Ashmus,523U. S. 740,747 (1998).

③ See Erwin Chemerinsky,*Federal Jurisdiction*(6th ed.),New York:Wolters Kluwer Law & Business,2012,p.54.

议工作的意见》指出："要高度重视和充分运用司法建议来扩展审判效果，以司法建议作为化解社会矛盾、创新社会管理的重要切入点和有效方法，充分发挥司法建议在维护社会和谐稳定、推动社会建设中的重要作用，不断提升人民法院化解社会矛盾和参与社会管理创新的能力和水平。"[①] 对司法建议制度的正当性证明，我国学者通常认为，司法建议制度是能动司法的要求，是人民法院裁判效果的当然延伸，是政法格局下法院参与社会管理创新的当然含义。[②] 可以说，当下我国的司法建议制度"充分反映了法院试图进一步发挥职权主义优势，并通过能动司法提升法院在推动社会管理创新和社会转型中的作用，从而改变长期以来法院系统对政治系统特别是行政系统形成的单向依赖关系的良好愿景"[③]。

特别是在行政诉讼当中，由于维稳压力、协调和解政策与地方发展型政府的模式变迁，更诱发了对行政诉讼司法建议的制度性需求，从而迫使司法建议成为行政诉讼工具箱中的重要工具。[④] 基于此，2014 年 11 月修改并于 2015 年 5 月 1 日施行的《行政诉讼法》第六十四条，就对行政诉讼中的司法建议做出了规定。[⑤] 依据该条款，人民法院在审理行政案件中，经审查认为行政行为所依据的国务院部门和地方人民政府及其部门制定的规范性文件（不包括规章）不合法的，不作为认定行政行为合法的依据，并向制定机关提出处理建议。[⑥] 与新《行政诉讼法》同步施行的《最高人民法院关于适用〈中

[①] 参见《最高人民法院关于加强司法建议工作的意见》（法〔2012〕74 号）。

[②] 参见徐昕：《司法建议制度的改革与建议型司法的转型》，载《学习与探索》2011 年第 2 期，第 96－98 页；公丕祥：《社会管理创新：能动司法的新作为》，载《法律适用》2012 年第 6 期，第 2－6 页；刘思萱、李友根：《社会管理创新为何需要司法建议制度》，载《法学家》2012 年第 6 期，第 30－43 页；贺东航、孔繁斌：《公共政策执行的中国经验》，载《中国社会科学》2011 年第 5 期，第 61－79 页。不同的观点，可参见许宏波：《对我国司法建议制度的反思与重构：以构建和谐社会为视角》，载《法律适用》2008 年第 1 期，第 152－155 页；郑智航：《司法建议制度设计的认识偏差及校正：以法院参与社会管理创新为背景》，载《法学》2015 年第 2 期，第 63－75 页。

[③] 郑智航：《司法建议制度设计的认识偏差及校正：以法院参与社会管理创新为背景》，载《法学》2015 年第 2 期，第 66 页。

[④] 参见卢超：《行政诉讼司法建议制度的功能衍化》，载《法学研究》2015 年第 3 期，第 19－30 页。

[⑤] 1989 年的《行政诉讼法》第六十五条第三款也对司法建议做出了规定，即"行政机关拒绝履行判决、裁定的，第一审人民法院可以采取……向该行政机关的上一级行政机关或者监察、人事机关提出司法建议。接受司法建议的机关，根据有关规定进行处理，并将处理情况告知人民法院"。由于该规定位于"执行"章节，因而，传统意义上行政诉讼司法建议可以视为敦促行政机关履行生效裁判的执行措施，不同于现代通常所理解的法院参与社会管理的一种手段。

[⑥] 参见新《行政诉讼法》第六十四条。同样，依据修改后的《行政诉讼法》第五十三条：公民、法人或者其他组织认为行政行为所依据的国务院部门和地方人民政府及其部门制定的规范性文件不合法，在对行政行为提起诉讼时，可以一并请求对该规范性文件进行审查。但这种规范性文件不包括规章。

华人民共和国行政诉讼法〉若干问题的解释》第二十一条将之细化为，"规范性文件不合法的，人民法院不作为认定行政行为合法的依据，并在裁判理由中予以阐明。作出生效裁判的人民法院应当向规范性文件的制定机关提出处理建议，并可以抄送制定机关的同级人民政府或者上一级行政机关"①。

据此，在行政诉讼中向制定规范性文件的行政机关如何处理不合法的规范性文件提出建议，就成了我国人民法院裁决过程中一项必须履行的义务。在我国的语境下，将司法建议作为人民法院参与社会治理的一种重要手段，本身无可厚非。但是，至少在行政诉讼当中，司法建议不应该成为人民法院的一种义务，要求人民法院向行政机关做出如何处理不合法的规范性文件的建议，不仅与行政诉讼的目的相违背，而且危及人民法院的自治地位，更与可裁判性原理不符。

对于行政诉讼的目的，我国修改后的《行政诉讼法》取得了实质性进步，这不仅表现在新《行政诉讼法》第一条将行政诉讼的目的修改为"监督行政机关依法行使职权"，而不再是传统的"维护和监督行政机关依法行使职权"，而且表现在第五十三条规定对抽象规范性法律文件的审查，即公民、法人或者其他组织认为行政行为所依据的国务院部门和地方人民政府及其部门制定的规章以外规范性文件不合法，在对行政行为提起诉讼时，可以一并请求对该规范性文件进行审查。② 特别是，如果人民法院经由审查认为行政行为所依据的规范性文件不合法的，人民法院不作为认定行政行为合法的依据，这对于监督行政机关依法行使职权，显然具有重要意义。但是，如果进一步要求人民法院就不合法的规范性文件如何处理给出司法建议，则与行政诉讼的目的相违背。

首先，在行政诉讼中，通常司法审查旨在确保行政行为是在多数派通过立法机关的投票所确定的法律框架内执行，不偏离这些框架；或者旨在确保多数派不会伤害个人的权利，除非有法律的授权。法院所关注的这种合法性，应该依据原则做出裁决，而不是一种政策性裁决，法院本身不能直接形成某种公共政策。尽管法院的裁决本身能对如何形成公共政策予以引导，而且有时候法院通过判决能够具有形成公共政策的功能。但总体来说，法院的内在制度性缺陷决定了其不具有相应的信息和能力，对于不合法的规范性法律文件，特别是涉及多数人利益的公共政策应该如何合法地具体表

达和规定做出判定。

其次,即便假定我国人民法院具有相应的信息和能力,能就不合法的规范性法律文件如何处理做出某种司法建议,可能出现的结果有两个,即规范性法律文件的制定机关要么接受人民法院的司法建议,要么不接受这种司法建议。如果行政机关接受了人民法院的司法建议,这意味着人民法院向行政机关和未来的诉讼当事人作出了承诺和暗示,即如果类似的挑战该规范性法律文件的行政诉讼再次出现的话,那么,人民法院将不会做出不合法的裁决。除非我们假定人民法院所做出的这种司法建议不会出错,否则,人民法院的这一行为实际上就等于阻却了未来当事人请求人民法院"监督行政机关依法行使职权"的机会。在这个意义上,不仅人民法院不"监督行政机关依法行使职权",还积极"参与和维护行政机关依法行使职权"。显然,这是一种进一步、退两步的游戏。

另外,如果规范性法律文件的制定机关不接受人民法院所做出的如何处理的司法建议,这可能在两种情形下发生,(1)行政机关完全不同意人民法院就行政行为所依据的这种规范性法律文件不合法的裁决,在不做实质性修改的情况下,重新通过了某种规范性法律文件。在这种情形下,不仅人民法院的司法建议不被接受,而且法院的判决本身被行政机关所推翻和废除,裁决意见流变、降格为一种没有约束力的咨询意见;(2)规范性法律文件的制定机关虽然同意法院就规范性法律文件做不合法的裁决,但不接受法院所给出的如何处理的司法建议,因而重新制定了一个完全不同的规范性法律文件。在这种情形下,人民法院的司法建议就成为一种不相关的考量因素。这时,如果我们把司法建议看作是司法权之运用的一种形式的话,那么司法权由于不具有最终性,即不能够发生某种效应和产生某种变化,使得这种司法权之运用同样演变、降格为一种没有约束力的咨询性意见,从而损害了人民法院的自治地位。

总之,无论哪一种情形,要求在行政诉讼中人民法院必须做出司法建议,都是对行政诉讼目的的否定,损害了司法权本身。但这也决不意味着,在行政诉讼中,应该绝对地禁止我国人民法院发表司法建议。司法意见的简单禁止或者允许,模糊了我们所分析的咨询意见之禁止作为一种可裁判性原理,对司法权之运用所具有的提示意义。至少美国联邦法院的经验告诉我们,咨询意见之禁止本身并非构成对司法权行使的一种限制,毋宁是为司法权之行使提供依据、指示方向,既要在案件中行使司法权,更要防止法院对案件之裁决不具有终局性,进而流变、降格为一种没有约束力的"咨询性"的意见。显然,这只有通过说服法院裁决的接受主体相信其所做之裁决的正确性来实现。在咨询意见原理的运作领域中,司法权之运用更多的是一种说服之权。是否行使这种说服之权,应该在法院的自由裁量权范围之内。

因此,在我国的语境中,考虑到某种规范性文件的制定机关,拥有很多种途径和手段,能够对人民法院有关行政行为所依据的这种规范性法律文件不合法的裁决予以修改或者废除,为了防止我国人民法院有关某种规范性法律文件不合法的裁决意见,流变、降格为没有约束力的司法"建议",除了本案当事人,即原告和某种受到挑战的行政行为的作出主体,人民法院还必须说服行政行为所依据的某种规范性法律文件的制定机关相信其所做之裁决是正确的。人民法院必须将某种规范性法律文件的制定机关纳入法院裁决说理的受众范围。① 在这里,美国《联邦民事诉讼规则》第二十四条有关诉讼参加(intervention)的规则,能够为我们提供某种借鉴意义。依据《联邦民事诉讼规则》第二十四(b)(二)条之规定,当诉讼的一方当事人的请求或抗辩的理由,是基于下列理由时,依据适时的申请,法院可以允许联邦政府或政府的官员或机构参加诉讼:(A)基于制定法或联邦或州政府的官员或机构的执行命令;(B)依据制定法或执行命令所发布或指定的规章、命令、要求或协议。当然,法院在行使其裁量权时,也应当考虑参加诉讼是否过分地延误或不利于对原来当事人的判决。

第五节　小　结

在任何国家,无论司法权表现为何种形态,其根本特质表现在法院所做之决定具有法律拘束力。于此而言,包括咨询意见在内的其他不具有拘束力的决定,虽然由法院做出,但就其本身并非司法权之运用。禁止法院发表咨询意见也为美国联邦《宪法》第三条所确定。从分析方法角度,理解何谓咨询意见能为理解司法权不是什么提供重要参考。

但是,究竟何谓咨询意见并非没有疑问。咨询意见在界定方面存在的困难提示分析者,要想准确理解和评估咨询意见在何种意义上为联邦宪法所禁止,进而咨询意见在何种意义上为检验某个案件是否具有可裁判性提

---

① 法院的受众范围不同,能够影响和形塑不同的司法行为。诉讼当事人、法院同事、上下级法院系统、社会公众、新闻媒体和其他政府部门,都能够在不同的情景中成为法院的受众。法官寻求其他人的认可,并且他对于认可的兴趣会影响到他们作为法官的选择。参见[美]劳伦斯·鲍姆:《法官的裁判之道:以社会心理学视角探析》,李国庆译,北京大学出版社 2014 年版,第 178 页以下。

供了检验标准，必须返回事物的开端，重新开始，从头开始。正是这些技术性的细节，成为理解一般意义上的司法权所必不可少的线索。也正是在事物的开端处，可以发现咨询意见之禁止的功能，并不构成对司法权运用的一种消极意义上的限制，毋宁是指示了司法权运用所必须具备的一般性条件和依据。具而言之，联邦法院向其他政治分支解释和执行宪法的权力，是从联邦法院依据法律（宪法）裁决案件的职责中推导出来的。联邦法院所处理的是活生生的现实案件，这种权力只能在案件中行使。

相对而言，咨询意见之禁止作为一种可裁判性原理，没有争议。然而，这并不意味着适用这种裁判性原理是容易的。困难在于，联邦法院必须对所签发之判决能够作为终局性判决，事先拥有充分的预期。然而，正如比克尔所说的那样，"终局性或者在司法判断中终局性的缺乏，毋宁说是个程度问题"①。考虑到联邦最高法院的判决能够被国会通过立法或宪法修正案的形式予以修改或者废除，联邦最高法院的判决某种意义上就是一种咨询意见。那么，问题在于：最终是什么担保了联邦最高法院的判决不至于降格为一种没有约束力的咨询意见呢？答案在于联邦法院判决的正确性。联邦法院必须能够说服它的受众相信其所做判决是正确的，如此判决才真正发挥作用。② 因而，咨询意见之禁止的存在提示我们，司法权更多地首先是一种说服的权力（power to persuade）。作为一种说服的权力，司法权之运用集中体现在做出司法判决所必需的法律依据，即判决理由（Ratio Decidendi）与附带意见之区分上。"判决理由形成判决确立的法律原则。正是这一本质核心使判决成为先例，成为后来判决的基础。判决理由不同于附带意见。附带意见陈述法院在那些解决法律问题非必须事项上的意见。遵循先例原则基于以下观点，即为法院在后来的案件中涉及同样的问题时，法院将以特定判例中的判决理由为中心去考虑。"③虽然说判决理由是解决法律问题的核心建议，它是判决中不可忽视的核心，判决理由产生既决事项，但在许多案件中既有判决理由，又有附带意见。由于附带意见没有约束力，对判决依据而言，似乎没有约束力，但由于与附带理由的密不可分，附带意见也是法

---

① ［美］亚历山大·M. 比克尔：《最小危险部门：政治法庭上的最高法院》，姚中秋译，北京大学出版社 2007 年版，第 124 页。

② 联邦法院的受众范围不同，能够影响和形塑不同的司法行为。诉讼当事人、法院同事、上下级法院系统、社会公众、新闻媒体和其他政府部门，都能够在不同的情景中成为联邦法院的受众。法官寻求其他人的认可，并且对认可的兴趣会影响到他们作为法官的选择。参见［美］劳伦斯·鲍姆：《法官的裁判之道：以社会心理学视角探析》，李国庆译，北京大学出版社 2014 年版，第 178—185 页。

③ ［美］彼得·G. 伦斯特洛姆编：《美国法律词典》，贺卫方等译，中国政法大学出版社 1998 年版，第 304 页。

院说服权力的重要组成部分。而以并存意见、不同意见存在的单独意见书，有时会成为法律成长与发展的重要源泉。①

　　作为一种说服的司法权，法院要想根本上保住判决的正确性，所诉诸的唯一依据便是法律本身。因为无论是法律之外的政治、道德、政策，还是民意，都无法取得所有人的同意，而法律作为某政治共同体内依据立法程序所进行的具有客观性和价值性的公共意志决断，是各种主体由以分析、探究各种问题的出发点和理据。于此，法院（court of law）之所以为法院，是因为在法院面前唯一的上司便是"法律"，运用适当的法律方法，对法律的忠诚是防止法院之裁决成为流俗之见的唯一方式。

　　总之，作为可裁判性原理的组成部分，相比较其他可裁判性原理，特别是接下来将要分析的当事人适格原理，虽然咨询意见之禁止更少地为联邦法院所提起，但这并不意味着咨询意见之禁止对可裁判性问题的分析是不重要的。恰恰相反，其他可裁判性测试标准的存在，例如当事人适格、时机成熟以及审理无意义，在某种程度上，都是为了确保联邦法院在某个案件中的意见不至于流变、降格为咨询意见所做的一种努力而已。咨询意见之禁止与其他可裁判性原理所存在的这种事实上的牵连关系，意味着在分析的意义上，不能将咨询意见的分析隔离于其他可裁判性原理的分析。同样，其他可裁判性原理得以孕育和适用的最终目的，也是批判性地反思这些可裁判性原理的一个重要依据，就是为了保证联邦法院对某种案件的裁决，最终表现为具有约束力的法院意见，而不是不产生某种变化、不拥有某种效应的"咨询性"意见。

---

　　① 参见弗兰克·M.柯芬：《美国上诉程序——法庭·代理·裁判》，傅郁林译，中国政法大学出版社 2009 年版，第 164—167 页。

第五章　作为正统化的司法权：
当事人适格的概念重构

美国联邦法院通常被描述为一种当事人主义，一种对抗制的诉讼体系。如果当事人不曾将案件提交给法院，联邦法院的法官们就不能就某一问题给出劝导性意见。相反，联邦法院只能解决当事人提呈给法官的案件和争议。因而，联邦法院通常为当事人诉讼中提及的问题所限制。在联邦法院体系中，当事人的这种控制作用产生了深远影响。关于当事人对法院裁判的这种影响，经济学家和政治学家做出了相当研究。例如，保罗·鲁宾（Paul Robin）对 19 世纪的妨害法研究发现，"工厂和企业"有激励积极有力地运用诉讼工具，对案件进行操纵，使得法律的天平倾向于被告的权利，做出对被告的有利判决。① 由于一项有利的先例意味着在将来类似的案件发生时，该工厂和企业担任的责任风险就会相对降低，当类似的案件发生时，他们就能以较小的代价进行处理。类似地，政治学家也研究利益集团如何利用司法系统推进他们的政治计划。这其中最著名的例子便是美国有色人种促进会（NAACP）的辩护团队，为了某一长远的公民权利目标，而故意在 20 世纪 50 年代和 60 年代期间频频向联邦法院申请上诉。美国有色人种协会意在建立某种先例模式，为公民权利争取更大的进展，所以他们对案件背后的事实进行仔细揣摩并分析审查该案件的法官小组的组成比例。美国有色人种促进会的成功正是策略性的挑选案件所进行诉讼的经典实例。② 当事人对案件的这种策略性选择，使得不同当事人能够对联邦法院的裁判产生截然不同的效应。

---

① See Paul Robin, "Why is the Common Law Efficient", 6 *Journal of Legal Studies* 51 (1977).

② 参见［美］弗兰克·克罗斯：《美国联邦上诉法院的裁判之道》，曹斐译，北京大学出版社 2011 年版，第 142 页。

承认当事人对案件的策略性选择，并不是要否认联邦法院进行法律性裁判的可能性。实际上，策略性挑选案件产生裁判效应的潜在前提，恰恰在于法律模型在司法裁判中占据重要地位。因为它认为先例制度具有某些影响力，如果联邦法院纯粹依照意识形态审理案件，创造有利的先例就不具有任何价值。为了改善决策质量，为了维护法律性裁判的价值，正如当事人能够对案件进行策略性选择一样，联邦法院也能够反过来对当事人的资质进行控制。在可裁判性原理中，联邦法院对当事人资质的控制便是当事人适格原理（standing）。那么，什么是当事人适格，当事人适格与否与一般意义上的司法权有何关联？联邦法院为什么要孕育当事人适格原理？这是本章旨在分析的问题。

第一节　当事人适格问题的界定

无论在哪个国家，司法权的首要特征都是尽裁判（adjudication）的职责。要想使法院做出行动，就必须先有诉讼。"诉讼的前提是当事人适格，换言之，原告必须具有起诉权。"[1]要想使法官发挥作用，就必须先有个案件。通常来说，案件由两个因素组成，即哪些当事人应该被允许参与到一个案件中，以及何种议题应该被允许由当事人所提起。[2] 由于案件必须由当事人提起和推动，也是由当事人提供了案件裁判所需要的信息，当事人适当与否对司法权的运用所具有的重要性，显然是不言而喻的。[3] 在学理上，用以确定当事人适当与否的概念便是当事人适格。那么，当事人资格的承认或者不承认，指的是何种事态或具有什么意义呢？从科学方法的角度，如果不首先厘清这个前提性问题，那么，就无

---

[1] ［美］杰弗瑞·A. 西格尔、哈罗德·J. 斯皮斯、莎拉·C. 蓓娜莎：《美国司法体系中的最高法院》，刘哲玮、杨微波译，北京大学出版社 2011 年版，第 282 页。

[2] See Susan Bandes,"The Idea of a Case",42 *Stanford Law Review* 227,233 (1990).

[3] See e. g. ,Louis Kaplow,"Information and the Aim of Adjudication:Truth or Consequences",67 *Stanford Law Review* 1303,1304 (2015).

法理解当事人适格议题本身以及可能的解决方案。① 通常来说，当事人适格具有以下三个方面的含义，承认或者不承认当事人资格具有不同的诉讼意义。

　　首先，在最宽泛的意义上，当事人适格指的是成为诉讼当事人而起诉或者被诉的能力，即当事人能力，或者当事人能够自行实施有效诉讼行为的能力，即诉讼能力。然而，无论是当事人能力还是诉讼能力，都是一种与诉讼标的无关的，一般意义上被认可的资格，是从抽象的一般意义上对某人能否成为当事人予以确认和判断。作为诉讼要件，当事人能力和诉讼能力通常是由当事人本身的属性决定，由程序法事先予以抽象地规定，并不以具体的案件为前提。虽然是否具备当事人能力和诉讼能力，也会出现广义上的当事人适格与否的问题，但这种抽象意义上的当事人适格更多的是一种事实性问题，与直接含有某种价值考量的规范性问题无关。因而，这种意义上的当事人适格问题，并不在本书的分析范围之内。由于当事人能力和诉讼能力均属于诉讼要件，法院应随时应职权予以调查，如果发现所提起的诉违背了程序性要件，法院应以诉不合法判决驳回。②

----

　　① 应该指出的是，当事人问题与当事人适格问题存在着不同。"何人是当事人"属于当事人问题论述的范畴，而在具体的诉讼中，"何人应当作为当事人"则属于当事人适格的问题。从上述问题在逻辑顺序上来看，一般需要先对当事人进行确定，然后再对作为当事人被予以确定之人是否具有当事人适格问题进行考虑。在传统的诉讼法中，直到 19 世纪为止，由于在诉的类型观念上仅认识到一个类型，给付诉讼，因此，在当事人方面也就形成了"实体的当事人"之概念。即认为，作为诉讼标的之实体权利关系的主体就是正当当事人，而主张"自己是这种实体上的主体"之人就是"当事人"。可以说，这是一种将实体法律关系朴素地映射于当事人理论的观点。但是，依据这种实体的当事人概念，就无法对诸如破产财产管理人那样的非权利义务关系之人可以实施诉讼之问题做出很好地说明，而且，对于在确认第三人之间法律关系诉讼中的当事人，也难以做出合理的解释。正是基于这一点，从 1881 年开始，德国学者考拉对这种实体上的当事人概念提出了异议，并试图重新构建当事人的概念。在肯定了第三人的诉讼担当的基础之上，考拉提出应该以"以其名义进行起诉或被诉之人"之定义对于第三人概念进行形式化的把握，与实体的当事人概念相对，这就是所谓的形式的当事人概念。参见［日］高桥宏志：《民事诉讼法：制度与理论的深层次分析》，林剑锋译，法律出版社 2003 年版，第 208 页。尽管形式的当事人概念具有如下这一优点，即对于包含破产财产管理人与确认第三人之间的法律关系之诉在内的所有诉讼中的当事人概念，能够作出统一化的说明，但是，也存在着概念本身内容空洞之缺陷，也就是说，这种形式的当事人概念对于"究竟何人应当作为当事人"之问题不能作出任何的指示。正是基于对形式的当事人概念这一缺陷的反思与探究，结果形成了当事人适格的概念，当事人适格就是一个在形式的当事人概念之基础上对"何人应当作为当事人"之问题作出指示的概念。

　　② 对于当事人能力或诉讼能力欠缺的，如果其欠缺可以补正，法院应先命令其在法定的期间内予以补正，然而依赖于具体案件的当事人适格概念，除选定的代表人可以补正以外，其他各类的正当当事人均不存在可补正的可能，只能以追加当事人的方式予以救济。参见［日］高桥宏志：《民事诉讼法：制度与理论的深层次分析》，林剑锋译，法律出版社 2003 年版，第 167 页以下。

其次,当事人适格的第二种含义是指,就具体的诉讼得为当事人的资格,即当事人作为诉讼标的之特定权利或法律关系可以实施诉讼并请求法院判决的资格。在学理上,具有该资格之人的权能,也被称为诉讼实施权或诉讼遂行权。具有这种资格或权能之人,被称为正当的当事人。① 一般而言,特别是在传统民事诉讼中,由于存在给付之诉、确认之诉以及形成之诉三种类型,诉讼实施权赋予与否以及方式也有所差异,这通常主要依据诉讼法或实体法上直接或间接的规定予以决定,只要就诉讼标的权利或法律关系享有实体上的管理权者,那么对该权利或法律关系一般就具有诉讼实施权。凡法律没有规定的,纵然当事人的正当利益受到损害,法官亦无权受理。法官在受理当事人的起诉前,必须审查当事人提出的请求是否符合法律关于诉权的规定。②

在这个意义上,如果所提之诉或诉讼请求不符合实体法的规定,那么,法院通常将以诉无理由,做出原告败诉的本案判决。③ 民事诉讼法上的这种当事人适格,虽然不是一种事实性问题,但这种规范意义上的当事人适格与否,更多地依靠现行实体法之规定,更无法区别诉因(cause of action)问题、案件实质(the merits)问题。④ 实际上,这三种议题是紧密交织在一起的。例如,在私人诉讼中,A 的侵权行为对 B 造成了损害,在很大程度上 B 是否拥有诉因的问题与 B 是否拥有当事人资格以及 B 在案件实质问题上是否正确存在着重叠。对于这三个议题而言,问题在于 A 是否违反了对 B 所承担的义务。受影响的第三方 C,一般不得就 A 对 B 造成的损害提起讼,即便 C 受到实质性影响,也即便 B 选择不起诉 A。在这种情形下,如果允许陌生的第三方 C 起诉的话,B 将不可避免地遭受实质性的负担,因为诉讼过程

---

① 参见[日]新堂幸司:《新民事诉讼法》,林剑锋译,法律出版社 2008 年版,第 204 页。

② 参见陈贤贵:《当事人适格问题研究》,厦门大学出版社 2013 年版,第 32—36 页;章武生等:《司法公正的路径选择:从体制到程序》,中国法制出版社 2010 年版,第 249—251 页。

③ 参见邵明:《民事诉讼法理研究》,中国人民大学出版社 2004 年版,第 163 页以下。

④ 从诉讼法的角度,当事人适格有别于诉的利益。当事人适格是对应于特定诉讼标的的资格,诉的利益是从"纠纷解决的必要性及实效性"之请求客观层面来予以考虑的概念,它是原告所主张的利益面临危险和不安时,为了去除这些危险和不安而诉诸于法的手段即诉讼,从而谋求判决的利益及必要,这种利益由于原告主张的实体利益现实地陷入危险和不安时才得以产生。参见[日]谷口安平:《程序的正义与诉讼》(增补本),王亚新、刘荣军译,中国政法大学出版社 2002 年版,第 188 页。当然,如果从诉权保障的角度看,也可以将诉的利益置于诉权的客观性利益地位,将当事人适格置于诉权的主观性利益的地位。参见[日]高桥宏志:《民事诉讼法:制度与理论的深层次分析》,林剑锋译,法律出版社 2003 年版,第 207 页。

可能需要 B 的证言或者其他形式的参与。[1]

可以说，在传统私法诉讼中，由于裁判效力限于特定的当事人，特别是权利与救济互为镜像，当然也就不需要一套独特的原则和概念对当事人的资格问题予以专门论述。[2] 依据这种裁判模型，法院的角色仅是解决私人之间权利义务关系纠纷的工具。法院存在的目的并非是表达法律规范，实施法律和宪法，或者确保其他政府部门合法地行为。在实践中，法院虽然也在做这些事情，但它们仅是纠纷解决功能的附属效应和衍生后果。[3] 然而，通过检视下述当事人适格概念的第三种含义，私人诉讼中所隐含的这种私法裁判模型，并不是对法院一般功能的适当描述，法院应该也必须将当事人适格作为一个独立的议题来对待和分析。

简单地说，当事人适格概念第三种含义所意指的，并非一种纯粹诉讼法意义上的概念，而是能作为宪法中可裁判性（justiciability）原理的组成部分。当事人适格的这种含义，主要是在美国联邦法院的案例法实践中，特别是公法诉讼的案例法实践中，所孕育和形成的。可以说，在美国联邦法院几乎所有的法律问题，都最终要归结为宪法问题。涉及法律的问题最终要经受合宪性的审查，因为宪法本身也是一种普通法律。简单来说，作为可裁判性原理的组成部分，当事人适格测试标准所旨在回答的问题是，特定的当事人是否在争议处理结果中拥有个人利害关系。[4] 从可裁判性的角度，当事人适格原理旨在处理的是对某种特定"案件"或者"争议"进行裁判时适当的人选，即"谁"有资格提起一项诉讼的问题。[5] 只不过，从宪法的角度，如果

---

① 兰迪斯（William M. Landes）和波斯纳（Richard A. Posner）指出，在私法诉讼中，将当事人资格仅仅授予 B，对于维持 B 的财产权利和自主是必要的，参见 William M. Landes & Richard A. Posner, "The Economics of Anticipatory Adjudication", 23 *Journal of Legal Studies* 683, 718—719 (1994)。

② 最为著名的，哈佛大学查耶斯（Abram Chayes）教授将传统的私法救济模式描述为具有以下方面的特征：(1)诉讼是两极的，是两方直接对立的利益主体之间的对抗。(2)诉讼是回溯性的，争议是围绕如何确认一系列过去的事件而展开的。(3)权利和救济是相互依存的。救济的范围基本上可以合乎逻辑地来源于实体性违法，即原告有权获得与因被告违反义务时对他所造成之损害相当的赔偿。(4)诉讼是一个自足的事件，判决的效力仅及于双方当事人，判决一经做出，法院将不再干预。(5)诉讼进程由当事人启动并由当事人控制，案件的组织与争点的界定均是通过双方当事人的交流才得以完成。参见 Abram Chayes, "The Role of the Judge in Public Law Litigation", 89 *Harvard Law Review* 1281, 1282—1283 (1976)。

③ See e. g. , Lujan v. Defenders of Wildlife, 504 U. S. 555, 577 (1992); Herbert Wechsler, "The Courts and the Constitution", 65 *Columbia Law Review* 1001, 1006 (1965); Antonin Sealia, "The Doctrine of Standing as an Essential Element of the Separation of Powers", 17 *Suffolk University Law Review* 881, 884 (1983)。

④ See e. g. , Baker v. Carr, 369 U. S. 186, 204 (1962)。

⑤ See e. g. , Warth v. Seldin, 422 U. S. 490, 518 (1975)。

在某个案件中原告不具有当事人资格，那么，联邦法院将以不具有可裁判性为由，而不是以诉不合法或者诉无理由将案件予以驳回。[①] 在这种情况下，联邦法院认为当事人根本没有提出司法权运用所必要的案件。没有案件，因而没有司法权之运用的前提条件。由于是整体上将案件予以驳回，联邦法院也就不需要进一步就诉因或者案件实质做出裁判，或者以此为依据，作出有利于或者不利于原告的本案判决。因而，当事人适格能够作为一个独立的议题而存在。

当然，能够作为一个独立的议题而存在，并不是没有成本的。若是联邦法院不当地通过否定当事人资格来回避其应受理并裁决的案件，这不仅违背了联邦法院必须裁判的宪法义务，也可能剥夺国民进入法院（access to court）的这一基本权利，进而最终颠覆诉讼当事人乃至宪法对于诉讼制度给予的正当期待。[②] 正如以色列前最高法院院长巴拉克所说，"诉至法院的能力乃是法治的基石"[③]。因而，问题在于以当事人不适格为由，联邦法院能够拒绝当事人进入联邦法院这一基本权利的正当性何在？尽管问题非常重要，对此的回答却是简单的。实际上，在美国联邦法院的案例法运作过程中，联邦法院之所以能够以当事人不适格为由将整个案件予以驳回，根本原因在于联邦法院对自身作为决策制定者的地位以及能力的清醒认识。

一般而言，公法的一个重要特质便在于其所要分析和面对的问题都是重大、复杂的，有时甚至需要不断反复提起的社会和政治问题，进而对这些问题的处理能够影响不特定范围内大量人群的广泛利益。例如，一项违宪的税收或者违法停止一项社会救济可能有损于大部分公民；一项集体劳动合同雇主的违约，可能会侵犯到他所有雇员的权利；而不仅是某个单独的雇员；某个大公司所披露的虚假信息，可能损害购买该公司股票的所有人。[④] 无论联邦法院本身是否愿意，在这些问题能够被提交给联邦法院予以处理的意义上，对这些具有广泛影响力的公法诉讼，联邦法院需要最终作出某种有约束力的裁决。这样做的一个自然结果就是，联邦法院影响了公共政策

---

① 当事人适格，从理论上讲，包括原告适格和被告适格的问题，但此处分析将限于原告适格的问题。因为作为可裁判性原理的组成部分，当事人适格原理涉及司法权运用的条件。相反，在诉讼过程中，如果仅出现被告适格的问题，法院应该主动予以纠正，这是司法权运用的表现，并非涉及司法权运用的条件。

② 参见[日]新堂幸司：《新民事诉讼法》，林剑锋译，法律出版社 2008 年版，第 187—188 页。

③ [以]巴拉克：《民主国家的法官》，毕洪海译，法律出版社 2011 年版，第 178 页。

④ 参见[意]莫诺·卡佩莱蒂：《比较法视野中的司法程序》，徐昕、王奕译，清华大学出版社 2005 年版，第 372—373 页。

的形成方式和范围。①

　　然而，正是在这里，传统意义上的所谓"裁判的正当性"问题就重新成为理论分析和实践关注的焦点。因为在处置这一类案件时，联邦法院并没有以事先存在的实体法作为裁决的依据，也很难像标准传统诉讼过程那样，严格依据既存法律做出裁决，从而为联邦法院司法权的行使寻找正当性证明的理由。② 在案件具体处理的层次上，则对联邦法院收集作为判断基础材料的能力以及依据什么标准来进行裁决产生疑问。③ 在这些情况下，存在联邦法院替代行政或立法机构发挥本应由这些机构承担的职责和功能是否合适的问题。

　　但即便如此，联邦法院也没有必要放弃依法进行裁判的理论。联邦法院不得不再次向程序本身寻求正当性的依据。在英美法中，即便没有事先存在的实体法规范，或者存在的规定并不清楚完整，人们仍然可以期待法官不是从个人的好恶及利益出发独断专行，而在立足于现实情况的基础上找到某种客观的准则来解决问题。这样的准则只能通过当事者双方积极地提出主张和证据，而且围绕这些材料当事者与法官三方之间进行认真的对话这样一种具有透明度和可视性的程序过程来逐渐形成并获得客观性。实际上，这就是传统意义上的从程序中产生实体规范的过程实现正当化的机制。④ 显然，为了取得这样的正当化效果，如何选定恰当的当事者就成为一个必不可少的前提和准备。

　　在美国司法体制语境中，联邦法官心里十分清楚，一旦他们决定受理并审理某个案件，那么联邦法院决定的最终产物，就并非仅仅是一种只对当事人具有约束力的文本，而是具有拓展性效力以及广泛适用范围的裁决，一种经济意义上的公共产品。概括而言，在普通法国家，由于遵循先例原则的存

---

　　① 这在集体诉讼中表现得最为明显，现代集体诉讼目的在于公共政策的改变或公共利益的实现。实际上，之所以在集体的背景下采取诉讼的形式，是旨在通过法院与公众之间关于公共政策问题的对话产生有拘束力的方法，并在正当程序的展开过程中使这种解决获得正当性。参见 Kenneth E. Scott, "Two Models of the Civil Process", 27 *Stanford Law Review* 937 (1975)。

　　② 参见黄娜：《环境污染诉讼案环保非政府组织当事人适格评析》，载《江苏警官学院学报》2011年第6期，第65—71页；詹建红：《论环境公益诉讼形态的类型化演进》，载《河北法学》2006年第8期，第100—107页。

　　③ 参见王孔祥：《西方回应型法对我国民事司法改革的启示》，载《江苏社会科学》2012年第4期，第143—150页。

　　④ 很大程度上，现代集体诉讼目的在于公共政策的改变或公共利益的实现。实际上，之所以在集体的背景下采取诉讼的形式，是旨在通过法院与公众之间关于公共政策问题的对话产生有拘束力的方法，并在正当程序的展开过程中使这种解决获得正当性。参见 Kenneth E. Scott, "Two Models of the Civil Process", 27 *Stanford Law Review* 937 (1975)。

在,裁判效力不可避免地对诉讼之外的人产生影响。[1] 可以说,裁判效力的扩张是必然的,所存在的只有大小、范围、远近等程度上的区别。[2] 当然,先例具有路径依赖性,当联邦法院使用先例时,考察先例及其含义不能脱离于先例的产生语境和演变脉络。然而,当联邦法院创造先例时,联邦法官必须试图预期未来的相关性。因为判决竞争性依据的选择,不仅是对过去先例以及含义之间的选择,而且是在所创造先例的种类和范围之间的选择。这必须依赖于对该判决未来相关性的评估,显然,只有对社会演化的成功预测才能赋予联邦法院的判决以合法性。[3]

在这个意义上,裁判的公法模型就应该成为描述法院功能的适当模型。即便是在私法判决中,如果联邦法院能够预期所做出的裁决会对非当事人以及在未来对包括当事人在内的大众产生影响,那么,联邦法院就必须对自己作为决策制定者的地位及其能力保有清醒的认识。也就是说,虽然当事人适格议题主要在公法领域中独立运作,但在裁判效力扩张的私法诉讼中,联邦法院也必须主动将当事人适格作为一个独立议题来对待。实际上,作为描述一般意义上联邦法院功能的适当模型,公法裁判模型也已在学者中间得到了普遍性支持。[4] 依据这种公法裁判模型,联邦法院的功能和作用不是解决纠纷,而是要"赋予宪法价值以意义"[5]。表达和实施法律规范、监督其他政府部门行为的合法性,便成为联邦法院的主要功能,而不仅仅是纠纷解决功能的附属效应和衍生后果。[6] 但由此导致的结果是,如正义成为

---

[1]　See Ashwander v. Tennessee Valley Authority,297 U. S. 288,346 (1936).

[2]　See Meir Dan-Cohen, "Bureaucratic Organizations and the Theory of Adjudication", 85 *Columbia Law Review* 1,12−16 (1985).

[3]　See Jan G. Deutsch, "Precedent and Adjudication", 83 *Yale Law Journal* 1553,1583−1584 (1974).

[4]　See e. g. , Henry P. Monaghan, "Constitutional Adjudication: The Who and When", 82 *Yale Law Journal* 1363, 1369 − 1371 (1973); Martin H. Redish, "The Passive Virtues, the Counter-Majoritarian Principle, and the Judicial-Political Model of Constitutional Adjudication", 22 *Connecticut Law Review* 647,656−669 (1990); Susan Bandes, "The Idea of a Case", 42 *Stanford Law Review* 227, 230 (1990). Cf. Jonathan R. Siegel, "A Theory of Justiciability", 86 *Texas Law Review* 73,78−79 (2007).

[5]　See Owen M. Fiss, "The Supreme Court, 1978 Term-Foreword: The Forms of Justice", 93 *Harvard Law Review* 1,29 (1979).

[6]　See e. g. , Henry P. Monaghan, "Constitutional Adjudication: The Who and When", 82 *Yale Law Journal* 1363, 1368 − 1371 (1973); Abram Chayes, "The Role of the Judge in Public Law Litigation", 89 *Harvard Law Review* 1281,1302 (1976); Susan Bandes, "The Idea of a Case", 42 *Stanford Law Review* 227,283−285 (1990).

社会制度的首要问题一样①，当事人适格问题成为现代诉讼的首要问题。

当事人适格问题在现代诉讼中的这种重要地位也就决定了，认识到当事人适格能够作为可裁判性原理的组成部分，进而作为一种独立的议题而存在，是衡量法院在政治上是否成熟的一个重要标准。② 显然，在当事人适格原理的发展过程中，当事人适格测试标准已经远远超出了单纯的拓展参与和起诉权利，进而形成了传统模式的一个根本性变革。关于联邦法院，一个日益增长的趋势是，像政治机构一样，联邦法院的功能不再是保障传统意义上的私人权利，而是代之以提供一种政治过程，以至于保障在司法程序中受联邦法院裁决影响的大量利害关系人能够得到充分和公平的代表。③ 这是不是一个统一的、可行的目标，尚待公开讨论。但是，没有人否认这一变革的重要性。

第二节　当事人适格的传统模式

要想理解当事人适格原理传统模式的当前变革，从分析顺序上讲，就需要首先准确地评估该传统模式的运作和逻辑预设。因而，对传统当事人适格原理的形成和传统模式的前提予以真实描说，将成为本书所探讨主题的一个必要前提和准备。④ 在美国联邦法院那里承认或者不承认某种当事人资格，究竟依据的是什么呢？ 特别是，为什么联邦法院依据这些因素而不是其他因素，作为识别当事人适当与否的依据，其正当性理由是什么？ 这是本

---

① "正义是社会制度的首要价值，正如真理是思想体系的价值一样。"［美］约翰·罗尔斯：《正义论》，何怀宏等译，中国社会科学出版社 1988 年版，第 1 页。

② 正如日本学者谷口安平所指出的，以"参加命题"为核心的诉讼结构在当代具有的重要意义在于，法院立足于一般市民的主动性，在行政和立法机关能够恰当及时地作出反应的领域通过诉讼影响公共政策形成时，程序发挥着促进和制约两方面的重要作用。制约也可以称为"安全阀门"的作用，这意味着程序一面制约法院的行动不致过分离于司法机关本来应有的职责，同时既使司法行为存在某种程序的功能扩散，也能够通过程序保障而获得正当性。参见［日］谷口安平：《程序的正义与诉讼》（增补本），王亚新、刘荣军译，中国政法大学出版社 2002 年版，第 20 页。

③ See e. g. , Christopher J. Peters, " Adjudication as Representation ", 97 *Columbia Law Review* 312(1997).

④ 当然，传统诉讼法以管理权为基础的当事人适格概念，也由学者进行了批评性改进，例如，德国和日本学者所提出的诉之利益，以环境权、消费者诉讼为契机所提出来的纷争管理权、程序保障权等概念。对此分析，可参见陈贤贵：《当事人适格问题研究》，厦门大学出版社 2013 年版，第 96—106 页。但本书分析将集中于理解和评估美国联邦法院对当事人适格概念的运用，因为当事人适格主要是个实践问题，而不纯粹是理论上的概念。作为可裁判性原理的组成部分，作为一种独立的议题，尽管存在着缺陷，联邦法院已经孕育和形成了相对成熟的当事人适格原理，将成为构造一个新的当事人适格模式的基础。

部分所要试图回答的问题。

一、传统当事人适格原理的形成

在美国法律史的大部分时间里,我们今天所熟知的当事人适格测试标准——作为一个调节适当的当事人在审判或上诉程序中,通过诉诸联邦法院的管辖权来维护法律上的主张或辩护的原理——并不存在。[1] 不过,当事人适格也并不完全是 20 世纪的发明。在早期阶段,诉因、管辖权、起诉权等普通法学说规制着进入联邦法院的方式和途径。[2] 显然,这种规制反映了美国制宪者心中广泛存在的分权和有限司法权威的理念。在 20 世纪 30 年代以前,当联邦最高法院废除新政时期进步的社会和经济管制措施时,它正是通过诉诸普通法的范畴来检验公法的有效性。基于此,侵犯普通法的利益,或者对普通法原则的偏离,被认为需要特别的辩护理由。相比之下,对普通法的坚持通常都被视为一种难以反对的中立性。使用普通法观念来严格区分法规上的利益和 19 世纪盛行的私人权利,是洛克纳(Lochner)时代的显著标志。[3]

然而,自 20 世纪 30 年代以来,私人权利受到来自多个方向挑战。概括而言,大量增加的政府管制,创造了一系列新颖的公法意义上的权利,这些权利能够被许多甚至所有公众所共享;宪法上的权利也得到了相应的扩展,不仅包括消极意义上、免于政府干涉的传统政治意义上的自由,还包括需要政府积极作为,能够向政府提出主张和要求的经济和社会意义上的权利和资格。与此同时,很多联邦法官特别是布兰代斯和法兰克福特,都对现代行政国家的行政管制表现出了好感。[4] 在新政改革者看来,19 世纪普通法的权利清单几乎很少是自然的,相反它是一个有争议的管制体系。就其本身而言,普通法是不充分的。由于普通法过于保护产权,对弱势群体保护不足,使其难以适应现代福利国家的需要。[5] 作为回应,联邦最高法院开始发

---

① 对"当事人适格"概念历史的追溯,一个分析可参见 Steven L. Winter,"The Metaphor of Standing and the Problem of Self-Governance",40 *Stanford Law Review* 1371,1418—1425 (1988)。

② See Anthony J. Bellia,Jr.,"Article Ⅲ and the Cause of Action",89 *Iowa Law Review* 777 (2004);Anne Woolhandler & Caleb Nelson,"Does History Defeat Standing Doctrine?",102 *Michigan Law Review* 689 (2004).

③ See Cass R. Sunstein,"Lochner's Legacy",87 *Columbia Law Review* 873 (1987).

④ See Erie R. R. v. Tompkins,304 U. S. 64 (1938);West Coast Hotel v. Parrish,300 U. S. 379 (1937);Joint Anti-Fascist Refugee Comm. v. McGrath,341 U. S. 123,154—55(1951).

⑤ See Cass R. Sunstein,"Constitutionalism After the New Deal",101 *Harvard Law Review* 421,437—440 (1987).

展大量的可裁判性原理，包括现代意义上的当事人适格（standing）、成熟（ripeness）、可审查性（reviewability），以将体现技术性专家意见、灵活性以及政治责任制为特征的行政机构之决策隔离于司法。①

通常来说，当事人适格原理的逐渐成熟，发生 20 世纪六七十年代。在 1962 年标志性的贝克诉卡尔案（Baker v. Car）中，联邦最高法院指出，当事人适格问题应该通过分析寻求救济的当事人是否在争议的结果中拥有个人利害关系来判断，因为个人利害关系能够创造一种对抗关系，而这是对抗制司法程序的核心。进一步，在 1968 年弗莱斯特诉科恩案（Flast v. Cohen）中，联邦法院试图区分当事人适格问题和案件实质问题。首席大法官沃伦（Earl Warren）指出，当事人适格问题最基本的方面在于提起诉讼的当事人所具有的特质，而不是当事人所希望联邦法院裁判的实质性议题。② 在 1970 年的数据处理服务组织协会公司诉坎普案（Association of Data Processing Service Organizations，Inc. v. Camp），联邦最高法院否认当事人适格需要法律授权才能予以确定。对此，联邦法院指出当事人适格完全取决于原告的利益是否遭受到实际的损害，原告的利益需要在法规管制或者宪法所保护的利益范围之内。③

然而，在 20 世纪 70 年代末以前，联邦最高法院对于当事人适格原理的发展和适用，开始转向一个更具限制性的方向。特别是，出于分权原则的考虑，联邦法院认为当事人适格的功能是对司法权的一种宪法限制，即司法权的运用必须符合美国联邦《宪法》第三条所规定的九种类型的"案件"或者"争议"。基于此，联邦法院越来越坚持为了支持当事人资格，当事人之间必须存在着某种的对抗关系，且损害必须是具体和特殊的。同时，联邦最高法院开始强调涉嫌违反宪法的政府侵权行为和他们遭受事实上的损害之间必须存在因果关系，也要求原告证明有利的司法裁决能够纠正他们所遭受的损害。④

可以说，自 20 世纪 70 年代以来，在几乎所有涉及当事人适格争议的案件中，联邦最高法院近乎一致性地反复重申和坚持，在某个具体的案件中提

---

① 对可审查性的分析，可参见 FCC v. CBS，311 U. S. 132（1940）；时机成熟的分析，可参见 Myers v. Bethlehem Shipbuilding Corp. ，303 U. S. 41（1938）。

② Flast v. Cohen，392 U. S. 83，99（1968）。

③ See Association of Data Processing Service Organizations，Inc. v. Camp，397 U. S. 150，153（1970）。

④ See e. g. ，Linda R. S. V. Richard D. ，410 U. S. 614，617 − 618（1973）；Schlesinger v. Reservists Comm. to Stop the War，418 U. S. 208，220−223（1974）。

出主张的当事人是否为适当的当事人(尽管在最终结果上,联邦大法官之间可能存在着不同的结论),需要详细地探究事实上伤害、因果关系和可救济性这三个构成要件。① 要想满足当事人资格,原告必须提供以下三个方面的证明:(1)原告已经遭受到被告行为所带来的某种事实上的损害;(2)该事实上损害能够有效地归结为被告的行为;(3)事实上损害可以通过联邦法院的有利判决所充分地救济。特别是,其中的事实上损害要件,由于旨在获得一个先于法律的(prelegal)统一的损害观念,能够不随原告主张的案件实质的不同而有所改变,该要件尤其显示出对当事人适格在概念上统一的强烈愿望。正如戴维斯(Kenneth Culp Davis)所说的那样,"当事人适格的复杂性是正义的障碍;在移除这种障碍时,所强调的应该是正义的需要。合法权益受到行政机构或官员违法行为事实上损害的人,应该拥有当事人资格,因为正义要求这样一个当事人应该有机会表明损害他利益的行为是非法的"②。

然而,事实却是当事人适格在概念上的统一从未存在过。③ 考虑到联邦法院的目的,最初提出当事人适格测试标准公式的联邦法院,并没有试图解释为什么在一人一票的案件中,投票者的抱怨并不构成"普遍性的不满"(generalized grievances),而这种普遍性的不满在选举争议以外的其他案件太过于宽泛,以至于不能支持任何当事人资格④;或者法官也没有解释为什么遭受充分事实上损害的市政纳税人就某项税收政策的合宪性拥有当事人资格,但联邦纳税人就同样一项议题却没有当事人资格。⑤ 可以说,当事人适格原理在概念上的统一更多的是作为一种强烈渴望和追求的理想,而不是真实存在、已然发生的现实。

---

① See e. g. ,Laird v. Tatum,408 U. S. 1,13 — 14 (1972);Allen v. Wright,468 U. S. 737,751 (1984);Lujan v. Defenders of Wildlife,504 U. S. 555,560 (1992);Steel Co. v. Citizens for Better Env't,523 U. S. 83,103 (1998);Summers v. Earth Island Inst. ,555 U. S. 488,493 (2009).

② Kenneth Culp Davis,"The Liberalized Law of Standing",37 *University of Chicago Law Review* 450,473 (1970).

③ 法伦(Richard H. Fallon)认为,当事人适格之所以呈现出"碎片化"的形象,很大程度上是因为当事人适格问题的最终解决必须依赖于案件实质,而案件实质的解决又依赖于具有很大一般性的宪法条款,拥有不同意识形态的法官就一般性的宪法条款的解释显然存在着不同。参见 Richard H. Fallon,Jr. ,"The Fragmentation of Standing",93 *Texas Law Review* 1061,1094 — 1104 (2015).

④ See e. g. ,Baker v. Carr,369 U. S. 186,204 — 206 (1962).

⑤ See e. g. ,Everson v. Bd. of Educ. ,330 U. S. 1,3 (1947);Cf. United States v. Richardson,418 U. S. 166,175 (1974).

二、传统当事人适格原理的正当性证明

作为一个独立的议题,当事人适格所要探究的是在某个具体的案件或者争议中,提出主张和要求的某个(些)当事人是否适当的问题。显然,"适当"这一语词显示了当事人适格是一个规范性问题。从方法论的角度,对规范性问题的探究,必须是一种拉伦茨所强调的价值导向的思考过程。[①] 因此,为了"理解"联邦法院在当事人适格问题上所采取立场的含义,特别是局限性,我们尤其需要理清传统当事人适格原理所依赖的前提预设以及所采纳的价值取向。实际上,正是传统当事人适格原理所依赖的前提预设和所采纳的价值取向,激起了学者的不断批评。

(一)联邦原则

对于传统当事人适格测试标准的首要证明便是联邦分权原则。[②] 在弗兰斯汉姆诉梅隆案(Frothingham v. Mellon)中,联邦最高法院指出,"在我们的制度中,政治的功能是被分配的。对立法部门而言,(宪法)所授予的职责是制定法律;对行政部门而言,其职责是执行法律;对司法部门而言,其职责是在恰当地提交给法院处理的案件中解释和适用法律。通常的规则是无论哪个政治部门都不能入侵其他政治部门的职权,也不可能控制、指挥或抑制其他政治部门的行为……我们没有权力以国会的行为违反宪法为理由,审查和撤销国会的法案。只有个人遭受某些直接损害或受到威胁损害,进而提出一个可裁判性议题时,这个问题才可能被考虑"[③]。

当然,分权原则本身具有丰富的含义,并没有一个单独的指涉。[④] 但在当事人适格这个问题语境中,一般以为分权原则所意指的是联邦法院在《宪

---

① 需要借规范来调整特定生活领域的立法者,通常受调整的企图、正义或者和目的性考量的指引,它们最终又以评价为基础。因此,要理解法规范,就必须发掘其中所包含的评价及该评价的作用范围。规范适用则要求:应依据规范来评价待判断的事件,换言之,在判断事件时,应将规范所包含的评价依其意义付诸实现。参见[德]卡尔·拉伦茨:《法学方法论》,陈爱娥译,商务印书馆2004年版,第94页以下。

② See e. g., Antonin Scalia, "The Doctrine of Standing as an Essential Element of the Separation of Powers", 17 *Suffolk University Law Review* 881 (1983).

③ Frothingham v. Mellon, 262 U. S. 447, 488 (1923).

④ See e. g., John F. Manning, "Separation of Partiesas Ordinary Interpretation", 124 *Harvard Law Review* 1941, 1950 − 1971 (2011); Steven G. Calabresi, Mark E. Berghausen and Skylar Albertson, "The Rise and Fall of the Separation of Powers", 106 *Northwestem University Law Review* 527, 529−536 (2012); Jeremy Waldron, "Separation of Powers in Thought and Practice?", 54 *Boston College Law Review* 433, 438 (2013); David E. Pozen, "Self-Help and the Separation of Powers", 124 *Yale Law Journal* 2, 4−11 (2011).

法》第三条所规定的"案件或争议"范围内能够作为法院（qua a court）正当行为的特质。正如联邦最高法院在弗莱斯特诉科恩案（Flast v. Cohen）中所说的那样，《宪法》第三条中的"案件或争议"条款限制了联邦法院的业务范围，即需要在具有对抗关系（concreteadverseness）的语境中予以提出，以及从历史上被视为可以通过司法程序解决的问题。① 当事人适格的这种功能旨在强调联邦法院能够做的工作以及履行的任务，无关乎联邦法院在做这种工作和履行这种任务时，是否不正当地干涉了其他政治分支的权限。

一般而言，满足《宪法》第三条规定的纠纷，至少应存在两方对立的当事人，其中每一方当事人在获胜方面都具有急切的个人利益，当事人适格原理的目的便在于确保当事人具有如此的利害关系。当这些标准被满足时，联邦法院作为法院对纠纷的参与才是正当的。当这些标准没有满足时，联邦法院则缺乏相应的权力来处理该纠纷。在这个意义上，所谓的"咨询意见"之所以被联邦宪法所禁止，是因为在这些案件中当事人串通捏造了并非真正存在的对抗关系。② 在实践中，联邦法院也经常诉诸当事人适格的这种功能。例如，在1962年贝克诉卡尔案（Baker v. Car）中，联邦最高法院将当事人适格的问题定义为寻求救济的当事人是否在争议的结果中拥有个人利害关系，这种利害关系为了确保具体对抗关系（concrete adverseness）是必要的。正是当事人之间的具体对抗关系，促使当事人就案件所涉及的争点议题做出充分的主张和辩护，联邦法院对困难的宪法问题的阐明在很大程度上也依赖于此。③

可见，对联邦法院而言，传统的当事人适格测试标准之所以是有价值的，根本的原因在于事实上的损害、因果关系以及可救济性要件能够在当事人之间创造一种具体的对抗关系，而具体的对抗关系确保原告和被告有理性的依据从事诉讼活动，使当事人有激励进行有效的主张和积极辩护。对于联邦法院作为法院的特质而言，传统当事人适格原理有助于司法功能的正常运行，促进更好的诉讼过程，产生良好的司法决策。除此之外，联邦法院有时候甚至指出，当事人适格是一个有用的作为资源配置工具，"当事人适格原理功能是确保……联邦法院的稀缺资源用来致力于解决双方当事人拥有具体利害关系的争议"④。

---

① See Flast v. Cohen, 392 U. S. 83, 95 (1968).

② See e. g., Muskrat v. United States, 219 U. S. 346, 357 (1911).

③ See Baker v. Car, 369 U. S. 186, 204 (1962).

④ Friends of the Earth, Inc. v. Laidlaw Envtl. Servs. (TOC), Inc., 528 U. S. 167, 191(2000).

　　然而，问题在于，传统当事人适格测试标准是否能够有效地服务于上述功能呢？实际上，该主张已受到学者的怀疑和批评。首先，使用事实上损害和因果关系以维持具体对抗关系，确保当事人有效积极地辩护，这在理论上似乎是合理的，但在实践中并不是特别有用。因为该主张背后所依赖的理由是基于贪婪这一预设，即假设个人对诉讼的结果可能获得或失去某些利益，相比较利他主义者或者受纯粹意识形态因素影响的个人，他将更为认真地对待这一诉讼，能够积极地准备和有效地进行诉讼。但是，并没有心理学或人类学的证据和经验支持这种假设，这绝不是直观性的。[1]　在逻辑上，事实上损害和有效积极辩护两者之间也并没存在着必然的联系。一个对诉讼结果有着实质利害关系的诉讼当事人，可能会因信息和资源的限制而提出一个非常坏的论据，而一个非霍菲尔德意义上的诉讼当事人，也有可能提出积极有效的辩护。[2]

　　另外，一个受纯粹意识形态因素促动的诉讼当事人，如果拥有充裕的财力资源和经验丰富的律师团队作为支持的话，同样有可能对一个相当复杂和重要的案件表现出极大的热情，即使参加诉讼的当事人自身并没有受到任何直接的个人损害。在这方面，我们只需要看一下美国社会有关堕胎、同性婚姻、信仰自由等方面的争论就可以了。[3]　实际上，在这些类型的诉讼中，更多的是由并非遭受直接事实上损害的有组织性的利益群体、人权保障机构所参与进行的，而不是由遭受事实上损害的个人所提起。

　　过分强调当事人适格测试标准的功能性或工具性意义，也许是不恰当的。依据这种观点，限制性的起诉资格概念使得稀缺的司法资源得以定量配给，也为避免做出那些最好通过其他处理程序的决定提供了一种方式。然而，就分配进入联邦法院的资源而言，经验表明除了虚假的诉讼以外，当事人适格并不是一个有效的方式。[4]　也许一个更有效的阻碍当事人进入联邦法庭的方式是诉讼费用，如果当事人没有充分的财力资源支持或者对诉讼结果有着某种最低限度的利害关系，他将不太可能参与到昂贵的诉讼过

---

　　[1]　参见［美］丹尼尔·卡尼曼：《思考，快与慢》，胡晓姣等译，中信出版社 2012 年版，第 252 页以下。

　　[2]　See David M. Driesen, "Standing for Nothing: The Paradox of Demanding Concrete Context for Formalist Adjudication", 89 *Cornell Law Review* 808,839－855(2004); Jonathan R. Siegel, "A Theory of Justiciability", 86 *Texas Law Review* 73,88 (2007).

　　[3]　See e. g, United States v. SCRAP, 412 U. S. 669 (1973); Texas v. Johnson, 109 S. Ct. 2533 (1989); Massachusetts v. EPA, 549 U. S. 497,517 (2007).

　　[4]　See Kenneth E. Scott, "Standing in the Supreme Court: A Functional Analysis", 86 *Harvard Law Review* 645,673－674 (1973).

程中去。① 因为不管诉讼的性质如何,诉讼总是既麻烦,成本又高。实际上,在法官头脑中根深蒂固的形式主义概念体系,很可能是传统当事人适格测试标准持续存在的最重要理由。在那里,法律的宗旨被简单地设想为保护那些得到广泛认可的私人利益。然而,在行政国家中,现实却是现代政府活动的持续增长,使得在确定司法监督广泛的非法政府行为时传统方法所诉诸的普通法财产和自由权不再是适当的测试标准。② 可以说,保护大量新型私人利益的需要,必然将导致传统当事人适格测试标准的某种回应性扩展。

(二)司法克制

对传统当事人适格测试标准的正当性证明,联邦法院所诉诸的第二种理由便是司法克制原则(principle of judicial restraint)。依据司法克制原则,当没有必要做决定时,联邦法院有必要不做决定。③ 正如联邦最高法院所指出的那样,"联邦最高法院的适当功能,或任何其他联邦法院的适当功能,在我们政府结构中是更为有限的。我们不是政治家,而是法官。在裁决一个真实案件或者争议的过程中,当有必要解决宪法问题,这是我们的责任。但是,无论何时,当我们被某些权宜之计理由说服而从事提供法律咨询的业务,我们便削弱法院独立和力量的部分基础"④。在联邦法院那里,通过强调事实上损害、因果关系和可救济性,传统当事人适格测试标准的一个重要功能是可以把司法从"无定形的政府运作的一般监督"中解放出来。⑤ 特别是,在妥善保护公民个人或者少数群体宪法权利和自由的时候,联邦法院应该设法避免与政府代表分支的智慧性,甚至政府政策的合宪性,产生本质上正面冲突。⑥

在这个意义上,不用奇怪传统当事人适格测试标准融合了以下两种相互矛盾主流观念和想法,它们显然都与洛克纳时代理念和新政对洛克纳时

---

① See Henry P. Monaghan,"Constitutional Adjudication:The Who and When",82 *Yale Law Journal* 1363,1397 (1973).

② 参见郑贤君:《论公民受教育权的宪法属性:兼议社会权利的宪法地位》,载于《中国教育法制评论》2003 年第 2 辑,第 138—154 页。

③ See Citizens United v. FEC,558 U. S. 310,375 (2010).

④ Duke Power Co. v. Carolina Envtl. Study Group,Inc. ,438 U. S. 59,103 (1978).

⑤ See United States v. Richardson,418 U. S. 166,192 (1974)(鲍威尔大法官,持附随意见)。有关鲍威尔大法官限制当事人资格原理的更多分析,可参见 Elizabeth Magill,"Standing for the Public:A Lost History",95 *Virginia Law Review* 1131,1151 (2009).

⑥ See e. g. ,Neal Kumar Katyal & Thomas P. Schmidt,"Active Avoidance:The Modern Supreme Court and Legal Change",128 *Harvard Law Review* 2109,2112 (2015).

代理念的攻击密切相关。① 首先，在很大程度上，司法的存在本身要归功于保护普通法利益以免受政府的非法侵犯。普通法构成了联邦法院区分政府不作为和作为、中立和党派性的基准。出于这个原因，侵犯普通法的权利而不是其他类型的利益，才能够引发司法的保护。其次，出于新政对洛克纳时代理念的反对，特别是对现代行政国家持欢迎态度的人认为，包括当事人适格在内的可裁判性原理本身，应该旨在减少司法对行政管制过程的干预，可裁判性原理是为了约束司法权。这两种理念相互融合的结果则是，没有普通法的利益就不能够寻求司法的救济。

然而，问题在于，就司法权的运用（而不是司法权的存在）而言，除了司法克制原则，还有一个竞争性的司法价值在这里起作用，即司法行动原则（the principle of judicial action）。② 正如首席大法官马歇尔在 1821 年科恩斯诉弗吉尼亚州案（Cohens v. Virginia）中所说的那样，"本法院不应受理的案件确实不得进行审理，这是十分正确的；但同样正确的是，它应受理的案件必须受理。如该立法机构所说，司法部门不能因为一项措施逼近于宪法的界限而回避之。我们不能因为它是可疑的而放过它。不管有什么疑问，不管有多大的困难，一个案件假如被提交到我们面前，我们就必须审理它，我们必须对其做出裁决。我们没有权利拒不履行被授予的裁判权，一如我们无权僭取未被授予之权一样。不管哪种做法，都是对宪法的背叛"③。在宪制秩序中，责任是人培育人的伟大机制，对于实施联邦宪法而言，法官有一个独立的采取行动的责任。

实际上，即便当事人适格测试标准允许联邦法院避免就某种议题做出决策，如果因为该议题并没有在适当的案件中由适当的当事人予以提出。但是，如果该议题能够被重复提起的话（实际上，在美国语境中，联邦法院特别是最高联邦法院所处理的都是需要不断重新提起和反复回答的复杂社会和政治议题），那么联邦法院最后也不得不就该议题的实质争议做出裁判。在这个意义上，将当事人适格原理作为一种裁量性的避免决策机制而使用，将不可避免地必然涉及对该测试标准的操作和歪曲。④ 因

---

① See Cass R. Sunstein, "Standing and the Privatization of Public Law", 88 *Columbia Law Review* 1432, 1438 (1988).

② 有关司法决定义务的更多分析，可参见 Chad M. Oldfather, "Defining Judicial Inactivism: Models of Adjudication and the Duty to Decide", 94 *Georgetown Law Journal* 121 (2005).

③ Cohens v. Virginia, 19 (6 Wheaton) U. S. 264, 404 (1821).

④ See F. Andrew Hessick, "Standing, Injury in Fact, and Private Rights", 93 *Cornell Law Review* 275, 310 (2008).

为当事人适格原理的目的是要识别出某种案件裁判所需要的"适当的"当事人，涉及的是司法权运用的条件，而不是就何种议题适合联邦法院裁判做出规定和说明。

第三节　当事人适格原理的可替代性方案

鉴于传统模式明显无力矫正联邦法院在司法权行使过程中出现的偏见，更偏离于司法权运行的行动原则，批评者们已经在寻觅可替代性方案了。本书这部分将详细审查那些学者所提出来的最有希望的替代方案，并在原理层面和实际运用层面探讨它们的可行性和局限性。重要的是，这些替代性方案在原理和实际运用层面所存在的问题，能够为我们寻找一种更为充分的解决方案提供经验和指引。

一、废除当事人适格原理本身

对于传统当事人测试标准的困境，所存在的一种替代性方案是废除当事人适格原理本身，尤其是在诉讼的救济阶段，以集体诉讼中的通知和告知等程序性工具予以代之。[①] 依据这种观点，之所以要废除传统当事人适格原理本身，原因在于传统当事人测试标准无法满足现代诉讼对于当事人参与所提出来的新要求和新期待，而且现代诉讼所需要急切解决的问题也不是当事人适格问题，而是在裁判过程中，特别是在救济阶段上裁决的民主化问题，即受到裁判影响的公共成员是否获得了充分的告知以及一个公平的参与到决策制定过程中的机会。[②]

在上面的分析中我们已指出，当事人适格作为可裁判性原理的组成部分，之所以能够作为一个独立的议题而存在，根本原因在于现代诉讼具有不可避免的不断扩展的裁判效力。既然如此，那么一个不得不追问的问题是现代诉讼的核心议题又是什么呢？回答是清楚和确定的：现代诉讼的核心在于判决（decree），更确定地说在于判决中救济的公共

---

① See e. g. , Kenneth E. Scott, "Standing in the Supreme Court: A Functional Analysis", 86 *Harvard Law Review* 645, 681 (1973); Kellis E. Parker & Robin Stone, "Standing and Public Law Remedies", 78 *Columbia Law Review* 771, 775—776 (1978).

② See Kellis E. Parker & Robin Stone, "Standing and Public Law Remedies", 78 *Columbia Law Review* 771, 778 (1978).

性质。① 作为当事人适格原理的基础，代表性的议题成为最为紧迫的时间点，并非是在诉讼的一开始，而在于正在进行的救济和协商处理阶段。② 正如查耶斯所指出的那样，"特别是在救济阶段，如果该判决是准协商性的（quasi-negotiated）和要依赖当事人的参与才能确保其可行性，那么在谈判桌上的代表，不论是从受影响利益的角度还是从系统本身的角度，被认为是非常重要的"③。在救济阶段，就提供何种利益在裁判过程中予以表达这个问题而言，当前的当事人原理显然不能够提供一个令人满意的解决方案。在这时，未出席审判但其利益却受到裁判效力影响的未命名的潜在当事人，利用集体诉讼的一些技术，例如，提供通知和向其他可能感兴趣组织提供干预的机会，能够为救济阶段提供一种民主意义上的正当性证明。④

另外，在现代诉讼的救济阶段，通过废除当事人测试标准，而代之以为利益受影响的人提供一种告知和干涉司法的机会，也符合正当程序的基本要求。通常来说，所谓满足程序正义的正当程序原则便是，"与程序的结果有利害关系或者可能因该结果而蒙受不利影响的人，都有权参加该程序并得到提出有利于自己的主张和证据以及反驳对方提出之主张和证据的机会"⑤。正如富勒所指出的，"使裁判区别于其他秩序形成原理的内在特征，便在于承认司法裁判所做之决定产生直接影响的人能够通过一种特殊的形

---

①　与传统的私法裁判不同，在公法诉讼中，有时联邦法院会请当事双方同意法庭命令甚至经常要请被告来帮助起草最开始的判决，因为对于判决依据所需要的技术背景和专业性知识，当事人是最为适合的知情者。参见 Note，"Reappointment"，79 *Harvard Law Review* 1266，1267 (1966)；Abram Chayes，"The Role of the Judge in Public Law Litigation"，89 *Harvard Law Review* 1281，1298(1976)。

②　Kenneth E. Scott，"Standing in the Supreme Court：A Functional Analysis"，86 *Harvard Law Review* 645，681 (1973)。

③　Abram Chayes，"The Role of the Judge in Public Law Litigation"，89 *Harvard Law Review* 1281，1310 (1976)。

④　在集体诉讼中，就受影响的集团成员如何具体参与到司法过程的方法存在两种观点，即加入制和退出制。依据加入制，一个潜在的集团成员为了成为集团的一员，必须在规定的时间采取一些规定的步骤，肯定地参加集团诉讼，并在共同的问题上要受到判决或和解的约束，以此作为从集团诉讼获益的前提。1966 年美国修改《联邦民事诉讼规则》第二十三条的立法者选择了退出模式，支持退出制的人认为：(1)被告可以更具体地了解自己在以后的单独诉讼中可能要面对多少集团成员。(2)退出制为那些因为在社会上、智力上或心理上处于劣势的，因此不能采取积极的措施加入诉讼的人提供了接近司法救济的机会。(3)增加了效率，避免了重复诉讼。(4)保护措施可以阻止或强制加入。(5)沉默的意义是不明确的，并不意味着不关心或缺乏兴趣，因此，集团成员不应该因为没有在诉讼的早期行动而被否定本应从集团诉讼中得到的利益。对此的一个介绍性分析，可参见章武生：《论群体性纠纷的解决机制：美国集团诉讼的分析和借鉴》，载于《中国法学》2007 年第 3 期，第 20—30 页。

⑤　[日]谷口安平：《程序的正义与诉讼》(增补本)，王亚新、刘荣军译，中国政法大学出版社 2002 年版，第 12 页。

式参加审判,即承认他们为了得到对自己的有利决定而提出证据并进行理性的说服和辩论"①。既然我们承认联邦法院最终裁判的效力具有不可避免的扩张性,那么,利益受到影响的人在理论上也就有权参与到诉讼的过程中。依据这种观点,联邦法院享有自由裁量权,可以把参与诉讼过程的资格赋予任何有能力、有意愿的原告,以维护现代诉讼在救济阶段上的民主性。

应该承认的是,在诉讼的救济阶段,在有些情形中全面和正式评估可选择的政策对不同利害关系人的影响有时候是有必要的。特别是,如果法官有理由确信当前案件的当事人将极为狭隘地看待和处理问题时,有选择地把利益代表技术运用于这些情形也是适当的。② 然而,联邦法院案例法实践中存在一个重要的事实不得不引起我们的反思和注意,那就是对于传统的当事人测试标准,尽管面对着学者不断的、有时毫不留情的批评,甚至联邦大法官群体自身内部的严重分裂,作为制度存在的联邦最高法院整体多数仍然保留"事实上损害"要求,这说明了联邦法院对当事人适格概念的理解仍然扎根于保护私人利益不受实质损害,联邦法院的努力更多的是运用具有普遍适用性的固定规则来解决起诉资格问题。③ 可以说,传统当事人测试标准仍然具有生命力。④ 而且有的时候,"在争议事项普遍影响全体公民而不是可认定的少数人场合,也许应该拒绝给予当事人资格。这不是因为宪法所要求的必须存在案件或争议,而是因为该事项可以通过政治过程得到适当的,也许是更为民主的解决"。

有些司法决策中的偏见实际上并不是因为正式司法程序的利益代表不

---

① Lon L. Fuller,"The Forms and Limits of Adjudication",92 *Harvard Law Review* 353,364 (1978).

② 例如,当前案件的当事人可能轻视以后案件的潜在原告的利害,因为他有不同的优先考虑,或者因为他没有将可能会受到影响的利益考虑在内,他也可能错误地提出相关议题,将本应纳入被告的当事人遗漏,损害到双方代表的充分性,参见 Chad M. Oldfather, "Defining Judicial Inactivism:Models of Adjudication and the Duty to Decide",94 *Georgetown Law Journal* 121,148 (2005).

③ See Richard B. Steward,"The Reformation of American Administrative Law",88 *Harvard Law Review* 1667,1746—1748 (1975).

④ 为了适应现代社会对于司法裁判所提出的新要求和新期待,传统意义上的严格适用法律以解决纠纷的司法裁判形象下的当事人适格原理,必须得到相应的拓展,而不是完全放弃。因为纠纷的存在,永远是司法裁判的先决条件,为司法自身提供了基础和依据;另外也为司法权本身的控制提供了一种约束机制,因为司法权作为国家权力的组成部分也分享着一般政治权力的特征,特别是权力有滥用的倾向。正如日本学者棚濑孝雄所指出的那样,"法律严格适用的理念不仅有维持法秩序的根本使命,而且发挥着把司法权的行使本身也纳入法治轨道进行控制的重要作用,即使在当代社会中必须面对理念和现实的差距并立足于新的认识来重新设计审判的功能,却仍然需要在更有效地维持法秩序的同时,保证司法权的行使本身存在于法的控制之内"。[日]棚濑孝雄:《纠纷的解决与审判制度》,王亚新译,中国政法大学出版社 2004 年版,第 154 页。

充分或者不平衡而形成的，而是由其他因素造成的，例如受管制或受保护企业持续不断地往联邦法院输入信息、组织良好的利益团体在政治上的持久影响力，以及法官自身所具有的偏见和党派性的意识形态。可以说，这些因素要么是司法过程中所固有的，要么是司法过程中所不可避免的，在这个意义上，联邦法院所创设的正式的利益代表制度，在很大程度上无力矫正这些偏见。

即便是在利益代表制最为需要的场合，在绝大多数情形中，特别是在行政诉讼中，完全利益代表制的实现所具有的缺陷，可能会超出其可以预见的效益。因为"在行政管理的许多领域，政府决定必须具有普遍的效力，或者，人们需要行政行为迅速、果断，由于这两个需求的存在，让所有受影响利益获得代表的正式制度因此相当繁重而无法承受"①。在这个意义上，如果司法程序需要花费十多年的时间才能够做出批准或者不批准一个单独的电力设施建设的决定，那么，毫无限制地运用司法程序来解决有争议的经济和社会问题就可能制造混乱局面。而且，这一解决方案使联邦法院有权控制当事人进入行政决定程序，并有权最终改变政策选择，实际上反而会令人不安地强化了司法权。从这一角度，这一建议显然与我们对联邦法官角色的既定看法是不一致的，因为它将会使联邦法院成为一个制定和实施公共政策的政治机构，而不是一种救济机构，在其中如果公民认为政府官员违反法定义务，其便有权提出证据和主张。② 依据传统的假设，法律是给行政机关而不是联邦法院赋予了自由裁量权；因而，联邦法院的司法审查通常应当限于确保行政机关在其自由裁量权范围内行事，确保行政机关公平对待立法机关要求其考虑的那些利益。

最后，也是最为重要的是，通过废除当事人适格问题本身，该建议忽略了当事人适格概念作为可裁判性原理的独特性质和目的。实际上，作为联邦法院事项管辖权（subject matter jurisdiction）的一个必要组成部分③，在案例法实践中一个确立的稳定规则是如果缺乏事项管辖权，那么联邦法院必须立即驳回诉讼。④ 管辖权的优先性不仅是对诉讼"运作秩序"一个形式

---

① 肖北庚：《行政决策法治化的范围与立法技术》，载于《河北法学》2013 年第 6 期，第 13 页。

② 著名行政法学家斯图尔特（Richard B. Steward）指出，"在政治其他部门怠忽其职的情况下，司法干预是可以理解的，但一个庞大、集权、表面上冷淡与毫无人情味的政府所导致的疏远和陌生，很可能会因司法干预的过程而加剧"。Richard B. Steward，"The Reformation of American Administrative Law"，88 *Harvard Law Review* 1667，1803 (1975).

③ See Kevin A. Coyle，"Standing of Third Parties to Challenge Administrative Agency Actions"，76 *California Law Review* 1061，1088 (1988).

④ See Ex parte McCardle，74 U. S. (7 Wall.) 506，514 (1869).

主义的说明。① 在现代诉讼中,诉讼成本对被告的强制性影响,使得联邦法院在进入到诉讼的其他阶段前,特别是证据开示之前,必须首先确定一个有效案件或者争议的存在。因而,管辖权的优先性是一个防止联邦法院无意识的超越权限(ultra vires)行为的重要手段。② 在一个有效案件或争议的存在受到挑战的时候,分权原则所需要关注的问题不是司法不正当地干涉行政机关和立法机构的权限,而在于司法超越其宪法定义的边界和承担着非司法的(nonjudicial)角色。 显然,这样的司法行为违背了宪法的核心概念以及有限的司法权观念。

二、将当事人适格定位于诉讼要件

与废除当事人适格问题本身不同,第二种替代性方案并非要对传统的当事人测试标准作出实质性的改变,相反,毋宁是要改变看待当事人适格问题的方式,即如何在诉讼阶段中准确地定位当事人适格。依据这种观点,原告资格的准确定性,既关乎当事人适格测试标准的具体构建,也关乎当事人适格测试标准与案件所涉及的实体问题之间的勾连。③ 在诉讼法中,从理论的角度,因起诉而开始的诉讼过程,一般而言可划分为起诉阶段、诉讼审理阶段以及本案判决阶段。④ 相应地,当事人适格测试标准也可分别归属于起诉要件、诉讼要件(实体判决要件)和本案要件之中。

对当事人测试标准持这种观点的学者来说,既然我们承认案例法实践中当事人适格问题的解决最终不得不依赖于案件实质的解决,即当事人适格问题和案件实质问题出现相互融合、存在着事实上的牵连关系⑤,那么我们就必须设身处地地理解这种牵连关系是如何发生的,而不是人为地将两

---

① See Steel Co. v. Citizens for a Better Env't,523 U. S. 83,111 (1998).

② See Martin H. Redish & Sopan Joshi,"Litigating Article Ⅲ Standing:A Proposed Solution to the Serious (But Unrecognized) Separation of Powers Problem",162 *University of Pennsylvania Law Review* 1373,1403 (2014).

③ 参见陈亮:《诉讼要件抑或本案要件——美国关于原告资格定性之争及对我国的启示》,载于《清华法学》2015 年第 3 期,第 156—168 页。

④ 在诉讼法中,因起诉开始的诉讼是以法院对诉讼上的请求做出判决为目标的发展过程。理论上,诉讼过程可以分为以下三个阶段:第一阶段,为了让法院就诉讼进行审理、判决,诉讼首先必须适法提起,使诉讼适法提起的要价称为"起诉要价";第二阶段,一旦具备这一要件,事件便系属于法院,其系属在程序上必须适法,使诉讼适法系属所必须具备的要件称为"诉讼要件"。经过以上阶段,最后就原告的请求(本案)进行审理、判决,即第三阶段。在该阶段,要使法院裁判原告的请求有理,必须满足实体法上的构成要件,使其主张得到认可,这称为"权利保护要件"或"本案要件"。参见[日]中村英郎:《新民事诉讼法讲义》,陈刚等译,法律出版社 2001 年版,第 151—152 页。

⑤ See Richard H. Fallon,Jr. ,"The Linkage Between Justiciability and Remedies—and Their Connections to Substantive Rights",92 *Virginia Law Review* 633(2006).

者分开考虑。用艾尔波特（Lee A. Albert）的话说就是，"对当事人资格的测定就是对熟悉的诉因（a cause of action）构成要件的裁决，即通过询问原告是否表明了一种救济请求（a claim for relief）。所以，这里需要提出的是损害、法律保护、责任以及法定原因的等实体问题（substantive issues），而不是程序性问题。据此，当事人适格问题应该关注的不是客观情况是否适合法院裁判，而是通过提供或者拒绝救济，法律政策是否得到了较好的实施。同样地，对原告资格或利益评估不应被视为独立于救济请求之外，而应视为救济请求必不可少的一部分。并不存在更好或更坏的原告，存在的仅是有或没有一种救济请求的原告"①。

在这个意义上，传统当事人测试标准之所以存在着困境，根本的原因在于传统观点错误地将当事人适格问题界定为起诉要件，这其中必然有着置果为因的风险。将当事人适格问题定位于起诉要件，这不仅不利于当事人诉权的实现，而且在起诉条件的幌子下，未经案件的审理，特别是在当事人对诉讼过程不充分参与的情况下，联邦法院就对案件实质做出了裁判，更违背了正当程序的基本原理。换言之，如果当事人适格问题的解决最终要依赖于案件实质这一判断是可以成立的话，那么只有将当事人适格问题定位于诉讼要件，而不是起诉要件，才能保障当事人的诉权实现、敦促联邦法院履行依法裁判的义务。

在本书看来，当事人适格的准确定性固然是重要的，但这种定性上的争议更反映了当事人适格本身的复杂性，这只能通过深层次的揭露裁判过程予以解决。从分析的角度，虽然在分析上当事人适格与案件实质、救济过程无法分开，但它们各自之间所要处理的问题是不同的，我们必须在概念上予以区分。② 实际上，作为联邦法院事项管辖权的一个组成因素，通过诉诸某种识别适当当事人的原理，当事人资格要件在无须考虑纠纷的实体内容的情况下，就可以排除不适当的原告。因而，问题不在于如何定性当事人适格议题在诉讼过程中的性质，而在于是否有一种科学而充分的当事人适格原理。当然，这里的条件是识别出"适当的"当事人，在诉讼过程中具有重要的理论含义以及实践重要性。

另外，即便是承认当事人适格问题的准确定性在诉讼阶段是重要的，但

① Lee A. Albert, "Standing to Challenge Administrative Action: An Inadequate Surorgate for Claim for Relief", 83 *Yale Law Journal* 425, 426 (1974).

② See Timothy M. Tymkovich et. al., "A Workable Substantive Due Process", 95 *Notre Dame Law Review* 1961, 1998—2012 (2020).

如果将其定位于诉讼要件的话,由于诉讼过程中"复式结构"性质,容易使得裁判过程无论是对本案当事人,还是受裁判效力影响的案外利害关系人,会产生过低保护(under-protection)的风险。所谓诉讼过程中的"复式结构",是指在诉讼进行的过程中,法院对实体判决要件的审理与本案实体争议的审理是并行的,而不是必须先审理是否具有实体判决要件,只有在确认具有实体判决要件以后再启动实体争议的审理。① 在这个意义上,尽管在诉讼过程中,从理论的角度,如果法院或当事人对诉讼要件存有疑问,就应停止本案实体争议的审理,集中审理是否具有诉讼要件。由于"复式结构"使得在是否具备诉讼要件存在疑问的情形下,如果法院已开始进行本案实体争议的审理,那么该审理的进行也并不违法。②

然而,如果是这样的话,这将产生令人不安的不对称性。在某个具体案件的裁判过程中,如果原告就某个案件实质问题的裁决获胜的话,他可能会获得系统范围内的救济,或者得到针对被告拥有潜在的争点排除(issue-preclusive)作用的先例③;但如果原告败诉的话,又如果另一个原告随后就同一实质问题提起同样诉讼请求的话,被告则不能诉诸争点排除。④ 在这个意义上,这将创建一个争点排除的不对称性,潜在地将被告暴露在连环重复诉讼(relitigation)的风险之中,对被告的利益产生过低保护的问题。⑤ 而且,就并未参加诉讼,但利益受到裁判效力约束的潜在大量申请人而言,如果先前裁判所创造的先例并不存在显著意义上的区别,或者他们就系统范围的救济措施存在分歧的时候,其他潜在的申请人可能会发现之前的行动已经有效地决定了他们的请求,即使先前案件的原告甚至没有声称代表他们的利益。在这个意义上,这又将创建代表的不对称性,潜在地否认了他们获得司法听审的机会,进而损害了其他潜在申请人的利益。⑥ 可见,将当事人适格问题界定为诉讼要件有可能产生以下后果,即在原初诉讼的开始,被告和大量潜在的申请人将不会知道他们最终会经历何种不对称性,因而限

---

① 参见张卫平:《起诉条件与实体判决要件》,载于《法学研究》2004 年第 6 期,第 64 页。

② "在实际的诉讼里,只要具备诉讼要件而且无特别问题,通常先进行本案审理或者本案审理与诉讼审理同时进行。诉讼要件只不过是本案审理、本案判决的理论前提。"[日]中村英郎:《新民事诉讼法讲义》,陈刚等译,法律出版社 2001 年版,第 157 页。

③ See Parklane Hosiery Co. v. Shore, 439 U. S. 322 (1979); United States v. Mendoza, 464 U. S. 154 (1984).

④ See Taylor v. Sturgell, 553 U. S. 880 (2008).

⑤ See Richard A. Nagareda, "Embedded Aggregation in Civil Litigation", 95 *Cornell Law Review* 1105, 1113 (2010).

⑥ See Maureen Carroll, "Aggregation for Me, but Not for Thee: The Rise of Common Claims in Non-Class Litigation", 36 *Cardozo Law Review* 2017, 2021 (2015).

制了他们保护自己利益的能力。①

　　总之，如果当事人适格测试标准的一个重要目的是通过挑选出"适当的"当事人，以保护未出席审判的利害关系人的权利免受遵循先例的影响，那么，将当事人适格定位于诉讼要件而不是起诉要件，尽管有保护当事人诉权、促进联邦法院依法裁判的义务的作用，然而，在不实质性地改变传统当事人测试标准的前提下，使得我们有理由怀疑对于该目的的有效实现而言，当事人适格问题的这种替代性方案是否可行和确实有用。总之，传统当事人适格原理的替代性方案所存在的问题，要求我们寻找一种更为充分的解决方案。

第四节　一种新的路径

一、问题之诊断

　　可以说，无论是废除当事人适格问题本身，还是仅将传统当事人适格测试标准定位于诉讼要件，而不做实质性的反思和重构，它们都最终暴露出传统当事人适格原理所依赖的私法模式的"伟大神话"（great myth）。② 依据这些观点，联邦法院存在的目的并非是要执行法律和宪法，以及确保政府行为的合法性，虽然联邦法院也做这些事情，但它们仅是纠纷解决这一适当功能的附属效应和衍生后果。依据裁判的私权利模型，宪法裁判仅仅是有时候偶然发生的事情，而且大部分违背联邦法院的意志。③ 在这种神话的世界中，当事人偶然地受到他们无法控制的环境的损害，他们进入联邦法院也只是为了寻求对于损害的救济，宪法裁判虽然有时是必要的，但也仅是在涉及相关宪法议题的裁判有助于当前案件解决的意义上说的。宪法裁判仅仅伴随着案件而来。

---

　　① See, e. g. , Derrick A. Bell, Jr. , "Serving Two Masters: Integration Ideals and Client Interests in School Desegregation Litigation", 85 *Yale Law Journal* 470 (1976); Deborah L. Rhode, "Class Conflicts in Class Actions", 34 *Stanford Law Review* 1183 (1982); Martin H. Redish & Nathan D. Larsen, "Class Actions, Litigant Autonomy, and the Foundations of Procedural Due Process", 95 *California Law Review* 1573 (2007).

　　② See Jonathan R. Siegel, "A Theory of Justiciability", 86 *Texas Law Review* 73, 94 (2007).

　　③ 当然，这也并不是说做出宪法裁判是联邦法官在每个案件中必须履行的义务。准确地说，能够导致联邦法院回避裁决的唯一适当理由是，宪法已经将问题的决定授权给另一个政府机构，这里面涉及对相关宪法条款的解释问题，参见 Herbert Wechsler, "Toward Neutral Principles of Constitutional Law", 73 *Harvard Law Review* 1, 9 (1959).

然而，在真实世界中，案件并不仅仅是被动地出现，其伴随着某种无法控制的偶然事件而来。基于某种特殊的目的，例如使联邦法院解决某种复杂、重要的社会和政治议题，或者强迫政府的行为要符合法治的要求，个人特别是利益群体能够主动地创造案件。① 在很多案件中，这很容易做到。如果当事人适格要件的满足依赖于一个人遭受事实上的损害，当事人所需要做的就是有意地遭受某种损害。想要挑战公车隔离措施违宪的当事人，所需要做的仅仅是乘坐该车一次就可以，尽管其他时间他很少或者从不乘坐公车。② 想要挑战某生态地区环境恶化的当事人，只需要在环境恶化时购买该生态地区的门票进入到该区域就可以，尽管以后他仍然有可能进入到该区域。③ 同样，一个关心同性恋权利的异性恋者，如果选择和某位同性恋者申请婚姻登记，对于申请的拒绝显然给该异性恋者造成了事实上损害，而依据传统的当事人测试标准，这将创造一种可裁判性的议题。在美国，的确像托克维尔所观察的那样，"确实很少有法律可以长期避开司法分析，因为很少有法律不损害某项私人利益，不被当事人在法庭引用"④。实际上，一旦联邦法院在某个案件中拒绝实行一条法律，该条法律就会立即丧失一部分公信力。先前被这条法律损害了利益的人，会意识到存在着规避这条法律制约的手段。于是，类似的诉讼请求大幅增加，该条法律可能就会形同虚设。

重要的是，以通过创造自身的当事人资格这种方式所提起的诉讼所产生的法律，无论是好还是坏，都必将对更为直接的利害关系人（每天乘坐公车的人、居住在环境恶化区域的人、同性恋者）的个人权利产生影响。正如查菲（Louis L. Jaffe）所说的那样，"设想一种人权（a right of the people），特别是不是任何人的权利，也许虽然看起来是异常的，但我们越来越熟悉这样一种情形，即在个人和群体的诉讼中由司法执行公共或集体的利益，而这些个人和群体可能是也可能不是判决的直接受益者"⑤。然而，从法律上讲，这些更为直接的利害关系人，相比较自身创造当事人资格的人，显然对诉讼

---

① 在以色列，最高法院认为当声称严重违反法治时，以色列的每个人都具有诉讼的法律资格，以色列前最高法院院长巴拉克指出，承认申诉者坚持要求政府遵守法治的权利源于申诉者社会成员的身份，即每个人都有权要求行政行为合法、合理且程序公正。参见[以]巴拉克：《民主国家的法官》，毕洪海译，法律出版社2011年版，第180页。

② See Evers v. Dwyer, 358 U. S. 202, 203—204 (1958).

③ See Lujan v. Defenders of Wildlife, 504 U. S. 555, 579 (1992).

④ [法]阿列克西·托克维尔：《论美国的民主》，曹冬雪译，译林出版社2012年版，第82页。

⑤ Louis L. Jaffe, "The Editorial Responsibility of the Broadcaster: Reflections on Fairnessand Access", 85 *Harvard Law Review* 768, 774 (1972).

过程有着更为巨大的热情和信念，他们也具有强烈的激励参与到诉讼过程中。

我们知道传统当事人测试标准之所以存在困境，一个重要原因是其司法克制原则所构建的当事人适格测试标准不能够满足现代诉讼对司法权行使所提出来的新要求和新期待，即对案件所涉及的实质性议题司法有裁判的义务。然而，通过分析学者所提出来的传统当事人适格原理的替代性方案，我们发现仅以司法行动原则为指导，对于重构当事人适格原理仍然是不充分的，在实践中更存在着风险和成本。在这个意义上，一个充分和有效的作为重构当事人适格原理的指导性原则，必然是能够同时满足司法克制和司法行动这两种竞争性原则。没有疑问，这项原则便是我们所熟悉的必要性原则（principal of necessity），即司法权的行使必须以必要为原则。[①] 正是在这里，我们可以发现关于当事人适格问题的一种新的解决方案。

二、当事人资格的相对性

众所周知，在裁判效力扩张的背景下，考虑到全部利害关系人不可能共同参与诉讼，关于现代诉讼所需要认真面对和思考的是在某个具体的案件或者争议中，当前案件的当事人是否能够"充分地代表"大量未命名的、没有出席诉讼过程的、未来潜在的诉讼当事人。[②] 在这个意义上，我们应该如何在大量潜在的当事人中间选定适当的当事人呢？本书认为，由于现代诉讼的裁判效力具有不可避免的扩张性，而且裁判效力的这种扩张在不同的情形中必然受到不同因素的影响，那么在大量潜在的当事人中间受到裁判效力的影响，也就必然存在着程度上的不同。因此，适格的当事人必然是相对的，即以具有全面利害关系的人作为识别适格当事人的准据，应该是一个更为可取的选择。[③]

概括而言，在全面利害关系中的当事人适格模式中，联邦法院需要做出的有关当事人适格与否的决定是一个程度问题，而不是一种性质上的判断。正如著名联邦大法官卡多佐所强调的那样，"现在我们正趋于越来越理解这

---

① See e.g. ,Allen v. Wright,468 U. S. 737,752 (1984).

② See Owen M. Fiss,"The Supreme Court,1978 Term-Foreword:The Forms of Justice",93 *Harvard Law Review* 1,25 (1979).

③ 当然，可能有种反对观点认为，这里面有套套逻辑、同一反复的意味，没有内容，说了等于没有说。因为总是对，不可能错，更无法验证。虽然如此，我们并不能因此否定套套逻辑，重要的在于套套逻辑为我们看待事物、分析问题提供了一个角度。关于套套逻辑作用和限度的分析，可参见张五常：《科学说需求》，中信出版社 2010 年版，第 50－67 页。如果我们承认裁判效力的扩张是现代诉讼的一项典型特征的话，那么全面利害关系至少应是我们分析当事人适格问题的出发点。

样一个真理,即说到底,只有很少的规则;而主要是有一些标准和程度。我是否有过失,这就是一个程度的问题。我在使用自己的土地时,是否造成了一种也许是由我的邻居消除的轻微损害,这也是一个程度的问题"①。显然,传统当事人适格测试标准中的事实上损害、因果关系以及可救济性,也并不是一些得到充分界定和予以科学验证的概念,毋宁是些表示程序的词。由于确定当事人适当与否的因素都是在一种连续体上存在的,不可避免的,联邦法院必须做出选择,即应该在连续体中的哪一点划定分界线。② 联邦法院必须决定在何处存在着足够的损害,因果关系在何处是足够强烈的,何时当事人的诉求是充分地与案件紧密相关的。联邦法院也必须为所做出的决定提供一种正当性证明,即为什么是此处而不是彼处界定了适当的当事人。

重要的是,以全面利害关系作为识别适格当事人的准据,也符合我们对于司法权的直觉性理解,即司法权的运用要受到必要性原则的约束。一般而言,违反法律总是影响到一系列范围的人和利益。可以想象,所有的利益关系当事人都可能寻求司法救济。例如,一个非法的轮胎管制,可能会增加一个人爆胎的风险,可能会被第二个人在报纸上读到,也可能对第三人产生有利可图的商业。这三个人共享着所有公民在政府合法治理方面的普遍利益。但是,所有这三个人都应该有资格提起确认该管制无效的禁令性诉讼吗? 显然不是。因为没有必要允许这三个原告提起诉讼。如果联邦法院否认了第二个人和第三个人的当事人资格,那么仍然存在着第三个提起诉讼的潜在原告,即轮胎遭受爆裂的第一个人。在这种情形中,从相对的角度分析,遭受爆胎的那个人相比于另外两个人更为优越,也具有最大的利害关系获得禁令救济。只有当最后也是更为优越的潜在当事人出现时,司法救济才变得真正必要。换言之,通过等待优越的(superior)原告起诉,联邦法院可以洞察司法救济的必要性。一般来说,在获得某个特定的救济方面有最大利害关系的人,也有最大的兴趣决定是否通过诉讼追求该种救济是值得的。③

此外,专注于当事人全面利害关系也解释了传统当事人测试标准的一个核心关注,即促进具体的对抗关系。传统的当事人原理之所以坚持事实

① [美]本杰明·卡多佐:《司法过程的性质》,苏力译,商务印书馆 1998 年版,第 101 页。

② See Susan Bandes,"The Idea of a Case",42 *Stanford Law Review* 227,264 (1990).

③ See Lea Brilmayer,"The Jurisprudence of Article Ⅲ:Perspectives on the 'Case Or Controversy' Requirement",93 *Harvard Law Review* 297,310 (1979).

上损害、因果关系和可救济性三要件，一个重要的原因便在于维持对抗制程序所需要的当事人之间具体的不利关系。① 虽然传统的当事人原理在逻辑上并不足以建立这种具体的对抗关系，但这并不表示在当事人适格的语境中，具体对抗关系不再是一项价值了。这一点可以解释联邦法院在具体对抗关系上的不一致。在某些案件中，联邦最高法院暗示一个充分程度的具体对抗关系足以建立当事人资格。② 而在另一个极端，联邦法院有时声称当事人适格完全根植于历史或结构性关注，以至于即便具体对抗关系有时是有意的，但对当事人适格测试标准而言却是不相关的。③ 然而，依据相对的当事人适格，最好的观点是对于识别恰当的当事人而言，具体对抗关系既不是充分的，也不是完全不相关的，毋宁是一种应该在每种情况下最大限度地予以追求的价值。④ 正如没有实现的理想仍然是一种需要不断追求的理想一样。

最后，相对当事人适格需要理性的判断，因而在某种程度上约束了司法对当事人适格进行操作和扭曲的机会。依据传统的当事人适格测试标准，在某个案件中为了识别适当的当事人，原告有义务证明他们有足够的利害关系来获得救济，被告则有权挑战原告的主张，在原告所主张的利益并非充分时，联邦法院有独立义务拒绝当事人资格。相比之下，在相对当事人适格下，检验标准将是原告是否有最大的利害关系来获得请求救济。与传统当事人适格测试标准一样，一个非传统原告最初仍然有义务证明他们对获得所请求的救济具有高度的利害关系。然而，被告则有权通过识别更为优越的潜在原告来挑战原告的主张。重要的是，对于联邦法院而言，当且仅当联邦法院认为原告所拥有的利害关系不如另一个潜在的申请者时，联邦法院才能够否认原告的当事人资格。毕竟，如果否认相对的当事人适格，联邦法院必须首先确定一个更为优越的（superior）原告。实际上，在联邦法院当前的实践运作中，涉及当事人适格争议的很多案件，很大程度上遵循的就是这种探究顺序。⑤

当然，应该承认的是，在某些情形中，大量潜在的原告都可能同等的优

---

① See David M. Driesen, "Standing for Nothing: The Paradox of Demanding Concrete Context for Formalist Adjudication", 89 *Cornell Law Review* 808, 815－826 (2004).

② See Baker v. Carr, 369 U. S. 186, 204 (1962).

③ See Lewis v. Casey, 518 U. S. 343, 353 (1996).

④ See Mark V. Tushnet, "The New Law of Standing: A Plea for Abandonment", 62 *Cornell Law Review* 663, 691 (1977).

⑤ See e. g. , Ariz. Christian Sch. Tuition Org. v. Winn, 131 S. Ct. 1436 (2011); Clapper v. Amnesty International USA, 133 S. Ct. 1138(2013).

越,要么是因为潜在的申请人之间拥有完全相同的特征,要么是因为他们之间虽然不存在完全相同的特征,但其中可识别的差别很小或者非常模糊。假设政府采取一种潜在的非法行动,可能立即威胁到一个濒临绝种生物。显然,政府的这种非法行动将影响到所有游客最为紧迫的利益,如果这些人决定在下周的旅行中观看该濒危物种的话。由于所有这些个体都共享相同的利害关系特征,他们在适格当事人问题的识别上,都会取得同等的优越性,所以他们都有相对的当事人资格。然而,同等的优越地位有可能还包括更多范围内的潜在原告。例如,政府所采取的这项有争议的行动可能会影响另外一群游客,但他们打算在稍微遥远的未来,比如说在两周内而不是一周内参观该濒危物种。一般而言,两周而不是一周的微小区别虽然会影响两群游客的相对利害关系权重,但这种影响还不足以达到否定任何一方相对当事人资格的程度。

面对潜在当事人的这样一种"势均力敌"关系,严格相信司法克制的人可能坚持认为双方当事人资格应被予以保留,除非所有优越的原告都提起诉讼,因为只有这时,司法权的行使才成为真正必要的。但联邦法院依法从事原则决策的义务不会容忍这种程序,因为这将使一个特定的原告获得司法救济的能力完全依赖于一种无法容忍的武断顺序。显然,在这种情形下,有胜于无。一个更好的观点是,由于任何一个群体都无法主张显著意义上的优越性,他们都可以获得当事人资格。也就是说,所有的潜在当事人都有着同样的全面利害关系。

然而,也正是在这里,虽然相对当事人资格符合司法权行使的必要性原则,但如果仅诉诸全面利害关系作为识别恰当当事人的依据,结果可能会识别出更多而不是更少的适格当事人,特别是考虑到诉讼过程的成本以及对被告的强制性质,这对于原告不可避免地存在着过度保护的问题。为了缓解相对当事人资格所带来的这种过度保护的风险,某些程序上的辅助措施就是必不可少的了。

三、程序上的辅助措施

我们知道,在每一个涉及当事人适格争议的案件中,所需要探究的问题都是"在诉讼的开端",即当前原告是否为获得司法审理的适当当事人。①实际上,联邦法院和评论家们已经开始越来越认识到在最终判决之前,现代

---

① See Friends of the Earth, Inc. v. Laidlaw Envtl. Servs. (TOC), Inc. , 528 U. S. 167, 189 (2000).

诉讼对诉讼当事人施加着不同程度的强制性影响这一诉讼现实。毫无疑问，随着诉讼进程的不同，诉讼对于诉讼当事人的要求是不同的，而在不同的诉讼阶段，相应的程序和证据标准也有所差别。例如，里德斯（Martin H. Redish）就指出，在证据开示可能需要大量的时间和费用的案件中，即使在面临缺乏案件实质的"同谋诉讼"中（strike suits），被告也往往被迫选择庭外和解。① 同样，经受住撤销案件实质的动议和进入到证据开示阶段，可能是原告的终极目标，因为随着等待时间、成本和不确定性增加，庭外和解变得更具有吸引力。② 实际上，正是这一点促成了联邦最高法院在贝尔大西洋公司诉托姆布雷案（Bell Atlantic Corp. V. Twombly）中的决定，在该案中，联邦最高法院要求原告的恳求必须达到足够的事实，以确保救济主张从表面上是合理的。③ 联邦法院认为，证据开示是昂贵的，它的滥用几乎不可能受到监视或控制，证据开示的启动往往会迫使被告解决"贫乏的案件"。④

因此，在当事人适格的语境中，要求原告的主张至少越过合理性（plausibility）的门槛，而不是单纯的可能性（possibility）或可想象性（possibility），将减少被告被迫解决某些琐碎案件的可能性。⑤ 在这个意义上，当前司法实践批判的逻辑意义应该是明显的：要充分地解决所有当事人适格争议方面的问题，联邦法院还必须使用《联邦民事诉讼规则》中第十二（b）（一）条相关的程序和证据标准⑥，而不是使用其他任何旨在解决争议实体方面的程序性工具。换句话说，与将当事人适格定位于诉讼要件不同，适当地执行和实施《宪法》第三条中"案件或争议"要求联邦法院必须在诉讼的开始、在起诉阶段，积极主动地解决当事人适格方面所存在的事实方面的争议。⑦ 当然，在起诉阶段确保联邦法院所要审理的案件或者争议是真实的，也可以有效地节约司法资源。

---

① See Martin H. Redish,"Pleading,Discovery,and the Federal Rules:Exploring the Foundations of Modern Procedure," 64 *Florida Law Review* 845,855（2012）.

② See Frank H. Easterbrook,"Discovery as Abuse",69 *Boston University Law Review* 635,636（1989）.

③ See Bell Atlantic Corp. V. Twombly,550 U. S. 544,570（2007）.

④ See Bell Atlantic Corp. V. Twombly,550 U. S. 544,559（2007）.

⑤ See Martin H. Redish, "Pleading, Discovery, and the Federal Rules: Exploring the Foundations of Modern Procedure",64 *Flarida Law Review* 845,858（2012）.

⑥ 《联邦民事诉讼规则》第12（b）（一）条就提出抗辩的方式作出以下规定：即如果是对诉讼标的无管辖权的抗辩，答辩人可以选择以申请的方式主张，而不必在应答的诉答文书中主张。

⑦ See Ilan Wurman,"The Origins of Substantive Due Process",87 *University of Chicago Law Review* 815,816—831（2020）.

　　应该指出的是，这种解决当事人适格争议的方案，也绝非新鲜。实际上，当面对有关联邦法院在事项管辖权方面所存在的事实上的挑战时，即管辖权或者审判依赖于有争议的事实时，联邦法院很大程度上遵循的就是该种路径。例如，在瓦特诉赛尔丁案（Warth v. Seldin）中，联邦最高法院就指出，"允许或要求原告通过修改起诉书或宣誓书，提供进一步的被视为支持原告当事人资格的事实陈述，这是审判法院的权力。如果在这个机会后，从所有的记录材料中仍然没有充分地显现原告的当事人资格，那么法院就必须拒绝受理案件"①。只不过，在这里要强调的是，如果当事人适格测试标准能够在分权原则中发挥某种作用，如果关于现代诉讼审判前判决（prejudgment）的强制性质是正确的，那么，在诉讼的一开始而不是在诉讼过程中，充分地解决在当事人适格问题方面所存在的事实上争议，就不仅仅是审判法院的权力，相反它更多的是审判法院的宪法义务。

　　另外，由于当事人适格主要集中于原告发起某项诉讼的可行能力，因而如果联邦法院确定就某项诉讼而言，某个（些）原告是适当的当事人，那么，接下来案件即将进入实质审理阶段，就案件中的实质问题、可能涉及的某种宪法议题做出裁判。然而，实践中经常发生这样一种情形，虽然原告是发起某项诉讼的适当当事人，但就案件中的实质问题、可能涉及的宪法议题并非是合适的当事人。例如，对于空气、水、噪声环境污染所提起的制止公害的诉讼，联邦法院有时会承认某一环境保护组织的当事人资格。但是，随着案件进入当地居民所遭受的具体损害情况的主张和举证的诉讼阶段，显然原告当事人并非是适格的，这时必须将所遭受具体损害的当地居民纳入诉讼过程，才能解决相关的问题。类似的，就禁止对某种堕胎进行财政资助的法规的合宪性所提出的诉讼中，虽然医生能够以遭受经济损害具有最大利害关系为由，拥有当事人资格；然而，第三方当事人，即没有公共资助就不能堕胎的妇女，显然就所涉及的宪法议题拥有更为直接的联系。在这些案件中，是第三方当事人的诉求，而不是原初具有当事人资格的原告诉求，最终驱动着案件。② 由于联邦法院就案件所做出的最终裁决，不可避免地对这些利害关系人产生影响和约束力，那么依据正当程序的基本原理，能够对案件的实质问题或者某个争点议题提出主张和举证的利害关系人进入诉讼程序中，就是必要和适当的。

---

① Warth v. Seldin, 422 U. S. 490, 501－502 (1975).

② See e. g., Craig v. Boren, 429 U. S. 190 (1976); Secretary of State v. Joseph H. Munson Co., 467 U. S. 947 (1984).

换言之，为了应对联邦法院判决可能对大量潜在的申请人产生过低保护的问题，伴随着诉讼过程的发展、审理问题的深入，联邦法院还必须依据《联邦民事诉讼规则》第二十四(a)(二)条之规定①，通过探究大量案外利害关系人与案件实质问题、所涉争点议题的关系，扩大利害关系人对于诉讼过程的参与(intervention)，而不是将当事人适格概念理解为诉讼过程中一次性事件。即是说，当事人适格并非是一个统一不变地贯穿于整体程序进行过程中的概念，毋宁是具有相关程序经过的动态特质，能够就案件实质问题或所涉及重要事项的争点，逐渐拓展诉讼参加者的范围，进而赋予他们类似当事人或者共同诉讼的辅助参加者的地位。通过这种以案件实质问题与所涉议题争点为依据扩大诉讼参加的制度性设计，不仅对先前提起诉讼的原告的处分权和辩论产生了牵制和约束，也为联邦法院对案件实质问题、所设议题的有效裁判提供了支持和帮助，因而构成对案外所存在的大量潜在申请人的利害关系予以实质性程序保障的重要一环。

第五节　我国民事诉讼法中当事人适格概念的批判性反思

在美国联邦法院的案例法运作过程中，当事人适格原理的界定相对没有争议，但作为一个规范性问题，判断当事人适格与否的标准却成为学者们产生严重分歧的焦点。无论联邦法院如何选择当事人适格的测验标准，似乎总是能够找到与之反对的观点，理论学者的批评从来没有停止过。在我国，当事人适格的地位也是如此。

众所周知，按照我国《民事诉讼法》第一百十九条之规定，当事人的起诉必须符合以下条件：(一)原告是与本案有直接利害关系的公民、法人和其他组织；(二)有明确的被告；(三)有具体的诉讼请求和事实、理由；(四)属于人民法院受理民事诉讼的范围和受诉人民法院管辖。② 对我国民事诉讼中当事人适格与否的测试标准，我国有些学者提出了激烈的批评。他们认为，由

---

①　《联邦民事诉讼规则》是有关诉讼参加(intervention)的规定，其中第二十四(a)(二)条就权利参加的条件作出了规定，依据适时的申请，申请人如满足以下条件，均应被允许参加诉讼：申请人请求的利益关系作为诉讼标的的财产或交易，并且由于申请人所处的地位，该诉讼的处理结果会在实际上削弱或妨碍其保护自己利益的能力，同时申请人的利益并非由现在的当事人(existing party)充分提出。

②　参见《民事诉讼法》第一百十九条。除此之外，不得违反"一事不再理"、没有仲裁协议排斥法院审判等也属于起诉的条件，学者通常将这些条件称为"起诉的实质要件"，而将《民事诉讼法》第一百二十条规定的要求相应地称为"起诉的形式要件"，即起诉应当向人民法院递交起诉状，并按照被告人数提出副本。

于民事诉讼法将当事人适格定性为起诉要件,这不可避免地导致起诉要件的高阶化设定与实体审理的前移,从而妨碍我国民事诉讼当事人诉权的行使、保护以及司法公正的实现。"不废除案件审理前受理程序中的实体审查,当事人的诉权实现就存在一个人为的障碍。"①因而,为了确保当事人诉权的行使以及司法公正的实现,有必要将原告资格定性为诉讼要件,使人民进入人民法院的基本权利得到保障。

从诉权实现和司法公正的角度,我们固然可以对我国现行《民事诉讼法》有关当事人适格地位及其检验标准作出批评。② 然而,当事人适格概念在现代诉讼中的复杂含义提示我们,需要厘清当事人适格概念所可能发挥作用的领域。至少在美国联邦法院的运作过程中,作为可裁判性原理组成部分的当事人适格测试标准,有着丰富理论含义和实践重要性。在这里,除了当事人诉权本身的实现以外,当事人适格还与联邦法院作为决策制定者地位的正当性与能力存在着牵连关系。特别是,在法院能够作为决定制定者地位的意义上,由于将当事人适格界定为诉讼要件,无论是对于被告还是大量潜在的利害关系人,都存在着过低保护的风险,因而将当事人适格作为起诉要件是一个可取的选择。在这个意义上,我国《民事诉讼法》的这一规定不应该过度地受到批评。

当然,承认将当事人适格作为起诉要件,我国《民事诉讼法》第一百十九条虽然无意中对当事人适格议题的解决置于一个正确的方向,并不表示对当事人适格概念没有改进的余地。首要的前提性问题是,我国人民法院是否意识到当事人适格能够作为一个独立的议题而存在。如果人民法院是在纠纷解决的意义上,依据原告是否与案件的处理结果拥有直接利害关系,而决定是否原告为案件的适当当事人,并决定是否受理案件,那么人民法院不仅滥用了在其管辖权范围内的自由裁量权,而且没有经过正当程序的审理,就剥夺了当事人的胜诉请求权。直接利害关系,就裁决在纠纷解决的意义上,是一种过重的当事人适格与否的检验标准。

然而,如果是在裁决可能形成公共政策的意义上,人民法院必须意识到

① 肖建华:《中国民事诉讼法判解与法理——当事人问题研析》,中国法制出版社2001年版,第23页;陈亮:《诉讼要件抑或本案要件——美国关于原告资格定性之争及其对我国的启示》,载《清华法学》2015年第3期。

② 传统民事诉讼法所以需要起诉要件以及原告适格,其背后的逻辑预设是防止滥用诉权和耗费司法成本。然而,这一预设在现代型诉讼中却失去效力,为应对此挑战,世界范围内法治国家采取了一系列接近正义的措施,如降低诉讼费用、加强贫困者的法律援助、放宽起诉条件建立公益诉讼等,对此分析参见左卫民:《在权利话语与权力技术之间——中国司法的新思考》,法律出版社2002年版,第43页。

当事人适格作为一个独立议题所具有的理论含义。这时，人民法院不仅应该将直接利害关系作为识别当事人适当与否的一种重要标准，还应当进一步追问当事人所具有的这种直接利害关系是否足够充分，进而足够使得当事人有激励提供裁决所需要的各种信息，是否不存在其他可替代的更为适当的当事人。在这个意义上，直接利害关系作为当事人适格与否的测试标准，就人民法院能够履行作为决策制定者的功能而言，可能又是一种过低的检验标准。

其次，如果人民法院意识到是在决策制定的意义上，将当事人适格与否作为一个独立的议题予以分析，那么，人民法院还必须进一步诉诸相应的程序性辅助措施，避免对大量范围内的相关潜在利害关系人产生过低保护的问题。在这里，人民法院也有两个方面的考虑。考虑到诉讼程序对被告的强制性影响，应该赋予被告在当事人适格问题上的参与地位。正如我国学者张卫平所指出的那样："当事人是否适格问题、法院审判权行使的范围问题以及当事人之间是否存在仲裁协议而排除法院裁判等问题，对这些涉及实体问题的审理应该给予当事人双方充分陈述甚至辩论的机会……而按照我国民事诉讼法的制度设计，关于起诉条件的审查完全属于职权调查事项，法院只是单向地对应一方当事人，而不是通过公开的诉讼程序在开放的程序（如辩论程序）中更加中立地判断有关起诉条件（实质上的实体判决要件）的事项，这自然会影响到裁判的程序公正性。"①在这个意义上，如果被告以当事人适格为由，提出了案件本身不具有可裁判性的动议，那么，人民法院就必须要求原告提出充分的证据和论据，来支持自己的主张。否则，人民法院应该在其管辖权范围内，依据问题不具有可裁判性为由，将案件予以驳回，做出不予受理的决定。②

另外，如果法院认为原告是适当的当事人，那么，在对案件的实质问题、所涉及的某种复杂议题的审理过程中，我国法院还可以借鉴美国《联邦诉讼民事规则》第二十四（a）（二）条之规定，积极主动地扩大相关利害关系人对诉讼过程的适时参与，赋予他们诉讼当事人的地位，从而能够保障将多数的公共利益以及意见及时、全面地反映到法院对案件实质问题、所涉重要议题的审理过程中。"当事人通过其获得的程序上的权利，不仅使其自身处境地位获得改善，也使其参与到塑造司法现代化的进程之中，或为塑造司法现代

---

① 张卫平：《民事诉讼：关键词展开》，中国人民大学出版社 2005 年版，第 72 页。
② 当然，在这里也有例外，即如果是受诉法院没有相应的事务管辖权，那么法院不是不予受理，而是应该依决定移送有管辖权法院。

化的积极且活跃的力量。"①这样,不仅法院的最终裁决能够取得本案当事人的认可和信任,也在一般意义上对法院作为政策制定者的地位提供了一种正当性证明。"通过司法的开放性,在增强司法运作过程透明度的同时,还期望公民在实际参与司法的过程中找回失落已久的主体性感觉,从容地使司法判决最大限度地体现民意并获得民意的支持,重新确立赢得人们信赖的根基。"②

第六节 小 结

作为一种可裁判性原理,当事人适格通常被学者称作一个最为复杂和变化莫测的概念。当事人适格原理在理论上受到学者高度重视的同时,却被指控为价值承担和具有背景依赖性。事实上,在分析当事人适格的文献中,我们几乎很难找到一个学者不批评该原理明显不连贯的。③ 许多评论家声称联邦法院有关当事人适格争议的决定,都依赖于无用的托词和分析上的伪装。联邦法院被指责为在程序的伪装之下,来推进自身的实质性利益,因为在某个具体的案件中是否存在当事人资格,归根结底要依赖于案件实质的解决。

对当事人适格原理的批评同时来自左派和右派,在批评者看来,一个统一的当事人适格原理不仅在理论上是不可能和无用的,而且在实践中是虚伪和危险的。④ 半个世纪之后,当事人适格测试标准仍然没有人超越哈兰(Harlan)大法官著名的哀叹,即当事人适格原理已经成为"一个由不能说的秘密规则所装扮的文字游戏"⑤。这一点构成反思进而重构传统当事人原理的依据和基础。当事人适格问题最终要取决于司法在宪制秩序中的角色和作用。正如巴拉克所说的那样:"法官如何适用诉讼资格规则,是确定其认知司法职责进路的试金石。倘若法官认为自己的职责仅是决定人们权利的纠纷,往往会强调实际损害的必要。相形之下,倘若法官认为自己的司法职责是弥合法律与社会的差距并且保护(形式与实质)民主,则往往会扩张

① 沈国琴:《中国传统司法的现代转型》,中国政法大学出版社 2007 年版,第 317—318 页。
② 冯军、丁建军:《司法制度的历史样态与现代图景》,人民出版社 2011 年版,第 91 页。
③ See e. g. ,Richard H. Fallon,Jr. ,"The Fragmentation of Standing",93 *Texas Law Review* 1061 (2015).
④ See e. g. ,Henry P. Monaghan,"Constitutional Adjudication:The Who and When",82 *Yale Law Journal* 1363,1364 (1973);Antonin Scalia,"The Doctrine of Standing as an Essential Element of the Separation of Powers",17 *Suffolk University Law Review* 881,882 (1983).
⑤ 参见 Flast v. Cohen,392 U. S. 83,129 (1968)(哈兰大法官,持异议意见)。

诉讼资格规则。"①在这个意义上，如果采取只有事实上遭到伤害的人才具有诉讼资格的观点，那么，当事人适格问题似乎是公法的边缘问题。但是，如果放宽当事人资格的标准，我们就会开创一个司法裁判的新世纪，而其后果远比当事人适格本身的问题重要。相比较理论学者所提出来的替代性方案，由于当事人适格问题涉及的是司法权运用的条件，而不是司法权本身（per se），因此法官如何扩张诉讼资格必须要受必要性原则的规制。只有这样，司法权的运用才能够取得合法性。

如此看来，在当事人适格原理中，联邦法院的司法权之运用更多地表现为一种正统化之权（power to legitimate）。作为正统化权力的司法，意味着法院与当事人之间的关系，并非纯粹的居中裁判，处于一种中立地位，亦非纯粹的居高临下，处于一种支配和控制的地位，而毋宁为一种协同互进的关系。法院与当事人之间的这种协同一致（act in concert）的行动，为司法权之运用提供合法性，尽管有时会以牺牲个人当事人的利益为代价，但考虑到所涉及的利害关系，则更为重要。

可以肯定的是，尽管有着必要性原则的规制，当事人资格仍然不时地被联邦法院否认，但标准已经越来越混乱和变得相对化。罗伊诉韦德案（Roe v. Wade）说明了这种混乱。②在该案中，联邦最高法院认为，在一个未婚女子怀孕的时候所提起的诉讼，所相关的堕胎争论并非是没有意义的过时案件，联邦最高法院认为这个问题可能会再次发生，该未婚怀孕的女子具有当事人资格。但是，联邦法院认为一对已婚的夫妇就堕胎所提起的诉讼，则缺乏当事人资格。或以为，如果仅仅由相对性当事人适格观之，没有理由以《宪法》第三条为依据来区分这两种情况，因为结婚与否对于堕胎争议所具有的利害关系而言，并没有显著的区别。当然，对于堕胎议题的可裁判性而言，也许更为正确的选择是以已婚夫妇的申请并非时机成熟而拒绝受理案件，而不是因为缺乏当事人资格。因此，何谓时机成熟便是第六章需要分析的问题。

---

① ［以］巴拉克：《民主国家的法官》，毕洪海译，法律出版社 2011 年版，第 176 页。
② See Roe v. Wade, 93 S. Ct. 705 (1973).

第六章 作为判断的司法权：司法审查的时机

自然界告诫我们，应当在果实成熟时才能采摘，而不能在此之前采摘、收获并享用它们。关于诉讼，在很大程度上也是如此。在法国著名作家拉伯雷的小说《巨人传》中，勃里德瓦法官就指出："火候不到，事物尚未成熟便立即进行宣判，那就会如外科医生所说，'子未熟透便用刀去破，太危险'，而且，也好比是人身上有了点毛病，但尚未发作，便立即大动干戈，手术去除一样地毫不合乎情理。"①如果在时机不成熟、相关条件不具备的情况下，联邦法院就对相关的案件或者争议进行裁判，联邦法院不仅会做出一个糟糕的决定，而且在权力分立的环境中，联邦法院会不正当地侵犯其他政治机构的权力界限。在这个意义上，如果联邦法院认为某个案件或者争议的时机还未成熟，那么，它应当拒绝审查，直到时间或者其他条件使得案件或者争议变得成熟为止。在这方面，成熟原则完全是一个常识性问题，它适用于联邦法院所有行为的运作过程。②

然而，当前的研究限于联邦法院对政府行为进行司法审查时的时机成熟与否的问题。③这是因为行政行为成熟与否，与法规或者规章适于司法审查的成熟问题，在分析上是不能分离的，必须同时考虑。而且，也是最为重要的，正是在对政府行为进行司法审查时的时机成熟与否的问题上，我们才可以发现成熟测试原理所可能存在的独立运作领域，使得成熟测试原理既区别于当事人资格测试，也有别于穷尽行政救济原则、最终性等其他诉讼时机问题。在案例法的运作过程中，作为整体意义上可裁判性原理的一个重要组成部分，成熟测试是一个相对狭窄的测试，它与特定的可审查性测试无关，成熟测试的目的是要看案件或者争议是否完全成熟。

---

① ［法］弗朗索瓦·拉伯雷：《巨人传》，陈筱卿译，吉林出版集团有限责任公司2010年版，第442页。

② 参见［荷］勒内·J.G.H.西尔登、弗里茨·斯特罗因克：《欧美比较行政法》，伏创宇等译，中国人民大学出版社2013年版，第371—380页。

③ 应该指出的是，在行政法上，就政府行为进行司法审查的时机问题，除了时机成熟，还包括穷尽原则（exhaustion）、最终性原则（finality）以及优先管辖权原则（primary jurisdiction），对此分析可参见［美］肯尼思·F.沃伦：《政治体制中的行政法》（第三版），王丛虎等译，中国人民大学出版社2005年版，第463—467页；Gary Lawson, *Federal Administrative Law*, St. Paul, Minn.: West Group, 1998, pp. 807—856。

然而,由于成熟原则的概括性,使得它常与其他更具体的测试混淆,特别是常常与当事人资格测试和穷尽行政救济测试混淆。但成熟测试提出的却是相对具体的问题,即联邦法院在该案中扮演什么样的角色? 一般来说,联邦法院应该裁判这种争议吗? 正如戴维斯(Kenneth Culp Davis)所指出:"虽然成熟要求和穷尽行政救济要求都与对行政行为进行司法审查的时间有关,但是成熟要求的焦点集中于司法程序的性质,法院应该履行的职责种类;而穷尽行政救济要求的焦点集中于是否应该要求当事人在去法院之前寻求行政救济等相对狭义的问题。"①确切说,成熟测试服务于双重目的,即"通过避免不成熟的(premature)裁判,保护法院免于纠缠对行政政策的抽象争议,也保护行政机构免于司法干预,直到行政决策正式作出并由争议的当事人具体地感受到决策的效力"②。在联邦法院的案例法实际运作过程中,成熟测试分析之所以被使用,是因为联邦法院将之作为一种工具来帮助确保司法决策的精确性,防止司法侵犯政府权力之间适当的和有效的分配。

换句话说,如果我们将联邦法院作为政治机构之一种,那么成熟原则与政治责任就发生着相互关联,即联邦法院何时可以对政府行为进行司法审查,何时又必须拒绝审查,而将相关的案件或者争议交由相应的政府部门予以处理。显然,成熟测试涉及政治责任的确定和分配。就此而言,只有在对政府行为进行司法审查这一领域中,我们才可以理解成熟原则所具有的独特含义,其所要面对的问题,以及所需要的回答。那么,在政治责任的意义上,究竟什么是时机成熟,这是我们首先需要明确的问题。

第一节　时机成熟的界定

作为可裁判性原理的组成部分,时机成熟测试标准所关注的是就某种案件或者争议"何时"(when)进行审查是适当的问题。经由第五章的分析我们知道,作为可裁判性原理的组成部分,当事人适格(standing)测试标准旨在解决的问题是就某种事情"谁"(who)是提起诉讼的合适当事人。与当事人适格不同,时机成熟则是确定"何时"该诉讼可以发生,尤其是时机成熟测试旨在确保联邦法院的行动是适当的,从而将以下类型的问题区分开来,即对某问题进行司法审查是早熟的,因为损害是推测性的,或者可能从来不

---

① Kenneth Culp Davis,"Ripeness of Governmental Action for Judicial Review",68 *Harvard Law Review* 1122,1122 (1955).

② Abbott Laboratories v. Gardner,387 U. S. 136,148－149 (1967).

会发生的。① 正如戴维斯所言："司法机制不应该对目前现实的或迫在眉睫的问题持保守态度，也不应该在抽象、假想或遥不可及的问题上浪费精力。"②

尽管当事人适格与时机成熟的不同措辞，使得"谁可以起诉"和"何时可以起诉"看起来是不同的。然而，在联邦法院的案例法运作过程中，当事人适格原理与时机成熟原理存在着一个显明的重叠。③ 通常来说，如果没有损害真实地或者潜在地发生，当事人起诉的资格就可能被拒绝，或者案件以时机不成熟为理由而被驳回。例如，在奥歇诉利特尔顿案（O'Shea v. Littleton）中，联邦最高法院将该诉讼宣布为不具有可裁判性。该案申请人主张治安法官和法官在设定保释和强加死刑方面，存在着对黑人的歧视性待遇。联邦最高法院认为，由于原告当前并不面临着其所主张的风险，原告因所指控的行为遭受损害的威胁遥不可及，以至于不能够满足案件或者争议要求。④ 显然，从事实损害要件的角度，联邦最高法院的这一判决既能以当事人资格为依据做出，即没有被宣称的损害；也能以时机不成熟为理由而将案件驳回，损害类型是充分的，但损害没有发生。

表面上看，在实质性要件发生重叠和最终结果相一致的意义上，将某个问题界定为当事人资格或者时机成熟，似乎是无关紧要的，好像仅仅是一个语词选择的问题。然而，有更多的东西处于利害关系之中。首先，联邦法院一直坚持认为传统的当事人适格测试中的事实损害、因果关系与可救济性由《宪法》第三条所规定，确定当事人是否遭受实际的或威胁的损害，是《宪法》第三条"案件或争议"条款分配给当事人适格原理所要完成的任务，事实损害因而是一种宪法要件。⑤ 如果成熟的决定无法区分于当事人适格原理中的事实损害要件，那么，这就很容易得出成熟测试障碍也是宪法上所要求的。

但是，从可裁判性的角度，时机成熟测试之所以作为一种独立的可裁判性要件而被设计出来，与当事人资格相关但不等同。"与当事人适格相比，

---

① See e. g. ，Ohio Forestry Association，Inc. v. Sierra Club，523U. S. 726（1998）.

② Kenneth Culp Davis，"Ripeness of Governmental Action for Judicial Review"，68 *Harvard Law Review* 1326，1369（1955）.

③ 在宽泛的意义上，时机成熟是法院确定当事人是否具有起诉资格的条件之一，参见［美］彼得·G. 伦斯特洛姆编：《美国法律词典》，贺卫方等译，中国政法大学出版社 1998 年版，第 262—263 页。

④ See O'Shea v. Littleton，414U. S. 488，489（1974）.

⑤ See e. g. ，Warth v. Seldin，422 U. S. 490，498（1975）；Allen v. Wright，468 U. S. 737，750（1984）.

时机成熟假设一个主张的损害足以支持当事人资格，但询问为了支持当前裁判，这种损害是否太偶然或遥不可及。"①因此，在检视联邦法院管辖权是否被运用时，实际或威胁损害的存在，虽然足以满足《宪法》第三条的目的，但也仅仅是第一步。成熟测试标准，是司法权运用的一个额外障碍。因为成熟测试旨在服务于调整联邦法院的决策过程，而不是测量实质性宪法原则的要求，成熟分析从性质上讲是审议性的，而非宪法意义上的权力。正如比克尔所指出的那样，"清楚地陈述案情，即政府的活动确实可能伤害到原告个人，这样，他在纯粹意义上或宪法意义上的起诉权就是无可置疑的……但他所起诉的那一行为可能只处于其初始阶段，假如他要再等候一段时间，他就将遭受更大伤害。这看起来是不必要的苛刻，但这种损害可能不会太大或不可挽回。要害是，如果诉讼被推迟，最高法院就可以考虑它，并能够在形成和支持它的判断的过程中，考虑其合宪性遭到质疑的制定法或行政措施的完整，而非原初的影响"②。换句话说，在整个可裁判性原理中，当事人资格测试确保了具体性的最低限度，时机成熟概念则在不能由一个固定的宪法性一般规则描述的不断变化的条件中，寻求更进一步的具体性。

就确定事实损害是否存在而言，在法规或者规章的语境中，必然涉及法规或者规章的具体实施和运用对相关当事人所产生的影响和效应。③ 因为通常来说，一个人能够挑战法规或者规章的合法性，只有当他（她）违反了法规或规章而被起诉时。在那时，一种辩护理由能够使该法规或者规章是无效的，例如是违宪的。在这个意义上，当事人资格标准和成熟标准一样，是法规或者规章具体实施所产生的不利之影响、实际性和紧迫性。"裁决行政行为是否成熟到可以复审的阶段，主要取决于行政行为的效力。如果行政行为确实对私人当事人的人身或财产造成了不利影响，那就应当应他们的请求予以复审。另外，如果行政行为仅是最初的或程序上的措施，对私人当事人还没有发生影响，那就不能予以复审。"④

然而，为了挑战法规或者规章，要求一个人必须违反该法规或者规章，这里面存在着一种不公平。一个人可能不必要地遵守一个违宪的法规或者规章，一直做受到禁止的行为，却不遭受刑事处罚。作为替代，一个人可能

---

① Gene R. Nichol, Jr., "Ripeness and the Constitution", 54 *University of Chicago Law Review* 153, 174 (1987).

② ［美］亚历山大·M. 比克尔：《最小危险部门：政治法庭上的最高法院》，姚中秋译，北京大学出版社 2007 年版，第 132 页。

③ See David S. Louk, "The Audiences of Statutes", 105 *Cornell Law Review* 137 (2020).

④ ［美］伯纳德·施瓦茨：《行政法》，徐炳译，群众出版社 1986 年版，第 479 页。

违反某种法规或者规章,确信它将因违宪而无效,仅仅当该法规或者规章受到合宪性支持时才受到处罚。1934年,美国国会通过的《宣告判决法案》就避免了这种选择。① 众所周知,《宣告判决法案》一个主要目的便在于,允许当事人提出对某种法规或者规章实施前的审查(pre-enforcement review),而不必等到法规或者规章实施以后。②

因此,为了更好地理解和评估当前联邦法院有关可裁判性议题的案例法的实际运作,基于清晰的目的,时机成熟测试最好被理解为何时当事人可以寻求对法规或者规章进行实施前审查的问题。那么,在确定对某种法规或者规则进行实施前审查时,联邦法院是以何种标准确立时机成熟测试原则,或者说应该将何种因素纳入考虑范围之内呢?在1967年具有标志性的雅培制药厂诉加德纳案(Abbott Laboratories v. Gardner)中,联邦最高法院认为,最好应从以下两方面考察案件或者争议所需要时机的成熟性:它既要求我们考虑"对议题做司法裁判是否合适"(the fitness of the issues for judicial decision),也要求我们考虑"不予司法审查给当事人带来的困苦"(hardship to the parties of withholding court consideration)。③ 可以说自1967年以来,有关时机成熟的争议,联邦最高法院都是从这两个方面予以考虑的,且至今仍然支配着联邦法院有关成熟决定的做出。④ 不仅如此,雅培制药厂案所确立的时机成熟标准,不仅使对法规和规章的实施前审查成为一种常规,而且该测试标准使得国会在有关法规中不仅准许而且肯定地要求对某些规章进行实施前审查。⑤

然而,从逻辑上说,雅培制药厂案确立的成熟测试所需要的这两种标准,有套套逻辑、同一反复的味道。首先,拒绝就某种法规或者规章进行实施前审查本身,对当事人而言就是一种困苦,特别是当当事人急切地需要这

---

① 严格来说,在违宪审查的语境中,仍然有该法案合宪性的问题,对此争议可参见 Aetna Life Insurance Co. v. Haworth,300U. S. 227 (1937)。戴维斯指出,该法案不仅是合宪的,而且已经成为联邦法院裁判体系的基石,参见 Kenneth Culp Davis, "Ripeness of Governmental Action for Judicial Review", 68 *Harvard Law Review* 1122,1130 (1955)。

② See Erwin Chemerinsky, *Federal Jurisdiction* (6th ed.), New York: Wolters Kluwer Law & Business,2012, p. 120.

③ See Abbott Laboratories v. Gardner,387 U. S. 136,149 (1967).

④ 对雅培制药厂案时机成熟测试公式的更多运用,参见 Toilet Goods Assn. v. Gardner,387 U. S. 158 (1967);Harrison v. PPG Industries,446 U. S. 578 (1980);Thomas v. Union Carbide Agr. Products Co.,105 S. Ct. 3325 (1985);National Park Hospitality Association v. Department of the Interior,538U. S. 803 (2003).

⑤ See Gary Lawson, *Federal Administrative Law*, St. Paul, Minn.: West Group, 1998, p. 841.

种实施前的审查；其次，如果议题本身并不适合于司法裁判，那么联邦法院也就不应该就该议题进行处理。否则，这要么超越了联邦法院自身的权力范围，要么做出一个糟糕的判决。因此，就理解和评估成熟测试标准的运作而言，我们必须进一步分析成熟测试所要求的对当事人所造成的困苦，究竟是何种类型的困苦；所谓的议题适合司法裁判，又是在何种意义上说的，让我们首先从第一个问题开始。

第二节　时机成熟的确定标准Ⅰ：
拒绝审查对当事人造成的困苦

成熟测试的首要方面是问，如果拒绝司法审查对当事人造成的困苦是什么，以及这种困苦多么重要。在这个意义上，如果当事人越是能够说明拒绝实施前审查造成的实质性困苦，那么，联邦法院越是有可能发现时机已成熟。相反，如果拒绝司法审查对当事人所造成的困苦越是推测性的、不确定的或者遥不可及的，那么，实施前的司法审查就不太可能实现。通过检视联邦最高法院有关时机成熟的决定，我们可以发现存在着以下三种情形能够依次为实施前审查提供正当性的支持，即遵从的损失和遭受实质惩罚的风险进行两难选择所造成的困苦、确定实施所造成的困苦，以及间接损害所造成的困苦。

一、遵从的损失和遭受实质惩罚的风险进行两难选择所造成的困苦

能够为联邦法院授予实施前审查提供正当性支持的第一种情形是，要实施的法规或者规章为当事人的行为选择创造了一种困境，即当事人要么选择遵从法规或者规章的要求，从而遭受实质性的损失和不利，因而放弃了就法规或者规章进行挑战的机会；要么选择不遵守法规或者规章，进而面对着遭受实质性处罚的风险。实践中，如果受法规或者规章限制的当事人面对这种选择困境，此时联邦法院通常倾向于案件已经成熟，而不是坚持当事人必须违反法律并遭受实质惩罚的后果。

例如，在1967年雅培制药厂案中，食品和药品委员会颁布了一项规章，规定有关说明药品的标签、广告和其他印刷品，如用其商号名称，必须载明药品的既定名称。药品制造商对此提出了复审诉讼，请求给予宣告性判决，并请求签发禁止令。原告声称，依据有关法律，这个规章超越了食品和药品管理委员会的权限。政府抗辩说，只有在对原告适用此规章时，此规章才会影响原告，在此之前，复审时机都不成熟。联邦最高法院驳回了

这种理由,联邦最高法院认为,在这个案件中"议题的适切性"和"拒绝审查对当事人所造成的困苦"这两种因素都存在。对当事人提出的问题做司法裁决是合适的,因为所提的争议属于法律问题,即行政机关对法律的解释是否恰当的问题,而且规章是最终行政行为。另外,原告也存在麻烦,因为原告受命立即服从此规章,否则就有受到严厉的刑事或民事处罚的风险。①

显然,雅培制药厂案判决认为,审查时机已成熟的关键因素是对当事人造成的困苦。如果规章要求立即改变人们的行为规则,不服从规章予以惩罚,那么受此规章管辖的人一旦提起诉讼,审查此规章的时机就成熟了。如果受实体法规章管辖者认为此规章违法,那么,他们将处于进退维谷的境地。他们要么必须遵守规章,要么付出昂贵的代价,冒受严厉的刑事或民事处罚的风险。但是,他们不必等到祸到临头。正如施瓦茨所说:"要求那些权利与义务受到行政规章直接影响的人,在他们有可能得到此规章合法与否的裁决以前,承担违反规章的责任,蒙受因违反规章而引起的后果,是不公正的。"②

类似的,在斯泰菲诉汤普森案(Steffel v. Thompson)③,原告寻求一项宣告判决,即非法侵占法规不能应用到他在私人购物中心进行分发传单的行为。在该案中,斯泰菲和一个同伴去了购物中心分发抗议越南战争的传单。购物中心管理人员叫来了警察,警察威胁说如果他们不离开,将会被逮捕。斯泰菲选择离开,但他的同伴不顾警察的命令,继续发放传单。随后,斯泰菲同伴以非法入侵被逮捕、起诉和定罪。随后,为了支持他到购物中心分发传单的行动,斯泰菲向联邦法院寻求宣告判决救济。

联邦最高法院认为,该问题的可裁判性所需要的时机是成熟的。因为拒绝审查会强加一种实质性障碍,即强迫原告在不必要地放弃可能受到保护的言论和遭受逮捕、刑事处罚的风险之间进行两难选择。布伦南大法官代表联邦最高法院指出,在这种情形下,如果联邦法院拒绝干预,"可能将倒霉的原告置于以下这种位置之上,即要么变成故意地蔑视法规的斯库拉(Scylla),要么变成为了避免纠缠于刑事诉讼而放弃进行宪法所保护行为的卡律布狄斯(Charybdis)"④。

---

① See Abbott Laboratories v. Gardner, 387 U. S. 136, 149—154 (1967).
② [美]伯纳德·施瓦茨:《行政法》,徐炳译,群众出版社 1986 年版,第 481 页。
③ See Steffel v. Thompson, 415 U. S. 452 (1974).
④ Steffel v. Thompson, 415 U. S. 452, 462 (1974).

二、确定实施所造成的困苦

联邦法院的第二种发现存在实质性困苦的情形是当一部法规或者规章的执行是确定的，即如果时机成熟的唯一障碍仅仅是在行政程序开始之前一种时间上的延迟的话，那么案件裁判所需要的时机便视为已经成熟。换言之，如果法规或者规章的适用以及所适用的结果是不可避免的，那么，联邦法院通常会在真实的行政程序发生之前认为该问题已经时机成熟，而不必等到法规或者规章的实际具体运用。

例如，在地区铁路重组法案案件（Regional Rail Reorganization Act Cases）中，八个主要铁路公司挑战了一项法规的合宪性，该法规要求它们将财产让与给美国联合铁路公司（Conrail）。① 虽然地区法院以时机不成熟为依据认为该案件不具有可裁判性，理由是重组协议并没有形成而且特殊法院也没有就财产让与做出相应的指令。但联邦最高法院推翻了地区法院的决定，认为该案件时机已成熟，是具有可裁判性的案件。对此，联邦最高法院解释："当某法规针对特定个人的实施是不可避免的，且这种实施是强而有力的，在争议条款发生效力之前存在着一种时间上的延迟，就存在某个具有可诉性争议而言，这是不相关的。"②

类似地，在湖泊运输协会诉麦克马伦案（Lake Carriers Association v. MacMullan）中，受到挑战的法规禁止在船上进行污水倾泻。即便对此的起诉不是确定性地即将发生的，联邦最高法院认为，该案件的时机也已经成熟。③ 在该案中，州政府官员声称在陆地污水抽空设施建造以前，他们不会执行该法律，而且建造这种设施显然需要大量的时间。在初审阶段，地区法院以时机不成熟而将案件予以驳回。然而，联邦最高法院推翻了这种决定，大法官一致认为该案件具有可裁判性。联邦最高法院对此解释认为法规将要执行，这是不可避免的，所存在的仅是时间上的延迟而已，其结果则是在法规被实施之前，船舶的所有者不得不在他们的船上安装新的设施。对于使得案件时机成熟，这一点就已经足够了。

三、间接损害所造成的困苦

联邦法院的第三种发现实质性困苦的方法是依据法规或者规章对当事

---

① See Regional Rail Reorganization Act Cases,419 U. S. 102 (1974).
② Regional Rail Reorganization Act Cases,419 U. S. 102,143 (1974).
③ See Lake Carriers Association v. MacMullan,406 U. S. 498 (1972).

人所造成的间接损害(collateral injuries),尽管这种间接损害并不是诉讼的首要关注点。例如,在 1978 年具有争议性的杜克电力公司诉卡洛林环境研究协会案(Duke Power Co. v. Carolina Environemental Study Group, Inc.)中①,联邦法院就时机成熟争议所运用的就是这种方法。在该案中,原告挑战的是《普莱斯—安德森法案》(Price-Anderson Act)的合宪性,该法案将私人发电厂在核事故中的责任限定在 5.6 亿美元之内。对此,原告主张该法规违反了正当程序条款,因为它在没有确保充分补偿受害人的情况下,允许了损害的发生。由于一种核事故究竟是否发生是不确定的;或者即便发生了核事故,损失是否超过了责任限度也是不确定的;或者即便事故发生了且超过了责任限度,国会对此是否置之不理也是不确定的。显然,原告这种主张存在明显的时机成熟问题。

尽管如此,联邦最高法院仍然以该法案对当事人所造成的其他损害为依据,认为该问题的时机已经成熟。② 联邦最高法院解释道,要不是《普莱斯—安德森法案》,私人发电厂就不会建造。由于《普莱斯—安德森法案》,在原告的居住区域中,将要建造一个反应堆,进而将原告置于以下类型的伤害之中,如辐射的扩散、热污染以及对可能发生核事故的恐惧。③ 换句话说,尽管诉讼中所关注的首要损害是不成熟的,但其他损害的存在仍然能够使某个案件具有可裁判性。

值得注意的是,联邦最高法院就确定拒绝审查给当事人所造成的困苦时,运用上述三种方法,通常来说所涉及的都是消极意义上剥夺性的法规或者规章,即如果实施的话,法规或者规章对当事人的自由和财产所施加的消极障碍和不利影响。问题在于,这些方法是否同样适用于积极意义的受益性法规或者规章呢? 保守的伦奎斯特法院(1986~2005)在 1993 年雷诺诉基督教社会服务中心案(Reno v. Catholic Social Services)中④,对艾伯特案确立的时机成熟标准进行了限制。联邦最高法院认为,只有当请求人申请补助费被真正拒绝之后,才适合审查行政机构的"协商救济"规则。换言之,对于受益性的法规或者规章,只有当它们具体的实施运用到个人时,当事人才能够就其合宪性申请司法审查。对于联邦最高法院在雷诺案中有关成熟

---

① See Duke Power Co. v. Carolina Environemental Study Group, Inc., 438U. S. 59 (1978).

② 当然,联邦最高法院的这一判决并不是没有争议的,对此批评性分析,可参见 Jonathan D. Varat, "Variable Justiciability and the Duke Power Case", 58 *Texas Law Review* 273 (1980)。

③ See Duke Power Co. v. Carolina Environemental Study Group, Inc., 438U. S. 59, 81 − 82 (1978).

④ See Reno v. Catholic Social Services, Inc., 509U. S. 43 (1993).

的判决，著名行政学者施瓦茨认为，这将会遗憾地要求数量未知的原告在获得可能直接影响规章是否有效的判决之前，花费不必要的时间和金钱。①

在本书看来，法规或者规章就退休金、残疾抚恤金、福利这些积极意义上的收益所做出的规定，对于接受者的生活和生计来说，显然都是基本的和必不可少的，它们构成一种"新财产权"。② 通常来说，将这些收益作为一种财产形式，并受正当程序的保护，是以下这种不断增长观念的展示，即某种类型的收益对于个人福利来说是必不可少的。③ 对这些类型的收益的拒绝或者不正当剥夺进行司法审查，对当事人所造成的困苦，并不弱于传统意义上对当事人的自由、财产所造成的负担。因此，没有理由认为在识别时机成熟的问题上，需要将这两种情形区别对待。联邦法院的决定回荡着过时时代的声音。

第三节　时机成熟的确定标准Ⅱ：对议题做司法裁判的适切性

拒绝司法审查对当事人所造成的实质性困苦，仅仅是联邦法院确定时机成熟与否时所需要考虑的两个标准之一。另外一个需要考虑的因素，涉及对议题做司法审查的适切性。通常来说，一个问题越是纯粹意义上的法律议题，其分析并不依赖于某个特定的事实语境，联邦法院越有可能认为时机成熟。相反，如果司法对于某个议题的考虑可能通过一系列特定的事实而得以增强，那么一个寻求实施前审查的案件被联邦法院以时机成熟为依据而驳回的可能性就越大。④

在这个意义上，在可裁判性的语境之中，成熟测试原则所要求的就并不仅仅是一个案件的时机成熟，还包括议题本身的成熟，即议题做司法裁判的适切性。因为在实践中，仍然可能出现以下这种情形，即作为一个案件，虽然它的时机已经完全成熟了，而非半熟或者早熟，但是这个问题本身却根本没有成熟，理由涉及联邦最高法院的职能与立法机构的责任之间恰当的相

---

① Bernard Schwartz, "Administrative Law Cases during 1993", 46 *Administrative Law Review* 307, 324 (1994).

② See Charles A. Reich, "The New Property", 73 *Yale Law Journal* 733 (1964).

③ See James E. Pfander, "Article Ⅰ Tribunals, Article Ⅲ Courts, and the Judicial Power of the United States", 118 *Harvard Law Review* 643, 747 (2004).

④ See Erwin Chemerinsky, *Federal Jurisdiction* (6th *ed.*), New York: Wolters Kluwer Law & Business, 2012, p. 129.

互作用。① 用比克尔的话说就是,在这里涉及的"不是案件的时机成熟,而是基本争点本身的时机成熟;它们在最大的意义上,在全面的政治与历史背景下,探寻最高法院与政府的代议机构之间的关系"②。对于某些复杂的社会议题,尤其是政治过程中那些陷于僵局、争执不下的议题,相比较联邦法院的制度能力,其他政治机构更适合处置此种议题。

那么,问题在于在测试某种议题本身是否适合司法裁判时,联邦法院是否或者应该将何种因素考虑在内呢?似乎没有争议的是,如果议题本身尚不清楚、没有被清楚地陈述,或议题所需的事实并没有充分地孕育、形成和发展,那么选择就该议题做司法裁判,显然不具有适切性。此时,联邦法院最好的选择是以时机不成熟而将议题延迟。例如,在救援军队诉市镇法院案(Rescue Army v. Municipal Court),所涉及的就是这种类型的时机成熟问题。③ 在那里,对地方起诉所提出的宪法挑战这一诉求,联邦法院以时机不成熟拒绝受理。该上诉源自对一个异议的裁定,但呈递了一个特别糟糕的案件归档记录:受到挑战法规的许多议题都是难分难解地相互缠绕着,州法院对许多潜在的问题都尚未解决。联邦最高法院的判决意见指出,一种纠纷只有当满足以下条件时,才是时机成熟的,进而适合法院对该议题做出司法裁判,即纠纷中的所涉议题必须以轮廓清晰的、具体的形式予以呈递。因此,宪法议题是否被清晰地表述,其呈递给最高法院所展现出来的具体形状,是当事人请求最高法院行使管辖权时,不可逾越的障碍。

类似的,在加利福尼亚银行协会诉舒尔茨案(California Bankers Association v. Shultz)中④,受到挑战的是一项联邦法规,该法规就银行和其他金融机构的记录保存和报表做出了某种特殊的要求。对此,原告提起诉讼,请求禁止对该法规的实施。原告主张,报表要求违反了宪法第一修正案的权利。对此,联邦最高法院以缺乏充分的事实记录为由,认为原告主张的时机成熟测试原则没有满足。联邦最高法院做出结论认为,只有在具体的事实情境下,竞争性银行协会的利益和政府利益才能够被适当地权衡;如果缺乏这种具体的事实情境,在决定是否一种强迫信息披露的努力应该被禁

---

① 参见陈红梅:《消极的美德理论:比克尔的司法审查理论研究》,载《法制与社会发展》2011年第2期。

② [美]亚历山大·M. 比克尔:《最小危险部门:政治法庭上的最高法院》,姚中秋译,北京大学出版社2007年版,第132页。

③ See Rescue Army v. Municipal Court, 331 U. S. 549 (1947).

④ See California Bankers Association v. Shultz, 416U. S. 21 (1974).

止或者允许，法院并不处于一个合适的位置之上。①

可见，雅培制药厂案所确定的成熟测验标准，特别是其中的对议题对司法裁判的适切性这一标准，之所以被设计出来，并非为了确保联邦法院运用管辖权时必要的损害必须首先存在，也非为了测量当事人在案件实质问题上某种特定的要求是否成立。正如联邦最高法院在巴比特诉农场工人案（Babbittv. Farm Workers）中所说的那样，裁判可能会被推迟到有更好的记录存在之时，即便当前案件所涉及的法律问题可能使当事人遭受实际的损失。② 在议题所必需的时机成熟测验标准之下，联邦法院所保护的利益是它自己的利益。因为基于假设的可能发生的事务而不是具体的事实而进行的诉讼，必然是一个贫困的诉讼，所产出的判决结果也将是糟糕的。可以说，正是联邦法院对于良善裁判结果的期望，推动了联邦法院在测试时机成熟原则时，必须将建立在充分事实记录基础上的议题本身的适切性考虑在内。

另外，以议题本身的不成熟为理由，成熟测试允许法院在必要的时候延迟对某议题的干涉，以至于其他的政府机构，无论是联邦政府机构，还是州政府机构，可以不受阻碍地履行它们的职能。在这个意义上，雅培制药厂案所确立的成熟测验公式，在联邦法院干涉发生之前，在充满各种需要、变化莫测的现代行政国家中，能够为政府机构提供履行职能的机会，即消除差异、适用特殊的问题以及允许例外。③ 因而，时机成熟测试从而允许也要求联邦法院对宪法所分配给其他政府决策者的责任范围予以适当的尊重。简而言之，联邦法院并不是唯一的负责执行正义（do justice）的政治机构。

第四节　时机成熟在我国行政诉讼中适用的前景

在美国联邦法院的案例法运作过程中，作为一种独立的可裁判性原理，由于时机成熟测试被理解为何时当事人可以寻求对法规或者规章进行实施前审查的问题，其主要的运作领域发生在行政诉讼过程中，因而此处将探究时机成熟测试原理在我国行政诉讼过程中的可能适用。

我们知道，修改后的《行政诉讼法》的重大变动，莫过于将先前行政诉讼法中的"具体行政行为"一律修改为"行政行为"，没有"具体"作为行政行为

---

① See California Bankers Association v. Shultz,416U. S. 21,56（1974）.

② See Babbittv. Farm Workers,442 U. S. 289,300（1979）.

③ See Gardner v. Toilet Goods Association,Inc. ,387U. S. 167,200（1966）.

的修饰词。实际上,之所以做如此修改,其理由是原行政诉讼法使用"具体行政行为",其所针对的是传统意义上为学者所诟病的一律不具有可裁判性的"抽象行政行为"。然而,新《行政诉讼法》第五十三条规定了人民法院可以对某些抽象行政行为进行附带审查,即"公民、法人或者其他组织认为行政行为所依据的国务院部门和地方人民政府及其部门制定的规范性文件不合法,在对行政行为提起诉讼时,可以一并请求对该规范性文件进行审查。前款规定的规范性文件不含规章"①。由于这一规定,传统学者所使用的"抽象行政行为"与"具体行政行为"之间的界分也就没有理论意义。②

尽管新《行政诉讼法》将"具体行政行为"一律修改为"行政行为",这并不表示我国人民法院已经完全确立了对规范性法律文件或者抽象行政行为进行司法审查的制度。实际上,通过分析新《行政诉讼法》第十二条所列举的法院能够受理的公民、法人或其他组织就行政行为所提起的十二种诉讼类型③,第十三条所明确排除的四种诉讼类型④,以及第二十五条规定的有权提起行政诉讼的主体,即"行政行为的相对人以及其他与行政行为有利害关系的公民、法人或者其他组织"⑤,可以发现在我国具有可裁判性的行政

---

① 参见新《行政诉讼法》第五十三条。

② 在我国,最早提出了抽象行政行为与具体行政行为的分类是王名扬教授,王老是在对法国行政法研究之后得出这一分类的。此后,这一分类便为我国学者所采用并得到进一步阐述,并随着1989年《行政诉讼法》的颁布得以固化,得出了为我国所特有的抽象行政行为不具有可裁判性的结论。参见陈承堂:《可诉性理论适用的中国困境及其消解:以美国的相关经验为借鉴》,载《政治与法律》2013年第10期,第134页。

③ 参见新《行政诉讼法》第十二条:人民法院受理公民、法人或者其他组织提起的下列诉讼:(一)对行政拘留、暂扣或者吊销许可证和执照、责令停产停业、没收违法所得、没收非法财物、罚款、警告等行政处罚不服的;(二)对限制人身自由或者对财产的查封、扣押、冻结等行政强制措施和行政强制执行不服的;(三)申请行政许可,行政机关拒绝或者在法定期限内不予答复,或者对行政机关作出的有关行政许可的其他决定不服的;(四)对行政机关作出的关于确认土地、矿藏、水流、森林、山岭、草原、荒地、滩涂、海域等自然资源的所有权或者使用权的决定不服的;(五)对征收、征用决定及其补偿决定不服的;(六)申请行政机关履行保护人身权、财产权等合法权益的法定职责,行政机关拒绝履行或者不予答复的;(七)认为行政机关侵犯其经营自主权或者农村土地承包经营权、农村土地经营权的;(八)认为行政机关滥用行政权力排除或者限制竞争的;(九)认为行政机关违法集资、摊派费用或者违法要求履行其他义务的;(十)认为行政机关没有依法支付抚恤金、最低生活保障待遇或者社会保险待遇的;(十一)认为行政机关不依法履行、未按照约定履行或者违法变更、解除政府特许经营协议、土地房屋征收补偿协议等协议的;(十二)认为行政机关侵犯其他人身权、财产权等合法权益的。

④ 参见新《行政诉讼法》第十三条:人民法院不受理公民、法人或者其他组织对下列事项提起的诉讼:(一)国防、外交等国家行为;(二)行政法规、规章或者行政机关制定、发布的具有普遍约束力的决定、命令;(三)行政机关对行政机关工作人员的奖惩、任免等决定;(四)法律规定由行政机关最终裁决的行政行为。

⑤ 参见新《行政诉讼法》第二十五条。

行为，仍然都是"具体的"。对于这一修改，我国有学者就指出，从理论研究的角度，法定行政行为的泛化将导致作为学术用语的行政行为的含义进一步稀释，行政行为这一概念本身存在着被虚置的可能；就行政诉讼法的适用而言，行政行为的宽泛界定会促成由审判法官来完成区分审理对象选择适用相关法条的局面，反而增加了法官在个案中选择适用具体法条的负担。①

可以说，新《行政诉讼法》仍然没有化解为什么人民法院仅能够就行政机关针对行政相对人或者利害关系人作出的（具体）行政行为进行监督，而不能就一般意义上的规范性法律文件本身进行司法审查这一传统的理论难题。② 然而，作为可裁判性原理之一种的时机成熟测试，却能够解释为什么人民法院仅能够对（具体）行政行为进行司法审查。具而言之，由于规范性法律文件本身并没有呈现在某个具体的案件中，也就没有案件所必需的当事人，人民法院就某种事情做出裁决所需要的条件并不具备——要么案件相关的事实没有充分地孕育和形成，要么案件实质问题或者所涉及的议题本身并没有充分地显现和提出。依据时机成熟测试，法院过早地介入与行政机关的抽象争议中，不仅会做出一个糟糕的决定，而且会不当地干涉行政机关的正当权力，阻碍行政机关职能的正常履行。

显然，时机成熟测验原则所体现的这种利益衡量，并非通过具体行政行为与抽象行政行为之间的两分来实现。由于在美国联邦法院案例法的运作过程中，作为一种区别于当事人适格原理的时机成熟测试，旨在回答的是何时能够对法规或者规章进行实施前的审查，因而行政行为与规范性法律文件之间的关系，更像是一种连续体上不断相互靠近的两个点。当然，也应该承认的是，由于我国新《行政诉讼法》并没有明确地确立对规范性法律文件进行实施前审查，因而时机成熟测试原则在我国就没有直接适用的可能。

但是，我国新《行政诉讼法》没有确立对规范性法律文件进行实施前审查的制度，并不表示这些规范性法律文件对当事人所造成的某些实质性困苦是不存在的，如遵从的损失和遭受实质惩罚的风险进行两难选择所造成

---

① 参见闫尔宝：《论作为行政诉讼法基础概念的行政行为》，载《华东政法大学学报》2015 年第2 期。

② 在我国行政诉讼中，对行政机关制定的规范，法院仅具有有限的审查权，即一种准司法审查权，一种"有限判断权"，即法院不能将规范作为诉讼标的按照通常的行政诉讼程序进行审查，只能对行政案件所附属的规章进行审查；法院对规章没有确认违法或无效的权力，在审查后不能对规章宣布无效或者予以撤销；对法院审查的过程、内容和结果也不能在裁判文书中进行评述。参见江必新：《辩证司法观及其应用》，中国法制出版社 2014 年版，第 83 页。

的困苦、确定实施所造成的困苦以及间接损害所造成的困苦,因而,我国人民法院在将来考虑是否确立以及如何确立这种实施前审查,那么,时机成熟测试标准要求在拒绝审查给当事人所带来的困苦和对议题做司法裁判的适切性两方面取得权衡,能给我国人民法院以某种有意义的启示。当然,这是后话。

第五节 小 结

在美国联邦法院的案例法运作过程中,依据时机成熟原理,联邦法院既可以拒绝审查给当事人带来困苦为依据,也可以议题本身做司法裁判的适切性为理由,来对时机成熟测试标准的满足做出判断,进而选择或者拒绝就案件或者争议的实质问题做出进一步的审理。有争议的是,就判断时机成熟测试标准而言,问题在于这两种因素是否必须同时满足,或者只满足其中一个就可以呢?回答是,这两种因素必须同时满足。因为时机是否成熟本身并不是目的,从可裁判性的角度,一旦某种案件或者争议时机成熟、条件具备,就必然进入争议的实质性审理过程。在某种意义上,甚至可以说,成熟分析、事实记录和诉讼的实质性标准是相互交织在一起的。① 在这里,如果案件或者争议完全进入联邦法院的权限范围内,必然要求其他政治机构对司法权行使的尊重和服从。

显然,在某个具体的案件中,就如何权衡这两种因素,特别是各自赋予多大的权重,并没有一个一般性的规则和统一的公式。对此,联邦法院拥有很大程度的自由裁量权,法官必须依据相关的因素决定是否启动司法审查。可以说,作为一种独立的可裁判性原理,虽然时机成熟原理主要是在司法审查的语境中运作,但联邦法院的这种权力运用仍然不是司法审查权力本身,而毋宁是判定司法审查的权力运用所需要满足的条件。因而,在时机成熟原理中,司法权之运用表现为我们所熟悉的判断之权(power to judge)。

从性质上讲,作为一种判断之权的司法权,司法权之运用主要是审议性的,而非一种宪法上的要求,"自由裁量"成为联邦法院决策分析中的一个不可避免的方面。当然,承认联邦法院有关时机成熟之决定,是联邦法院自身自由裁量的产物,是联邦法院在其管辖权范围内权力的正当运用,也不是说联邦法院一定会得出正确的(或者错误的)决定。可以期待的是,在案例法

---

① See Wayne McCormack,"The Justiciability Myth and the Concept of Law",14 *Hastings Constitutional Law Quarterly* 595,613 (1987).

的运作过程中，联邦法院仍然可能以时机不成熟而将某些案件予以驳回，有时甚至不以雅培制药厂案所确立的权衡因素作为依据（例如，下面即将分析的审理无意义作为驳回案件的理由）。尽管如此，雅培制药厂案所确立的时机成熟公式至少表明，某个案件不具有可裁判性，其所存在的法律缺陷是时机或事实发展方面的状况，而不是当事人就案件实质提出了一个错误的主张，或者联邦法院缺乏相应的管辖权。这意味着虽然联邦法院以时机未成熟拒绝当事人，但他最终会有一个可审理的（cognizable）主张，如果经由时间的流逝，裁决案件所需要的相关条件具备并逐渐成熟的话。

第七章　作为审查的司法权：
法院如何面对审理无意义

　　逻辑上，任何一种司法权的运用应该以案件赖以存在的争议始终存在为前提条件。从可裁判性角度，一个真实的争议（actual controversy）必须在诉讼程序的所有阶段始终存在，无论是初审还是上诉审阶段。[①] 然而，诉讼进行过程中某种事由的发生都可能使得案件的争议不复存在，特别是当前案件的个人利害关系消灭，进而使得案件变得没有审理的必要和意义，即审理无意义（mootness）。[②] 例如，在行政案件的进行过程中，对某种受到挑战的具体行政行为，被告行政机关可能会做出某种改变，如依据当事人的请求履行法定职责，或者采取补救、补偿措施满足了当事人的诉讼主张，使得行政案件没有进一步审理的价值。

　　那么，对于这种没有审理必要和意义的案件，法院应该如何处置呢？是严格地坚持将案件撤销，还是选择继续就案件所涉及的实质问题做出最终裁判？逻辑上，这要依赖于对诉讼目的和价值的理解。如果诉讼的目的仅仅是解决当事人之间存在的争议，保护当事人的实体和程序方面的权利，面对一个没有争议和审理必要的案件，由于司法权得以运用的前提条件不复存在，显然，法院应该将案件予以撤销。然而，如果诉讼的目的除了解决纠纷和保护当事人的权利以外，还存在其他方面的目的和价值，特别是在公法诉讼中，诉讼目的还在于监督政府权力运用的合法性，法院如何处置表面上没有审理必要和价值的案件，选择或者应该考量何种因素来决定先前具有可裁判性的案件是否仍然具有可裁判性，就是一个迫切需要回答的重要问题。

---

　　① 参见［美］杰弗瑞·A.西格尔、哈罗德·J.斯皮斯：《正义背后的意识形态：最高法院与态度模型》，刘哲玮译，北京大学出版社 2012 年版，第 211 页。

　　② 作为可裁判性原理组成部分的"mootness"，本身是难以准确翻译的。英语"moot"存在着两种词性，即形容词和动词。做形容词时，有两种含义：（1）非实际的，假设的；（2）可争论的，未决的。做动词时，则有三种含义：（1）争论，辩论；（2）使失去实际意义，使成为纯理论的；（3）提供争论。参见薛波主编：《元照英美法词典》，法律出版社 2003 年版，第 928 页。因而，"mootness"就可能同时含有两种相互矛盾的含义，可解释为问题的可讨论性、未决状态，也可以解释为诉由消失之事、过时、没有意义。然而，从可裁判性的角度，由于在联邦法院的案例法的运作过程中，经常指的是联邦法院在驳回（dismiss）某种案件时所诉诸的理由（尽管存在着例外），因而此处将"mootness"翻译为"审理无意义"，即某种事由的发生使得案件不再具有进一步审理的价值。

　　因而，从维护诉讼目的有效实现和保护当事人诉权的角度，在公法诉讼过程中，司法就必须判断某个表面上没有审理价值和意义的案件是否仍然具有可裁判性，处于司法权的运用范围之内。在此，法律和（或者）理论研究就必须为法院处理这一程序性议题时司法权之运用提供某种规范性的指导，使其不陷于恣意和无序。这是本章旨在分析和研究的问题。

第一节　规则与例外

　　从概念上讲，任何一种司法权的运用都必须以案件的存在为前提条件。如果案件存在所必需的争议事项不再存在，即通常所说的没有审理的必要和意义那么该种事项便不再具有可裁判性，不在司法权范围之内。在这方面，审理无意义作为可裁判性要件的阻却事项，是一种宪法命令，是对司法权行使的一种限制。① 正如联邦最高法院所指出的那样："我们缺乏管辖权来审查审理无意义的案件来源于《宪法》第三条的要求，因为审理无意义案件没有呈现出案件或争议。"②换言之，在诉讼程序经过的所有阶段，当事人对诉讼的最终结果都必须始终保有个人利害关系。在这个意义上，作为可裁判性原理的组成部分，审理无意义原理是当事人适格问题在时间过程中的延伸和继续。③

　　然而，规则总是有例外，即便宪法规则也不例外。实际上，这也正是审理无意义原理产生混乱与根源之所在。在联邦法院的案例法运作实践中，联邦法院仍然创造了一系列所谓审理无意义之例外，即"能够反复，但规避审查"之例外、"被告自愿放弃"之例外以及"集体诉讼"之例外。④

　　重要的是，在这些"例外"能够随后被联邦法院的判决所推翻和废止的意义上，或者能够受到其他政治机构予以政治上反击的意义上⑤，或者通过

① See Sidney A. Diamond, "Federal Jurisdiction to Decide Moot Cases", 94 *University of Pennsylvania Law Review* 125, 126 (1946).

② Liner v. Jafco, Inc., 375 U. S. 301, 306 n. 3 (1964).

③ See Henry P. Monaghan, "Constitutional Adjudication：The Who and When", 82 *Yale Law Journal* 1363, 1384 (1973).

④ 对这三种类型的无意义之例外，介绍性分析参见 Erwin Chemerinsky, *Federal Jurisdiction* (6th ed.), New York：Wolters Kluwer Law & Business, 2012, pp. 137－150。

⑤ 面对着一个侵蚀其他政治权力的联邦最高法院，联邦宪法本身留下了种种政治回应和反击的空间，如大法官可以被弹劾，联邦最高法院的预算可以被大幅削减，总统可以无视联邦法院的法令，国会可以剥夺联邦法院的管辖权、缩小其规模，用新成员来填充联邦法院、赋予它繁重的新职责或修改司法程序。对此分析，参见[美]约翰·埃格里斯托：《最高法院与立宪民主》，钱锦宇译，中国政法大学出版社 2012 年版，第 132 页以下。

宪法修正案的形式予以修正或废除的意义上,这些"例外"仍然在实践中存在这一事实说明这些"例外"已经成为一种稳固确立的规则,作为审理无意义原理的一种内在组成部分。因而,作为一种可裁判性原理,审理无意义从性质上讲是审议的,受制于联邦法院的自由裁量权,是对司法权的一种积极扩展。①

然而,纯粹审议性原理存在的困境是,它仍然无法回答为什么是这些"例外",而不是其他类型的例外,构成所谓审理无意义原理的"例外"。换言之,为了解释这些"例外"情形在何种意义上是合宪的,宪法本身必然对司法权做出某种规定和限制。在最低限度的意义上,这种合宪性的评判标准应该是存在的,即存在于对《宪法》第三条中对"案件或争议"的解释之中。② 而且,一条基本的宪法解释原则是,制宪者起草的宪法条款中每个部分都对联邦政府的运作存在着约束以及有意义的影响。③ 另外,如果审理无意义原理纯粹是一种审议性考虑,受制于联邦法院的自由裁量,而与联邦宪法无关的话,那么,在逻辑上所导致的结果自然是审议性的考量因素能够胜过宪法的要求。因为纯粹审议性审理无意义原理的逻辑是:审议性因素首先产生审理无意义原理,进而产生可裁判性,从而产生案件和争议的要求,最终产生司法权。也就是说,实际上是法官定义自己的管辖权。但这正是联邦宪法试图防止的,即任何一种政治机构自身不能界定自己的权力。④

因此,在某种意义上,我们又回到了审理无意义原理的宪法地位。⑤ 审理无意义原理和宪法之间的关系是共生的:联邦宪法产生了审理无意义原理,同时审理无意义原理本身则阐释了联邦宪法对联邦司法权的具体限制。在联邦宪法之中,任何一种权力都是有限的,这自然也包括司法权。尽管在决定管辖权的问题时,联邦法院被允许将某些审议性因素纳入考虑范围之

---

① See Evan Tsen Lee, "Deconstitutionalizing Justiciability: The Example of Mootness", 105 *Harvard Law Review* 603 (1992); Matthew I. Hall, "The Partially Prudential Doctrine of Mootness", 77 *George Washington Law Review* 562 (2009).

② See Susan Bandes, "The Idea of a Case", 42 *Stanford Law Review* 227, 276 (1990).

③ See Marbury v. Madison, 5 U.S. (1 Cranch) 137, 174 (1803).

④ See Corey C. Watson, "Mootness and the Constitution Comment", 86 *Northwestern University Law Review* 143, 163 (1991).

⑤ 在某种意义上,审理无意义原理与宪法存在着某种关联,并不表示审理无意义原理完全是一种宪法要件。因为如果审理无意义完全是一种宪法要件,是对司法权的绝对限制,那么联邦法院必然没有权力来听审一个变得没有审理意义的案件。由此导致的逻辑后果是,联邦法院案例法运作过程中所确立审理无意义的"例外"情形,是违宪的,是司法权的滥用。今天这些例外情形的存在,并不妨碍联邦法院在未来予以修正和推翻,也不妨碍其他政治机构通过其他措施予以废除。显然,这种后果无论在理论上还是实践中都是不可接受的。

内，但是联邦宪法禁止联邦法院以牺牲《宪法》第三条中所内含的基本原则为代价。①

可以说，审理无意义原理在联邦法院案例法实践中所存在的这种模棱两可的性质，使得学者经常批评审理无意义原理缺乏一种连贯的理论基础。② 即便是联邦最高法院的大法官们，也经常批判审理无意义原理的可变性质。③ 然而，从可裁判性的角度，审理无意义原理与案例法实践所存在的这种张力关系，却为我们准确理解进而批判性地评估审理无意义原理的运作，提出了一个真正的问题：在何种意义上，审理无意义作为可裁判性原理的一种阻却事项，如果是联邦宪法所要求的，联邦宪法又在哪些方面对司法权做出了限制？④ 另外，如果审理无意义原理不是一种宪法命令，那么作为可裁判性原理组成部分的审理无意义，联邦法院在案例法的运作过程中，应该将何种因素纳入审议的考量范围之中？ 显然，对上述问题的回答既取决于联邦宪法对司法权的界定，也取决于对联邦法院相关判决中司法意见和推理的解释。因为从宪法的角度，任何对司法权的限制，或者司法权的任何运用，都必须经受合宪性的审查。⑤ 那么，司法权在宪法中究竟是如何得到界定的呢？ 这是我们接下来予以分析的问题。

第二节　"案件"和"争议"的界定

《宪法》第三条将联邦最高法院的管辖权列举在九种类型的"案件"和"争议"中。只有案件或争议，联邦法院才可以对其进行判决，即"以一种适于做出司法反应的方式恰当地提出一项法律主张"。⑥ 在某种意义上，司法权在宪法中的含义，也就存在于对"案件或争议"的解释和界定之中。通常来说，在案例法的运作过程中，联邦最高法院已经就"案件或争议"确立了以

---

① See David P. Currie, "The Supreme Court and Federal Jurisdiction: 1975 Term", 1976 *Supreme Court Review* 183, 188－89.

② See Robert J. Pushaw, Jr., "Justiciability and Separation of Powers: A Neo-Federalist Approach", 81 *Cornell Law Review* 393, 490 (1996); Matthew I. Hall, "The Partially Prudential Doctrine of Mootness", 77 *George Washington Law Review* 562, 562 (2009).

③ See e.g., U.S. Parole Comm'n v. Geraghty, 445 U.S. 388, 411 (1980); Honig v. Doe, 484 U.S. 305, 330 (1988).

④ See Warth v. Seldin, 422 U.S. 490, 501 (1975).

⑤ See Note, "Mootness on Appeal in the Supreme Court", 83 *Harvard Law Review* 1672, 1673 (1970).

⑥ 参见［美］彼得·G. 伦斯特洛姆编：《美国法律词典》，贺卫方等译，中国政法大学出版社1998年版，第7页。

下四个主要方面的含义：(1)所涉问题最终能够通过某种司法救济解决；(2)不存在政策问题，这种政策问题已经由宪法分配给其他非司法的政治机构予以决定；(3)存在着法律问题，这种法律问题能够由相关具体的事实情境充分地揭示和阐明；(4)存在着处于对立关系的双方当事人，当事人之间的这种对立关系使得当事人有充分的激励澄清议题之所在及其解决所必需的各种证据和论据。①

相对没有争议的是，在审理无意义的语境中，"案件或争议"的第二种含义是不相关的。因为某案件是否存在由其他政治机构所解决的政策问题，是一种性质上的界定。诉讼过程中某种事由的发生，并不会使得某种政策问题变成非政策问题，或者非政策问题转变成政策问题，进而产生可裁判性与否的问题。而且，审理无意义之议题之所以会发生，只是因为某种事由的存在，使得先前具有可裁判性的案件是否仍然具有审理的价值产生了争议。因此，虽然《宪法》第三条中的"案件或争议"有着四种不同的含义，在诉讼的过程中，某种事由的发生只可能使得先前具有可裁判性的案件在(1)、(3)、(4)三个方面变得没有意义，进而产生法院是否应该继续就案件的实质问题做出裁判的问题。

但是，从可裁判性的角度，如果某种事由的发生导致了(3)和(4)这两种情形变得没有意义的话，那么，无须审理无意义原理，法院仍然可以确定是否存在真实的争议，决定曾经可审理的案件现在是否仍然具有审理的价值。实际上，这正是可裁判性原理构成中当事人适格原理（如果相关事由的发生使得第四个方面变得没有意义的话）②、时机成熟原理（如果相关事由的发生使得第三个方面变得没有意义的话）③，分别完成的任务，它们所提供的测试标准保证了是否存在司法权运用所必需的真实争议的要求。因此，作为一种独立存在的可裁判性原理，审理无意义的分析应该主要集中于"案件或争议"含义中的第一个方面，即某种案件能够得到司法救济的特质。正是在司法救济的语境中，才会产生某个过时、没有审理意义的案件是否仍然具有可裁判性的问题。

实际上，使得司法权和立法权得以区分的，也正是它们所能提供的救济类型的不同。在总统的批准下，国会可能会通过具有一般性、大范围的立法

---

① See e. g. , Flast v. Cohen, 392 U. S. 83, 95 (1968); Note, "Mootness on Appeal in the Supreme Court", 83 *Harvard Law Review* 1672, 1672－1673 (1970).

② See e. g. , Warth v. Seldin, 422 U. S. 490, 518 (1975).

③ See e. g. , Abbott Laboratories v. Gardner, 387 U. S. 136, 149 (1967).

性救济措施。另外，对处于不利处境的当事人而言，司法救济必须是确定性的和特定的。① 这种救济方面所存在的差异，划定了立法权与司法权之间的界限。正如斯卡利亚大法官（Antonin Scalia）所指出的那样，独特的司法补救背后的基本原理可能在于代议制的观念。② 通常来说，联邦政府被描述为一个代议制民主政府。③ 就其本身言，国会和总统是选举产生的官员。从理论上讲，受到立法救济影响的每个人由民选官员所代表。相比之下，联邦法官是由总统经由参议院的咨询和同意所任命的，因而只是间接地通过选民选举产生的。斯卡利亚大法官认为，联邦法院非民主的性质，使得联邦法院的角色仅仅限制在保护个人和少数群体以免受多数人对其所施加的强制性措施，更排除了法院为了服务多数人这一目的，就其他政治分支应该如何发挥作用做出某种规定和指示。④ 这种分权论证同样适用于审理无意义原理。如果允许当事人在"个人利害关系"（personal stake）变得没有意义的案件中寻求一种司法救济，也就是相当于当事人提出一种其他人不能够主张的诉求。然而，这种其他人也能够主张的诉求，却应该由更为民主的其他联邦政府代议机构所解决。

因而，在宪法的意义上，具体的事实情境、对立的当事人、当事人能够在诉讼中有权基于个人利益接受某种特定的司法救济，这些特质是要求联邦法院行使管辖权时，案件在诉讼过程中都必须始终具备的。⑤ 换言之，所有的案件必须始终满足这些要求，才是具有审理价值的，进而能够要求法院就案件所涉及的实质做出裁判。值得注意的是，这些宪法所派生出来的特质，也大体上与案例法实践中的无意义原理吻合。⑥ 为了先前具有可裁判性的案件不是毫无意义，联邦最高法院经常强调一个议题必须是"活生生的"（live），当事人必须在争议中拥有"个人利害关系"。⑦ 这也是为什么如果法

---

① See Sidney A. Diamond, "Federal Jurisdiction to Decide Moot Cases", 94 *University of Pennsylvania Law Review* 125, 146 (1946).

② See Antonin Scalia, "The Doctrine of Standing as an Essential Element of the Separation of Powers", 17 *Suffolk University Law Review* 881, 894－897 (1983).

③ See e.g., McCulloch v. Maryland, 75 U.S. (4 Wheat) 316, 404 (1819).

④ See Antonin Scalia, "The Doctrine of Standing as an Essential Element of the Separation ofPowers", 17 *Suffolk University Law Review* 881, 894 (1983).

⑤ See Corey C. Watson, "Mootness and the Constitution Comment", 86 *Northwestern University Law Review* 143, 169－170 (1991).

⑥ Cf. Don B. Kates, Jr. and William T. Barker, "Mootness in Judicial Proceedings: Toward a Coherent Theory", 62 *California Law Review* 1385, 1402－1411 (1974).

⑦ See, e.g., Steams v. Wood, 236U.S. 75, 78 (1915); Golden v. Zwickler, 394 U.S. 103, 108 (1969); De Funis v. Odegaard, 416 U.S. 312 (1974).

院认为诉讼过程中某种事由的发生使得个人利害关系在某个案件中变得没有意义，那么该案件就不再具有可裁判性。因为依据定义，如果一个案件是审理无意义的，那么对立的当事人之间也就不存在真实的争议，没有真实的争议也就不存在司法权运用的必要条件。因而，在个人利害关系变得没有意义的情况下，联邦法院之所以通常将案件撤销，就不仅仅是从节约司法资源的角度，而且是为了将司法权区别于立法权，个人利害关系要件所服务的目的是分权。

但应该指出的是，个人利害关系作为审理无意义原理构成中的一种宪法因素，仅仅是在司法权和立法权相区别的意义上的。然而，正是在这里，在宪法的语境中，对于司法权的界定和理解，我们仍然忽视了一种重要的权力内容，即司法审查的权力。① 虽然联邦法院不是一个倡导新法律或改变旧法律的论坛，但联邦法院的确是一个挑战某种法律的宪法有效性的阵地，这便是联邦法院所拥有的审查法律或者政府行为合宪性的权力。② 通常来说，司法救济和立法救济是不同的，然而如果当事人寻求的是宣告法律违宪的救济，确认政府行为合法性的救济，司法权和立法权在性质上是相似的。当联邦法院宣布某法规或者政府行为违宪时，实际上等同于通过了一种消极意义上的立法。在司法审查的语境中，虽然联邦法院仍然在运用现行法律（即宪法）③，但联邦法院所提供的救济类型，在根本意义上不同于传统所提供的局限于本案当事人的私人性救济，因为废除某部法规或者政府行为影响到本案当事人之外的大量其他人，这些人可能并不会作为当事人出现在诉讼过程中。

可以说，在独立的审理无意义原理运作依赖于司法所能够提供的救济类型的意义上，由于在司法审查的语境中，当事人所寻求救济的这种非私人性性质，使得审理无意义原理的测试标准必然不再是个人利害关系的意义，即在诉讼过程中某种事由的发生是否使得当事人在某个先前具有可裁判性的案件中仍然具有个人利害关系。因为依据定义，个人利害关系本质上具有

---

① See Marbury v. Madison, 5 U. S. (1 Cranch) 137 (1803).

② 对司法审查的权力性质存在着争议，有学者认为，从严格意义上讲，联邦最高法院在行使司法审查权力时所签发的判决，可能只不过是"咨询意见"（advisory opinion）。实际上，联邦最高法院认为自己签发这种咨询意见可能不太妥当。参见［美］阿纳斯塔普罗：《美国 1787 年〈宪法〉讲疏》，赵雪纲译，华夏出版社 2012 年版，第 168 页。

③ 在这个意义上，所谓司法审查，只不过是联邦法院依法裁判的义务（decide in accord with the law of the land）。对从义务的角度，而不是权力的角度，对司法审查解释和捍卫，可参见 Philip Hamburger, "A Tale of Two Paradigms: Judicial Review and Judicial Duty", 78 *George Washington Law Review* 1162, 1170—1173 (2010)。

时限性，且局限于特定范围内的个人。^①　如果某个案件当事人所请求的司法救济是就某部法规或者某种政府行为的合宪性做出宣告性判决；如果坚持个人利害关系在诉讼的进行过程中，始终是确保先前具有可裁判性的案件继续具有审理价值的必要条件，那么，实践中很可能出现这样一种情况，即大部分案件将免于司法审查。显然，这最终可能废止了司法审查制度本身。因此，为了维持司法审查这一重要的具有宪法意义的司法权，在涉及司法审查的案件中，个人利害关系成为一个不重要，有时甚至不相关的考虑因素。的确，这似乎是审理无意义原理测试标准的一个"例外"，但这种例外是为保持司法审查所必要的，更是为宪法意义上的权力之间相互制约和权衡所允许的例外。

因而，在宪法的意义上，在审理无意义原理的测试标准中，如果某个案件不成为审理无意义的，即仍然具有可裁判性，就必须满足当事人对案件裁判结果持续地保有个人利害关系这项要件。只是在司法审查的语境中，个人利害关系不再是测试某个曾经具有可裁判性的案件是否仍然具有审理价值的标准。换言之，任何司法所创造的审理无意义原理之"例外"，如果想得到合宪性的支持，都必然是在司法审查的语境中所孕育出来的。在联邦法院案例法的实践中，已经得到稳固确立的所谓的审理无意义之"例外"，则进一步验证了这种解释。

第三节　审理无意义原理之"例外"

在审理无意义原理的运作过程中，为了确定某种曾经具有可裁判性的案件是否仍然具有审理的价值，通常的测试标准是诉讼过程中某种事由的发生，是否使得当事人在案件中的个人利害关系变得没有审理意义。从权力分立的角度，个人利害关系是审理无意义原理中的一种宪法要件。然而，在司法审查的语境中，由于个人利害关系不再是确定某案件具有可裁判性的测试标准，那么，究竟是哪些因素支持着某种先前具有可裁判性的案件仍然具有审理的价值呢？

显然，这只能通过详细检视联邦法院在审理无意义原理之"例外"中的判决及其推理来回答。在司法审查的语境中，我们会发现，即便是某种事由的发生使个人利害关系变得没有意义，联邦法院总是能够找到某种正当的理由，来支持其继续就这三种例外情形的案件所涉及的实质问题做出宪法裁判。

---

① 　See e. g. , Roe v. Wade, 410 U. S. 113, 125 (1973)。

一、"能够反复,但规避审查"之例外

从性质上讲,某些特定类型的诉讼主张本身具有短暂的时限性,如怀孕和投票,显然它们只能在某个特定的时间内主张才有意义。然而,如果严格地坚持这种具有内在时限性的诉讼主张,必须在诉讼过程中始终存在,否则便以案件无意义而驳回的话,这可能会使得这些具有时限性约束的案件完全免于司法审查。如果案件所涉实质问题具有重要的宪法含义,那么,这种结果显然是不可欲的。因而,为了应对这种个人主张具有内在时限性,但所涉及的议题本身有可能会再次发生的情况,联邦法院通过案例法创造的第一种审理无意义原理之例外,便是著名的"能够反复,但规避审查"(capable of repetition,yet evading review)之例外。

通常来说,"能够反复,但规避审查"这一短语是在 1911 年南太平洋码头有限公司诉州际商务委员会案(Southern Pacific Terminal Co. v. Interstate Commerce Commission)中首先出现的。① 在该案中,南太平洋码头公司挑战的是州际商务委员会的一项命令,该命令要求航运码头的所有者停止为特定的托运人提供没有授予他人的优惠利率。但依据自身条款,州际商务委员会的这项命令在两年后就会自动期满。确实,在原告的上诉到达最高法院之间,该命令已经期满。州际商务委员会认为,由于命令期限已过,因而该案已经变得没有意义,不具有可裁判性。

然而,基于两个原因,联邦最高法院否决了被告的这项动议。第一,在某种程度上,州际商务委员会的命令可能成为其进一步议程的基础。第二,联邦最高法院认为有一个更广泛的考虑,即州际商务委员会的命令所涉及的问题通常是持续性的,对"这些问题的考虑不应该(尽管他们可能会)被短期的命令所击败。这些短期的命令能够反复,但规避审查,因而一度是政府,现在是承运人的权利由委员会决定但却没有救济的机会"②。

可以说,自 1911 年"能够反复,但规避审查"这一短语出现,几乎在所有涉及审理无意义之问题的案件中,都得到了联邦法院的引用。正如联邦最高法院在这些案件的判决中所说的那样,"能够反复,但规避审查"之例外主要适用于具有以下两个特征的案件之中:(1)受到挑战的行为本身持续时间太短,以至于在行为终止或到期之前,不能够完全地进行诉讼;(2)存在着一

---

① See S. Pac. Terminal Co. v. Interstate Commerce Commission,219 U. S. 498 (1911).

② S. Pac. Terminal Co. v. Interstate Commerce Commission,219 U. S. 498,515 (1911).

个合理的预期,即同样的当事人将再次经受相同的诉讼。①

因此,在司法审查的语境中,除非某个个人利害关系变得审理无意义的案件中存在着上述两个特质,否则,联邦法院通常会以审理无意义为理由而将案件驳回。值得注意的是,在某些个人利害关系变得没有审理意义的案件中,联邦法院经常忽视或者修改第二个要求。② 换言之,即便是再次经历诉讼的不再是先前案件的同一当事人,但如果有充分的预期受到挑战的行为能够复发,进而影响到其他广泛范围内公共成员的话,联邦法院仍然可能适用"能够反复,但规避审查"这项例外。

二、"被告自愿放弃"之例外

在司法实践中,使得某个案件变得没有审理意义,特别是原告的个人利害关系在其中变得没有审理意义,一种经常发生的情形是被告自愿停止或者被告改变了受到挑战的行为。然而,也经常发生的情形是被告的这种自愿放弃可能并不是真诚的,而且理论上也没有任何障碍阻止被告在将来再次恢复这种受到挑战的行为。因而,在这种情形下,如果严格要求联邦法院以审理无意义为由而将案件驳回,实际上就相当于授权被告能够通过单方面的行为排除联邦法院的管辖权,进而起到规避司法审查的效果。不用说,这种结果同样也是不可欲的。审理无意义原理中"被告自愿放弃"之例外,就是为了应对这种问题而由联邦法院在案例法实践所创造出来的。③ 依据这种例外,被告自愿放弃受到挑战的行为本身并不足以使案件变得没有审理意义,即并不当然剥夺联邦法院听审和决定案件的权力。

例如,1953 年合众国诉格兰特有限公司(United States v. W. T. Grant Co.)所涉及的就是这种"自愿停止"审理无意义之例外的情形。④ 在格兰特案中,合众国起诉禁止不同公司之间拥有类似董事会成员这种实践,主张连锁董事会这种做法违反了反托拉斯规定。在诉讼提出后不久,在不同具有竞争关系的公司董事会中都有任职的汉考克宣布辞职,因而被告声称它们

---

① See e. g. ,Weinstein v. Bradford,423 U. S. 147,149 (1975);SEC v. Sloan,436 U. S. 103,108−110 (1978);Wis. Dept. of Indus. v. Gould,Inc. ,475 U. S. 282,285 (1986);Honig v. Doe,484 U. S. 305,317−318 & n. 5 (1988).

② See e. g. ,Dunn v. Blumstein,405 U. S. 330,333 (1972);Doe v. Bolton,410 U. S. 179,187 (1973);Rosario v. Rockefeller,410 U. S. 752,756 (1973);Roe v. Wade,410 U. S. 113,125 (1973).

③ See Kristen M. Shults,"Friends of the Earthv. Laidlaw Environmental Services:A Resounding Victory for Environmentalists,Its Implicationson Future Justiciability Decisions,and Resolutions of Issues on Remand",89 *Georgetown Law Journal* 1001(2001).

④ See United States v. W. T. Grant Co. ,345 U. S. 629 (1953).

已经排除了连锁董事会这种关系，而且也不会恢复这种实践。据此，被告请求联邦法院以审理无意义为由将案件驳回。

然而，联邦最高法院拒绝了被告的这项动议。联邦最高法院指出，被告自愿放弃受挑战行为并不构成撤销案件的充分理由，并认为在下述情况下争议可能仍然有待解决，即被告有恢复他老做法的自由，而且使受到挑战的实践的合法性得到解决存在着一种公共利益。① 当然，联邦法院也承认案件可能会因审理无意义而被驳回，如果被告能够证明存在着合理的期望，即受到挑战的行为不会被重复。但是，这种举证负担是沉重的，被告仅承诺不会恢复受到挑战的行为并不足以满足这种举证负担，也就不会使得案件变得没有审理意义，不具有可裁判性。

遵循这种依据，联邦法院经常拒绝将审理无意义的案件撤销，如果无意义的结果是由被告自愿放弃受到挑战行为所产生的话。② 在这种情形下，联邦法院适用的一般规则是，被告自愿停止受到挑战的实践并不当然剥夺联邦法院决定该实践合法性的权力，因为受到挑战的行为存在着再次发生的可能性。因此，"被告自愿放弃"之例外所存在的核心问题是，被告是否有可行能力恢复被告自愿放弃的受到挑战的行为。换言之，如果被告要想以被告自愿放弃受到挑战的行为而使案件变得没有审理意义为由，请求联邦法院将案件撤销，那么，被告就必须"绝对清楚地"（absolutely clear）证明所指控的错误行为不会再次发生。③ 显然，被告的这种举证负担是沉重的。

三、"集体诉讼"之例外

审理无意义原理所存在的第三种类型的例外，便是"集体诉讼"例外。通过一系列的案例，联邦法院指出已得到确认的集体诉讼仍然是具有可裁判性的，即便代表集体提出诉讼的原告在案件中的个人利害关系可能变得没有审理意义，联邦法院仍然能够就该集体诉讼的实质性问题做出司法裁判。④ 因为依据定义，集体诉讼在性质上不同于个人诉讼，"有名原告"（即

---

① See United States v. W. T. Grant Co. ,345 U. S. 629,632 (1953).

② See e. g. ,Goshen Mfg. Co. v. Hubert A. Myers Mfg. Co. ,242 U. S. 202,207−208 (1916)；Walling v. Helmerich & Payne,Inc. ,323 U. S. 37,43 (1944)；City of Mesquite v. Aladdin's Castle,Inc. ,455 U. S. 283,289 (1982)；Friends of the Earth,Inc. v. Laidlaw Envtl. Servs. ,Inc. ,528 U. S. 167,170 (2000).

③ See Friends of the Earth,Inc. v. Laidlaw Envtl. Servs. ,Inc. ,528 U. S. 167,170 (2000).

④ See Richard K. Greenstein,"Bridging the Mootness Gap in Federal Court Class Actions",35 *Stanford Law Review* 897 (1983).

特定原告)个人对于诉讼结果拥有个人利害关系，并不是维持集体诉讼的必要条件。① 因此，在集体诉讼中，联邦法院通常不会以个人利害关系变得没有审理意义为依据将案件驳回。②

虽然相对没有争议，但"集体诉讼"作为审理无意义原理的例外由联邦法院在案例法中所承认和运用，却是相对比较晚近的事情。一般认为，联邦最高法院首先是在 1975 年索斯纳诉艾奥瓦州(Sosna v. Iowa)提出并适用这种审理无意义之例外的。③ 在索斯纳案中，所争议的问题是艾奥瓦州一项有关离婚诉讼管辖权法律的合宪性，该法律要求任何请求该州法院受理离婚案件的诉讼当事人，都必须满足在该州持续居住一年的要求。然而，在原告索斯纳提起离婚诉讼时，她在艾奥瓦州仅居住了一个月。在她的离婚诉讼被驳回后，索斯纳提起一项联邦集体诉讼，认为该州的持续居住要求是违宪的。但是，在该集体诉讼到达联邦最高法院的时候，索斯纳已经满足了一年持续居住要求，并且她也在其他州实现了离婚诉求。显然，这两种事由的存在，使得索斯纳的个人诉求变得没有审理意义。

尽管在该集体诉讼中，索斯纳的个人诉求变得没有审理意义，但联邦最高法院拒绝以审理无意义为理由将案件予以撤销。联邦最高法院指出，在具有内在短暂时限的个人诉求的集体诉讼中，严格地适用审理无意义原理可能是不适当的，因为这可能永远阻止这种诉求被联邦法院所裁判，即这种诉求可能规避司法审查。在个人诉求变得没有意义的集体诉讼中，虽然"有名原告"与被告之间不再存在《宪法》第三条款所要求"真实的争议"(live controversy)，但在被告与集体的成员之间这种真实争议仍然存在。④

换句话说，一项集体诉讼不应该以审理无意义为依据而将案件撤销，如果该集体诉讼满足以下条件的话：(1)"有名原告"在诉讼提起时拥有个人利害关系，与被告之间有着真实的争议；(2)存在一个已经适当确认的集体诉

---

① 依据《联邦民事诉讼规则》第二十三(a)条，在下列条件下，集体中一个或数个成员可以作为集体全体成员的代表，以代表当事人起诉或应诉：(1)集体人数众多，使得全体成员的合并在实际上是不可能的；(2)该集团有共同的法律或事实问题；(3)代表当事人的请求或抗辩在集体中是有代表性的请求或抗辩；(4)代表当事人能公正和充分地维护集体成员的利益。

② See Daniel J. Meltzer，"Deterring Constitutional Violations by Law Enforcement Officials：Plaintiffs and Defendants as Private Attorneys General"，88 *Columbia Law Review* 247，302－303 (1988).

③ See Sosna v. Iowa，419 U. S. 393 (1975).

④ See Sosna v. Iowa，419 U. S. 393，401－402 (1975).

讼,整个集体是真正的原告①;(3)集体成员的诉求并没有变得没有审理意义。由于集体诉讼所服务的是集体的利益,而不仅仅是"有名原告"的个人诉求,因而某个特定集体成员的个人诉求是否变得没有审理意义,对于集体诉讼来说是不相关的。

总之,联邦法院的案例法实践所存在的以上三种无意义原理之"例外",说明了即便某种事由的发生使得个人利害关系在某个案件中变得没有审理意义,联邦最高法院仍然可以选择不以审理无意义为依据而将先前具有可裁判性的案件撤销,如果联邦最高法院认为审理无意义事由的发生符合上述三种例外的话。在确认了审理无意义原理在司法审查语境中的审议性的性质之后,我们就可以进入一个规范的层面,将审理无意义原理之"例外"整合成一个更为融贯的可裁判性原理。

第四节　迈向一种融贯的审理无意义原理

如果独立的审理无意义原理主要在司法审查的语境中运作,而且这种运作更多地受到审议性因素的影响,那么,一个有意义的问题便产生了:尽管审理无意义原理在案例法实践中实际存在着三种例外情形,但是在某个具体的案件中,联邦法院应该如何决定?在审理无意义之领域,是否联邦法院的决定,如学者所批评的那样,必然是任意的以及没有原则的?② 或者说,在案例法的运作过程中,是否有某种可理解的因素隐藏其中,从而一方面能够解释过去案件的结果,另一方面能够为联邦法院决定审理无意义的案件是否仍然具有可裁判性,提供某种规范的指导? 此处,对议题审理无意义与个人利害关系审理无意义进行区分之后,将依次检视这些审议性的因素应该包括哪种内容。

一、议题审理无意义与个人利害关系审理无意义之区分

实际上,在某种意义上,审理无意义原理在案例法中存在的上述三种"例外",为我们理解和评估其运作给出了某种指示,即需要在个人利害关系

---

① 应该指出的是,虽然集体诉讼本身没有被确认,但对集体确认的否决所提出的上诉不能以无意义而驳回,即便当事人在其中的个人利害关系变得没有意义,因为当事人对于集体的确认仍然保有个人利害关系。参见 United Airlines,Inc. v. McDonald,432U. S. 385,393 (1977);U. S. Parole Comm'n v. Geraghty,445 U. S. 388,404 (1980)。

② See Erwin Chemerinsky,"A Unified Approach to Justiciability",22 *Connecticut Law Review* 677,692 (1990).

变得审理无意义与议题本身变得审理无意义之间进行区分。作为审理无意义原理的例外,此处讨论的三个主要例外显然只适用于个人利害关系变得没有审理意义的案件。这是因为每一个例外之所以能够得到正当性支持,都要取决于受到挑战的行为在未来合理复发的可能性。然而,如果是案件所涉议题变得没有审理意义,根据定义,那么联邦法院也就没有必要就案件所涉实质问题做出司法裁判。①

换言之,存在着两种不同类型的审理无意义,它们应得到不同的司法对待。典型的,联邦最高法院在 1980 年美国假释委员会诉格拉提案(U. S. Parole Comm'n v. Geraghty)的决定,运用的就是这种分析路径。② 在格拉提案中,原告以平等保护为依据,挑战美国假释委员会制定的《假释指南》的合宪性,认为假释委员会对他所代表的群体存在着歧视性待遇,因而寻求改变《假释指南》的禁令性救济。在案件的上诉期间,原告从监狱中获释。显然,原告的释放使得原告从禁令救济中获得的个人利益变得无关紧要。虽然原告的个人利害关系在该案中变得没有审理意义,但诉讼所涉的议题本身仍然具有可讨论性。联邦第三巡回上诉法院拒绝以审理无意义驳回原告的上诉,联邦最高法院确认了联邦第三巡回上诉法院的这种决定。

对此联邦最高法院指出,应该区分两种类型的"审理无意义"案件:其中所涉议题不再具有可讨论性的案件,以及那些原告个人对案件结果不再有受法律保护利益的案件。对于议题审理无意义的案件,联邦法院应该简单地予以驳回;相反,对于个人利害关系审理无意义的案件,要以各种审议性因素为依据,决定是否继续就案件所涉实质做出裁判。联邦最高法院指出:"严格形式主义的第三条法理,尽管也许是所有分析的起点,但充斥着种种例外。在创建每个例外时,法院依靠的是实际性和审慎性的考虑因素。"③

那么,在议题仍然具有可讨论性,但个人利害关系变得没有审理意义的案件中,究竟是些什么样的实际性和审慎性考虑因素,指导着联邦法院决定撤销这种审理无意义的案件呢? 在格拉提案中,联邦法院认为,应该依据"个人利害关系"要件的目的来做出是否驳回的决定。联邦法院指出,所谓"个人利害关系"要件的目的仅仅是确保案件能够进行司法审查的一种形

---

① See Matthew I. Hall,"The Partially Prudential Doctrine of Mootness",77 *George Washington Law Review* 562,619 (2009).

② See U. S. Parole Comm'n v. Geraghty,445 U. S. 388 (1980).

③ U. S. Parole Comm'n v. Geraghty,445 U. S. 388,406 n. 11 (1980).

式,即一种纠纷能够通过司法予以解决应该包括两个方面的必要条件:
(1)在一个具体的事实情境中敏锐地提出议题;(2)自利的当事人积极地提
出各种反对依据进行主张和辩护。① 在格拉提案中,即便有名原告的实质
性要求变得毫无审理意义,这两个条件也能够满足。因为一方面,有名原告
个人利害关系的丧失,并不使得议题变得抽象或者不敏锐,而且议题本身已
经在具体的事实情境中得到揭示和展现;另一方面,积极主张的要求,也可
以通过其他的手段获得,如法庭之友所提供的诉讼事实摘要,而且个人利害
关系也不是确保积极辩护的必要条件,两者之间没有逻辑上的必然联系。
可见,在联邦法院那里,如果仅仅是个人利害关系变得没有审理意义,但议
题本身仍然具有重要的裁判价值,那么,联邦法院通常会诉诸审议性的考量
因素来决定是否将审理无意义的案件驳回。

因而,在诉讼的进行过程中,后续某种事由的存在,既可能使案件所涉
及的议题本身变得没有审理意义,也可能使当事人在案件中的个人利害关
系变得没有审理意义,即存在着两种截然不同种类的审理无意义,它们需要
不同的司法处理。就确定某个审理无意义的案件是否仍然具有可裁判性这
个问题而言,联邦法院必须从以下这个问题开始分析:受到挑战的行为是否
有合理复发的可能性,这个问题涉及联邦法院的命令是否会影响现状。这
是"议题审理无意义"旨在回答的问题。如果联邦法院确定案件所涉及的议
题本身是过时的,这意味着已经起诉的案件不再呈现出真实的"案件和争
议",因此联邦法院必须驳回,案件也不再具有审理的价值。②

如果联邦法院认为原告主张所提出的问题本身不是审理无意义的,那
么,接下来的问题便是:是否在该议题中,原告个人利害关系变得没有审理
意义。如果是的话,那么案件是否仍然具有可裁判性,就受制于联邦法院的
自由裁量。③ 在这方面,审理无意义原理有着审议性的组成要素。某种意
义上,在司法审查的语境中,可以说审理无意义之议题是,也一直是自由裁
量的问题。④ 那么,在做出审理无意义案件之决定时,除了考虑"个人利害
关系"的目的是否已经能够通过其他手段达到以外,联邦法院还应该考虑哪

---

① See U. S. Parole Comm'n v. Geraghty,445 U. S. 388,403 (1980).

② See e. g. ,United States v. Alaska S. S. Co. ,253 U. S. 113,115—116 (1920);United States v. Chambers,291 U. S. 217,224 (1934).

③ See e. g. ,U. S. Parole Comm'n v. Geraghty,445 U. S. 388,396 (1980);Murphy v. Hunt, 455 U. S. 478,481 (1982).

④ See Robert J. Pushaw, Jr. , "Justiciabilityand Separation of Powers: A Neo-Federalist Approach",81 *Cornell Law Review* 393,490(1996).

些审议性因素呢? 这是接下来所要分析的问题。

二、个人利害关系审理无意义的考量因素

事实上,出于节约司法资源的考虑,联邦法院通常不愿意处理审理无意义的案件。然而,在案例法的运作过程中,审理无意义所存在的"例外"依然显示了,在某些特定的情形下,基于各种审慎因素的考虑,联邦最高法院仍然决定听审某些个人利害关系变得审理无意义的案件。法院需要对各种审议性因素进行某种科学管理,而管理在司法过程中的广泛运用是必要的。波斯纳法官指出,司法过程中"管理主义是一种回避风险的战略,它产生的是一种安全的常规产品"①。通过检视这些已经得到承认的"例外"案件,我们发现能够纳入联邦法院审议性考虑范围内的因素,至少还应该包括以下三个方面:(1)就案件所涉实质问题及时做出裁判的迫切需要;(2)对司法权威的不利影响;(3)现有司法资源有效合理的利用。正如学者所指出的那样,公开地承认联邦法院之决定所考虑的诸种审议性因素,并坦率地讨论其理由,能够使得联邦法院的决策变得更加可预测和一致。②

(一)迅速裁判的迫切需要

在司法审查的语境下,如果某个受到挑战的法规或者政府行为的合宪性存在疑问,无论是在何种意义上,法律或者政府行为的这种持续不确定性都是一种社会成本。③ 因而,从审议的角度,决定某个个人利害关系变得没有审理意义的案件是否依然具有可裁判性,首要考虑因素是产生一个迅速裁判是不是必要的或者可欲的。联邦法院认为,在某个个人利害关系变得没有审理意义的案件中,如果下述两种情形之一存在或者同时的话,在当前诉讼中听审并决定案件实质可能就是必要的或者可欲的:(1)所提出的诉求影响到缺席的第三方当事人,但第三方当事人有效主张其权利存在障碍,或者涉及一个重要社会问题的含义;(2)本案当事人挑战的法规或者政府行为,具有内在时限性,如果现在不被审查,可能会存在规避审查的效果。④

通过案例法的运作实践,联邦法院已经确认了大量独特的事实情境,即

---

① [美]理查德·波斯纳:《波斯纳法官司法反思录》,苏力译,北京大学出版社 2014 年版,第 280 页。

② See Susan Bandes,"The Idea of a Case",42 *Stanford Law Review* 227,294 (1990).

③ See Don B. Kates,Jr. and William T. Barker,"Mootness in Judicial Proceedings:Toward a Coherent Theory",62 *California Law Review* 1385,1429—1431 (1974).

④ See e. g. ,Dunn v. Blumstein,405 U. S. 330,333 (1972);Roe v. Wade,410 U. S. 113,125 (1973);Storer v. Brown,415 U. S. 724,737 (1974);Murphy v. Hunt,455 U. S. 478,481 (1982).

便是在其中个人利害关系变得没有审理意义,如果存在有下述事实情境,则案件仍然在联邦法院的管辖范围内,这些事实情境是:(1)在挑战短期持续居住要求的集体诉讼中,当个人利害关系变得审理无意义时,地区法院已经就集体的存在做出了确认①;(2)在挑战审前羁押的集体诉讼中,无论地区法院是否已经就集体的存在做出了确认②;(3)在寻求损害赔偿的集体诉讼中,虽然被告已经偿付了原告损害赔偿的全部金额,但集体诉讼涉及的是第二十三(b)(三)条类型,即联邦法院认为集体成员共同的法律上和事实上的问题,相对于仅影响个别成员的问题占优势地位,而且集体诉讼对纠纷做出公正和有效的裁判优于可用的其他方法③;(4)寻求禁止政府行为的个人诉讼。④

值得注意的是,至于为什么是这些事实情境,而不是另外的事实情境,使得个人利害关系变得没有审理意义的案件仍然有可裁判性,联邦法院并没有诉诸对第三条中"案件和争议"的解释。相反,联邦法院诉诸的是审议性考量因素,即这些事实情境使得当前就案件实质做出裁判是必要的。因为这些事实情境所存在的共同点是如果宣布个人利害关系审理无意义的案件不再具有可裁判性,会将一系列类似的诉求隔离于司法审查。实际上,使得个人利害关系变得没有审理意义的事实情境,会以相同的方式影响每一个后来提出的个人诉求,使得其再次变得没有意义。在这里,联邦法院有关审理无意义的案例法实践,再次显示了"规避审查"这方面的担忧。

(二)司法权威的不利影响

如果某种诉讼能够被重复提起,如涉及政府机构或者大型企业为被告的情形下,为了避免糟糕的先例,诉讼当事人可能会故意采取某种行为使得案件变得没有审理意义,即便是以失掉当前案件为代价。在这个意义上,如果一味地坚持诉讼过程中某种事由的出现使得案件没有审理意义时,联邦法院当然没有权力审理以及决定案件,可能使得诉讼当事人产生强有力的激励,在诉讼进行的过程中积极地采取某种策略性行为,从而操纵审理无意

---

① See e. g. ,Sosna v. Iowa,419 U. S. 393,401—402 (1975).
② See e. g. ,Gerstein v. Pugh,420U. S. 103,111 (1975).
③ See e. g. ,Deposit Guar. Nat'l Bank v. Roper,445 U. S. 326,339 (1980).
④ See e. g. ,S. Pac. Terminal Co. v. Interstate Commerce Comm'n,219 U. S. 498,515(1911).

义之规则，进而产生对自己有利的局面。① 因而，联邦法院在决定是否处理无意义的案件，所需要考虑的第二个审议性因素是审理该案对司法权威产生的影响。

实际上，审理无意义原理中"被告自愿放弃"之例外可以被视为联邦法院在维护自身权威整体性方面的一种努力，即防止当事人利用审理无意义规则来操纵联邦法院的管辖权。② 虽然在司法审查的语境中，为了避免裁判进而产生对自己有利的局面，经常出现的情形是被告采取某种行为，例如，改变受到挑战的行为，或者与寻求禁令性救济的原告达成和解，从而使原告的个人利害关系消失使审理失去意义。然而有时候，特别是相关案件涉及对宪法原则含义的界定，那么，即便是原告采取某种行为使得个人利害关系消失，也并不妨碍联邦法院就案件的始终问题做出裁判。

例如，2000 年伊利市诉白蒲案（City of Erie v. Pap's A. M.）涉及的就是这个问题。③ 在伊利市案中，原告经营着一家名为"Kandyland"脱衣舞俱乐部，被告则发布了一项禁止公开裸露的法令，于是原告提起诉讼寻求禁止执行该法令的禁令性救济。显然，案件实质涉及宪法中言论自由原则的含义和范围。初审法院以联邦宪法为依据支持原告的禁令申请，宾夕法尼亚州最高法院进一步维持了该判决。然而，在伊利市案的调卷令申请进行期间，原告企业的所有权人选择退休，并向联邦最高法院提交了一份宣誓声明宣称他将退出所有的成人娱乐产业，并关闭了"Kandyland"脱衣舞俱乐部，出卖了该俱乐部的房产。因此，原告请求联邦最高法院以无意义为依据将案件驳回。

然而，联邦最高法院拒绝了原告的这项动议，裁定案件并不是没有审理意义的，并经过审理最终推翻了有关案件实质所做的判决。联邦最高法院指出，该案件之所以不是没有审理意义的，是因为原告仍然拥有营业执照，因而能够在将来的某一时间恢复脱衣舞俱乐部的营业，以及州法院有关公共裸露法令无效的判决对伊利市造成了损害。而且，原告通过关闭并出卖俱乐部这种搅乱战术，故意使案件变得没有审理意义，实际上相当于使禁令

---

① 从社会学视角，在案件的审理过程中，精明的律师并非只能被动地适应案件的社会结构。相反，律师完全可以在审理过程中调整案件的社会结构，如失业对刑事案件的被告是不利的条件，但律师如果能在判决前为被告找到一份工作，这时被告就可能面临监禁和缓刑之间的重大区别。有关律师对案件社会结构的塑造，详细分析可参见［美］唐·布莱克：《社会学视野中的司法》，郭星华译，法律出版社 2002 年版，第 37－39 页。

② See, e. g., Walling v. Helmerich &Payne, Inc., 323 U. S. 37, 43 (1944); City of Mesquite v. Aladdin's Castle, Inc., 455 U. S. 283, 289 (1982).

③ See City of Erie v. Pap's A. M., 529 U. S. 277, 287－289 (2000).

性救济免于联邦最高法院的审查。因而，维护司法权威的整体性不受损害（无论这种损害是由原告还是被告的策略性操作造成的），也应该成为联邦法院在做出无意义之决定时需要考虑的审议性因素之一。

(三)司法资源的有效利用

决定某个审理无意义的案件是否仍然具有可裁判性，第三个需要考虑的审议性因素是已经投入的司法资源以及仍然需要的司法资源之间的比重，即要在"沉没成本"(sunk costs)与"机会成本"(opportunity costs)之间取得某种权衡。尽管案件或争议条款本身没有对此明确规定，但在司法资源有限的局限约束下，不可避免地，联邦法院总是或者必须关心如何有效地利用有限的司法资源。在经济学视角中，必须将司法人员视作拥有激励和面对不同约束条件的代理人，"作为代理人的司法人员从事的工作涉及多个维度，司法人员的工作不仅决定产品数量，还决定产品质量。同时，司法人员的一项工作是使用权力资产创造公正价值，另一项工作是维护和保养该权力资产不被滥用，故最优的产权安排应在风险成本主导的激励效应与资产风险之间平衡"①。在可裁判性的语境中，联邦法院已经注意到在诉讼的早期阶段以可裁判性为理由将某种案件驳回，节省司法资源，将有限的司法资源分配到更为有价值和有意义的案件中。相反，如果是在诉讼的后期阶段将某种案件驳回，重要的司法资源已经消耗在这个案件中，就会浪费司法资源，特别是如果本案的诉求可能会再次提起的话。② 因此，从有效利用司法资源的角度，决定某个无意义的案件是否仍然具有审理的价值，需要在已经投入的司法资源以及仍然需要的司法资源之间做出某种评估和权衡。那么，联邦法院应该如何做出这种评估和权衡呢？

让我们假设有限的司法资源为单位 1，在某个先前具有可裁判性的案件中已经花费的资源为 x，显然剩余的司法资源为 $(1-x)$，就案件实质问题作出最终裁判仍然需要花费的资源为 a，a 在理论上讲应该不超过 $(1-x)$。进一步，我们假定案件所涉的议题再次发生的可能性为 P，那么如果出现下述情形的话，在其他条件不变的情况下(准确地说，在上述两个审议性考量因素不变的情况下)，那么法院就应该决定该案件仍然具有可裁判性，即便某种事由的发生使得个人利害关系在先前具有可裁判性的案件中变得没有

---

① 王雷:《基于司法公正的司法者管理激励》，法律出版社 2010 年版，第 192—193 页。

② See e. g. , Powell v. McCormack, 395 U. S. 486 (1969); Arizonans for Official English v. Arizona, 520 U. S. 43, 75—76 (1997); Friends of the Earth, Inc. v. Laidlaw Envtl. Servs. , Inc. , 528 U. S. 167, 191—192 (2000).

意义,即:

$$(x-a)\times P \geqq (1-x+a)\times(1-P);$$

应该指出的是,已经花费的司法资源即所谓的沉没成本,在该公式中并不以成本的形式出现,实际上沉没成本根本不是严格经济学意义上的成本,因为覆水难收,而成本始终起源于有所选择。已经花费的资源仅仅是已经消耗掉的资源而已,对于做出何种决策并不会产生必然的影响。但重要的是,这种已经消耗的资源能够以租值的形式出现,即如果案件能够再次被提起的话。[1] 在受到挑战的行为复发的情况下,决定当前无意义的案件仍然具有可裁判性的价值就表现为租值 x 减掉仍然需要花费的成本 a 乘以 P 所得出的结果。另外,公式的右边表示的是将现有司法资源用到在受到挑战行为不复发时$(1-P)$所产生的收益,现有的司法资源除了所剩余的司法资源外,还应该包括司法就无意义案件做出裁判所仍然需要的资源 a,因为在受到挑战行为不复发时,资源 a 仍然可以用到其他的案件中,这正是机会成本的当然含义。

因此,判断曾经具有可裁判性的案件是否仍然具有进一步审理的价值,在其他条件相等的情况下,就是要看公式左边的结果是否大于或者等于公式右边的结果。如果公式左边大于或者等于公式右边,从司法资源有效利用的角度,该案件仍然具有进一步审理的价值,仍然是具有可裁判性的案件;如果是公式右边的结果更大,那么,法院就应该以案件变得审理无意义、不具有可裁判性为由选择将案件予以驳回。

第五节　审理无意义在我国行政诉讼中的运用及前景

毫无疑问,诉讼过程中某种事由的发生使得先前案件变得没有审理意义,不再具有进一步审理的价值,这是一种普遍性现象。那么,我国人民法院应该如何处置没有审理价值和意义的案件呢? 以行政诉讼为例,对于行政诉讼过程中某种事由的发生使得案件变得没有审理的必要和价值,新《行政诉讼法》第六十二条对此仅作了如下规定,即"人民法院对行政案件宣告判决或者裁定前,原告申请撤诉的,或者被告改变其所作的行政行为,原告同意并申请撤诉的,是否准许,由人民法院裁定"[2]。可见,对这种被告改变

---

[1]　在经济学中,有关沉没成本如何以及在何种条件下以租值的形式出现,详细分析参见张五常:《收入与成本》,中信出版社 2011 年版,第 193 页以下。

[2]　参见新《行政诉讼法》第六十二条。

受到挑战的具体行政行为而且原告同意并申请撤诉,从而使行政诉讼案件变得没有审理的必要和意义,我国人民法院是否必须将案件予以撤销,法律本身并没有做出明确规定,而且就人民法院应该将何种因素纳入考量范围,法律也没有做出准确指示。① 对此,只能说无审理必要和意义的案件是否仍然具有可裁判性,要受制于人民法院的自由裁量权。从这个层面分析,一个有理论含义和实践重要性的问题便是:应该如何、以何种标准评估法院这种裁量性权力的行使? 或者说,在何种意义上,司法权之运用是正当、合法的,而不是陷于一种专断和恣意? 首要的问题是厘清行政诉讼过程中撤诉的原因。

自 2015 年立案登记制改革实施以来,早年间行政案件立案难的情况得到了有效解决,行政案件已成为近年来上升幅度最大的一类案件。这一点在笔者与课题组成员进行调研时,也得到了调研法院的证实:"近几年行政诉讼案件越来越多,几乎是以前的 2～3 倍。"然而根据调研,伴随着行政案件数量的迅速增加,原告撤诉已成为行政诉讼案件的主要结案方式之一。以 F 省 N 市人民法院为例,2018 年 1 月 1 日至 2019 年 7 月 16 日 F 省 N 市人民法院共受理行政诉讼案件 231 件,其中结案方式及比例可见表 7.1。

表 7.1 2018 年 1 月 1 日～2019 年 7 月 16 日 F 省 N 市
人民法院行政诉讼案件结案方式

结案方式	案件数/件	案件占比/%
按撤诉处理	4	2
准予撤诉	58	25
判决	110	48
驳回起诉	48	21
维持	2	1

---

① 笔者于 2020 年 6 月 30 日,在中国知网以"行政撤诉"为主题进行检索,相关文章仅有 7 篇,即徐平:《论我国行政撤诉制度》,载《法学杂志》1990 年第 4 期;谢坚贞:《行政撤诉中存在的问题及对策》,载《法制与经济》1996 年第 5 期;牛保318:《行政撤诉案件的调查与分析》,载《中州大学学报》2002 年第 1 期;李璠、习乃君:《浅析行政撤诉制度》,载《黑龙江省政法管理干部学院学报》2008 年第 5 期;刘菲:《行政诉讼撤诉的检察监督》,载《广西政法管理干部学院学报》2015 年第 6 期;孙陶:《对行政诉讼异地交叉管辖制度实效性的思考》,载《时代法学》2017 年第 3 期;颜运秋:《我国环境公益诉讼的发展趋势:对新〈环境保护法〉实施以来 209 件案件的统计分析》,载《求索》2017 年第 10 期。显然,行政案件的撤诉问题并没有得到我国学者的重视。

续表

结案方式	案件数/件	案件占比/%
终结	1	4
被指定其他法院管辖	1	4
裁定移送其他法院管辖	7	3

　　从表中可知,以撤诉为结案的方式占比达到 27%。通过实地调研发现,行政诉讼过程中原告撤诉原因是多方面的。首先,从原告自身角度,通常有如下情形:(1)原告在诉讼过程中认识到了自身错误,出于依法接受行政机关相应行政行为(积极态度),或者规避审判结果可能为自己带来的法律责任(消极态度)的想法,而主动撤诉。(2)因自身知识水平与法律修养的限制,对行政机关对自己做出的行政行为,行政相对人感觉到不满,认为自己受到不公正待遇、吃了亏时,便会盲目起诉相应的行政机关,要求变更具体行政行为。特别是在行政赔偿的案件中,由于难以尽到举证责任导致诉讼无法维持下去,不得已而撤诉。但通常此种情形下,原告会持另一种诉由重新申请上诉。(3)参与诉讼代价巨大,无论从精力、时间或是金钱,作为普通公民的原告都无能为力。除却行政争议复杂棘手外,亦包括法院对行政庭资源分配不均、人才短缺、审判庭不足、时间延长等因素,造成原告主动放弃。(4)原告存在"官官相护"思想,认为法院会站在行政机关一头,会共同压制自身合法权益的实现,即便自身诉讼请求明确、事实根据充分,而依旧主动申请撤诉。

　　其次,被诉行政机关在诉讼中的行为,也是影响原告申请撤诉的重要原因。一是被告依法改变被诉行政行为,原告同意并撤诉。此为最理想情况。二是被诉行政机关对原告施加压力,致使原告产生"以后诸事办起来不顺利"的顾虑;或对原告使用利诱手段,承诺原告优于其诉讼请求的回报与满足权益的做法,怂恿原告放弃诉讼,从而达到目的使其主动撤诉,维护自身业绩考核等诸多利益。无论从哪种角度,都是对行政部门公信力的一种伤害,导致行政行为自身弊端无法根本上改进,存在依旧会产生类似行政争议的风险,以至于造成某种恶性循环。

　　最后,法院有时也可以成为促使原告主动撤诉的原因之一。在解决行政争议之时,法院常常会考虑确认行政机关行政行为的违法性会产生的社会影响。若判决被告行政行为存在违法,可能会对其以后在辖区内的正常管理造成不利影响。譬如群众对行政机关立场产生怀疑、不积极配合等。另外,受多方综合因素影响,法院在具体实践中往往很难真正完全独立地行使司法权。倘若存在不正常干涉，难免会影响法官公正地行使审判权。即便法院并未直接动员或强迫原告撤诉，原告在间接遭受打击后，往往也会主动撤诉。

那么，面对不同原因导致的撤诉，人民法院应该如何行动呢？值得注意的是，为了规范人民法院自由裁量权的行使，2008年1月10日最高人民法院公布了《关于行政诉讼撤诉若干问题的规定》，就人民法院应该如何处理行政案件的撤诉问题做出了规定，最重要的是第二条，即"被告改变被诉（具体）行政行为，原告申请撤诉，符合下列条件的，人民法院应当裁定准许：（一）申请撤诉是当事人真实意思表示；（二）被告改变被诉（具体）行政行为，不违反法律、法规的禁止性规定，不超越或者放弃职权，不损害公共利益和他人合法权益；（三）被告已经改变或者决定改变被诉（具体）行政行为，并书面告知人民法院；（四）第三人无异议"①。换言之，对于被告改变（具体）行政行为进而使案件变得没有意义的情形，我国人民法院是否应该将案件撤销，需要考量的因素主要包括三个方面：(1)原告撤诉权的保障；(2)被告改变（具体）行政行为合乎法律的规定；(3)不侵犯第三人的合法权益。显然，要想使无意义的案件没有进一步审理的价值，被告改变（具体）行政行为合法且不侵犯第三人的合法权益，这是最没有争议的考量因素，因为行政诉讼的首要目的就在于审查（具体）行政行为的合法性。

因而，这三种考量因素中最重要的是第一种，即原告撤诉的意思必须是真实的。在行政诉讼的过程中，如果被告改变受到挑战的行政行为，且原告申请撤诉的意思真实，那么人民法院就必须将审理无意义的案件撤销。问题在于，就行政诉讼的目的而言，即人民法院有权审查行政行为的合法性，原告申请撤诉这一考量因素，是不是一种可靠的考量因素呢？对这个问题，有两个方面需要分别考虑：(1)对于被告改变受到挑战的行政行为，原告申请撤诉的可能性有多大？(2)如果原告不申请撤诉，人民法院应该怎么办？

首先，表面上看，在诉讼的过程中被告改变了受到挑战的行政行为，与原告是否申请撤诉之间没有必然关系。原告是否申请撤诉是诉权行使的重要内容，并不因被告行为的改变就使得诉权消失。然而，在实践中经常真实发生的情形却是，如果被告政府机关改变了受到挑战的行政行为，例如，在

---

① 参见《最高人民法院关于行政诉讼撤诉若干问题的规定》第二条。由于新《行政诉讼法》将原先的"具体行政行为"一律修改为"行政行为"，因此，此处将《最高人民法院关于行政诉讼撤诉若干问题的规定》中有关"具体行政行为"的"具体"一词放入括号内。实际上，能够纳入我国人民法院行政诉讼受案范围的行政行为，仍然是"具体的"，并未发生本质性的改变。

行政不作为的情形中政府机关积极履行了相应的职责，或者采取了某些补救、补偿措施使得原告的合法利益得到恢复，由于原告在案件中的个人利害关系得到满足，那么继续诉讼对原告来说，显然就已经没有必要。特别是，考虑到高昂的诉讼成本，考虑到自己仍然会在将来的某段时间、某种情形中受制于行政机关的管理或者服务，除非原告是具有高度公共精神的当事人，那么，选择申请撤诉是必然的。①

重要的是，如果被诉行政机关改变受到挑战的行政行为，其原因并非是主动满足原告的个人诉求，而是为了避免一个对自己不利的判决，那么在这种情形下，要求人民法院以当事人是否申请撤诉为考量因素，将原告当事人的个人利害关系消失的案件撤销，使行政机关行政行为的合法性规避司法审查。显然，这与行政诉讼的目的相违背。

其次，如果原告是具有公共精神的当事人，坚持就受到挑战的行政行为的合法性做出最终裁决，而选择不撤诉，在这种情形下，人民法院又应该怎么办？在我国语境中，尽管人民法院能够依据新《行政诉讼法》第五十三条之规定就规章以外某些规范性法律文件的合法性进行附带审查，但由于抽象的规范性法律文件本身并不具有可裁判性，人民法院仍然仅能够就行政行为的合法性做出判断。因而，在诉讼过程中如果被告改变了受到挑战的行政行为，例如"改变被诉行政行为所认定的主要事实和证据"，或"改变被诉行政行为所适用的规范依据且对定性产生影响"，或"撤销、部分撤销或者变更被诉行政行为处理结果"②，而且这种改变合乎法律的规定、不损害第三人的合法权益的话，由于案件审理标的不存在，那么人民法院必须将案件撤销。此时，如果原告仍然坚持诉讼的话，原告应该就改变的行政行为的合法性另案提起诉讼。③ 实际上，由于被告改变受到挑战的行政行为必须符合法律的规定，原告也必然就丧失再次提起诉讼的激励。显然，在行政诉讼案件中，如果被告已经合法地改变行政行为，原告是否申请撤诉，人民法院是否应该将案件撤销，就成为一个不相关的考量因素。

当然，这里并不是说在行政诉讼案件中不允许被告改变受到挑战的行

---

① 与美国的"庭外协定"（out of court settlement）制度不同，在我国的制度之下，当事人虽然具有拒绝接受被诉行政机关处理结果的权利，但由于不能拒绝继之而来的判决程序，因此，原告会更有意识更积极地考虑接受在法院主持和参与下被告改变被诉行政行为的结果。参见黄宗智：《中国的新型正义体系：实践与理论》，广西师范大学出版社 2020 年版，第 36—39 页。

② 参见《最高人民法院关于行政诉讼撤诉若干问题的规定》第三条。

③ 参见冯晶：《支持理论下民事诉讼当事人法律意识的实证研究》，载《法学研究》2020 年第 1 期。

政行为,也不是说被告改变受到挑战的行政行为时,人民法院必须将案件撤销。而是说,在这种情形下,应该像修改的《行政诉讼法》第六十二条所规定的那样:"人民法院对行政案件宣告判决或者裁定前,原告申请撤诉的,或者被告改变其所作的行政行为,原告同意并申请撤诉的,是否准许,由人民法院裁定。"只不过,人民法院在做出这一决定过程中,应该考量的因素不应该是或者不应该仅仅是:原告申请撤诉的意思是否真实;被告改变行政行为是否合乎法律的规定;是否侵犯第三人的合法权益。

在这里,从维护司法权威和行政诉讼目的得以实现的角度,被告改变受到挑战的行政行为从而使得案件变得没有审理意义,特别是原告的个人利害关系在案件中变得没有审理意义,人民法院是否应该将案件撤销,所考虑的因素应该包括以下三个方面:被告改变受到挑战的行政行为是否真诚,是否提供了充分的证据表明受到挑战的行政行为不会再次适用到原告或者第三人;被告的自愿放弃行为,是不是为了避免对自己不利的判决,而采取的某种策略性行为,以至于最终完全规避司法审查①;出于合理利用稀缺司法资源的角度,已经用掉的司法资源以及做出最终裁决仍然需要花费的司法资源两者之间的比重是多少。

第六节　小　结

实践中,诉讼过程的展开和进行是多种因素相互交织和作用的一种复杂产物。某种程度上,无审理必要或者无审理意义的案件存在于诉讼过程的始终,是诉讼过程中的一种常态。但关键的是,从可裁判性进而司法权运用的角度,是选择将没有审理必要和无审理意义的案件一律予以撤销,还是在某种情形下基于某些考量性因素继续坚持对其中没有个人利害关系的案件所涉及的实质问题进行司法裁判,可以说是任何国家的法院都必须要面

---

① 有种观点可能认为,由于我国并不是判例法国家,人民法院不存在遵循先例原则,因而这一考量因素并不适用于我国。尽管我国不存在遵循先例的原则,然而在人民法院的案例指导制度下,人民法院就某种行政行为所做判决会可能被遴选为指导性案例,或者即便没有成为指导性案例,由于同样案件同样对待的司法原则,法院判决也会对相似案件起着指导作用。从理想类型角度,中国的司法行为模式并非纯粹由成文法支配,更多的是成文法与判例法相结合的混合性司法行为模式,在混合模式下司法所形成的先例必然是经过严格的法律论证和说理论证,才能够具有说服的价值,也才具有让后来的法院加以参照和援引的理由,没有论证就难以建构完善的混合法模式。参见武建敏:《司法理论与司法模式》,华夏出版社 2006 年版,第 228 页。在这个意义上,为了避免产生对自己不利的"指导性案例"进而规避司法审查,在行政诉讼中行政机关完全有激励采取某种策略性行为,行政机关的这种策略性行为必须经由规范性评价,才能够免于任意性的指责。

对和处理的程序性议题。对此类问题的回答，是现代法院走向政治成熟的标志。

在现代诉讼中，特别是审查政府权力运用合法性的公法诉讼，法院不得不处理法院与其他政治机构的相互关系，在这种动态的政治关系中赢得司法所应享有的权威。正如巴拉克所强调的："所有的宪法与行政法决定着政府行为的合法性标准。法院必须尽忠职守，决定政府是否违法行事，而不准许尊重国家并列政治部门的考虑约束其决定。"①法律不是政治，合法性是法院首要的考虑事项。

作为一种审查之权的司法权，从方法论角度讲，面对某种行为使得先前具有可裁判性的案件变得没有审议意义的价值，司法权之运用，必须首先厘清诉讼过程旨在服务的目的和价值。特别是，就行政诉讼程序而言，除了尊重和保障当事人的诉权，司法权威的树立和维护、监督政府行为合法行使，决定了法院在处理审议无意义问题时，不能采取非此即彼的简单态度。为此，法院必须首先区分导致审理无意义的具体情形，是议题审理无意义还是个人利害关系审理无意义。如果是后者，那么，法院在考虑该案件是否仍然具有审理的必要和意义，处于司法权的范围之内，必须将司法权威的维护、行政诉讼目的的实现、司法资源的有效利用等因素纳入考量因素。就此而言，在我国行政诉讼的审理过程之中，如果被诉行政机关改变了受到挑战的行政行为，从而使得原告的个人利害关系在其中变得没有审理意义，并不当然剥夺人民法院对受到挑战的行政行为的合法性进行司法审查。在深层次的意义上，人民法院必须积极主动地将可裁判性作为一个独立的问题纳入法院的决策范围。对可裁判性问题的自我意识，不断促动人民法院能够在政治上趋于成熟，进而某种意义上最终树立人民法院的自治地位。

---

① ［以］巴拉克：《民主国家的法官》，毕洪海译，法律出版社 2011 年版，第 169 页。

第八章 作为告知的司法权:
法院如何处理"政治问题"

在诸种可裁判性原理之中,最为复杂也最易引起误解的莫过于政治问题原理(political question doctrine)。① 依据定义,政治问题是"无法通过司法解决的或不适合司法解决的问题"②。政治问题的实质基本上是政治性的,或所涉及的问题系宪法规定,可以由立法机关或者行政部门解决。据此,一旦某种问题被界定为"政治问题",那么,司法权就应该就此打住,即拒绝受理案件,或者即便是联邦法院已经受理了案件,联邦法院不能够就案件的实质性问题做出相应的司法裁判。否则,联邦法院就不正当地侵犯了其他政治权力的权限和范围。③ 因为联邦法院独特的制度性限制,某种实质性的政治议题需要,也应该在联邦法院之外通过政治过程进行

---

① "政治问题"虽然可以追溯到 1801 年马伯里诉麦迪逊案(Marbury v. Madison),参见 Marbury v. Madison,5 U. S. (1 Cranch) 137 (1803)。但直到 1962 年贝克诉卡尔案(Baker v. Carr),由布伦南大法官所发表的联邦最高法院多数意见,才对政治问题的识别标准进行了"清晰的"界定。布伦南大法官指出:"从表面上看,任何被认为涉及政治问题的案件,都具有以下显著特征:宪法文本已经将该问题授权给一个政治部门来解决;或者缺乏司法审理所需要的证明和管理标准的案件;或者依据相关政策法院并没有自由裁量权,而没有该权力就无法审理的案件;或者法院从事独立决定,就必然对并列政府部门缺乏应有的尊重;或者存在非同寻常的需要,必须无条件地服从已经做出的政治决定;或者各个部门存在不同意见,因而可能对法院带来潜在麻烦的案件。"Baker v. Carr,369U. S. 186,217 (1962). 学者对政治问题原理的系统阐述,可以追溯到 1924 年,参见 Oliver P. Field,"The Doctrine of Political Questions in the Federal Courts",8 *Minnesota Law Review* 485 (1924);Maurice Finkelstein,"Judicial Self-Limitation",37 *Harvard Law Review* 338 (1924)。

② 参见[美]彼得·G.伦斯特洛姆编:《美国法律词典》,贺卫方等译,中国政法大学出版社 1998 年版,第 303 页。

③ See e. g. ,J. Peter Mulhern,"In Defense of the Political Question Doctrine",137 *University of Pennsylvania Law Review* 97 (1988);Robert J. Pushaw,Jr. ,"Justiciability and Separation of Powers:A Neo-Federalist Approach",81 *CornellLaw Review* 393 (1996);Jesse H. Choper,"The Political Question Doctrine:Suggested Criteria",54 *Duke Law Journal* 1457,1478 (2005);Jackson A. Myers,"Transatlantic Perspectives on the Political Question Doctrine",106 *Virginia Law Review* 1007 (2020).

解决。① 司法缺乏制度性资源执行所有的宪法规范②，某些宪法规范必然被联邦法院"过低地执行"（under-enforced）。③ 虽然法律在很大程度上就是联邦法院所宣布和确认的，但政治问题原理本身的存在，使得联邦法院与法律并非总是结伴而行。④

　　然而，相反的观点认为，根本不存在所谓的"政治问题"。⑤ 在"司法至上"的现代⑥，在司法能动主义盛行的今天，至少在美国，所有的政治问题都可以也能够最终转化为司法问题⑦，政治问题原理的衰落是必然的。⑧ 在现

---

① 比克尔指出，不管是在知识上还是在本能上，政治问题原理的基础，"正在于最高法院对于能力匮乏的认知，它由下面几个分量不等的部分构成：（1）对于问题的陌生及得出合乎原则的决定比较棘手；（2）问题是绝对重大的，它可能使司法判断失去平衡；（3）与其说是因为司法判断会被忽视而焦虑，不如说，也许是因为应当被忽视却不得被忽视而焦虑；（4）最后一点（"在成熟的民主制度中"），是一个不对选民承担责任，因而没有汲取力量之大地的机构内在的脆弱，它的自我怀疑"。[美]亚历山大·M.比克尔：《最小危险部门：政治法庭上的最高法院》，姚中秋译，北京大学出版社2007年版，第200页。

② See Tara Leigh Grove, "Article Ⅲ in the Political Branches", 90 *Notre Dame Law Review* 1835, 1861 (2015).

③ See Lawrence Gene Sager, "Fair Measure: The Legal Status of Underenforced Constitutional Norms", 91 *Harvard Law Review* 1212, 1213 (1978).

④ See John Harrison, "The Relation Between Limitations on and Requirement of Article Ⅲ Adjudication", 95 *California Law Review* 1367, 1375 (2007).

⑤ See e. g. , Louis Henkin, "Is There a 'Political Question' Doctrine", 85 *Yale Law Journal* 597 (1976); Mark Tushnet, "Law and Prudence in the Law of Justiciability: The Transformation and Disappearance of the Political Question Doctrine", 80 *North Carolina Law Review* 1203 (2002); Rachel E. Barkow, "More Supreme than Court—The Fall of the Political Question Doctrine and the Rise of Judicial Supremacy", 102 *Columbia Law Review* 237 (2002).

⑥ See e. g. , Laurence Claus, "The One Court that Congress Cannot Take Away: Singularity, Supremacy, and Article Ⅲ", 96 *Georgetown Law Journal* 59 (2007); Barry Friedman and Erin F. Delaney, "Becoming Supreme: The Federal foundation of Judicial Supreme", 111 *Columbia Law Review* 1137 (2011).

⑦ 正如托克维尔观察到的那样，"在美国，几乎所有政治问题迟早都要变成司法问题。因此，所有的党派在它们的日常论战中，都要借用司法的概念和语言。大部分公民人员都是或曾经是法学家，所以他们把固有的习惯和思想方法都应用到公务活动中去"。[法]托克维尔：《论美国的民主》上卷，董果良译，商务印书馆1988年版，第310页。然而，应该指出的是，托克维尔的"政治问题迟早都要变成司法问题"这一论断受到了学者的挑战。实际上，即便在托克维尔观察的19世纪四五十年代的美国，这一论述也是不正确的，因为很多的政治问题不仅没有转化为司法问题，相反，它们却由政治机构排他的最终解决，对此分析，参见 Mark A. Graber, "Resolving Political Question into Judicial Questions: Tocqueville's Thesis Revisited", 21 *Constitutional Commentary* 485 (2004).

⑧ "能动主义者为获得重要而且必要的司法判决倾向于减少程序上的障碍。毕竟一个具体案件细节的作用仅在于为最高法院提供一个有用的工具，利用这个工具最高法院就可以对重要原则的意义做出一个具有权威性的判决，而秩序障碍通常只会使整个审判过程耗时更长，花费更多，不确定更多。因此，传统上被用来尽量避免对重大宪法问题做出决定的教条不应该再予以坚持。"[美]克里斯多弗·沃尔夫：《司法能动主义：自由的保障还是安全的威胁》，黄金荣译，中国政法大学出版社2004年版，第7页。

代法治社会,任何行为包括政治行为,都必然予以合法性的检验。例如,以色列最高法院院长巴拉克就认为,"法律弥漫于整个世界。没有哪个空间没有法律,没有法律标准。所有的人类行为都被囊括在法律的世界当中。司法可以也能够为政治问题提供一种权威的、最终的解决办法……问题是'政治性'的,即承担政治后果而且政治因素主导,这一事实本身并不意味着问题不可以通过法院解决"①。换言之,只要存在着法律规范,也就必然存在着实施该规范的法律标准。

而且,所谓的政治问题原理约束司法权,特别是司法审查的观点,更是一种虚构和神话,因为政治问题原理本身就是联邦法院自身在普通法实践中所发展出来的,受制于联邦法院自身的自由裁量权。"这种审慎形式一旦将政治问题理论完全从宪法自身释放出来,有什么能够对法官在适用该理论时形成相应的监督? 有什么能够防止法院仅仅因为它相信问题太复杂或者太过于政治化而回避案件? 有什么能够阻止法官对已经交由其他部门解决的宪法问题,在只要其相信由法院来裁决比较便利的情况下就径行裁决?"②因而,很难想象联邦法院怎么会编织一套约束自己的瘦身衣。

但是,我们关心的是事物,而不是语词。③ 特别是,围绕在"政治问题原理"相互冲突的学说和观点中④,关于"政治问题"的真理究竟是什么。当然,如果这里存在真理的话。要知道,事物本身是真切、质朴的,但除非经过仔细的研究,事物的本质不会自我显露出来。考虑到"政治问题原理"作为一种原理,是由联邦最高法院自身发展和运用这一事实,本真地理解政治问题原理的理由、内容以及实践中的运作,要比一味地批判或者赞扬更为重要。正如米勒所言:"一味反对的政治,无法诞生真正的政策。"⑤实际上,政治问题原理、拒绝签发调卷令与驳回上诉,它们都是最重要的,因为正是它们使得联邦最高法院有可能履行其作为原则的宣布者和重要目标的保护者

---

① [以]巴拉克:《民主国家的法官》,毕洪海译,法律出版社 2011 年版,第 164 页。巴拉克认为,法官在民主国家的职责是弥合法律与社会之间的差距,对此一个重要工具便是确定是否具有可裁判性,即法官确定那些他们不应做出决定的问题,而留给国家的其他部门决定。如果可裁判性的范围越小,法官弥合法律与社会的差距,保护宪法与民主的机会就越少。

② 陈承堂:《政治问题理论的衰落与重构》,载《法学研究》2012 年第 5 期。

③ See Oliver Wendell Holmes, "Law and Court", in *Collected Legal Papers*, New York: Harcourt, Brace and Howe, 1920, p. 294.

④ 正如社会学大师涂尔干所指出的,"本质而言,这种观念上的冲突是不足为怪的。道德生活就像是人们的肉体精神一样,总是要适应相互矛盾的需要,因此,它自然是由各种矛盾的部分组成的,它们相互进行限定,相互寻求平衡。"[法]埃米尔·涂尔干:《社会分工论》,渠东译,生活·读书·新知三联书店 2000 年版,第 6 页。

⑤ [德]杨-维尔纳·米勒:《什么是民粹主义?》,钱静远译,译林出版社 2020 年版,第 55 页。

的伟大职能。如果不能正确地认识这些技巧的多样性和重要意义，那么，也就谈不上真正地理解（美国联邦最高）法院。[1]　实际上，正是凭借着这些技巧，一方面允许一定的权宜，而又不放弃原则，它们最终使得一种坚守原则的治理成为可能。

第一节　多中心性与"政治问题"的性质

从逻辑上讲，要想正确地理解和评估政治问题原理，一个首要的问题是什么是政治问题原理中的"政治问题"？特别是，考虑到权力分立的政治体制，如果真的存在政治问题的话，那么在何种意义上需要司法对政治问题进行干涉或者参与？正如克莱默（Larry D. Kramer）所说的那样："身处21世纪，我们通常将世界分为两个截然不同的领域，即政治之领域与法律之领域。在政治中，人民说了算，在法律中则并非这样。法律留给了法官与律师这类受过专业训练的精英，他们的任务就是执行由政治制定的正式决定。"[2]因而，理解政治问题原理中的"政治"所指为何，这是我们首先需要分析的问题。

一般而言，在政治与法律严格区分的世界里，政治问题，不仅不同于法律问题，而且也有别于政策问题。[3]　正如查菲所指出的那样，"有一些问题，它们属于这样一类问题，对于它们，我们无从选择具有强有力的指导性规则，或者我们还没有能力证明这些规则。因此，我们可以相信，没有规则，这项工作可以做到更好。"[4]例如，政府是否为共和制的形式、法规的颁布、宪法

---

[1]　强调联邦最高法院所使用的策略和技巧，并不是否认它们所可能具有的风险。正如波拉克（Louis H. Pollak）指出的那样："司法权威在做出裁决的几种可能的路径中选择最可取的，因而是一个需要小心对待而又有力的武器。假如能够精巧地加以使用，它可以充实最高法院应当受理哪些案件及按照何种次序受理案件的广泛裁量权。正是这样一种武器，强化了其持有者的地位，但这对他也是一个考验。"Louis H. Pollak, "The Supreme Court and the States: Reflections on Boynton v. Virginia", 49 *California Law Review* 15, 17 (1961)。

[2]　Larry D. Kramer, *The People Themselves: Popular Constitutionalism and Judicial Review*, Oxford: Oxford University Press, 2004, pp. 7—8.

[3]　在理论上，法律和政治应该予以区分。在传统的理解中，为了保持司法自身的独立和自治，法院也应该与政治相区分，因为"保障公民免受总统或者官僚的恣意权力侵犯，这最终取决于法院，并进而取决于它独立的程度——司法权与政府其他权力的分离程度"。［美］查尔斯·弗瑞德：《何谓法律：美国最高法院中的宪法》，胡敏洁等译，北京大学出版社2008年版，第81页。因此，法官要远离政治争论，独立于政治的侵扰和干预。同时，法律必须限制法官产生政治判断，让他们将自己的观点强加于人。

[4]　Louis L. Jaffe, "Standing to Secure Judicial Review: Public Actions", 74 *Harvard Law Review* 1265, 1303 (1961).

的制定、战争状态的持续、国家之间的领土界线、对外国政府的承认、对条约的单边废除、政府可以通过征税和财政开支而予以促进的那些福利、对公民履行施加的统一的地理限制、对外国人国籍的取消或者将其驱逐出境以及其他涉及外交政策的事情。①

对于此类政治问题的回答,在成熟的民主制度中,任何有意义的判断显然都必须以纯粹的政策考量为基础,由政治部门排他地作出,提供一种非此即彼的决断论答案。一般而言,纯粹的政治问题具有背景依赖性和紧迫性质,政治问题的答案不存在程度上的区别。由于政治问题需要一种决断论的回答,因而也就没有理论分析的必要,任何原理或者教义的提出便是多余和无用的。在这个意义上,在纯粹的政治领域内,没有问题,至少没有法律意义上的问题产生。② 显然,政治问题原理中的"政治"不能是"政治"与"法律"两分法意义上的非此即彼的问题。

然而,困难在于政治与法律严格区分,仅仅是一种理论上的假定。正如著名哲学家普特南所指出的那样,所谓事实与价值之间严格的两分法是不存在的,因为事实纠缠于价值之中,价值也蕴含着某种类型的事实。事实与价值当然存在着不同,但区分不等同于两分法。③ 在这个意义上,在现实世界中政治与法律也不可避免地相互融合、发生牵连关系。特别是,就宪法而言,政治与法律的相互融合尤其如此。某种意义上,宪法作为一国的根本法,国家制度的总章程,所规范的都是重要的、反复出现的政治问题。④ 实际上,在美国伴随着 20 世纪三四十年代法律现实主义在智识上的成功以及 20 世纪五六十年代沃伦法院所取得道德的声望⑤,自伯格法院以来,联邦法院司法活动的主题是对一系列复杂的社会政策和管制项目,进行潜在的、详

---

① See Henry M. Hart, Jr. and Herbert Wechsler, *The Federal Courts and the Federal System*, Westbury, New York: Foundation, 1953, pp. 192－196.

② 在施米特看来,所有政治活动和政治动机所能归结成的具体政治性划分,便体现为"朋友"和"敌人"这两个范畴。"只有那些实际的参与者才能正确地认识、理解和判断具体情况来解决极端的冲突问题,每个参与者均站在自己的立场上判断,敌对的一方是否打算否定其对手的生活方式,从而断定他是否必须为了维护自己的生存方式而反击或斗争。"[德]卡尔·施米特:《政治的概念》,刘宗坤等译,上海人民出版社 2004 年版,第 107 页。尽管现代视角下,施米特对政治的界定过于极端和狭隘,受到政治学者的诸多批评和责难,但他仍然捕捉到了传统政治概念的核心特征,即属于严格政治范畴内的问题需要一种非此即彼的决断论回答。

③ 参见[美]希拉里·普特南:《事实与价值两分法的崩溃》,应奇译,东方出版社 2006 年版,第二章。

④ See e. g., Barry Friedman, "The Politics of Judicial Review", 84 *Texas Law Review* 257 (2005).

⑤ See Robert F. Nagel, "Political Law, Legalistic Politics: A Recent History of the Political Question Doctrine", 56 *University of Chicago Law Review* 643, 659 (1989).

细的、甚至未加定义的司法监督。

在美国政治生活中，人们期望或者提交给联邦法院所解决的问题类型：为废除学校种族隔离，在什么情况下用校车接送学生的成本是过度的？将证据排除规则扩展到大陪审团对违法警察行为审理中所产生的边际威慑作用是什么？性别在现代劳动分工中的角色，应该被认为是过时的吗？在堕胎之前要求未成年女性得到她父母的同意，能够使得家庭生活和家庭关系得到改善吗？将程序性保障措施引入监狱惩戒决定中，增加因犯无礼或暴力行为的可能性有多大？保护六个月胎儿的潜在生命的道德意义，要比七个月胎儿的潜在生命的道德意义更大吗？妇女的隐私利益，在怀孕第三个月时要比第四个月时更紧迫吗？军事纪律中制服的一致性有多么重要？限制价格广告是否增强了药师的职业地位？在美国的政治制度中，何种类型的有关政府支持宗教学校的公众争论是可以容许的？

可以说，在政治与法律相互融合、发生牵连的现代社会，政治问题成为了宪法裁判中通常的填充物。与之相伴的是，"司法监督范围的扩大使得可用的相关法律标准假设是意志和实验，而不是相关主题的内在性质"①。需要联邦法院予以处理的这些问题类型中，其中有些是经验性和预测性的；有些涉及政治和社会历史的解释，有些则是道德性的和需要作为理想不断追求的；有些涉及不同的程度问题；有些涉及行政或立法机构的内部运作和功能；有些需要党派政治的知识；有些可能只能通过诉诸政治、经济、社会学、心理学理论才能够予以回答的。显然，这些问题既不是典型意义上的法律问题，也不是传统意义上的政治问题。无论政治系统还是法律系统都过多受到自身复杂性的主导，即社会学家卢曼所言的"结构性耦合"。显然，对"结构性耦合"问题的回答，传统的法律材料（文本、意图、先例）和传统法律方法（对抗制下的事实发现、类比推理、原则解释）是不够和不充分的。事实上，有时候，它们甚至是不相关的。然而，这并非意味着对"结构性耦合"问题放弃合法性评价，卢曼强调："只要政治系统自身为了将问题去政治化并导向其他系统而选择了一种法律调控形式，就必须检测决定的合法性。"②

由此可见，虽然都是政治问题，但在政治与法律是否严格两分的世界中，它们所需要的回答是不同的。在法律和政治严格区分的情形下，纯粹的政治问题需要一种答案，也不存在司法干涉的必要。然而，在法律和政治相

---

① Robert F. Nagel, "Political Law, Legalistic Politics: A Recent History of the Political Question Doctrine", 56 *University of Chicago Law Review* 643, 661 (1989).

② ［德］尼古拉斯·卢曼：《风险社会学》，孙一洲译，广西人民出版社 2020 年版，第 205 页。

互融合的世界中,政治问题需要的则是一种解决方案。正如赫舍尔所说的那样:"提出一个问题是一种理智的活动;而面对一个难题则是涉及整个人身的一种处境。一个问题寻求知识的产物;而一个难题则反映了困惑甚至苦恼的状态。一个问题寻求的是答案,一个难题寻求的是解决方案。"① 为了理解政治问题原理可能具有的理论含义以及实践重要性,我们需要对两种类型的政治问题予以区分。在法律和政治严格区分的情形下,所存在的问题称之为政治问题(political question)。相反,法律和政治相互融合所产生的需要司法干涉的问题称之为政治议题(political issue)。因而,在严格意义上,所谓"政治问题原理"如果真的存在的话,应该指的是"政治议题原理"。由于"政治问题原理"约定俗成且不易改变,这里将继续使用该术语。只不过,"政治问题原理"中的"政治"所指的是"政治议题"意义上的问题,而非"政治问题"意义上的问题。

多中心(polycentricity)概念可以帮助我们进一步澄清"政治议题"这个问题的性质。概括而言,多中心概念的性质是一个复杂的问题,其拥有一系列辅助性的问题"中心"。每一个问题"中心",都与其他的问题中心相互关联和相互影响,以至于每一个问题中心的解决方案取决于所有其他问题中心的解决方案。一个多中心的问题,经典的比喻便是蜘蛛网。在一张蜘蛛网中,每只蜘蛛网线的张力都取决于整张蜘蛛网络中各部分之间的相互关系。因此,如果一个人拉伸其中的任何一条网线,整个网络的张力就在一个新的和复杂的模式中予以重新分配。② 实际上,英国著名学者迈克尔·博兰尼早在20世纪50年代就已经指出,多中心渗透于我们现代的诸种社会问题之中,并认为在大多数情况下,它们并不适合由政府决策机关予以解决。③

基于分析的目的,多中心问题应该进一步分为两种,即法律(legal)的多中心问题和非法律的(non-legal)多中心问题。④ 简单来说,所谓法律的多中心问题,即存在着各种受到法律上保护的"中心"时,这种中心通常表现为法

---

① [美]A.J·赫舍尔:《人是谁》,隗仁莲、安希孟译,贵州人民出版社2009年版,第1页。

② See Lon Fuller, "The Forms and Limits of Adjudication", 92 *Harvard Law Review* 353, 395 (1978).

③ 参见[英]迈克尔·博兰尼:《自由的逻辑》,冯银江、李雪茹译,吉林人民出版社2002年版,第184页以下。在博兰尼看来,"康德把智慧定义为人协调其一生当中所有目标的能力;这样看来,智慧的目标便是多中心的任务。在绘画当中,每一个色块都是在同其他色块的关系当中才具有意义……所有的艺术,目的都在于一种多中心的协调。"[英]迈克尔·博兰尼:《自由的逻辑》,冯银江、李雪茹译,吉林人民出版社2002年版,第190—191页。

④ See William A. Fletcher, "The Discretionary Constitution Institutional Remedies and Judicial Legitimacy", 91 *Yale Law Journal* 635, 645—646 (1982).

律上的资格、权利,此时各种中心所涉及的利益都必须受到法律的平等保护。例如,就分配稀缺的灌溉水资源时,一系列利益相关的主张者都有法律上的权利,要求各自的利益得到平等的保护。然而,当存在许多竞争的、相互影响但不受法律保护的利益时,所涉及的问题就称之为非法律的多中心问题。例如,多个病人同时要求优先移植稀缺的肾脏时,由于每个病人都没有法律认可的优先权利,就如何配置肾脏显然提出了一个非法律的多中心问题。当然,某个特定的多中心问题,可能经常涉及法律和非法律的这两种因素。例如,一个州立法机构可能面临着改善该州监狱系统条件的资金需求。由于州的预算资金有限,将额外的资金分配在监狱条件的改善上,就必然意味着在其他事情上的资金更少。只要没有法律强制意义上的预算决策,资金分配的问题显然是一个非法律的多中心问题。然而,如果对改善监狱条件资金的需求,不是出于政策或人道主义的考虑,而是基于主张免于违宪的监禁条件的宪法权利,那么,这个问题便成为法律上的多中心问题。一般而言,大部分政治议题,通常同时涉及法律和非法律的这两个因素。

　　既然上面已经指出不同于纯粹的政治问题,政治议题需要一种解决方案,那么面对着政治议题内在具有的多中心性,我们应该以何种依据选择并进而评估某种政治议题的解决方案呢?博兰尼认为:"多中心的任务,唯有靠相互调整的体系才能被社会所管理。"①就像蜜蜂通过感觉周围的蜜蜂在蜂巢中找到它们各自适当的位置和功能一样,每只蜜蜂依据相邻的蜜蜂单独地调整,并且反过来每个相邻的蜜蜂都适应其他蜜蜂的调整,直到达到一个稳定的平衡。为了模拟这种自我相互调整的行为,或者说尽可能地接近于这种解决方案,显然政府决策者必须使用自由裁量权。

　　值得注意的是,哈特和萨克斯在其名著《法律的过程》中也表达了类似的观点,"当一个问题是它涉及一系列复杂的决策判断,其中每一个判断都要依赖于另外其他每一个判断,那么这个问题便是多中心问题。多中心问题呈现出如此多的变量,以致对该问题的处理方法,要么诉诸逐案的(*ad hoc*)自由裁量,要么谈判,要么立法"②。事实上,现代政府对于自由裁量权

---

　　① ［英］迈克尔·博兰尼:《自由的逻辑》,冯银江、李雪茹译,吉林人民出版社 2002 年版,第199 页。博兰尼指出,公共自由的逻辑,即是独立的个人行动,在实现特定任务自发的相互配合。自我相互配合所解决的问题的范围,要比由集中指令实现的解决大许多;不仅如此,在集中指令全然无法操作的多中心范围内,自我相互配合依然能够运作成功。参见［英］迈克尔·博兰尼:《自由的逻辑》,冯银江、李雪茹译,吉林人民出版社 2002 年版,第 214 页。

　　② H. Hart and A. Sacks,*The Legal Process:Basic Problems in the Making and Application of Law*,William N. Eskridge,Jr. and Philip P. Frickey (ed.),Westbury,New York:Foundation,1994,p. 647.

并不陌生。戴维斯就认为,除非政府官员使用大量的自由裁量权,没有一个政府可以存在。① 不可避免的自由裁量权,在很大程度上可以由政府解决问题的多中心性质所解释。

然而,诉诸自由裁量权解决具有多中心性质的政治议题,特别是非法律的多中心问题,远非是一个完美的工具。基于以下方面的考虑,政治机构对任何一种政治议题解决方案的选择,在需要法律评价的意义上,都必须看作是一种不合法的假定。② 第一,只有政治议题的决策者认识到问题的客观事实以及问题组成部分之间的相互关系,即拥有完全自由裁量权的决策者才能够适当地解决具有多中心性质的问题。然而,在一个信息不完美或者信息不对称的现实世界中,我们很难找到这样一个全知全能的政治决策者。③ 第二,为了成功地模仿蜜蜂式的解决方案,自由裁量性的决策者必须解决和重新解决问题,直到没有进一步的解决方案是必要的。然而,现实情形经常是,在找到最优的解决方案之前,政府决策者可能缺乏激励,甚至可行能力,来继续重新解决某项具有多中心性质的政治

---

① See Kenneth C. Davis, "Discretionary Justice", 23 *Journal of Legal Education* 56, 58 (1970).

② "假定是推理和论证的辅助,它出于某些给定研究的目的而假设特定事情是真的。他们可能是建立在一般经验或任何形式的概率基础之上,或者仅仅以政策和便利为依据。通过将某些事情看作是理所当然的,或者通过假设某些事情的存在,无论假定建立在何种依据之上,它们都是在先于或者无关论证和证据的情形下运作的。"J. B. Thayer, *A Preliminary Treatise of Evidence at the Common Law*, Boston: Little, Brown, & Co. 1898, p. 314. See also E. Morgan, "Some Observations Concerning Presumptions", 44 *Harvard Law Review* 906(1931); D. Mendonca, "Presumptions", 11 *Ratio Juris* 399 (1998); N. Rescher, *Presumption and the Practices of Tentative Cognition*, Cambridge: Cambridge University Press, 2006, p. 4; Adam Perry, "The Internal Aspect of Social Rules", 35 *Oxford Journal of Legal Studies* 283, 298—299 (2015); Richard L. Lippke, "The Presumption of Innocence in the Trial Setting", 28 *Ratio Juris* 159 (2015). 从性质上讲,假定本身是一种虚构或者假说。重要的是,任何一种假定,最终的结果必然能够被相关事实所确定或否决,假定的重要作用在于导致新的构成和尝试,扩展我们的经验,加深我们对于事物的概念性认识,从而证明、反驳或改变我们的猜想。从科学方法上讲,能被事实所证实或证伪,是假定,也是一般理论的重要特征和价值所在。参见[英]波普尔:《科学发现的逻辑》,查汝强、邱仁宗译,中国美术学院出版社 2008 年版,第四章。

③ 正如哲学家马赫所指出的,人们在作假设时总在特别局限的状况下寻找观察到的事实的特点,而事先并不当然地知道在其他一般情况下,这些特点是否也属于这种事实,即这个假设是否也符合这些状况,以及这种假设在多大程度上符合事实。因为我们只能从当时已知道的感性环境中得到假设表象的材料、因素,观察那些与现实的情况相似或类似的情况。但是,相似不是同一,相似是部分相同,部分不同,这就使得在经验扩大时,在有些状况下适合,在另外的状况下不适合。因此,假设按照它的本性已经决定,在研究的过程中会发生变化,会适应新的经验,有时甚至遭到否定,会被一种对事实的完全新的或充分的知识所代替。参见[奥]恩斯特·马赫:《认识与谬误》,洪佩郁译,译林出版社 2011 年版,第 189 页。

议题。① 第三，就非法律的多中心问题而言，由于控制自由裁量的模式，无论是从决策者的内部过程，还是决策者所处的外部制度结构，对裁量性的决策者的控制往往是有限的，自由裁量权因而是一种危险的、容易滥用的权力。例如，在结构性诉讼中②，联邦法院特别是联邦地区法院，被要求解决的不仅仅是一个多中心的问题，而是一个非法律的多中心问题，联邦法院并没有法律规范来指导适当解决方案的选择。尽管司法对某种政治议题的干预，是由违反相应的宪法责任标准所引起的，但联邦法院在重组这些官僚组织的结构时，在很大程度上必须依赖于联邦法院自身的不受控制的自由裁量权。③ 最后，为了规范地评估可能的解决方案所最终服务的目的，自由裁量的决策者需要理解和权衡所有利害攸关的价值，但在一个多元社会中，这是一项极其困难的任务。在现代充满"合理分歧"的多元社会中④，有关政治和道德价值并不存在罗尔斯意义上的"合乎理性的完备性学说"这个事实⑤，使得自由裁量的决策者自身很难提出充分的理由，在某种完备性的规范性架构中，说服其他政治行动者遵守一个他们各自深深反对的某种解决方案。

总之，在政治与法律相互融合、牵连的现代社会，我们需要对政治问题与政治议题之间作出严格的区分。由于问题的紧迫性质，政治问题显然需要一种决断论的回答，而政治议题所内在具有的多中心性质，使得任何一种政治议题都需要一种解决方案，一种能够被修正、改进以及废止的解决方案。就政治议题的解决方案选择和评价而言，政治议题内在固有的非法律的多中心性，使得任何一种对于某种政治议题的解决方案，在法律的意义上，都必须看作一种不合法的假定。实际上，正是凭借着这种不合法的假定，为联邦法院对于政治议题的干涉或者参与，为司法权，特别是司法审查，

---

① See Jan G. Deutsch, "Neutrality, Legitimacy, and the Supreme Court: Some Intersections Between Law and Political Science", 20 *Stanford Law Review* 169 (1968).

② 结构诉讼建立在以下基础之上，即深刻意识到对于宪法价值和基本原则的最大威胁并非来自私人，而是来自大规模组织和现代国家的官僚机构。在结构诉讼中，除非构成威胁的组织获得重构，否则这些对于宪法构成的威胁永远不会消失。面对这种新的重构诉求，传统的司法救济、损害判决或是刑事追诉都无法充分解决问题。禁令作为一种有效的救济，被作为一种媒介形式，旨在通过联邦法院开展重建官僚组织的工作，法官在此发挥的是建设者和机构工程师的双重作用。参见[美]欧文·费斯：《如法所能》，师帅译，中国政法大学出版社2008年版，第63—70页。

③ See e. g., William A. Fletcher, "The Discretionary Constitution Institutional Remedies and Judicial Legitimacy", 91 *Yale Law Journal* 635, 649—663 (1982).

④ See Jeremy Waldron, *Law and Disagreement*, Oxford: Oxford University Press, 1999, pp. 103—118.

⑤ 参见[美]约翰·罗尔斯：《政治自由主义》，万俊人译，译林出版社2011年版，第54页以下。

在政治领域内的运作提供了正当性的理由和依据。实际上，学者对政治问题原理的反对，在很大程度上就是从司法审查的角度切入的。①

第二节　政治议题语境中的法院角色

无疑在一些领域，从概念层面上而言，司法审查制度是必不可少的。但这种观念很容易得出以下结论，即司法审查构成一种类似于宪制秩序的先决条件。然而，与这里分析目的有关的是，一旦我们将某种议题（无论是政治议题与否）放置到司法审查的透镜之下，需要回答以及得出的最终答案必然是两分的、对立的，即要么是违宪的，应该推翻和废止；要么是合宪的，能够保留和维持。司法审查对宪制秩序所允诺的自由和权利固然是重要的，但以司法审查为透镜理解和评估作为可裁判性原理组成部分的政治问题原理，则误解了问题性质之所在。

首先，应该承认的是，在司法审查存在的地方，司法审查的运作领域是非常广泛的。联邦法院既可以实施宪法中的权利条款，也可以适用其他条款，诸如平等保护条款、正当程序条款、权力分立条款。然而，在具有多中心性质的政治议题领域之中，问题变得复杂起来。例如，在选举的政治领域中，美国著名的宪法政治学者皮德斯（Richard H. Pildes）就认为，传统的以权利和平等为导向的美国司法体系，正面临着长期以来形塑美国政治文化的浪漫主义风险，因为司法机构没有认识到这些诉求的认同将会以某种方式影响决定政治成功的组织与联盟体制，司法判决将会摧毁他们认为正在保护的那些利益。这是因为权利与平等原则会乐于关注原子式的个人或分解的团体，而忽略了决定实际政治权力的整体组织与结合的结构。实际上，联邦法院通过撤销自我保护与反竞争的法律，可能比那些关于平等或权利的司法判决更为有效地保护个人或团体的利益。

不仅如此，在涉及多中心性质的政治议题案件中，扩张性的司法审查的边际收益看起来完全是不确定的，但对立法行为的司法审查所产生的决策

---

① 例如，亨金指出，作为宪法法已经牢固树立的基石，特别是司法审查在今天的逐渐成熟，必然要求以怀疑的态度对某些问题免受司法审查的"政治问题"理论进行严格的审查，参见 Louis Henkin, "Is There a 'Political Question' Doctrine", 85 *Yale Law Journal* 597, 599—600 (1976)。类似的分析，还可参见 Martin H. Redish, "Judicial Review and the 'Political Question'", 79 *Northwestern University Law Review* 1031, 1060 (1985); Wayne McCormack, "The Justiciability Myth and the Concept of Law", 14 *Hastings Constitutional Law Quarterly* 595, 616 (1987); Mark Tushnet, "Law and Prudence in the Law of Justiciability: The Transformation and Disappearance of the Political Question Doctrine", 80 *North Carolina Law Review* 1203, 1208 (2002)。

成本和法律不确定的成本却是实实在在的，因为推翻一种法规的后果实在是太严重了。正如塞耶（James Bradley Thayer）所强调的那样："轻易诉诸这一伟大司法审查的职能的倾向，现在可以说更加令人痛心地普遍，其实这妨碍了人民的政治能力之发育，将使人民的道德责任感麻木。"①在塞耶主义者看来，错误地将一部法律宣布为违宪的决策成本要比错误地将一部法律宣布为合宪的成本更高，因为前一种错误无法在普通立法过程中被纠正，而后一种类型错误则可以被纠正。基于此，沃缪勒甚至认为："考虑到雄心勃勃的司法审查导致的高风险和完全臆测的收益以及必须支付的系统成本，如果没有这种司法审查，我们的法律制度可能会允许得更好。"②

　　既然在多中心性质的政治议题上，违宪的司法裁决存在如此巨大的系统性后果和成本，那么，做出合宪性宣告，是否意味着更好呢？众所周知，在普通法国家，由于遵循先例制度的存在，任何一种宪法判决，无论是违宪判决，还是合宪判决，都将对未来的相同或者类似案件产生拘束作用。在这个意义上，合宪性的宣告不仅会产生即时的后果，也会具有预示未来的后果。立法大体是经验性的，很多立法都是转瞬即逝的，人们本来也是这样打算的。但是，原则旨在追求持久，对它的阐明会对未来产生影响。用比克尔的话说就是，"今天的合宪性宣告不仅会影响今天的政治平衡，也可能对下一代人选择这一政策而放弃另一政策增加一个砝码"③。对于这一点，杰克逊大法官在第二次世界大战期间日本人被强制安置案的异议中，就已经给予了敏锐的论述："关于不让军队执行驱逐和扣留具有日本血统公民项目的危险，人们说了很多。但是，正当程序条款作出的支持这种命令的司法解释，论起对自由的冲击来，要比传播这种命令更为深远。一项军事命令，即使是违宪的，通常也不会持续到军事紧急状态结束之后。即使在那时期，也可以另行发布一个命令完全废止它。但是，一旦一项司法意见赋予这一命令以合理性，证明它符合宪法，或者毋宁对宪法进行貌似合理的解释，以证明宪法认可这种命令，那么，最高法院就永久地赋予了刑事程序中的种族歧视原则和强行迁移美国公民的原则以有效性。这样，该原则将成为一件已经装备弹药的武器，任何权力当局都可以依据貌似有理的紧急需求说法而随时

① ［美］亚历山大·M.比克尔：《最小危险部门：政治法庭上的最高法院》，姚中秋译，北京大学出版社2007年版，第157页。

② ［美］阿德里安·沃缪勒：《不确定性状态下的裁判：法律解释的制度理论》，梁迎修、孟庆友译，北京大学出版社2011年版，第151页。

③ ［美］亚历山大·M.比克尔：《最小危险部门：政治法庭上的最高法院》，姚中秋译，北京大学出版社2007年版，第140页。

动用它。每次重复会将该原则更深地嵌入我们的法律和思想,它也将被拓展至追求新的目的……一项军事命令可能会超出合宪性的界限,而这是偶然事件。但假如我们对它进行了审查并认可了它,则该过程的偶然事件就成了宪法学学说。此时,它本身就具有生成自己的力量,而它所创造出的一切都是按照它自己的想法创造出来的。"①

在政治议题语境中,在司法审查的透镜之下,倘若联邦最高法院因为一部制定法与联邦最高法院负责其完整性的法则并无不一致之处,宣称它不是"不可容忍的"②,也等于是做了某些事情。联邦最高法院对政治过程的此种干预,与宣布违宪而体现的干预相比,并不存在性质上的区别,仅有程度上的不同而已。因为一旦将某种权宜之计宣告成立或者整合成为一项追求持久的原则,那么原则本身所具有的自我生产的力量,就可能使得该原则拓展到它本身原初的适用范围之外。在政治议题领域,合宪性宣告不仅不能实现把联邦最高法院从政治领域中驱逐出去的目的,而且还会使得联邦最高法院干预政治议题的方式和程度产生不确定、不可控制的影响,最终转变方向。

因此,如果真的存在需要联邦法院干涉政治议题的话,司法审查要么是多余、不必要的,要么是有成本、危险的。虽然整个政府制度的构造需要建立在人性恶的假设之上,但现代政府的有序运作,却需要建立在各种政府部门具备美德、常识和适当知识的假设之上,否则,政府便无法正常运转。在这个意义上,当立法部门以及行政部门在应对复杂而多变的社会需要和处理公共事务决定应该做什么和什么是合理该做的时候,就并没有和法官分享职责,也不需要服从法官对什么是谨慎或合理的立法以及行政的观念。在有关司法职责触及政治事务领域时,司法权必须为这类事务的需要和适当性所限制,并将其考虑在内。③

当然,承认政治议题在司法审查语境下所存在的困境,这并不是否认司

① Korematsu v. United States,323 U. S. 214,245－246 (1944)(杰克逊大法官,持异议)。

② 正如柯蒂斯(Charles P. Curtis)所说:"宣称一部法规是合宪的,无非就是这样一种恭维话而已,即它不是不可容忍的。在法院的眼中,就像我们能够拥有的立法与政治道德(如果存在的话)一样,是一种低标准。"Charles P. Curtis,"A Modern Supreme Court in a Modern World",4 *Vanderbilt Law Review* 427,433 (1951).

③ See James B. Thayer,"The Origin and Scope of the American Constitutional Law",7 *Harvard Law Review* 17,23－25 (1893).

法审查制度本身，也并不表示联邦法院在政治议题上是无所作为的。① 作为可裁判性原理组成部分的政治问题原理，问题不在于政治问题原理本身是否存在，也不在于是否真的存在某种联邦法院绝对无法干涉的政治议题，问题在于观察政治问题原理运作的方式。② 实际上，在政治问题原理之中，联邦法院以当事人所提出的系争议题是政治问题为由，即以缺乏可裁判性为由，从而拒绝行使司法权，这一事实本身就具有极为重要的意义。首要的问题是，这里的司法权究竟指的是什么。如果司法审查不是司法权的全部（尽管非常重要），那么司法权还包括哪些内容呢？③ 以此为出发点，我们可以逐渐管窥到政治问题原理的本真含义。

第三节　政治议题的解决方案

关于联邦最高法院，正如比克尔所强调的那样，一个被经常遗忘，也是最为重要的事实是，联邦最高法院拥有三种权力，即"它可以宣布立法不合乎原则。它可以确认立法合理原则，或者用查尔斯·布莱克更准确的话说，可以使立法'合法化'。或者，这两者它都不做。它可以什么都不做，它在原则与权益的紧张关系中维持自己能力之奥秘，就在于此"④。事实上，联邦最高法院之所以有能力发挥其完整的作用，即在多元的现代社会据以繁荣发展的那些紧张关系中维持自己，实则因为联邦最高法院拥有在合法化和有效化的不同终局之间进行调和的很多技巧和策略，而不是凭借有着"反多

---

① 阿尔伯特（Lee A. Albert）指出，包括当事人适格（standing）、成熟（ripeness）以及政治问题原理在内的可裁判性原理与司法审查之间并没有必然的联系，因为诸种可裁判性要件不可避免地依赖于案件实质的解决，参见 Lee A. Albert,"Justiciability and Theories of Judicial Review: A Remote Relationship",50 *S. California Law Review* 1139,1161－1172 (1977)。在本书看来，将政治问题原理定位为可裁判性要件，从而为联邦法院拒绝相应的宪法裁判提供支持和理由，是一回事。承认政治问题的界定，必然涉及案件的实质，则是另外一回事。实际上，只有对相关的案件实质做出最终判断，联邦法院才能够确定某种议题是否构成政治问题原理中的"政治问题"。但更为重要的是，正是在对政治问题界定的过程中，联邦法院树立了某种政治议题的解决框架。

② 正如怀特大法官所指出的："政治问题原理中的议题并非宪法文本是否将实施某种特定政府职能的排他性职责授权给某个政治部门……相反，议题在于宪法是否给予该政治部门解释此类权力的范围和性质的最终职责。"参见 Nixon v. United States,506U. S. 224,240 (1993)（怀特大法官，持附随意见）。

③ 例如，查耶斯认为，联邦最高法院的司法权，除了审查立法行为以外，还包括创造联邦一般普通法、解释与适用联邦法规、实施积极的司法行动，参见 Abram Chayes,"How Does the Constitution Establish Justice",101 *Harvard Law Review* 1026,1029－1039 (1981)。

④ ［美］亚历山大·M. 比克尔：《最小危险部门：政治法庭上的最高法院》，姚中秋译，北京大学出版社 2007 年版，第 75 页。

数"诘难的司法审查。① 因而,在不同类型的所谓"政治议题"的案件中,所需要或者必须考虑的因素究竟是什么呢?

一、政治议题的原则框架

在上面的分析中,我们已经指出正确理解联邦法院所孕育和适用的政治问题原理,需要在政治问题和政治议题之间做出区分。概言之,政治问题需要决断论的答案,一种非此即彼的决定,政治议题则需要一种解决方案,一种能够被修正、完善的解决方案。对任何一种政治议题的解决方案,在法律的意义上,都应该看作是一种不合法的假定。这种不合法的假定,为司法干涉政治议题提供了正当性依据。

然而,依据政治问题原理,对于提交给联邦最高法院的某种政治议题,联邦最高法院却以政治问题为理由,拒绝行使联邦管辖权,拒绝做出相应的裁判。在这里指的是诉讼过程中,诉讼当事人所提出的要求和主张。或者,避免直接对政治权力行使的合宪性做出司法判断。② 没有疑问的是,联邦

---

① 当然,除了所拥有的技巧和策略以外,联邦法院有能力发挥其在宪制秩序中的角色,更存在着制度上的保障。塞德曼指出,"法院很适合扮演协调公私间拉力的角色,因为它们是我们公制度中最私的一个制度。由于法官本身就处在公私区分的尖端,他们比其他政府官员更适合在公私之间维持一个创造性的紧张关系。他们矛盾的立场构建于法官被选任的方式,他们被允许导引他们生活的方式,以及判决在美国法律文化中的性质等之中"。〔美〕路易斯·迈克尔·塞德曼:《未定案的宪法:宪制主义和司法审查的新辩护》,杨智杰译,中国政法大学出版社 2014 年版,第 109 页。在美国宪制语境中,联邦法官被认为处于公私领域间最明显的证据就是其选任和任期。联邦法官的提名和任命是政治事件,一旦上任后,联邦法官通常都会受到保护以免于政治压力,那些政治压力会掏空其他公共官员平衡个人主义和世界主义价值的能力。这样的双重特性使联邦法官成为最适合在公私之间维持界限的官员。

② 例如,在 1946 年科尔格罗夫诉格林案(Colegrove v. Green)中,处于劣势的选民主张,他们依据宪法第十四条修正案获得法律之平等保护的权利受到了侵犯,他们请求禁止伊利诺伊州当局依据划分不当的选区安排任何选举。换句话说,他们请求得到一份法院的指令,下令在州立法机构重新划分选区使之更为均等之前,国会大选应当在全州举行。最高法院以政治问题为由驳回当事人的请求,参见 Colegrove v. Green,328 U. S. 549,552(1946)。从制度安排的角度,一个功能良好的代表性审议机构有能力采取决策性行动,而又与人民保持一致,从而使人民的多样性包容于它的内部,以有能力获得同意。显然,建构这样一个能对异质性的全体选民的各种观点、利益和目标作出回应的代表性审议机构,同时又不使它过于支离破碎,或者完全陷入失衡状态,进而丧失了采取决策性行为能力,这在很大程度上必然是一项实用主义的试错任务。不管是最高法院还是其他人,都不能成功地发展出适应性更强而又合乎原则的事物,尽管现状不允许在一夜之间完全地实施它,但总可以将其作为唯一的调整性规则予以宣告。最高法院在科尔格罗夫案中,没有能够系统地阐明一条主导性原则,哪怕只是作为一个追求目标;不过另一方面,最高法院也没有把认可政治机构作出的权宜性安排,或者放弃那唯一与此有关的追求原则的目标,及由此目标可以带来的好处,看作是它的职能。因此,在科尔格罗夫案中,没有司法审查,没有对政治行动的制约,但也没有将其合法化。参见〔美〕亚历山大·M. 比克尔:《最小危险部门:政治法庭上的最高法院》,姚中秋译,北京大学出版社 2007 年版,第 212 页。

最高法院对此的回答，虽然不是政治决断论的回答，但仍然是一种决定。但我们却说，政治议题需要一种解决方案，那么，在何种意义上，联邦最高法院可以在有关政治议题解决方案的选择过程中发挥作用呢？特别是，又有什么能够保证联邦最高法院的这一决定，不是充满不受控制的自由裁量，成为另外一种意义上的多中心问题，进而联邦最高法院的决定本身也必须在法律上看作一种不合法的假定，最终陷入一种恶性循环。

或以为，要想走出这种不合法假定的恶性循环，我们需要对决定本身作出进一步区分。在政治与法律严格区分的世界中，纯粹的政治问题需要一种非此即彼的决定，以规则、原则为组成要素的法律，当然也就不会出现相互融合或者发生牵连关系的情形。然而，在政治与法律相互融合、发生牵连关系的现代社会，联邦法院对政治议题的回答，虽然是一种决定，但这种决定是一种原则决定，即以原则为基础、理由和正当性证明的决定。换言之，政治议题出现于其中的那些语句和情境，通常都是原则决定的表述，联邦最高法院对政治议题的回答虽然是一种决定，但它是一种原则决定。这种决定非但不是随意的，反而可能是一种最有依据的决定，因为它是建立在对一切事物通盘考虑的基础之上，正是基于这种考虑，它才可能被建立起来。而在我们讨论这一主题时，很容易使决定与原则分离开来，这也是政治问题原理的支持者和反对者之间产生争执的根源所在。

可以说，除了那些完全是随意性的决定外（假如有的话），所有决定在某种程度上都是原则决定。① 无论从节省交易成本、提供相互便利的角度，还是从提供行为稳定预期的角度，我们总是在为自己设置一些规则、原则以及先例。② 实际情况并不是在某一点上原则可以解决一切事情，决定也涉及这一点上的一切情况。相反，在整个领域中，毋宁说决定和原则都是相互作用的。因为"没有原则，我们就无法从我们的前辈那里学到任何东西。这可能意味着，每一代人都必须从零开始自学。但是，即令每一代人都可以自学，他们也不能在没有原则的情况下这么做。因为自学和其他教育一样，也

---

① 在道德哲学中，黑尔认为，学习运用"应当"语句，只有通过诉诸一种标准或一组原则，才能得到证实，而我们正是通过决定接受这种标准或这些原则，并创造我们自己的标准和原则的。只有这样，一个人才能够学会去做原则决定，使表面上相互冲突的观点达到和谐一致，进而在道德上臻于成熟。参见［英］理查德·麦尔文·黑尔：《道德语言》，万俊人译，商务印书馆1999年版，第75—76页。

② 正如休谟所说的那样，"人们在路上行走时互让也不能没有规则。赶大车、驾马车以及驱赶驿车都各有其让路的规则；而这些规则均以相互方便为基础，当然有时也可能是任意规定的，至少有些变化莫测，就像律师们的许多论断一样"。［英］休谟：《休谟政治论文选》，张若衡译，商务印书馆2010年版，第198页。

是原则的教育。"①

因此，我们切莫犯这样一种错误，即以为决定和原则发生在两个相互分离的领域，而且在任何地方它们都不会相遇。在教某人学习驾驶时，试图靠谆谆教诲使他记住那种固定而泛泛的原则，那将是愚蠢的，因为这样他永远也不会做出独立的决定。但若走向另一个极端，完全由他自己去发现自己的驾驶方式，也同样是愚蠢的。但是，正如著名道德哲学家黑尔所指出的那样："如果我们敏慧一些，就会懂得我们所要做的，是给他提供一个坚实的原则基础，同时又给他以充分的机会，去做出这些原则赖以建立的决定，并通过决定来修改这些原则、完善它们，使其适应变化了的情况；或者当它们完全不适合新的环境时摒弃它们。只教学员原则而不向学员提供让他们自己做原则决定的机会，就像只给学生讲授书本上的科学而不允许他们走进实验室一样。"②就提交给联邦法院处理的政治议题而言，虽然联邦法院可能会以政治问题为由拒绝行使司法权，但联邦法院的这一决定本身，并非完全地消极和被动。实际上，正是在司法意见的书写过程中，通过裁判过程的说理和论证，通过对相关宪法条款含义的解释，联邦最高法院因而树立了某种政治议题予以解决的原则框架。而所谓原则，用诺齐克的话说就是："原则这一术语通常用来指向比规则更深和更一般的东西。原则是细节于其中能找到位置的大纲。"③

在这个意义上，关于政治议题解决方案的选择，我们也可以说答案不可能是：是的，我们对此没有原则；让权宜之计进行统治，让政治的责任制和治国的技艺来统治吧。相反，答案只能是：虽然与原则抵触，但如果有必要，就是"是的"。对于必要性的判断是审慎的。联邦最高法院有的时候敢作敢为，勇于担当，从而使原则占据上风，这通常是在所解决的问题在其经验范围之内。比如，刑事法律的管理活动中的问题，或者当其政治感觉（尽管这可能是不牢靠的）发现这种必要性已经减弱的时候，或者当其能够依据一些十分稳定的知识而决心不认可这种必要性的时候。假如不是在这种情况下，那么诉诸政治问题原理的联邦最高法院，就只能作出某种试探性的估

---

① ［英］理查德·麦尔文·黑尔：《道德语言》，万俊人译，商务印书馆1999年版，第60页。
② ［英］理查德·麦尔文·黑尔：《道德语言》，万俊人译，商务印书馆1999年版，第75页。
③ ［美］罗伯特·诺齐克：《合理性的本质》，葛四友、陈昉译，上海译文出版社2012年版，第65页。诺齐克指出，原则的设计可以是用来应对特定的情境或预防特殊的危险，诸如屈服于即刻的诱惑、偏袒于自己的利益和把自己所希望的东西信以为真等，原则具有智识的（传递概率或支持的装置）、人际的（使得他人确信个人能够抵制诱惑）、内省的（帮助个人自己去克服诱惑）和个人的（用以界定自己身份的一种方式）功能。参见［美］罗伯特·诺齐克：《合理性的本质》，葛四友、陈昉译，上海译文出版社2012年版，第11—28页。

计，可以十分恰当地称之为比克尔所谓的推导答案的技巧，因为"它们使最高法院与政策的其他机构和整个社会就这一或那一政策措施，这一或那一妥协的必要性展开苏格拉底式的对话。在这整个过程中，原则问题处于暂时搁置的状态，等待着时机的成熟"①。在其他方面，如果确定某种案件还有欠火候，它缺乏作为一个案件的成熟时机，这样一个决定本身就具有很丰富的意义。② 尽管十分重要，但案件的成熟时机概念本身并不是独立运作的，单靠自己并不具有决定性意义。就其实质性部分而言，它是法官对于宪法问题中的实质性问题进行评估的一个结果。一个案件在一位法官看来已经时机成熟，对另一位法官来说可能还不成熟，这并不取决于他们对时机成熟这一固定概念的理解，而取决于每一位法官将发展和适用的终极性宪法原则的特征。

很显然，政治问题原理本身，像拒绝签发调卷令与驳回上诉等策略一样，都是完全中立的工具，它们只是赋予联邦最高法院拒绝行使司法权这一结论的说法而已。③ 在某种政治议题原则框架的树立过程中，联邦最高法院应该考虑到执行、应用、证据以及合法性的困难。在宪法原则的基础上，这些经验性的考量因素发挥了重要的作用。为某种政治议题制定适当的宪法规则，所需要进行的司法探究和作业，并非不同于联邦法院在定义言论自由、隐私或种族平等的轮廓时所做的事情。④ 例如，第一修正案的判例就充满了受到执行、预防考量因素塑造的实质性原则。⑤ 然而，这也并不意味着联邦法院对于某种政治议题原则框架的树立，应该妥协或者出于权宜之计，

---

① ［美］亚历山大·M.比克尔：《最小危险部门：政治法庭上的最高法院》，姚中秋译，北京大学出版社 2007 年版，第 73 页。

② See Arthur D. Hellman, "Jumboism and Jurisprudence: The Theory and Practice of Precedent in the Large Appellate Court", 56 *University of Chicago Law Review* 541, 558—560 (1989).

③ 虽然联邦最高法院以政治问题为由拒绝行使司法权，在做出这一决定时，不可避免地涉及案件实质（merit）的裁决，或者说两者实际上是一回事。但是，为什么联邦最高法院选择诉诸政治问题原理，而不是以案件实质为由做出相应的宪法裁判呢？理由是这样的，通过诉诸案件实质做出宪法裁判，联邦法院必须承担着错误裁判的风险。由于遵守先例规则的存在，这很容易使得将来类似的案件完全超出司法的监督。相比之下，当联邦法院以政治问题为由，特别是缺乏司法适用的管理标准，拒绝行使司法权时，它留有这样一种余地：随着事态的不断发展、政治时机的成熟，将来的联邦法院可能识别出一个公正的司法管理标准，从而扩展了司法监督的范围。参见 Richard Fallon, Jr., "Judicially Manageable Standards and Constitutional Meaning", 119 *Harvard Law Review* 1274, 1307—1308 (2006).

④ See Lee A. Albert, "Justiciability and Theories of Judicial Review: A Remote Relationship", 50 *Southern California Law Review* 1139, 1169—1170 (1977).

⑤ See e. g. , Note, "The First Amendment Overbreadth Doctrine", 83 *Harvard Law Review* 844 (1970).

而是说联邦法院在原则的概念化过程中,应该将政治上的经验和权宜之计考虑在内。联邦最高法院对政治议题的干涉虽然是以原则为依据,但最终的结果仍然表现为一种决定。对政治议题的宪法裁判而言,标准的原则裁判至关重要,但也是充满危险的。因为原则仅是宪法含义的部分、不充分的来源。可以说,作为一种可裁判性原理,政治问题原理中的延迟(delay)、避免做出决策(avoidance)并不是位于司法功能边缘之上的一些技术性工具。相反,延迟、避免做出决策是一些法律方法,凭借着这些法律方法确定宪法含义过于抽象化的错误能够被避免,它们成为司法工作的核心。

总之,对于多中心的政治议题,联邦最高法院诉诸政治问题原理在保护司法的威望和完整性、树立政治议题原则框架上发挥着不可替代的作用。原则在政治议题中是重要的,原则是不可妥协的目标,其价值在于清晰。在一个不完美和充满权宜之计的政治世界中,这种无瑕疵的原则理想可能会逐渐受到侵蚀并最终消失。可以说,在政治议题领域中,司法的功能与其说是执行正义,不如说是对于无瑕疵原则理想的教育。[①] 实践中,或许联邦法院不能行使其作为一个负责将原则转化为实在法的政治机构的根本性权力,但它也不必放弃其作为"共和国的教师"的作用。[②]

换言之,在宪法中,致力于树立原则框架的联邦最高法院本身应该屈从于启发公共话语这项更大的目的。政治能够告知(inform)宪法的内容和含义,反过来,司法对政治议题的干涉也应该告知政治。然而,考虑到两分法意义上的司法审查在政治议题语境中的困境,这种告知是何时或者如何发生的呢? 这是我们接下来所要分析的问题。

二、不合法性假定的克服

当解决一个非法律(non-legal)的多中心问题时,博兰尼提倡政治决策者通过行使自由裁量模仿自生自发的秩序形式,要诉诸问题的组成部分之

[①] 在美国人的政治生活中,联邦最高法院的地位仅次于总统,是第二个可以有影响地使用修辞的政治机构。正如比克尔所说,"最高法院能够解释正在发挥作用的原则,并赞美它,从而维护它自己的完整性。它甚至可以在不能找到某种策略、权威地引导政治机构到法庭边上对话的时候,做到这一点。因为,最高法院可以越过这些机构直接向国民讲话。它这样做过,并且是很有成效地这样做过,个别大法官在异议中所写的就是这一类话⋯⋯没有人会低估,在一个致力于原则之统治,也忠于多数主义民主制度的国家中观念的支配地位。承认原则的统治之限度及它越过这些限度之后的脆弱性,决不应会使人低估原则的地位。"[美]亚历山大·M. 比克尔:《最小危险部门:政治法庭上的最高法院》,姚中秋译,北京大学出版社 2007 年版,第 205 页。

[②] See Ralph Lerner, "The Supreme Court as a Republican Schoolmaster", 1967 *Supreme Court Review* 127, 129.

间自发的相互调整。当联邦法院解决一个通常由政治机构解决的非法律的多中心问题时,联邦法院模仿的是政治主体的决策方式。但即使模仿能够熟练地完成,一个关键因素也常常被忽略了。在这里,作为一个不可避免的结构性问题,联邦法院并不受它们所要解决问题构成因素的控制。如波斯纳法官指出,"许多争议对法官来说都难以解决,因为需要做价值选择,却没法显示这些价值选择的对错,或是因为要满意地解决一案争议,需要了解的一些事实却根本无法获得。这些难题一直都是我们法律体制中的麻烦"①。我们知道,正是问题组成因素的这种相互自发控制,使得政治机构行使自由裁量权正当化。由于这种政治控制不存在于联邦法院,因而联邦法院对同样问题的自由裁量解决,就不能在同样的基础上被合法化。另外,因为问题在本质上是非法律的多中心问题,司法推理和技艺所发展和适用的法律规则和原则等传统的司法控制方式,也不能够用来判断权力行使合法与否的基础,或者允许联邦法院在适当和不适当的解决方案之间予以区分。

因此,就联邦法院干涉政治议题而言,问题在于联邦法院所行使的自由裁量权所带来的不合法假定,能够与必不可少的自由裁量本身共存吗?②这里的回答是清楚的,即只有当司法自由裁量权的行使确实是必要的(necessary)时候,它才是合法的(legitimate)。正如联邦最高法院在多处场合所强调的那样:"只有在最后和必要的时候,联邦法院才可以行使权力。"③不用说,此处的困难是如何定义"必要性"。如果我们承认司法权行使的必要性是在以下意义上说的,即为了实现某些实质性的目标必须行使自由裁量,那么对联邦法院的行动分析,不仅必须包括自由裁量,而且应包括联邦法院所试图实现的目标。在这个意义上,如果目标是合法的,联邦法院作为实现这些目标的行动主体(无论是假定的或给予的)也是合法的,那么自由裁量权本身就不再是非法的,它仅是不可避免的。

实际上,在结构诉讼中,由于所存在的问题不是在特定的情况下是否侵犯了相应的宪法责任规则,而是侵犯将被弥补的方式,即如何重建相应的官僚组织结构,这就使得在相当大的程度上通过制定法律或法律规则的选择,

---

① [美]理查德·波斯纳:《波斯纳法官司法反思录》,苏力译,北京大学出版社 2014 年版,第 67 页。

② 例如,朗·富勒就认为,多中心的冲突不适合由通常的裁判工具予以解决,多中心问题需要在某种程度上包括直观性和自由决定性判断的"管理性"技术,参见 Lon L. Fuller, "The Forms and Limits of Adjudication", 92 *Harvard Law Review* 353, 398 (1978)。

③ See e. g. , Allen v. Wright, 468 U. S. 737, 752 (1984); John G. Roberts, Jr. , "Article Ⅲ Limits on Statutory Standing", 42 *Duke Law Journal* 1219, 1220(1993).

联邦最高法院已经能够确定行使司法救济自由裁量权的场合。对此,弗莱彻(William A. Fletcher)就指出,在结构诉讼中联邦法官接管政治机构并使用自由裁量来设计或选择一种解决方案的唯一合法依据,便是通过证明政治机构的不情愿(unwillingness)或者可行能力的缺乏(incapacity)。① 在这个意义上,我们也可以说对于某种多中心的政治议题,只有在政治机构长期处于功能紊乱、拒绝履行责任的情形下,联邦最高法院对政治议题的干涉才能够获得合法性的支持。联邦最高法院对多中心政治议题的干预,可以理解为一种伊利(John Hart Ely)所说的"强化代议"意义上的决定。②

当然,在某一特定情况下,这样一个功能紊乱、长期拒绝履行责任的政治实体是否能存在,这将是一个微妙的判断问题,即取决于联邦最高法院对社会、政治情势的准确判断。只不过,应该注意的是,联邦最高法院对社会、政治情势的准确判断,并不是一个追求原则的宪法判断,即否认或确认政府做这个或做那个的权力。相反,它要在这个判断之先,避免这样的判断,就性质而言,它本身是进行一项估计。这种判断的目的是要揭示一个问题,而不是揭示一个答案。当然,在某些情形中是否存在这样一种长期拒绝履行责任的政治实体,在概念层面上可能有一个相当大的灰色地带,联邦法官个人可能不同意联邦法院是否必须干预选择或设计一种解决方案本身。换言之,司法对社会、政治情势的判断可能会出错。但联邦最高法院对政治议题的干预,能够在这种合理的框架内予以正当性证明,则是相对清楚的。而且,这里提出框架的优点不仅能够防止联邦法院不当地干涉政治决策,而且当联邦法院干预是必要的,它也可以提供合法性的支持。

例如,就选举其中的重划选区这项极具政治色彩的议题而言,在1962年贝克诉卡尔案(Baker v. Carr)中,联邦最高法院裁定,指控在田纳西州代表名额的分配不均(malapportionment)违背了联邦宪法第十四修正案的平等保护条款的起诉,既非是政治的,也非不具有可裁判性,并发回地方法院

---

① See William A. Fletcher, "The Discretionary Constitution Institutional Remedies and Judicial Legitimacy", 91 *Yale Law Journal* 635, 692—693 (1982).

② 为消除司法审查"反民主"的指责,伊利提出了一种用以支持参与导向的、强化代议制的司法审查方法,这种司法裁判方法主张法官最适合承担监督代议程序的职责,以纠正代议程序所发生的以下两种失灵:一是体制内的掌权者阻碍政治变革的渠道,阻止体制外的无权者进入体制内;二是代表们出于偏见而对分散而孤立的少数人采取完全敌视的态度,从而在制度上使其处于不利地位。参见 John Hart Ely, *Democracy and Distrust: A Theory of Judicial Review*, Cambridge, Mass: Harvard University Press, 1980, p. 103。

进行重审,但联邦最高法院并没有指定适当救济的性质。① 要想理解联邦最高法院为什么会这样做,首先确定在 1962 年贝克案提起时,现实世界发生了什么变化是重要的。在 1962 年的田纳西州,政治现实是 37% 的选民选出州参议员的 60%,40% 的选民选出州众议员代表的 63%,而这种选区格局却是由 60 年前所确立的。② 如果在田纳西州,或在一般意义上的美利坚合众国,代表名额的分配不均并没有达到如此功能紊乱的程度,那么,联邦法院在贝克案中可能就不会发现诉讼所必需的诉因。

然而,一旦投入政治议题之中,相比于以前有必要保护的政治现状,联邦法院感到更有必要创建一个有序的政治领域。③ 因此,在贝克案中联邦最高法院无非是裁定,60 年前划分的田纳西州的选区格局极有可能是不当的,而之所以如此,不是由于政治机构目前的深思熟虑但又不正确的判断所致,只是惰性和寡头政治家抵制的结果。鉴于政治机构对它的职能的担当是如此的无力,作为一种重要原则目标的平等代表权,就具有充分的力量使得联邦最高法院能够鞭策田纳西州的政治机构行动起来。在这里,联邦最高法院开启了一场政治对话,向田纳西州政治机构摆出了划分选区的问题,而自己并未作答。

在这个意义上,司法可以也能够在现代政府治理中发挥着重要的作用。特别是,在政府其他权力部门不能发挥作用时,联邦法院应该顺应社会、政治情势去推动社会变革和发展,为司法赢得名誉。这在 1954 年布朗案中得到集中体现。④ 实际上,在学校隔离案中,南方各州除了其他考虑以外,也提出了隔离的必要性,他们以此为自己的做法进行辩护,这些做法不仅偏离了一条不完整的、可以部分使用的原则,也对一条即将形成的原则,即隔离本身是对平等原则的违反,构成了根本的否定。联邦最高法院一直受到阻挠而无法宣告这一原则。此外,在 20 世纪中期,一个无可争议的事实是种族隔离已经对美国政府造成了严重损害。但是,在当时有一种资历制度支配着美国国会,一党制的南方获得了无节制的权力,因为其选民事实上全是白人,而根据现有规则,只有 2/3 的票数才能打破这种阻挠。因此,国会不会通过一项处理种族隔离的学校的法律,因为国会从来就没能通过一项处理私刑的法律。在某种意义上,黑人构成了卡

---

① See Baker v. Carr,369U. S. 186 (1962).

② Baker v. Carr,369U. S. 186,253 (1962).

③ See Phil Neal,"Baker v. Carr:Politics in Search of Law",1962 *Supreme Court Review* 252,284.

④ See Brown v. Board of Education,347 U. S. 483 (1954).

洛琳案中所宣称的"离散和孤立的少数民族"①。当时的政治现实是,种族隔离对于美国政府所造成的严重损害使得某些政治机构必须做些事。要么什么也不会发生,要么联邦最高法院不得不单独行动,这就是布朗案的魅力所在。②

可以说,在案例法运作中,一个发现违反宪法责任规则的联邦法院,应该尽一切可能来允许、鼓励,甚至迫使相关的政治机构行动起来,以解决在宪法意义的结构诉讼中所固有的非法律的多中心问题。实际上,联邦法院迫使相关的政治机构解决它们自身非法律的多中心问题,可采用的手段有很多。卡拉布雷西指出,当法院已然断定某一旧规则过时,从实践上看,运转着的过时规则是应当被修正,还是对其进行重新审查,法院可以任意选择以下做法。③ 法院可以废弃现存的规则而代之以一条新规则;可以废弃现存的旧规则并阐明一条新的,但不是由法院自己创造并适用的规则;可以利用一系列现行的行政规章,因为这些规章比法院认定已经过时的制定法或行政规章更符合法律图景;可以废除现存规则,并启动一个发展新规则的程序;可以修改旧规则的部分,而任剩余部分处于不确定状态,在将来通过立法或者司法再度肯定它或者修改它;最后,法院能够不实行这些事中的任何一件,而是威胁(threaten)实行这些事的其中之一或者全部,假如立法机关或行政部门动作不够迅速的话。

同样,就结构性诉讼中的救济方案的设计和选择而言,联邦法院也可以采取如下技术性措施,如从当事人各方征求可接受的救济方案,并允许被告在其中加以选择;如果被告拒绝选择并履行一个可接受的救济方案,联邦法院可以蔑视法庭进行威胁;如果相关政治机构拒绝改善监狱条件,联邦法院可以用关闭监狱或释放更多的囚犯相威胁;如果被告未能执行,联邦法院甚至可以威胁任命一种专门性机构来接管其职功能。④ 当然,这些机制要想能够确实运作,联邦法院的威胁必须有足够可信性,即政治机构更倾向于解决问题,而不是承担让联邦法院为它们解决的风险。通过宣告或者不宣告立法机关或行政部门没有相应作为的情况下,法院将要做些什么的方式来

① See United States v. Carolene Products Co. ,304 U. S. 144,152—153 note 4 (1938).

② 参见[美]小卢卡斯·A. 鲍威:《沃伦法院与美国政治》,欧树军译,中国政法大学出版社2005年版,第39页以下。

③ 参见[美]盖多·卡拉布雷西:《制定法时代的普通法》,周林刚等译,北京大学出版社2006年版,第251—256页。

④ See William A. Fletcher, "The Discretionary Constitution Institutional Remedies and Judicial Legitimacy",91 *Yale Law Journal* 635,695 (1982).

引导立法的或者行政的行为。不用说，这种可信性最终要依赖于联邦法院能够在此情形中合法地使用司法权。

因此，司法对政治议题干涉的收益，并不在于准许司法行为，而毋宁是强迫政治实体履行它们的功能。关于政治议题，不否认监督的必要性，也不否认当联邦法院与民主统治共同携手追求原则目标时，对其施于消极性制约的适当性，那么，正如埃格里斯托所指出的，我们必须承认"司法机关与民主政府其他机关相互独立，并与其他机构产生互动，这有助于我们理念的合理发展。因此，假如我们将司法机关的相对分立看作实现这一目标的激励，并以此为起点，那么，我们就能够看到一个在建国者们关于权力分立与制衡理念中更加宏大的目标"①。在这个意义上，联邦法院司法权的运用本身并不是一种美德，而是一种维持合法威胁的巨大，但却必要的成本。

第四节　政治法院中的"法律"

如果上面分析可以成立的话，那么，作为可裁判性原理组成部分的政治问题原理就并非像批评者所说的那样，承认政治问题的存在，就必然排除司法对政治问题的干涉或者参与。政治问题仍然具有可裁判性，只不过需要厘清政治问题原理中"政治问题"指的是何种意义上的"政治"问题。在政治与法律相互融合、发生牵连的现代社会，政治问题原理也并非如主张者所坚持的那样，司法对政治问题的干涉或者参与，必然是强硬意义上的司法审查。政治问题的多中心性质，即本书所称的"政治议题"，使得司法权对政治议题的参与必然是有限的、视情况而定的。这一方面必须在司法对政治议题的参与，不能是强势意义上的司法审查，而应该表现成为政治议题的解决提供原则性的框架。另一方面，司法对政治议题解决方案的选择，必然是其他政治分支不能、不愿、不想行使自己的权力之时。只有这样，才能够为司法对政治议题的干涉，提供一种合法性的支持。

不用说，在为某种政治议题树立依原则决定框架的过程中，在诸种政治议题解决方案的选择过程中，联邦法院司法权的行使必然是裁量性的，这种

---

① ［美］约翰·埃格里斯托：《最高法院与立宪民主》，钱锦宇译，中国政法大学出版社 2012 年版，第 173 页。

裁量过程也必定是一种充满政治考量因素的政治判断。① 至少就美国联邦最高法院而言,作为政府部门的组成部分,联邦最高法院首先是一个政治机构。② 在这个意义上,在对司法权的界定和运行过程中,我们必须将政治作为相关因素考虑在内。

然而,一种反对观点可能会说,联邦最高法院承认其裁判的政治维度会更容易受到政治机构的报复和反击。无论在理论上还是实践中,政治机构都有许多潜在的政治报复和反击的途径。最重要的是国会和总统制定和实施新法律的权力,甚至偶尔地通过宪法修正案,推翻联邦法院的判决。③ 如果先前判决违背总统本人所信奉的宪法哲学的话,一个更曲折,但有效的反击策略是总统任命新的联邦大法官,那些投票否决联邦法院先前判决的人也更容易获得总统的青睐。④ 如果事态严重的话,总统甚至可以拒绝执行联邦法院的判决,国会可以弹劾法官,迫使他们在审判区管辖范围内做巡回审判(ride circuit),或者重组联邦法院,或者切断、减少其资金,或者取消部分上诉管辖权。⑤ 一个公开的事实是政治性的联邦法院,将鲜有依据抵制这些政治报复和反击的形式,他们的威胁也会变得强

---

① 对于联邦最高法院判决的政治自由裁量性质,更多地为政治学者所指出,参见 Keith E. Whittington,"'Interpose Your Friendly Hand':Political Supports for the Exerciseof Judicial Review by the United States Supreme Court",99 *American Political Science Review* 585 (2005);Robert Anderson and Alexander M. Tahk,"Institutions and Equilibrium in the United States Supreme Court",101 *American Political Science Review* 811 (2007);James L. Gibson,"Challenges to the Impartiality of State Supreme Courts Legitimacy:Theory and 'New-Style' Judicial Campaigns",102 *American Political Science Review* 59 (2008);Benjamin E. Lauderdale and Tom S. Clark,"The Supreme Court's Many Median Justices",106 *American Political Science Review* 847 (2012)。

② See Jules Lobel,"Courts as Forums for Protest",52 *UCLA Law Review* 477,480 — 482 (2005).

③ 截至目前,通过宪法修正案而被推翻的最高法院判决只有四个:1793 年齐肖姆案(Chisholm v. Georgia),通过第十一修正案推翻;1856 年斯科特案(Dred Scott v. Sandford),通过第十四修正案推翻;1895 年比洛克案(Pollock v. Farmers'Loan and Trust Co),通过第十六修正案推翻;1970 年俄勒冈州案(Oregon v. Mitchell),通过第二十六修正案推翻。

④ See e. g,Barry Cushman,"Court-Packing and Compromise",29 *Constitutional Commentary* 1 (2013).

⑤ See U. S. CONST. art. Ⅲ,§ 2,cl. 2:In all Cases affecting Ambassadors,other public Ministers and Consuls,and those in whicha State shall be Party,the Supreme Court shall have original Jurisdiction. In all the other Casesbefore mentioned,the Supreme Court shall have appellate Jurisdiction,both as to Law and Fact,with such Exceptions,and under such Regulations as the Congress shall make(所有涉及大使、公使、领事以及以一州为诉讼一方的案件,最高法院拥有初审管辖权。先前提及的所有其他案件,最高法院在法律与事实两方面拥有上诉管辖权,但应受国会所确定的例外与规制的限制)。

而有力。①

因此,问题在于在何种意义上,作为政治机构的联邦最高法院仍然是受法律统治、以法律行使司法权的法院(court of law)。正如塞德曼(Louis Michael Seidman)指出的那样:"政治问题原理所引发的困难不在于法院有时候政治化法律(politicized law),而在于它从来没有合法化政治(legalized politics)。"②对此的一种回答是,这就是联邦最高法院权力运作的方式。依据这种说法,联邦最高法院权力运作的政治特性不是被选择的,它们乃是这个事业所固有的,且独立于个别行动者的行为。正如波斯纳所说的那样:"如果宪法性法律充满了政治性判断,大法官就有选择,或者是衷心接受宪法性审判的政治特点,并大致以立法者投票法案的方式在案件中投票,或者是羞于当披着法袍的政客,以很高的标准要求自己投票,以宪法性根据废除另一政府部门的行动。"③给定这个事实,我们不需要在规范层面上讨论联邦最高法院是否要政治性的自由裁量,其政治性的自由裁量品质乃建立在自由主义、宪制主义的词汇之中,不论我们喜欢与否,其都有政治考虑的效果。

然而,鉴于实践中政治机构对联邦法院的政治报复和反击真实存在且已经发生,这样一种现实主义的回答,仍然可能遮蔽了联邦法院作为一种政治机构所可能具有的规范性含义。倘若法律和政治不可避免地牵连在一起,而且这种事实上的牵连关系对于我们所珍视的理想和价值并非没有破坏,反而有所增进和助益的话,那么我们就必须设身处地地理解这种事实上的牵连关系。从规范的角度,必须回答的是如果联邦最高法院公开承认的宪法裁判最终是政治性的自由裁量的产物,联邦法院将如何表现和行为?矛盾的是,如果联邦最高法院公开承认宪法裁判的政治性判断的话,联邦最高法院将会更多而不是更少关注法律的来源,将会更多而不是更少地受到限制,会更少地卷入与政治机构之间的冲突。如果法治(rule of law)的一层含义是强制性权力的行使必须受到约束和限制,无论这种约束是形式上的

---

① 虽然面对着一个侵蚀其他政治权力的联邦最高法院,联邦宪法本身留下了种种政治回应和反击的空间,但如埃格里斯托所指出的,"所有的这些权力或多或少都对法院作为一种政治结构而发挥功能的能力展开了强烈的攻击。在大多数案件中,需要其他的政治机构做出回应的是司法判决,而不是法院的一般权力或者官员。为了获得或者颠覆一个特定的判决而攻击司法机关的权力或者法院官员,是过于极端的、通常不正当的,并且几乎总是无可原谅的。"[美]约翰·埃格里斯托:《最高法院与立宪民主》,钱锦宇译,中国政法大学出版社 2012 年版,第 133 页。

② Louis Michael Seidman,"The Secret Life of the Political Question Doctrine",37 *Journal of Marshall Law Review* 441,442 (2004).

③ [美]理查德·波斯纳:《法官如何思考》,苏力译,北京大学出版社 2009 年版,第 261 页。

还是实质上的,也无论这种限制来自行为者内部还是产生于行为者所在的外部制度结构。那么,一个公开承认其决策是充满政治性质的联邦最高法院,它会表现得更多地像一个法院(court of law)那样行为,而更少地像一个政治机构。

第一个矛盾的后果会出现,是因为联邦法院总是在一个法律的框架内使用其政治性的自由裁量。宪法文本、原初意图的证据、联邦法院自身的判例,这些类型的法律渊源和形式,在很大程度上约束和限制着联邦法院能够审理何种案件、在这些案件中将获得什么结果、有什么论据来支持这些结果。[1] 尽管许多案件中的裁判结果,最终依赖于自由裁量或政治判断,但联邦最高法院的选择范围要明显受制于这些固定的理解。

在某种程度上,联邦法院一直受制于这些固定的理解。但是,如果当可利用的法律渊源被穷尽进而联邦法院不可避免地开始使用大量不受约束的自由裁量权的时候,在一个公开承认其政治自由裁量权世界中,联邦法院尤其需要加倍确认其判决符合无论以何种形式确实存在的法律约束。[2] 特别是,考虑到联邦法院没有选举的合法性和权力执行自己的判决,任何认为它是违法判决的观点,都将把联邦法院放到一个站不住脚的位置。因此,公开承认使用政治自由裁量权的联邦法院,很可能更加细致地关注传统法律渊源,特别是宪法文本,从而来形成这样一种印象,即其判决完全是由法律所决定的。

公开承认联邦法院是一个政治机构所产生的第二个矛盾的结果是,联邦法院将成为更为克制的机构,即联邦最高法院不太可能试图利用它的权力来促进有争议的社会改革。[3] 之所以联邦法院在促进社会变革方面会成为一个更为克制的机构,让我们分析一下在所有法律约束已经穷尽时,为了使用不可避免的政治性的自由裁量,联邦最高法院可能会选用的决策规则。

---

① See e. g. , Robert Anderson and Alexander M. Tahk, "Institutions and Equilibrium in the United States Supreme Court", 101 *American Political Science Review* 811 (2007); Benjamin E. Lauderdale and Tom S. Clark, "The Supreme Court's Many Median Justices", 106 *American Political Science Review* 847 (2012).

② See Gerard E. Lynch, "Complexity, Judgment, and Restraint", 95 *NYU Law Review* 621, 649 (2020).

③ 将联邦法院作为现代社会改革模型,先后由哈佛大学查耶斯和耶鲁大学费斯予以概括和总结,参见 Abram Chayes, "The Role of the Judge in Public Law Litigation", 89 *Harvard Law Review* 1281 (1976); Owen M. Fiss, "The Supreme Court, 2003 Term-Foreword: The Forms of Justice", 93 *Harvard Law Review* 1 (1979)。社会改革模型,与法院传统的纠纷解决模型形成了明显对比,一般认为朗·富勒作为纠纷解决模型的典型代表,参见 Lon L. Fuller, "The Forms and Limits of Adjudication", 92 *Harvard Law Review* 353 (1978)。

在形式上的法律约束穷尽时，联邦最高法院原则上可以诉诸传统、民意作为最终判决的依据。然而，由于传统和民意不可避免地具有模糊性，梅瑞尔（Thomas W. Merril）认为，一个政治法院所采取的最好的决策规则是依据社会占主导地位的政治精英中正在出现的共识来行使自由裁量权。① 在这个意义上，如果联邦法院能够正确地预测有影响力的政治群体之间正在出现的共识，那么符合这种共识的判决将很少有风险被推翻，也更少地受到政治机构的报复和反击。此外，如果权力精英满意联邦法院的判决，那么联邦法院可以确定行政机构将热情地执行其判决，国会也不会削减经费，或者限制其上诉管辖权。事实上，一个能够正确预期正在出现的精英共识的联邦最高法院，通常也都被称之为开明和进步的法院。

当然，对于某种特定的政治议题，预测有影响力的政治精英之间正在出现的共识是什么，可能存在着相当大的困难。然而，正是这一点解释了为什么政治法院将是一个更为克制的法院。一个公开承认行使政治自由裁量权的联邦法院，通过预测有影响力的政治精英之间正在出现的共识来行使不可避免的自由裁量，可能会更加谨慎地从事社会工程的重组和变革。因为当联邦法院无法自信地预测正在出现的政治共识时，一个公开的政治法院将总是听从体现在现有立法中的规则。换言之，只有当联邦法院能够准确地预测有影响力群体之间关于某种政治议题的共识时，联邦法院才冒险进入现状的变革之中。

最后一个矛盾的结果是，一个公开的政治法院可能不会面临周期性危机。政治科学家们已经令人信服地指出，从长期来看，联邦最高法院自身关于宪法的观点，不可避免地最终要符合占主导地位的党派联盟的政治要求。例如，罗伯特·达尔曾经估算，联邦最高法院能够成功地保持其宪法观点，特别是反对国会相反的观点，最长的时期也仅仅是 22 年。② 实际上，除非其他有影响力的政治参与者接受解释任务的重要性和司法判断的优先地位，否则联邦最高法院的判决不会有实际效果。

正如威廷顿所指出的那样，"宪法维护是 一项政治任务。严格来说，它必须在政治上予以考虑。如果维护宪法的政治成本太高，那么它们不会存在下去；如果宪法离常态的政治关注太远，则它们也不会存在下去。宪法的

---

① See Thomas W. Merrill，"A Modest Proposal for a Political Court"，17 *Harvard Journal of Law and Public Policy* 137，143（1994）.

② See R. A. Dale，"Decision-making in a Democracy：The Supreme Court As National Policy-Maker"，6 *Journal of Public Law* 279，290（1957）.

真正存在需要公民和政府官员不断地接受并重塑。最高法院不能站在政治之外去担当宪政原则独一无二的守护者"①。

然而,一个明确承认其政治角色的法院,更不太可能忘记其权力的限制,因而也就不乐于参与到与政治机构不稳定的冲突中去。这种冲突的著名例子包括,斯科特诉桑福德案(Dred Scott v. Sandford)②,洛克纳诉纽约案(Lochner v. New York)③,罗伊诉韦德案(Roe v. Wade)④。可以说,在这些案件中,每一次联邦最高法院的声誉都几乎陷入最低点。然而,每一个案件可以被视为联邦最高法院通过宣布一方或者另一方作为法律上的胜利者,以解决社会冲突的尝试。然而,事实却是这些案件中公众舆论在复杂的政治议题面前存在着巨大的分裂,合理的分歧充斥其间。一个意识到作为政治机构而固有的自身限制的联邦法院,或许能够避免这些崩溃。

第五节　未定案的政治议题

在司法审查的语境下,政治问题原理的存在,主要是为了约束司法权的行使。然而,政治问题原理本身是由联邦法院通过普通法在案例法实践中创造出来的这一事实,暗示了政治问题原理可能存在着更为复杂的作用。概括而言,政治问题需要一种回答,具有背景依赖性。相反,政治议题则需要一种解决方案。在政治议题语境中,之所以需要司法的干涉(intervention)或者参与(participation),不是因为联邦法院能够为某种政治议题寻找最终或者最佳的解决方案,而是因为司法可以为政治议题的解决树立某种依原则决定的框架。

一旦我们决定将政治问题原理作如此理解,那么不仅对政治议题性质、联邦最高法院权力运作的认识,而且对宪法的理解,都将产生重要的理论意义。实际上,面对复杂、不断重复提起和需要解决的政治议题,联邦最高法院的大法官们依据自己的政治看法,必然会有不同意见。法官也不用再假装自己是执行一个每个人都同意的中立结构性架构,他们可以大方地承认联邦最高法院在某种政治议题解决方案之间所做的选择,

---

① ［美］基斯·威廷顿:《司法至上的政治基础:美国历史上的总统、最高法院及宪政领导权》,牛悦译,北京大学出版社 2010 年版,第 28—29 页。

② See Dred Scott v. Sandford,60 U. S. (19 Howard) 393 (1857).

③ See Lochner v. New York,198 U. S. 45 (1905).

④ See Roe v. Wade,410 U. S. 113 (1973).

是受政治驱使的,而且是可争议的。对一种复杂的政治议题,联邦最高法院明白任何宪法定案(settlement)都会创造出输家,输家的不满则会日益加深。但正如塞德曼所说的那样:"一个宪法若可以动摇,就不会创造出永远的输家。动摇政治过程决定的结果,提供了公民可以继续论证的词汇和论坛。即使公民在政治领域中输得很惨,他们仍然会对社会保持忠诚,不是因为宪法解决了争议,而是因为宪法提供论证,让人民可以依据其社会的基本信念,说明为何他们反对的政治定案是不正义的。简而言之,未定案的(unsettled)宪法可以创造出一个输家同意的社群,让输家可以持续参与对话。"①

在这个意义上,对于复杂的政治议题,诉诸政治问题原理的联邦最高法院本身,当然并不想给出一种最终的、权威性的解决方案。② 政治问题原理故意让这些政治议题未解决,进而让任何可能的解决方案都继续受宪法批评,某种所谓解决方案需要在原则框架的支持下不断地予以重新分析和估价。因此,如果我们相信司法裁判的正当性不是来自它们可以解决纷争,而在于它们可以利用分析工具动摇纷争,那么我们应该庆贺联邦法院所采用的政治问题原理这一重要的宪法修辞。宪法修辞的一个特点就是,其在分析上很空泛,却有独特的影响力。其希望是批评的机会,可以让输家继续加入宪法对话中,用他们的宪法词汇来达成他们的目标,而非用一基本定案巩固他们的失败。事实上,唯有这类冲突、包容性、开放文本的宪法,才可以给我们政治上的承诺。重点在于,未定案理论不会就对话预设任何特定结果,尤其是不能保证对话一定能够推翻原本的决定。预定结果就是一个定案,而正是因为结果不确定才使得反复出现的

---

① 〔美〕路易斯·迈克尔·塞德曼:《未定案的宪法:宪制主义和司法审查的新辩护》,杨智杰译,中国政法大学出版社2014年版,第11页。塞德曼指出,政治社群之所以能够被维持,正是因为没有永远的定案,也没有排他的、依据同意修改暂时定案的方式。事实上,政治社群就是建立在不断的战斗之上,没有固定的规则,也不期待最终的解决方案。参见〔美〕路易斯·迈克尔·塞德曼:《未定案的宪法:宪制主义和司法审查的新辩护》,杨智杰译,中国政法大学出版社2014年版,第73页。

② 当然,承认政治议题的未定案性,并不意味着联邦最高法院对某种政治议题的某个宪法判决,不具有根本性和终局性,毋宁是联邦最高法院的根本性与终局性判决,其意思通常是说,这是针对一两代人的一个根本性与终局性判决。尽管原则最终依原则决定而确立起来,是一代人可以留给其后代的最珍贵遗产,但原则的确立乃是许多代人的工作成果。参见 R. A. Dale, "Decision-making in a Democracy: The Supreme Court As National Policy-Maker", 6 *Journal of Public Law* 279, 280−289 (1957)。

政治议题未定案。①

进一步,政治议题的未定案性质,也决定了所谓宪法并不只是存在,不只是某种政治社会的历史界限。相反,宪法应该是能够透过持续的斗争被重复建构和再定义的。② 可以说,在结构性宪法之中,任何一种有关司法权正当性的首要辩护,无论这种权力表现为强硬意义上的司法审查,还是呈现为"消极德性"意义上的司法不作为,都存在同样可能性,即凭借着司法权的行使,联邦法院能够引导人们朝着民主的方向,按照民主政体的要求,过一种受宪法规则支配的生活,一种与塑造着法治国家的特定原则和理念相一致的公共生活。

然而,当我们强调司法对政治议题的干涉或者参与的必要性和重要性之时,一个有意义也是法律人不得不反思和回答的问题是:随着司法权在政治议题的范围内变得越来越狭窄,任何貌似合理的法律问题(legal questions)还会产生吗?

第六节 我国人民法院公共理性的缺失与培育

与美国联邦法院一样,我国人民法院也不能就"政治问题"进行裁决。例如,新《行政诉讼法》第十三条第一款就规定,我国人民法院不受理公民、

---

① 能够维持也是导致联邦最高法院对宪法含义解释的灵活性的重要制度设置,这便是异议制度。正如弗瑞德所言:"先例仅仅是假定。如果宪法原则并未变得僵化,那么在普通法裁决路径依赖的驱使下,就必须存在区分、限定和摒弃先例的余地。不同意见书包含了导引此种变迁的萌芽。"[美]查尔斯·弗瑞德:《何谓法律:美国最高法院中的宪法》,胡敏洁等译,北京大学出版社 2008 年版,第 13 页。关于异议的辩护,有一个经常为主张者所提到的论点是,异议能帮助我们揭露法律的缺陷,以至于今天的异议能够成为明天的多数,或者推动立法机关进行相关的改革。最为著名的例子是,霍姆斯大法官在洛克纳诉纽约案的异议,"宪法第十四修正案并没有将赫伯特·斯宾塞先生的《社会静力学》变成法律……一部宪法不是为了体现某种经济理论,无论是家长式做法、公民与州的有机联系,还是自由放任主义"。参见 Lochner v. New York, 198 U. S. 45 (1905). 当然,对于异议也存在着批评,波斯纳就指出,"表达充分的异议意见,除非其中有论证不当,总会削弱多数意见的权威性,从而激怒多数意见的法官,并且使法律处于不安状态,因为它诱使人们对该判决作出缩小解释甚至推翻。"[美]理查德·A·波斯纳:《联邦法院:挑战与改革》,邓海平译,中国政法大学出版社 2002 年版,第 185 页。有关异议的更多分析,可参见[美]马克·图什内特编著:《反对有理:美国最高法院历史上的著名异议》,胡晓进译,山东人民出版社 2010 年版。

② 在这个意义上,通过否定政治问题原理的存在,进而将复杂的政治议题给予联邦法院,对政治机构而言,反而能够免于承担相应政治压力,参见 Abner J. Mikva, "How Well Does Congress Support and Defend the Constitution", 61 *North Carolina Law Review* 587, 588−589 (1983). 实际上,在现代许多国家,如新西兰、加拿大、南非以及以色列,司法审查由选举的官员而不是司法机构来建立和维持的,通过司法裁判是政治家和政治运动寻求将他们的宪法学说成为国家法时所运用的手段之一,参见 Mark A. Graber, "Constructing Judicial Review", 8 *Annual Review of Political Science* 425 (2005)。

法人或者其他组织对国防、外交等国家行为提起的诉讼。① 在我国,纯粹的政治行为同样不具有可裁判性,法院不能够受理并审理政治问题。在政法传统的当前中国,对于具有强烈政治色彩的问题,各级人民法院通过建立处理人民来信和接见人民来访的工作机制,实现司法公正和政治结构的自我整合。② 然而,这并不意味着我国人民法院不处理,或者说有时候被迫处理具有多中心性质的政治议题,即我国语境中所谓复杂的社会问题,尤其是那些受到社会大众关注和围攻的"公案"。

应该指出的是,"公众意见"所以在某些案件中得以聚焦,进而形成所谓"公案",并非意味着"公众意见"本身能够发挥裁判的功能,因为"公众意见不保证并产生一元性,只能保证和产生差异。其功能不再存在于让理性判决可见并贯彻这一基础,而是像在市场中一样,让观察者的观察成为可能"③。实际上,大量的社会大众和"民意"之所以能够在这些案件中聚集,实则是因为这些案件都具有某种"主题"元素。例如,"我爸是李刚"案,主题元素为特殊身份;崔英杰案,主题元素为是"抗议公权侵犯私权";张金柱交通肇事案,主题元素是"法律面前人人平等"的诉求;肖志军拒绝手术签字案,折射的则是社会民生、弱者权利保护、医患矛盾;泸州遗嘱继承案,涉及公德困境,情理、伦理与法律冲突等。④ 其实,这些复杂社会问题所形成的公案最终折射出来的都是我国现代转型社会所特有的民生状态和社会状况。⑤

可以说,在专心社会的当前中国,法院受理的案件不仅体现为案件量的激增,还存在案件内容复杂化、程序要求严格化等特点。⑥ 由于关联某种公

---

① 参见新《行政诉讼法》第十三条第一款。

② 参见何永军:《政法传统与司法理性》,中国政法大学出版社 2014 年版,第 196—203 页;江国华:《转型中国的司法价值观》,载《法学研究》2014 年第 1 期。

③ 〔德〕尼古拉斯·卢曼:《风险社会学》,孙一洲译,广西人民出版社 2020 年版,第 205 页。

④ 参见孙笑侠:《公案及其背景:司法过程中民意的法社会学透视》,载《浙江社会科学》2010 年第 2 期;孙笑侠:《公案的民意、主题与信息对称》,载《中国法学》2010 年第 3 期;周安平:《涉诉舆论的面相与本相:十大经典案例分析》,载《中国法学》2011 年第 1 期。

⑤ 通过案件折射、凸显"公意"可以说是弱势群体,特别是无法参与正常审议过程群体进行表达诉求的一种方式。严格来说,在民主制度中,任何人都可以作出某种代表性的主张,并观察某个特定群体是否有所回应,因而街头抗议、网上声讨等种种行为都有着真实的民主含义,参见〔德〕杨-维尔纳·米勒:《什么是民粹主义?》,钱静远译,译林出版社 2020 年版,第 88 页。

⑥ 为了应对"诉讼爆炸"现象,当前法院除采取增人、加庭等传统方式外,还采取了诸如强化审判管理、简化程序、转移非审判事务等措施。然而,由于没有涉及案件实质,这些措施在缓解人案矛盾上实际所起的作用存在着巨大差异。参见朱景文:《中国诉讼分流的数据分析》,载《中国社会科学》2008 年第 3 期;左卫民:《"诉讼爆炸"的中国应对——基于 W 区法院近三十年审判实践的实证分析》,载《中国法学》2018 年第 4 期;陈卫东:《诉讼爆炸与法院应对》,载《暨南学报(哲学社会科学版)》2019 年第 3 期。

共主题,大量民众能够迅速聚集,进而聚合为有联合与行动能力的社会运动。也正因为如此,社会大众对诸多"公案"的持续关注,有时候反而能够成为法律完善的契机和推动力。应该指出的是,在某些案件中,公众通过案件所建构的"主题词"还对案件的实体审理结果发挥着重要的影响,主题词界定了案件的情景边界,具有法律意义的主题词(如罪行、过错、请求权、合同)还提供了使社会事实理性化、程式化的力量。①

然而,对于这些并非严格意义上的法律案件,也非纯粹的政治问题案件,我国人民法院对这些"公案"的裁决却在两个极端之间进行徘徊,即要么为了达到地方"维稳"的目标,服务地方发展,服务国家政治大局,对司法的政治功能特别重视,专注于政治正确,即以政治目标为司法总体目标、以"有效解决纠纷""案结事了"作为具体案件的处理目标、主动服务于政治需求、法官个人要有政治和政策思维,裁决理由常用政策考量来代替法律依据,司法行为一次次迎合即时民意,一次次满足当事人的新要求、新期待,规则退到幕后,司法行为成了"博傻游戏"②;要么选择狭隘的技艺理性,即诉诸纯粹的证据规则、法律适用、定罪量刑等方面的司法技术规则,忽视和漠视案件背后所折射出来失衡的制度性利益和社会关系,对当事人和社会大众的感受和意见视而不见,在规范出现模糊和空缺的时候,不能通过司法裁决达成或者引领共识。③

可以说,在司法政治理性的短视和司法技艺理性的狭隘合力下,我国人民法院解决复杂社会问题的能力已经受到了严重的怀疑,司法公信力陷入了空前的危机,司法执行力不足,最终导致司法权威的缺失。④ 然而,从理论上讲,无论是司法政治理性还是司法技艺理性,都不应该是司法理性的唯一选择。⑤ 至少面对着复杂的社会问题,如果可以这样说的话,即美国联邦法院语境中的政治议题,司法的理性选择应该是超越于政治理性与技艺理性之上的,表现为一种可裁判性原理意义上的公共理性。

---

① 参见左卫民:《在权利话语与权力技术之间——中国司法的新思考》,法律出版社 2002 年版,第 206—207 页。

② 参见裴大明:《裁判方法的法理重述》,中国政法大学出版社 2016 年版,第 7 页;侯明明:《中国司法回应社会的方式、策略及其风险与出路》,载《法商研究》2020 年第 1 期。

③ 参见李友根:《司法裁判中政策运用的调查报告:基于含政策字样裁判文书的整理》,载《南京大学学报(哲学社会科学版)》2010 年第 1 期;王启梁:《法律世界观紊乱时代的司法、民意和政治:以李昌奎案为中心》,载《法学家》2012 年年第 3 期。

④ 参见蒋超:《变革时代的司法权威》,法律出版社 2012 年版,第 91 页。

⑤ 对司法理性的更多分析,还可参见高志刚:《司法实践理性论》,上海人民出版社 2011 年版,第 102—114;王申:《法官的实践理性论》,中国政法大学出版社 2013 年版,第 3—19 页。

　　从可裁判性的视角看，当事人就某种复杂社会问题能够提请进而要求联邦法院做出裁决的意义上，联邦法院必定成为关注与争议的焦点和中心，联邦法院通过判决所具有的公共政策形成功能，就必须得到认真的分析和审慎的对待。在这里，公共理性的作用是强制联邦法院对社会问题的讨论采取一种原则化的方式，以便依据通过平等尊重以及理性对话过程中所生成的"重叠共识"来讨论政治议题。因而，公共讨论就成为一种超越通常的权力与地位竞争的讨论。如果说司法公共理性是个重要的理念，那么，人民法院应该如何培育和养成它呢？显然，这已经超出了此处的讨论范围。不过，从美国联邦法院的经验看来，对司法公共理性的培育，至少以下三方面是我国人民法院应该思考和努力的方向。

　　首先，法院应成为化解政治问题的方法之一，尤其是具有强烈主题元素的社会议题，但法院必须以技术性的方式处理多中心的政治议题。法治就是法律之治，法治社会的基本特征便是司法承担着裁判的职能。随着当今我国法律体系建立和日益健全，政治体制及政治行为也应成为法律规范的对象，用司法化解"政治问题"是历史必然。新中国成立初始，由于特殊社会形势，法律的阶级性显著，政策和党的纲领等成为法律渊源，人民法院扮演着阶级专政工具的角色，承担着较为重大的政治使命，如对敌专政、执行政策等，但由于司法本身的技术性和价值性考量缺位，以致司法成为政治的工具，即司法政治化，在中国通常意味着戴着政治的有色眼镜审视司法问题，动辄上纲上线。[①]

　　应该指出的是，强调司法作为化解政治问题的一种方式并不等于追求司法政治化；相反，在一定程度上是司法为了避免政治化。严格来说，司法的政治性与技术性一样，乃司法之内在属性，具有客观必然性，二者并非对立关系，而是统一关系。"司法活动既要讲政治，又不能泛政治化；司法审判既要坚持政治原则，又要坚持在法律的范围内解决纠纷。"[②]所坚持的原则应该是以政治性引领技术性，使司法承担起责无旁贷的政治责任；以技术性谋求政治性，使司法的政治责任隐含在司法技术当中，并通过司法技术的运用予以实现。司法过程政治性和技术性的统一需要相应技能，否则可能致使政治和司法错位。[③] 目前至少要从以下几个方面入手。

　　一是厘定法院审级职能区别，即初审法院应更多关注事实问题，二审法

---

　　① 参见江国华：《转型中国的司法价值观》，载《法学研究》2014年第1期。
　　② 江必新：《辩证司法观及其应用》，中国法制出版社2014年版，第5页。
　　③ 参见江国华：《常识与理性：走向实践主义的司法哲学》，上海三联书店2017年版，第217页。

院则应主要关注法律问题。我国实行二审终审制，但二审法院和初审法院功能基本相同，都既对事实进行审查，又对法律适用进行审查。这虽然符合我国有错必纠等司法原则，但也致使二审法院的职责过重，功能定位不清。从司法实践来看，大多数国家法院上诉审阶段只审查法律适用，尤其是对一些"非例行案件"来说，这种分工不仅可以减少初审法院的政治压力，而且二审法院可以在上诉审阶段更多关注法律问题以及背后的政治问题，通过高超的司法技术，以规则治理的方式承担起相应的政治责任。

二是提高政治意识，考量判决后果。法院并不是法律的"自动售货机"，法官也非"活的圣谕"，其在司法过程中必定受各种因素影响，所以法官判案并非遵循机械主义的司法模式，而是充满了政治考量和判断等内容。如果司法判决直接与社会基本道德或社会主流价值观等社会共识相抵触，即使严格按照法律办案仍可能会遭受抨击。所以，随着我国社会价值观日益多元化，一个案子特别是社会敏感度较高的案子，无论怎么判都可能引起非议，但只要基于社会的主流价值观，做出一些包含有限政治意味的判决，就可以实现法律规定与社会共识之间的平衡。

三是协同其他部门。在司法实践中，一些特殊案件可能不是法院单独能够解决的，如果其超越职权，甚至违背社会需要同其他机关进行对抗，可能带来其他抵制，最终反而损害了司法权威。如洛阳种子案中的李慧娟法官直接宣布省种子条例无效以及齐玉玲案中最高院颁布司法解释等举动。在任何时候，法院都应当相信"它不是一个人在战斗"。我国司法成为解决政治问题方法，需要政治和法治的共同成熟，唯有成熟的政治才有可能走向司法化，正如同唯有成熟的司法才有可能承载司法化的政治。

其次，法官必须养成裁判说理的义务。有裁判而没有裁决理由，或者即便有裁决理由，但这种理由却不是公共的，可以说是人民法院裁判文书制作和书写的最大软肋。[①] "充分"的法律论证和理由，可表明司法裁判至少传递了理性的信息，其存"有根有据"的纹路，由此展现了司法裁判的正当性。[②] 特别是，就复杂的社会问题的裁决而言，不给出裁决理由或者所给出的裁决理由是非公共的，不能引起当事人和案外一般公众的信服，裁决公布之后自然遭到社会大众的质疑和冷嘲热讽。正如上海高级人民法院法官邹碧华所言："庭审水平是一国法治水平的缩影。但我国社会公众（甚至部分

---

① 参见方乐：《司法说理的市场结构与模式选择——从判决书的写作切入》，载《法学》2020年第3期

② 参见刘星：《司法的逻辑：实践中的方法与公正》，中国法制出版社2015年版，第92页。

律师）对诉讼程序、证据规则等不熟悉、不习惯，对法律知识的认知水平还很低，并不能有效地配合法院查明事实。在这种背景下，法官应特别加强法律释明。这应当成为法官的一种责任。"①

从裁判说理的角度，除了法官裁判说理的一般要求，如加强法官的心证公开义务和加强法官观点开示义务，应该强调的是，就因某种主题元素受到社会关注的"公案"而言，人民法院的裁判说理对象不仅要面向本案当事人，还必须将一般意义上的社会大众纳入人民法院的受众范围。在宽泛的受众范围内，司法公信力旨在寻求并建立社会交往实践的公共理性化，推动社会共识的达成，这也是当下中国社会的重要基石，处于司法场域的各方当事人要"以平和的心态、现实的态度，提出自己合理的、有限的利益要求，并在商谈、对话中作出必要的妥协和让步，从而获得社会交往的积极成果"②。在这里，"司法公共理性强调的是与民意沟通对话，从中发现法律与社会的共识作为裁判理由的能力，寻求纠纷解决的正当性能力，深刻把握案件产生的时代背景，当事人诉求的心理基础、裁判结果对社会的影响等对案件统一性的认识能力，及对案件可能诱发风险因素、可能成为推进社会进步因素等节点的准确判断能力，以及通过对法律发现和法律推理进行漏洞填补和规则创制的能力"③。

最后，改革和完善陪审制。毫无疑问，在我国历史上，陪审制度曾经一度作为群众监督司法的手段发挥过重要作用。④ 但在新的历史时期，我国人民陪审制度的发展方向却陷入了迷茫，人民陪审员的专业化、来源单一，其功能定位出现紊乱，制度目标更为人民法院目标所置换，服务于人民法院的调解、执行、宣传等非司法方面的需要，最终沦为法官的"工作助手"，成为人民法院的"门面装饰"，总体上处于一种失效状态。

然而，仅将陪审制度看作是一种司法制度是十分狭隘的看法，陪审制度还应该是一种政治制度。如果说陪审制对具体案件的判决产生了巨大影响，那么，它对社会自身的命运则发挥着更为巨大的影响。正如托克维尔所强调的那样："陪审制度对于人民判断力的形成与知识的提高做了重大贡献……应当把陪审团看作是一所总是敞开大门的免费学校，每个陪审员都在这里学习运用自己的权利，经常与上层阶级最有教养和知识的人

---

① 邹碧华：《要件审判九步法》，法律出版社 2010 年版，第 178 页。

② 孙利天：《现代性的追求和内在超越》，载《中国社会科学》2016 年第 2 期。

③ 齐伟：《司法公共理性：司法公正的内在生成机制》，载《河北法学》2014 年第 7 期。

④ 参见胡凌：《人民陪审员制度的多面向解释》，载苏力主编：《法律和社会科学（第二卷）》，法律出版社 2007 年版，第 103—127 页。

交流,在实践中学习法律,并通过听取律师陈词和法官意见,甚至通过见证双方的冲动来理解法律……我把陪审团视为社会能够用以教育人民的最有效手段之一。"①

如果说陪审制度更多的或者首先是一种政治制度,那么,我国人民法院改革陪审制的关键在于转变以人民法院为主导的陪审员管理模式,替之以人大或者司法行政机关为主的管理模式,避免人民法院对人民陪审员的控制,出现"陪而不审"的现象。② 同时,也应该细化法官与陪审员之间的互动协调机制,保障陪审员自始至终地参与到案件的审理过程中,平等地行使司法权。"改革完善陪审制的核心是去除审判权本位主义的制度设计,将陪审制构建为司法过程中的公共领域。通过改革陪审员产生方式,增加陪审员数量,规定涉及公共利益和社会争议大的案件必须适用陪审制等渠道,让民众意见有序进入司法,加重司法论证负担,让司法有机会回应社会不同意见,在重大的、基本的问题上发现重叠共识,最大限度地争取社会认同。"③ 从短期来看,改革陪审制和公众教育的费用是非常昂贵的。④ 但是,与这种费用相比,在民有、民治、民享的政府中,公众的无知则总是更为昂贵的。

第七节　小　结

在政治与法律相互融合、发生牵连关系的现代社会,与需要决断论回答的纯粹政治问题不同,政治议题需要一种解决方案。政治议题多中心性质使司法对政治议题的参与必然是有限的、视情况而定的。即便如此,法院对某些政治议题的参与仍然具有意义。法院虽不能做出终局性解决方案,但作为公共论坛的法院能够引导着公众对相关公共政治问题的持续讨论。在那里,对多中心政治议题的解决,通过适当的技术启动一个对话,联邦法院诱导边际上的变化,改善以及设置新的方向,树立新的判断标准。通过对话,联邦法院能够改变国会的立法议程,有时则要求它们对税收开支的优先顺序进行重新考虑,转换了公共辩论所使用的术语,从而润滑了变革过程。

于我国而言,大量的社会问题、政治问题进入到人民法院,表面个案纠纷实则隐含着某种具有公共意义的主题和元素,如分配不公、社会歧视、弱

---

① [法]阿列克西·托克维尔:《论美国的民主》,曹冬雪译,译林出版社 2012 年版,第 157 页。

② 参见李拥军:《现实困境与出路:基于陪审复兴背后的思考》,载《法学》2012 年第 4 期。

③ 吴英姿:《司法的公共理性:超越政治理性与技艺理性》,载《中国法学》2013 年第 3 期。

④ 参见[美]阿希尔·里德·阿马:《宪法与刑事诉讼:基本原理》,房保国译,中国政法大学出版社 2006 年版,第 318 页。

者权利保障、道德伦理重建、教育住房医疗等民生议题，而法院如何作为，学者之间并没有取得共识性意见。无论是泛政治化，还是去政治化，都无益于社会问题的司法解决。对于法院必然会面对的一些案件，政治性的考量不可避免，然而如何通过技术性的方式，如何与立法、行政互动，仍然没有有益的具有可操作性的方案。于此，法院并不能单纯运用损害赔偿方法来对受害者予以事后、个别救济就能将所涉议题圆满解决，很多场合还要求事前采取措施防止被害发生，或期待审判具有影响未来的一般性效果，或运用判例承认新型权利，进而产生对立法、行政、社会舆论及运动的波及性效果。想要解决这些具有浓厚政治色彩的社会问题，人民法院必须拥有政治上的敏锐性和判断力，在立法机构、行政机关等其他政治主体不能、不愿发挥政治功能时，助推社会改革的实现，为法院赢得相应尊严和荣誉。而迈向此过程的关键一步，就是人民法院需要学会将包括政治问题原理在内的诸种可裁判性原理，作为独立的问题有意识地在司法过程中积极提出和自觉运用。

第九章　总结与展望

第一节　可裁判性原理的权力蕴含

美国联邦《宪法》第三条第一款将司法权授予联邦最高法院，但联邦宪法本身并没有对何谓司法权做出充分的界定和说明。实际上，正是因为联邦宪法对于联邦最高法院权力的范围并没有明确，因而联邦最高法院对司法权的享有和运用，是推断出来的而非明确标示的。就此而言，联邦最高法院的任何行为也肯定总是试探性的。由于可裁判性原理是联邦法院在其管辖权范围内，基于自治的目的所孕育出来的一系列规则，可以说正是可裁判性原理为联邦法院提供了一种进可以攻、退可以守的法律手段。可裁判性原理能够在不同方面形塑和影响一般意义上的联邦法院的司法权，进而树立了其在宪制秩序中的当前地位。

第一，管辖权作为司法权得以运作的程序性门槛规则，在传统意义上通常理解为一种强制性的"权力"。至少美国案例法的运作实践表明，应该将管辖权作为一种合法性的假定，在当事人没有提出"管辖权"异议之前，应该承认法院对某项事务具有权力。作为管辖权假定的司法权所面对的问题并不是非此即彼的二元选择，毋宁是一种程度上的不同。通过诉诸法律上的技术，例如，合约法和信托法中的显见代理、事后批准或者衡平法上的禁止反言规则，可以纠正法院在管辖问题上的瑕疵。在根本的意义上，"管辖权"的问题理解为最终与合法性问题相关。管辖权并非最终判决合法性的本质性组成部分，因而技术上的补救措施就都是可利用的。

关于"管辖权"的这种观念和范畴，意味着在案例法实践中管辖问题的重要性源于理性和实证法律，而不是来自形而上学。由于受到实践理性的塑造，管辖权作为一种合法性的假定，本身并不是目的。因此，作为结果的最终判决合法性，就可以被某些确定事实，或相当不同寻常的情形所否决。

第二，虽然咨询意见之禁止是联邦法院最先得到确立的一种可裁判性原理，但严格来说，咨询意见本身并非构成对司法权运用的一种消极限制，毋宁说是为司法权的运用，特别是司法审查，提供了依据，并指示了方向。一方面，联邦法院不应该应其他部门之请，通过提供建议的方式行使司法权,不应该就那些不存在当事人的抽象问题,做出一般性的陈述。换言之,联邦法院不可对那些不属于案件的问题进行裁决。另一方面,即便在案件中行使司法权,联邦法院更要防止案件的判决意见不具有最终性。联邦法院行使司法权时,应该预期其判决不能够被其他政府机构所修正或者废除,以至于最终流变、降格为一种没有约束力的咨询意见,从而让案件的最终处理权力保留在别的地方。那么,最终是什么担保了联邦最高法院的判决不至于流变、降格为没有约束力的咨询意见呢? 答案必然在于联邦法院判决的正确性。除非联邦法院能够说服它的受众相信其所做判决是正确的,否则联邦法院所说或所做的就不能够使任何事情发生。[①] 因而,咨询意见之禁止的存在提示我们,司法权更多的首先是一种说服的权力(power to persuade)。

第三,就当事人适格原理而言,其旨在处理的是对某种特定"案件"或者"争议"进行裁判时所需要的适当人选,即"谁"有资格提起一项诉讼的问题。另外,由于遵循先例原则的存在,裁判效力不可避免地具有扩张性,即联邦法院最终的判决产物,并非一种只对本案当事人有约束力的私人物品,毋宁是一种对联邦法院自身、案外大量潜在当事人都有约束力的公共物品,因而作为一种决策制定者,联邦法院如何识别出适当的当事人,关系着司法权运用的正当性。在这个意义上,当事人适格必须作为一种独立的议题呈递到联邦法院面前,当事人适格构成现代诉讼的首要问题。准确地说,有关当事人适格与否的问题,是一个程度问题,而不是一种性质上的判断。

此外,依据正当程序的基本原理,由于将当事人适格问题定位于诉讼要件存在着对被告和大量潜在当事人过低保护的风险,因而在诉讼开端,联邦法院和当事人,特别是被告,都必须积极主动地参与到有关当事人适格问题的争议之中。特别是,伴随着诉讼过程的发展、审理问题的深入,联邦法院还必须通过探究大量案外利害关系人与案件实质问题、所涉争点议题的关系,扩大利害关系人对于诉讼过程的参加(intervention),这不仅对先前提起诉讼的原告的处分权和辩论产生牵制和约束,也为联邦法院对案件实质问题、所设议题的有效裁判提供支持和帮助。

第四,作为可裁判性原理的组成部分,尽管当事人适格与时机成熟在案

[①]　联邦法院的受众范围不同,能够影响和形塑不同的司法行为。诉讼当事人、法院同事、上下级法院系统、社会公众、新闻媒体和其他政府部门,都能够在不同的情景中成为联邦法院的受众。法官寻求其他人的认可,并且对认可的兴趣会影响到他们作为法官的选择。参见[美]劳伦斯·鲍姆:《法官的裁判之道:以社会心理学视角探析》,李国庆译,北京大学出版社2014年版,第178页以下。

例法中存在着重叠关系，但这两种测试标准所关注的具体问题是不同的。概括而言，当事人适格主要关注于就某种问题提起诉讼"谁"是合适的当事人，时机成熟原理则是确定何时那种诉讼可以发生。因而，为了更好地理解当前联邦法院在案例法中的实际运作，时机成熟测试最好被理解为何时当事人可以寻求对法规或者规章进行实施前审查的问题，何时又必须拒绝审查，而将相关的案件或者争议交由相应的政府部门予以处理。

准确来说，成熟测试涉及政治责任的确定和分配。实际上，在充满各种需要、变化莫测的现代行政国家，时机成熟测试允许联邦法院在必要的时候延迟对某议题的干涉，以至于其他的政府机构，无论是联邦政府机构，还是州政府机构，可以不受阻碍地履行它们的职能，能够为政府机构提供履行职能的一个机会，即消除差异、适用特殊的问题以及允许例外。

当然，在确定是否对某种法规或者规则进行实施前审查时，时机成熟原理既要求联邦法院考虑对议题做司法裁判是否合适，也要求联邦法院考虑不予司法审查给当事人所带来的困苦。对此，联邦法院拥有自由裁量权。

第五，如果某个案件由适当的当事人提起，而且裁决案件所需要的诸种条件已经具备，时机已经成熟，那么，通常来说，联邦法院就必须就案件实质问题做出裁决。然而，在诉讼的进行过程中，后续某种事由的存在，既可能使得案件所涉及的议题变得没有审理意义和价值，如受到挑战的法律被废止或期限已过，也可能使得当事人在案件中的个人利害关系变得没有审理意义，如当事人通过和解解决了系争问题，从而可能使得先前具有可裁判性的案件不再具有进一步审理的价值。联邦法院应该如何对待这些类型的案件，便是审理无意义原理所旨在回答的问题。理解审理无意义原理的关键，也是滋生难题的地方，在于如何准确地理解和评估联邦法院在案例法实践中所孕育和适用的三种审理无意义之"例外"，即"能够反复，但规避审查"之例外、"被告自愿放弃"之例外以及"集体诉讼"之例外。

通过探究这三种审理无意义之例外得以确立条件和运作场域，我们发现存在着两种截然不同的审理无意义，即议题审理无意义和个人利害关系审理无意义，它们分别需要不同的司法对待。就确定先前具有可裁判性的案件由于诉讼过程中某种事由的发生使得案件变得没有审理意义，进而对于是否仍然具有可裁判性这个问题而言，联邦法院必须首先探究的是受到挑战的行为是否有合理复发的可能性，这个问题涉及联邦法院的任何命令是否会影响现状。这是"议题审理无意义"旨在回答的问题。

另外，如果联邦法院认为原告主张所提出的议题本身不是审理无意义的，那么，联邦法院必须接着分析原告个人利害关系是否在该议题中变得没有审理意义。如果是的话,那么案件是否仍然具有可裁判性,就受制于联邦法院的自由裁量,能够纳入联邦法院审议性考虑范围内的因素,至少应该包括以下三个方面:(1)就案件所涉实质问题及时做出裁判的迫切需要,即如果所提出的诉求影响到缺席的第三方当事人,但第三方当事人有效主张其权利存在着障碍;或者本案当事人挑战的法规或者政府行为,具有内在的时限性,如果现在不被审查,可能会存在规避审查的效果;(2)为了争取对自己有利的局面,在诉讼过程中,诉讼当事人是否积极地采取某种策略性行为操纵审理无意义之规则,从而对司法权威产生了不利影响;(3)现有司法资源有效合理的利用,即决定某个审理无意义的案件是否仍然具有审理的价值,需要在已经投入的司法资源以及仍然需要的司法资源之间做出某种评估和权衡。

可以说,审理无意义原理作为测试曾经具有可裁判性的案件是否仍然具有进一步审理价值的标准,联邦法院在案例法实践中所牢固确立的三种审理无意义原理之例外表明,个人利害关系在某个具体的案件变得没有审理意义时,联邦法院对案件所涉及议题进行裁决的权力并不当然的消失。实际上,如果某个受到挑战的法规或者政府行为的合宪性存在疑问,无论是在何种意义上,法律或者政府行为的这种持续不确定性都是一种社会成本。在这里,由联邦法院对个人利害关系变得没有审理意义的案件所涉及某种实质议题的合宪性进行司法审查就是必要的。在民主国家,法院所需要也是唯一需要考虑的是合法性。法律不是政治,政治则要服从法律。

最后,作为一种可裁判性原理的阻却事由,虽然政治问题原理和咨询意见之禁止一样,可以追溯到联邦法院的设立和运作之初。然而,面对着"政治问题不具有可裁判性"以及"所有的政治问题都能够司法化处理"的这两种相互矛盾的陈述,政治问题原理的内在复杂提示我们,要想正确地理解政治问题原理,必须对何谓政治问题原理中的"政治问题"作出清晰的概念界定。重要的是,在法律的意义上,政治议题的多中心性质,使得任何一种政治机构对政治议题解决方案的选择,都必须看作是一种不合法的界定。正是这种不合法的假定为司法对政治议题的干涉以及参与,提供了一种正当性依据。

然而,同样也是政治议题的多中心性质,使得司法对政治议题的参与必然是有限的、视情况而定的,这一方面必须在司法对政治议题的干涉,不能是强势意义上的司法审查,而应该表现为对政治议题的解决提供原则性的框架。对于多中心的政治议题,违宪的司法宣告可能侵蚀和败坏民主过程所必需的实验精神,合宪性的宣告则可能扩展到最初的适用范围之外,最终转变方向,因为原则具有自我生成的潜力。在政治议题语境中,之所以需要司法的干涉或者参与,不是因为联邦法院能够为某种政治议题寻找最终或者最佳的解决方案,而是因为司法可以为政治议题的解决树立某种依原则决定的框架。另外,司法对政治议题解决方案的选择,也应该在其他政治分支不能、不愿、不想行使自己的权力之时,而且必然是一种充满政治考量因素的原则性决定。

总之,将可裁判性设想为一个具有普遍适用性的、统一的原理体系,其危险在于掩盖了司法职能所存在的重大差异,依据各种裁判性原理的渊源和运作宗旨所存在的重大差异。任何试图洞悉并运用一个裁判性普遍模式的努力,都具有潜在的扭曲作用;此外,这种努力还有更为致命的缺陷,即它对许多因素漠不关心。实际上,绝大多数司法都是在一个充斥着形形色色政治力量的场域内行事的,这些政治力量包括立法机关、其他行政机关和官员,经过或多或少精心组织的各种政治的、社会的、经济的团体与利益阶层。然而,联邦法院诉诸可裁判性原理而形成的司法权之运用,不会过分地强大,也不会严重地令人不安。就其本身而言,可裁判性原理是重要的,因为它界定和限制了联邦法院在民主社会中的恰当角色。在这个意义上,应该将可裁判性议题作为一种独立的分析单位,在其中我们能够理解联邦法院、政府机构以及当事人之间进行互动的方式。特别是,如果法官在其管辖权范围内所做的一切都是法的话,如果可裁判性能够在这里占据一个不同的位置,那么不同的人民也将在法律中占据一个位置。应该认真对待可裁判性问题,因为它鼓励每一位公民去思考和讨论他与其他公民的关系、他与政府的关系,以及最终正义要求的这些关系应当是什么。对于每位公民,可裁判性原理因而许诺了一个法院,在那个法院里,有关他拥有什么权利的主张,将按照他的要求得到持续而认真的考虑。此乃司法树立正义的一种方式。

第二节 作为结论的讨论

正在开展以及持续开展司法体制改革的当下,我国学者对司法权的性质研究颇为青睐。事实上,如果对司法权定性不清,改革的理论准备不足,体制改革则鲜有成功者。然而不幸的是,无论是司法权"判断权"的传统坚守,还是司法权"中央事权"的现代创新,都无法满足当前司法体制改革对理论的迫切需求。实际上,当前对司法权的某种理论论述总是面临着深层次的概念困难。对司法权性质的某种概念理解,是不可避免的,本书的立意也在于此。虽然本书以司法权的性质为探究对象,然而,行文至此,本书也没有对司法权的一般性质给出一种相对清晰界定。

没有对司法权的一般性质给出界定,是因为在本书看来司法权本身具有丰富内涵。具有丰富内涵的司法权意味着,任何一种概念化界定都将对司法在现代社会中的复杂而多重作用,存在或此或彼、或多或少的忽视与误判。可以说,司法权本身并不存在一个理想化式样。对于复杂的事物,并不存在简单的解决方案,有时候对事物本身的准确理解,甚至都存在难以克服的巨大障碍。"洞察到我们对最重要事物的无知促使人倾尽全力去获取知识。若是因这些事物无法回答就回避与此相关的问题或置之不理,他就不再是哲人。关于这些问题可能得出的答案,正方与反方将始终或多或少地处于平衡状态,因此,哲学决不会超出商讨或争论的阶段,决不会达到决策的阶段,这并不会使哲学毫无用处。清楚地把握一个根本问题,要求人们理解这个问题所涉及的主题的本性。真正地知晓、全面地理解一个根本问题要好过对这一问题的盲目或无所谓,无论伴随着这种盲目或无所谓的,是否有大量外围或暂时的问题的答案的知识。"①对复杂事物的某种探究,即便在哲学的层面上是结论性的,在社会科学领域中,也必须进行进一步的讨论。

因而,有关司法权的一般性研究也应该总是讨论性的。准确来说,司法权具有强烈的制度与功能依赖,司法权及其关联的制度模式承袭着各国的历史文化和政治哲学传统。由此,所谓司法权不过是实践中的人的创造物和依靠制度体现出来的权力。司法权的这种复杂制度建构性质提示我们,司法权之本源虽然在社会,对司法权意涵的任何一种探索,都必须注意其背后的问题设定、实践语境与制度关联条件。现代意义上的司法权是国家政权建构过程中一种制度化的政治权力类型,这种制度化的司法权必须在与其他政治权力之间的相互关联中界定自身。② 司法权的这种结构性关联意味着法院必须孕育和发展某种收放自如、进退有序的知识和技术工具。在这种意义上,美国联邦法院在案例法实践中所孕育的可裁判性原理提供了一种可能回答。应该予以强调的是,与我国学者直接将"裁判权"等同于"司法权"不同,可裁判性指称一系列的测试标准,而非司法权本身,裁判权的行使仅是司法权的职能,其是否为权力本身仍然需要充分论证。

---

① 　[美]施特劳斯:《什么是政治哲学》,李世祥等译,华夏出版社 2011 年版,第 3 页。
② 　See Ilan Wurman,"The Specification Power",168 *University of Pennsylvania Law Review* 689,729−732(2020).

作为某种事项是否属于联邦法院裁判的范围,可裁判性原理提供了一系列测试标准和考量因素。通过联邦法院的发展历程可以看出,这些测试性标准和考量因素,为联邦法院提供了进可以攻、退可以守的法律技术和工具,从而树立了联邦法院的当前地位。基于树立法院自治的问题意识,本书的主要目标便在于努力尝试着对诸种可裁判性原理在美国联邦法院案例法实践中得以孕育、发展和适用过程予以客观地解释和描述,并且在可能的地方,就可裁判性原理的应然规则进行了一种批判性的检讨,并对诸种可裁判性原理如何塑造和影响一般意义上的司法权做出了初步探索:这种司法权在管辖的问题上表现为一种合法性的假定,在咨询意见的问题上表现为一种说服的权力,在当事人适格的问题上表现为一种正统化的权力,在审理无意义的问题上表现为一种审查的权力,在多中心的政治议题上表现为一种告知的司法权。当然,有关司法权丰富内涵的这种探索必然是尝试性的。实际上,任何一项理论研究,只有对相关事实的解释达到一定地步时,才可能确定事实是什么,并进而解决相关问题。

有着这种限定,考虑到我国人民法院所面对问题的错综复杂,考虑到未知事物的某种不确定预示,考虑到对任何一种可裁判性原理的准确理解和审慎评估所存在的困难,有关诸种可裁判性原理在我国语境中的可能适用问题,我们能够说的一点是必须摒弃肤浅的表面分析以及过于简单化的补救,准备在不确定的未来一段时间里,敢于进而也能够肩负起高度复杂的智识和社会责任。"我国的司法权建设肯定是一个复杂的中国式的问题,它期盼着以确定的方法形成建设方案,但它更寄希望于强大的政治意愿的产生和善政体系的形成,尤其是一个和谐的、公正的社会建设工程的实施。"[①]基于司法在现代社会治理中发挥着越来越重要的作用,理论者与实践者都应该也必须重新思考人民法院的制度能力这一前提性的问题。对于这项知识上的准备工作,应当立即予以着手,可以说是适当其时。

---

① 程春明:《司法权及其配置:理论语境、中英法式样及国际趋势》,中国法制出版社 2009 年版,第 299 页。

参考文献

一、中文文献

卞建林主编:《现代司法理念研究》,中国人民公安大学出版社 2012 年版。

曹全来:《历史、理论与实践:中国国情与司法改革》,人民法院出版社 2011 年版。

陈承堂:《政治问题理论的衰落与重构》,载《法学研究》2012 年第 5 期。

陈承堂:《可诉性理论适用的中国困境及其消解:以美国的相关经验为借鉴》,载《政治与法律》2013 年第 10 期。

陈光中、魏晓娜:《论我国司法体制的现代化改革》,载《中国法学》2015 年第 1 期。

陈杭平:《统一的正义:美国联邦上诉审及其启示》,中国法制出版社 2015 年版。

陈红梅:《消极的美德理论:比克尔的司法审查理论研究》,载《法制与社会发展》2011 年第 2 期。

陈亮:《诉讼要件抑或本案要件——美国关于原告资格定性之争及其对我国的启示》,载《清华法学》2015 年第 3 期。

陈瑞华:《司法权的性质——以刑事司法为范例的分析》,载《法学研究》2000 年第 5 期。

陈瑞华:《法院改革的中国经验》,载《政法论坛》2016 年第 4 期。

陈瑞华:《司法改革的理论反思》,载《苏州大学学报(哲学社会科学版)》2016 年第 1 期。

陈瑞华:《司法行政体制改革的初步思考》,载《中国法律评论》2017 年第 3 期。

陈瑞华:《司法体制改革导论》,法律出版社 2018 年版。

陈卫东主编:《建设公正高效权威的社会主义司法制度研究》,中国人民大学出版社 2013 年版。

陈卫东:《司法机关依法独立行使职权研究》,载《中国法学》2014 年第 2 期。

陈卫东:《诉讼爆炸与法院应对》,载《暨南学报(哲学社会科学版)》2019年第 3 期。

陈文曲、易楚:《最高人民法院巡回法庭职能定位再思考》,载《湘潭大学学报(哲学社会科学版)》2019 年第 3 期。

陈贤贵:《当事人适格问题研究》,厦门大学出版社 2013 年版。

陈晓雷:《破解司法潜规则的制度反思》,载《经济研究导刊》2019 年第 12 期。

陈有西:《变革时代的法律秩序:当代中国重大立法司法问题探讨》,法律出版社 2012 年版。

程春明:《司法权及其配置:理论语境、中英法式样及国际趋势》,中国法制出版社 2009 年版。

程竹汝:《司法改革与政治发展》,中国社会科学出版社 2001 年版。

褚宸舸、王桥波、柯德鑫:《通过司法建议的社会治理》,载《人民法治》2019 年第 4 期。

崔永乐:《司法学原理》,人民出版社 2011 年版。

杜宴林:《司法公正与同理心正义》,载《中国社会科学》2017 年第 6 期。

樊崇义:《"把握司法规律推进司法改革"系列之何为司法规律》,载《人民法治》2016 年第 6 期。

范纯:《当代日本司法制度改革评析》,载《日本学刊》2007 年第 3 期。

方乐:《最高人民法院巡回法庭的制度功能》,载《法学家》2017 年第 3 期。

方乐:《最高人民法院巡回法庭的运行机制——以审判权的内部运行为中心的考察》,载《法学》2017 年第 3 期。

方乐:《司法说理的市场结构与模式选择——从判决书的写作切入》,载《法学》2020 年第 3 期。

方斯远:《最高人民法院巡回法庭的制度建构》,载《法律科学》2015 年第 2 期。

冯晶:《支持理论下民事诉讼当事人法律意识的实证研究》,载《法学研究》2020 年第 1 期。

冯军、丁建军:《司法制度的历史样态与现代图景》,人民出版社 2011 年版。

冯彦君、张凌竹:《社会救助权的可诉性及其证成》,载《江苏社会科学》2013 年第 2 期。

傅郁林:《最高人民法院巡回法庭的职能定位与权威形成》,载《中国法律评论》2014 年第 4 期。

傅郁林:《司法权的外部边界与内部配置》,载《法制与社会发展》2016 年第 2 期。

付龙飞:《社会保障权可诉性论成》,载《郑州大学学报(哲学社会科学版)》2012 年第 1 期。

高其才:《人民法庭法官的司法过程与司法技术——全国 32 个先进人民法庭的实证分析》,载《法制与社会发展》2007 年第 2 期。

高其才:《省以下地方法院、检察院人财物统一管理改革的法律障碍》,载《苏州大学学报(哲学社会科学版)》2014 年第 1 期。

高秦伟:《中国宪制架构下的行政权与司法权关系之重构》,载《文史哲》2003 年第 1 期。

高志刚:《司法实践理性论》,上海人民出版社 2011 年版。

葛洪义:《"监督"与"制约"不能混同——兼论司法权的监督与制约的不同意义》,载《法学》2007 年第 10 期。

葛洪义:《司法权的"中国"问题》,载《法律科学》2008 年第 1 期。

葛洪义:《顶层设计与摸着石头过河:当前中国的司法改革》,载《法制与社会发展》2015 年第 2 期。

葛洪义、江秋伟:《中国地方司法权的内在逻辑》,载《南京社会科学》2017 年第 1 期。

公丕祥:《当代中国的司法改革》,法律出版社 2012 年版。

公丕祥:《当代中国能动司法的理论与实践》,法律出版社 2012 年版。

公丕祥:《社会管理创新:能动司法的新作为》,载《法律适用》2012 年第 6 期。

公丕祥:《新时代中国司法现代化的理论指南》,载《法商研究》2019 年第 1 期。

顾培东:《再论人民法院审判权运行机制的构建》,载《中国法学》2014 年第 5 期。

顾培东:《当代中国司法生态及其改善》,载《法学研究》2016 年第 2 期。

顾永忠:《最高人民法院设立巡回法庭之我见》,载《法律科学》2015 年第 2 期。

郭道晖:《权力的多元化与社会化》,载《法学研究》2001 年第 1 期。

郭研:《司法改革背景下巡回法庭制度之审视》,载《山东科技大学学报(社会科学版)》2018 年第 3 期。

郭志远:《司法体制综合配套改革:回顾、反思与完善》,载《法学杂志》

2020 年第 2 期。

龚向和:《论受教育权的可诉性及其程度》,载《河北法学》2005 年第 10 期。

龚向和:《理想与现实:基本权利可诉性程度研究》,载《法商研究》2009 年第 4 期。

何永军:《政法传统与司法理性》,中国政法大学出版社 2014 年版。

贺东航、孔繁斌:《公共政策执行的中国经验》,载《中国社会科学》2011 年第 5 期。

贺卫方:《中国司法管理制度的两个问题》,载《中国社会科学》1997 年第 6 期。

贺卫方:《司法的理念与制度》,中国政法大学出版社 1998 年版。

贺卫方:《中国的法院改革与司法独立——一个参与者的观察与反思》,载《浙江社会科学》2003 年第 2 期。

侯猛:《中国最高人民法院研究——以司法的影响力切入》,北京大学出版社 2007 年版。

侯猛:《中国的司法模式:传统与改革》,载《法商研究》2009 年第 6 期。

侯猛:《当代中国政法体制的形成及意义》,载《法学研究》2016 年第 6 期。

侯明明:《中国司法回应社会的方式、策略及其风险与出路》,载《法商研究》2020 年第 1 期。

侯欣一:《陕甘宁边区司法制度的大众化特点》,载《法学研究》2007 年第 4 期。

侯欣一:《从司法为民到人民司法——陕甘宁边区大众化司法制度研究》,中国政法大学出版社 1998 年版。

侯欣一、赵晓磊:《汉代司法程序之顺位辨正——以汉代劾制为中心的再考察》,载《南开学报(哲学社会科学版)》2018 年第 1 期。

胡光志:《论宏观调控行为的可诉性》,载《现代法学》2008 年第 2 期。

胡凌:《人民陪审员制度的多面向解释》,载苏力主编:《法律和社会科学(第二卷)》,法律出版社 2007 年版。

胡铭:《司法公信力的理性解释与建构》,载《中国社会科学》2015 年第 4 期。

胡铭:《当代中国司法制度的特色与属性》,载《中国高校社会科学》2017 年第 4 期。

胡铭、陈喆:《新时代司法体制改革走向之展望》,载《理论视野》2018 年第 6 期。

胡水君：《权利与诉讼》，载《开放时代》2001 年第 11 期。

胡水君：《迈向现代司法国家》，载《法制与社会发展》2014 年第 6 期。

黄娜：《黄环境污染诉讼案环保非政府组织当事人适格评析》，载《江苏警官学院学报》2011 年第 6 期。

黄文艺：《新时代政法改革论纲》，载《中国法学》2019 年第 4 期。

黄宗智：《中国的新型正义体系：实践与理论》，广西师范大学出版社 2020 年版。

冀祥德：《论司法权配置的两个要素》，载《中国刑事法杂志》2013 年第 4 期。

季卫东：《司法体制改革的关键》，载《东方法学》2014 年第 5 期。

季卫东：《中国的司法改革》，法律出版社 2016 年版。

季卫东：《人工智能时代的司法权之变》，载《东方法学》2018 年第 1 期。

江必新：《能动司法：依据、空间和限度——关于能动司法的若干思考和体会》，载《人民司法》2010 年第 1 期。

江必新：《良善司法的制度逻辑与理性建构》，中国法制出版社 2014 年版。

江必新：《辩证司法观及其应用》，中国法制出版社 2014 年版。

江国华：《通过审判的社会治理——法院性质再审视》，载《中州学刊》2012 年第 1 期。

江国华：《转型中国的司法价值观》，载《法学研究》2014 年第 1 期。

江国华：《司法立宪主义与中国司法改革》，载《法制与社会发展》2016 年第 1 期。

江国华：《常识与理性：走向实践主义的司法哲学》，上海三联书店 2017 年版。

江国华：《司法改革方法论》，载《湖北社会科学》2019 年第 7 期。

姜峰：《法院"案多人少"与国家治道变革——转型时期中国的政治与司法忧思》，载《政法论坛》2015 年第 3 期。

姜峰：《央地关系视角下的司法改革：动力与挑战》，载《中国法学》2016 年第 4 期。

蒋超：《变革时代的司法权威》，法律出版社 2012 年版。

蒋惠岭：《司法改革的知与行》，法律出版社 2018 年版。

蒋悟真、胡明：《预算法的可诉性理念及其司法机制构建》，载《当代法学》2012 年第 5 期。

焦泉:《关于抽象行政行为可诉性之研究》,载《江苏社会科学》2003 年第 5 期。

李栋:《通过司法限制权力:英格兰司法的成长与宪政的生成》,北京大学出版社 2011 年版。

李浩:《删而未除的"管辖错误"再审——基于 2013 年以来最高人民法院裁定书的分析》,载《法学研究》2015 年第 2 期。

李林:《坚持和完善中国特色社会主义司法制度》,载《学习与探索》2009 年第 5 期。

李林:《司法体制改革彰显中国法律制度的生机与活力》,载《北京联合大学学报(人文社会科学版)》2017 年第 4 期。

李林:《深化司法体制改革应做好顶层设计》,载《环球法律评论》2013 年第 2 期。

李璠、刁乃君:《浅析行政撤诉制度》,载《黑龙江省政法管理干部学院学报》2008 年第 5 期。

李启成:《功能视角下的传统"法"和"司法"观念解析——以祭田案件为例》,载《政法论坛》2008 年第 4 期。

李启成:《法律继受中的"制度器物化"批判——以近代中国司法制度设计思路为中心》,载《法学研究》2016 年第 2 期。

李少平:《传承"枫桥经验"创新司法改革》,载《法律适用》2018 年第 18 期。

李秀霞:《三权分离:完善司法权运行机制的途径》,载《法学》2014 年第 4 期。

李拥军:《现实困境与出路:基于陪审复兴背后的思考》,载《法学》2012 年第 4 期。

李拥军:《司法改革中的体制性冲突及其解决路径》,载《法商研究》2017 年第 2 期。

李拥军:《司法的普遍原理与中国经验》,北京大学出版社 2019 年版。

李友根:《司法裁判中政策运用的调查报告:基于含政策字样裁判文书的整理》,载《南京大学学报(哲学社会科学版)》2010 年第 1 期。

李玉萍:《巡回法庭能否破解司法地方化难题》,载《人民法治》2017 年第 12 期。

廖万春:《新"枫桥经验"语境下基层司法参与基层社会治理的因由及路径》,载《社会科学家》2019 年第 3 期。

刘风景:《"刀把子"的隐喻学解释——分析人民法院性质与职能的新进

路》，载《清华法学》2008 年第 1 期。

刘风景：《司法解释权限的界定与行使》，载《中国法学》2016 年第 3 期。

刘贵祥、胡云腾：《巡回法庭：司法改革的"排头兵"——专访最高人民法院第一、第二巡回法庭庭长》，载《中国法律评论》2015 年第 1 期。

刘瑞华：《司法权的基本特征》，载《现代法学》2003 年第 3 期。

刘思萱、李友根：《社会管理创新为何需要司法建议制度》，载《法学家》2012 年第 6 期。

刘文涛主编：《美国首席大法官》，新星出版社 2011 年版。

刘星：《司法的逻辑：实践中的方法与公正》，中国法制出版社 2015 年版。

刘治斌：《论法律原则的可诉性》，载《法商研究》2003 年第 4 期。

刘作翔：《法理学视野中的司法问题》，上海人民出版社 2003 年版。

刘作翔：《中国司法地方保护主义之批判——兼论"司法权国家化"的司法改革思路》，载《法学研究》2003 年第 1 期。

刘作翔：《关于司法权和司法体制的宪法修改意见》，载《法学》2013 年第 5 期。

卢超：《行政诉讼司法建议制度的功能衍化》，载《法学研究》2015 年第 3 期。

鲁篱、凌潇：《论法院的非司法化社会治理》，载《现代法学》2014 年第 1 期。

吕忠梅主编：《法官论司法和谐》，法律出版社 2007 年版。

马长山：《新一轮司法改革的可能与限度》，载《政法论坛》2015 年第 5 期。

毛国辉：《论宪法的可诉性》，载《政治与法律》2001 年第 4 期。

孟融：《中国法院如何通过司法裁判执行公共政策——以法院贯彻"社会主义核心价值观"的案例为分析对象》，载《法学评论》2018 年第 3 期。

缪蒂生：《当代中国司法文明与司法改革：一种实证方法的研究》，中央编译出版社 2007 年版。

聂鑫：《近代中国的司法》，商务印书馆 2019 年版。

牛保娟：《行政撤诉案件的调查与分析》，载《中州大学学报》2002 年第 1 期。

庞冠群：《司法与王权——法国绝对君主制下的高等法院》，人民出版社 2020 年版。

裴大明：《裁判方法的法理重述》，中国政法大学出版社 2016 年版。

泮伟江：《当代中国法治的分析与建构》，中国法制出版社 2017 年版。

彭小龙：《民众参与审判的案件类型学分析》，载《中国法学》2012 年第 3 期。

齐伟：《司法公共理性：司法公正的内在生成机制》，载《河北法学》2014 年第 7 期。

漆多俊：《论权力》，载《法学研究》2001 年第 1 期。

钱大军、李桂久：《以审判为中心的司法观及其实践要求——一个功能视角的考察》，载《求是学刊》2019 年第 3 期。

钱弘道、姜斌：《司法公开的价值重估——建立司法公开与司法权的关系模型》，载《政法论坛》2013 年第 4 期。

秦汉：《宪法视域下巡回法庭的"去地方化"功能》，载《政治与法律》2017 年第 3 期。

秦宗文：《中国控制死刑的博弈论分析——以最高人民法院行使死刑复核权为背景》，载《法商研究》2009 年第 1 期。

邵明：《民事诉讼法理研究》，中国人民大学出版社 2004 年版。

邵新、黄斌：《司法改革试点工作的方法论建议》，载《中国法律评论》2014 年第 6 期。

邵怿：《当代英国司法改革历程——基于权力与制度的探讨》，载《甘肃社会科学》2017 年第 5 期。

沈德咏、曹士兵、施新州：《国家治理视野下的中国司法权构建》，载《中国社会科学》2015 年第 3 期。

沈国琴：《中国传统司法的现代转型》，中国政法大学出版社 2007 年版。

石茂生：《司法权泛华及其制度矫正——以司法权运行为中心》，载《法学》2015 年第 5 期。

施新州：《司法权的属性及其社会治理功能》，载《法律适用》2014 年第 1 期。

苏力：《解释的难题：对几种法律文本解释方法的追问》，载《中国社会科学》1997 年第 4 期。

苏力：《经验地理解法官的思维和行为》，载《北方法学》2009 年第 1 期。

苏力：《关于能动司法与大调解》，载《中国法学》2010 年第 1 期。

苏力：《审判管理与社会管理——法院如何有效回应"案多人少"？》，载《中国法学》2010 年第 6 期。

苏力：《司法改革的知识需求——波斯纳〈各行其是〉中文版译序》，载《法治现代化研究》2017 年第 1 期。

孙利天：《现代性的追求和内在超越》，载《中国社会科学》2016 年第 2 期。

孙万胜：《司法权的法理之维》，法律出版社 2002 年版。

孙万胜：《司法改革的实践之悟》，人民法院出版社 2013 年版。

孙笑侠：《司法权的本质是判断权——司法权与行政权的十大区别》，载《法学》1998 年第 8 期。

孙笑侠：《公案及其背景：司法过程中民意的法社会学透视》，载《浙江社会科学》2010 年第 2 期。

孙笑侠：《公案的民意、主题与信息对称》，载《中国法学》2010 年第 3 期。

孙笑侠：《司法的特性》，法律出版社 2016 年版。

孙笑侠：《司法职业性与平民性的双重标准——兼论司法改革与司法评估的逻辑起点》，载《浙江社会科学》2019 年第 2 期。

孙笑侠：《用什么来评估司法——司法评估"法理要素"简论暨问卷调查数据展示》，载《中国法律评论》2019 年第 4 期。

谭世贵：《中国司法体制改革研究》，中国人民公安大学出版社 2013 年版。

汤维建：《"管辖错误"作为再审事由不宜删除》，载《法学家》2011 年第 6 期。

王晨光：《法律的可诉性：现代法治国家中法律的特征之一》，载《法学》1998 年第 8 期。

王孔祥：《西方回应型法对我国民事司法改革的启示》，载《江苏社会科学》2012 年第 4 期。

王雷：《基于司法公正的司法者管理激励》，法律出版社 2010 年版。

王浦劬、臧雷振编译：《治理理论与实践：经典议题研究新解》，中央编译出版社 2017 年版。

王启梁：《法律世界观紊乱时代的司法、民意和政治：以李昌奎案为中心》，载《法学家》2012 年第 3 期。

王申：《科层行政化管理下的司法独立》，载《法学》2012 年第 11 期。

王申：《法官的实践理性论》，中国政法大学出版社 2013 年版。

王圣诵、王成儒：《中国司法制度研究》，人民出版社 2006 年版。

王新红：《经济法的可诉性障碍及其克服》，载《福建论坛（人文社会科学版）》2006 年第 8 期。

王印：《历史语境与话语语境下的司法秩序重建——以巴黎高等法院

1753 年大谏净为中心的考察》，载《浙江学刊》2020 年第 3 期。

汪楫宝：《民国司法志》，商务印书馆 2013 年版。

汪习根：《在冲突与和谐之间——对司法权本性的追问》，载《法学评论》2005 年第 5 期。

汪习根主编：《司法权论——当代中国司法权运行的目标、方法与技巧》，武汉大学出版 2008 年版。

汪小棠：《问题与出路：最高人民法院巡回法庭接访职能的初步考察》，载《甘肃政法学院学报》2018 年第 3 期。

魏胜强：《法律方法视域下的人民法院改革》，载《中国法学》2014 年第 5 期。

吴洪淇：《司法改革与法律职业激励环境的变化》，载《中国法学》2019 年第 4 期。

吴英姿：《司法的公共理性：超越政治理性与技艺理性》，载《中国法学》2013 年第 3 期。

吴卫军：《司法改革原理》，中国人民公安出版社 2003 年。

武建敏：《司法理论与司法模式》，华夏出版社 2006 年版。

夏锦文：《世纪沉浮：司法独立的思想与制度变迁——以司法现代化为视角的考察》，载《政法论坛》2004 年第 1 期。

夏锦文：《当代中国的司法改革、成就、问题与出路——以人民法院为中心的分析》，载《中国法学》2010 年第 1 期。

肖北庚：《行政决策法治化的范围与立法技术》，载《河北法学》2013 年第 6 期。

肖建华：《中国民事诉讼法判解与法理一当事人问题研析》，中国法制出版社 2001 年版。

谢坚贞：《行政撤诉中存在的问题及对策》，载《法制与经济》1996 年第 5 期。

谢进杰：《基层司法改革存在的四大挑战及解决之道》，载《人民论坛》2020 年第 3 期。

谢佑平：《论以审判为中心的诉讼体制改革——以诉讼职能为视角》，载《政法论坛》2016 年第 5 期。

熊秋红：《司法改革中的方法论问题》，载《法制与社会发展》2014 年第 6 期。

许宏波：《对我国司法建议制度的反思与重构：以构建和谐社会为视角》，载《法律适用》2008 年第 1 期。

许少波:《论民事案件受理权与管辖权的统一与分开》,载《法律科学》2019 年第 3 期。

徐澜波:《宏观调控的可诉性之辨》,载《法学》2012 年第 5 期。

徐汉明:《论司法权和司法行政事务管理权的分离》,载《中国法学》2015 年第 4 期。

徐平:《论我国行政撤诉制度》,载《法学杂志》1990 年第 4 期。

徐昕:《中国司法建设三十年的成就:经验与展望》,载《政法学刊》2009 年第 2 期。

徐昕:《司法建议制度的改革与建议型司法的转型》,载《学习与探索》2011 年第 2 期。

徐昕、卢荣荣:《中国司法改革年度报告(2009)》,载《政法论坛》2010 年第 3 期。

徐昕、黄艳好、卢荣荣:《2010 年中国司法改革年度报告》,载《政法论坛》2011 年第 3 期。

徐昕、卢荣荣、黄艳好:《中国司法改革年度报告(2011)》,载《政法论坛》2012 年第 2 期。

徐昕、黄艳好、卢荣荣:《中国司法改革年度报告(2012)》,载《政法论坛》2013 年第 2 期。

徐昕、黄艳好、汪小棠:《中国司法改革年度报告(2013)》,载《政法论坛》2014 年第 2 期。

徐昕、黄艳好、汪小棠:《中国司法改革年度报告(2014)》,载《政法论坛》2015 年第 3 期。

徐昕、黄艳好、汪小棠:《中国司法改革年度报告(2015)》,载《政法论坛》2016 年第 3 期。

徐昕、黄艳好、汪小棠:《中国司法改革年度报告(2016)》,载《上海大学学报(社会科学版)》2017 年第 3 期。

徐昕、黄艳好:《中国司法改革年度报告(2017)》,载《上海大学学报(社会科学版)》2018 年第 2 期。

徐昕、黄艳好:《中国司法改革年度报告(2018)》,载《上海大学学报(社会科学版)》2019 年第 2 期。

徐昕、黄艳好:《中国司法改革年度报告(2019)》,载《上海大学学报(社会科学版)》2020 年第 3 期。

徐显明:《司法权性质研究》,山东人民出版社 1998 年版。

徐艳阳:《涉诉信访问题研究——以制度博弈为视角》,人民日报出版社

2013 年版。

徐子良:《地方法院在司法改革中的能动性思考——兼论区域司法环境软实力之提升》,载《法学》2010 年第 4 期。

薛爱昌:《当代中国的"司法"概念——基于宪法文本和政策文本的实证分析》,载《政治与法律》2018 年第 7 期。

薛波主编:《元照英美法词典》,法律出版社 2003 年版。

闫尔宝:《论作为行政诉讼法基础概念的行政行为》,载《华东政法大学学报》2015 年第 2 期。

杨清望:《司法权中央事权化:法理内涵与政法语境的混同》,载《法制与社会发展》2015 年第 1 期。

杨小敏:《晚清司法权概念考——以宪法学为视角》,载《政法论坛》2014 年第 5 期。

杨雄:《法官腐败报告:院长成腐败高发人群》,载《财经》2015 年第 5 期。

姚国建:《中央与地方双重视角下的司法权属性》,载《法学评论》2016 年第 5 期。

于浩:《推陈出新:"枫桥经验"之于中国基层司法治理的意义》,载《法学论坛》2019 年第 4 期。

于立深:《审判中心视角下的行政诉讼制度构造》,载《法学论坛》2020 年第 3 期。

詹建红:《论环境公益诉讼形态的类型化演进》,载《河北法学》2006 年第 8 期

张文显主编:《法理学》,法律出版社 1997 年。

张文显:《人民法院司法改革的基本理论与实践进程》,载《法制与社会发展》2009 年第 3 期。

张文显:《司法理念与司法改革》,法律出版社 2011 年版。

张文显:《司法改革的政治定性》,载《法制与社会发展》2014 年第 6 期。

张卫平:《起诉条件与实体判决要件》,载《法学研究》2004 年第 6 期。

张卫平:《民事诉讼:关键词展开》,中国人民大学出版社 2005 年版。

张卫平:《民事诉讼:回到原点的思考》,北京大学出版社 2005 年版。

张五常:《科学说需求》,中信出版社 2010 年版。

张五常:《收入与成本》,中信出版社 2011 年版。

张友连:《论最高人民法院公共政策创制的形式及选择》,载《法律科学》2010 年第 1 期。

张志铭:《法理思考的印迹》,中国政法大学出版社 2003 年版。

章武生:《论群体性纠纷的解决机制:美国集团诉讼的分析和借鉴》,载《中国法学》2007 年第 3 期。

章武生等:《司法公正的路径选择:从体制到程序》,中国法制出版社 2010 年版。

周安平:《涉诉舆论的面相与本相:十大经典案例分析》,载《中国法学》2011 年第 1 期。

周永坤:《司法权的性质与司法改革战略》,载《金陵法律评论》2003 年第 1 期。

周永坤:《司法的地方化、行政化与规范化——论司法改革的整体规范化进路》,载《苏州大学学报(哲学社会科学版)》2014 年第 6 期。

周永坤:《"韦伯命题"之争及其启示》,载《法律科学》2020 年第 2 期。

朱景文:《中国诉讼分流的数据分析》,载《中国社会科学》2008 年第 3 期。

朱景文:《人们如何评价司法?——法治评估中司法指标的分析》,载《中国应用法学》2017 年第 1 期。

朱景文:《司法满意度的社会评价——以 2015—2017 年法治评估数据为基础》,载《中国应用法学》2018 年第 3 期。

赵万一、张长健:《后立法时代的中国公司法可诉性》,载《北方法学》2014 年第 1 期。

郑建勋:《抽象行政行为的可诉性》,载《西南民族大学学报(哲学社会科学版)》1998 年第 1 期。

郑贤君:《论公民受教育权的宪法属性:兼议社会权利的宪法地位》,载《中国教育法制评论》2003 年第 2 辑。

郑智航:《司法建议制度设计的认识偏差及校正:以法院参与社会管理创新为背景》,载《法学》2015 年第 2 期。

郑智航:《法院如何参与社会管理创新——以法院司法建议为分析对象》,载《法商研究》2017 年第 2 期。

纵博:《最高人民法院巡回法庭的设立背景、功能与设计构想》,载《法律科学》2015 年第 2 期。

邹碧华:《要件审判九步法》,法律出版社 2010 年版。

左卫民:《法院制度功能之比较研究》,载《现代法学》2001 年第 1 期。

左卫民:《在权利话语与权力技术之间——中国司法的新思考》,法律出版社 2002 年版。

左卫民:《中国法院院长角色的实证研究》,载《中国法学》2014 年第 1 期。

左卫民:《审判委员会运行状况的实证研究》,载《法学研究》2016 年第 3 期。

左卫民:《审判如何成为中心:误区与正道》,载《法学》2016 年第 6 期。

左卫民:《"诉讼爆炸"的中国应对——基于 W 区法院近三十年审判实践的实证分析》,载《中国法学》2018 年第 4 期。

二、翻译文献

[奥]恩斯特·马赫:《认识与谬误》,洪佩郁译,译林出版社 2011 年版。

[德]黑格尔:《法哲学原理》,范扬、张企泰译,商务印书馆 1961 年版。

[德]卡尔·拉伦茨:《法学方法论》,陈爱娥译,商务印书馆 2004 年版。

[德]尼古拉斯·卢曼:《风险社会学》,孙一洲译,广西人民出版社 2020 年版。

[德]卡尔·施米特:《政治的概念》,刘宗坤等译,上海人民出版社 2004 年版。

[德]杨-维尔纳·米勒:《什么是民粹主义?》,钱静远译,译林出版社 2020 年版。

[德]K.茨威格特、H.克茨:《比较法总论》,潘汉典等译,法律出版社 2003 年版。

[法]弗朗索瓦·拉伯雷:《巨人传》,陈筱卿译,吉林出版集团有限责任公司 2010 年版。

[法]孟德斯鸠:《论法的精神(上卷)》,许明龙译,商务印书馆 2012 年版。

[法]埃米尔·涂尔干:《社会分工论》,渠东译,生活·读书·新知三联书店 2000 年版。

[法]托克维尔:《论美国的民主》上卷,董果良译,商务印书馆 1988 年版。

[法]阿列克西·托克维尔:《论美国的民主》,曹冬雪译,译林出版社 2012 年版。

[荷]勒内·J.G.H.西尔登、弗里茨·斯特罗因克:《欧美比较行政法》,伏创宇等译,中国人民大学出版社 2013 年版。

[古希腊]柏拉图:《理想国》,郭斌和、张竹明译,商务印书馆 1986 年版。

[美]布鲁斯·阿克曼:《我们人民:奠基》,汪庆华译,中国政法大学出版

社 2013 年版。

［美］阿希尔·里德·阿马：《宪法与刑事诉讼：基本原理》，房保国译，中国政法大学出版社 2006 年版。

［美］阿纳斯塔普罗：《美国 1787 年〈宪法〉讲疏》，赵雪纲译，华夏出版社 2012 年版。

［美］约翰·埃格里斯托：《最高法院与立宪民主》，钱锦宇译，中国政法大学出版社 2012 年版。

［美］劳伦斯·鲍姆：《法官的裁判之道：以社会心理学视角探析》，李国庆译，北京大学出版社 2014 年版。

［美］小卢卡斯·A. 鲍威：《沃伦法院与美国政治》，欧树军译，中国政法大学出版社 2005 年。

［美］亚历山大·M. 比克尔：《最小危险部门：政治法庭上的最高法院》，姚中秋译，北京大学出版社 2007 年版。

［美］理查德·A. 波斯纳：《法理学问题》，苏力译，中国政法大学出版社 1994 年版。

［美］理查德·A. 波斯纳：《联邦法院：挑战与改革》，邓海平译，中国政法大学出版社 2002 年版。

［美］理查德·波斯纳：《法官如何思考》，苏力译，北京大学出版社 2009 年版。

［美］理查德·波斯纳：《波斯纳法官司法反思录》，苏力译，北京大学出版社 2014 年版。

［美］唐·布莱克：《社会学视野中的司法》，郭星华译，法律出版社 2002 年版。

［美］米尔伊安·R. 达玛什卡：《司法与国家权力的多种面孔：比较视野中的法律程序》，郑戈译，中国政法大学出版社 2015 年版。

［美］欧文·费斯：《如法所能》，师帅译，中国政法大学出版社 2008 年版。

［美］劳伦斯·M. 弗里德曼：《美国法律史》，苏彦新等译，中国社会科学出版社 2007 年版。

［美］查尔斯·弗瑞德：《何谓法律：美国最高法院中的宪法》，胡敏洁等译，北京大学出版社 2008 年版。

［美］亚历山大·汉密尔顿、詹姆斯·麦迪逊、约翰·杰伊：《联邦论》，谢叔斐译，吉林出版集团有限责任公司 2012 年版。

［美］A. J. 赫舍尔：《人是谁》，隗仁莲、安希孟译，贵州人民出版社 2009

年版。

[美]本杰明·卡多佐:《司法过程的性质》,苏力译,商务印书馆 1998年版。

[美]盖多·卡拉布雷西:《制定法时代的普通法》,周林刚等译,北京大学出版社 2006 年版。

[美]丹尼尔·卡尼曼:《思考,快与慢》,胡晓姣等译,中信出版社 2012年版。

[美]弗兰克·M.柯芬:《美国上诉程序——法庭·代理·裁判》,傅郁林译,中国政法大学出版社 2009 年版。

[美]安东尼·T.克罗曼:《迷失的律师:法律职业理想的衰落》,田凤常译,法律出版社 2012 年版。

[美]弗兰克·克罗斯:《美国联邦上诉法院的裁判之道》,曹斐译,北京大学出版社 2011 年版。

[美]邓肯·肯尼迪:《判决的批判:写在世纪之末》,王家国译,法律出版社 2012 年版。

[美]卡尔·M.卢埃林:《普通法传统》,陈续刚等译,中国政法大学出版社 2002 年版。

[美]彼得·G.伦斯特洛姆编:《美国法律词典》,贺卫方等译,中国政法大学出版社 1998 年版。

[美]约翰·罗尔斯:《正义论》,何怀宏等译,中国社会科学出版社 1988年版。

[美]约翰·罗尔斯:《政治自由主义》,万俊人译,译林出版社 2011年版。

[美]罗伯特·麦克洛斯基:《美国最高法院》,桑德福·列文森增订,任东来等译,中国政法大学出版社 2005 年版。

[美]路易斯·梅南:《形而上学俱乐部:美国思想的故事》,舍其译,上海译文出版社 2020 年版。

[美]罗伯特·诺齐克:《合理性的本质》,葛四友、陈昉译,上海译文出版社 2012 年版。

[美]H.W.佩里:《择案而审:美国最高法院案件受理议程表的形成》,傅郁林等译,中国政法大学出版社 2010 年版。

[美]希拉里·普特南:《事实与价值两分法的崩溃》,应奇译,东方出版社 2006 年版。

[美]路易斯·迈克尔·塞德曼:《未定案的宪法:宪制主义和司法审查

的新辩护》，杨智杰译，中国政法大学出版社 2014 年版。

〔美〕凯斯·R. 桑斯坦：《就事论事：美国最高法院的司法最低限度主义》，泮伟江、周武译，北京大学出版社 2007 年版。

〔美〕施特劳斯：《什么是政治哲学》，李世祥等译，华夏出版社 2011 年版。

〔美〕伯纳德·施瓦茨：《行政法》，徐炳译，群众出版社 1986 年版。

〔美〕约瑟夫·斯托里：《美国宪法评注》，毛国权译，上海三联书店 2006 年版。

〔美〕小詹姆斯·R. 斯托纳：《普通法与自由主义理论：柯克、霍布斯及美国宪政主义之诸源头》，姚中秋译，北京大学出版社 2005 年版。

〔美〕马克·图什内特：《让宪法远离法院》，杨智杰译，法律出版社 2009 年版。

〔美〕马克·图什内特编著：《反对有理：美国最高法院历史上的著名异议》，胡晓进译，山东人民出版社 2010 年版。

〔美〕基斯·威廷顿：《司法至上的政治基础：美国历史上的总统、最高法院及宪政领导权》，牛悦译，北京大学出版社 2010 年版。

〔美〕克里斯多弗·沃尔夫：《司法能动主义：自由的保障还是安全的威胁》，黄金荣译，中国政法大学出版社 2004 年版。

〔美〕肯尼思·F. 沃伦：《政治体制中的行政法（第三版）》，王丛虎等译，中国人民大学出版社 2005 年版。

〔美〕阿德里安·沃缪勒：《不确定性状态下的裁判：法律解释的制度理论》，梁迎修、孟庆友译，北京大学出版社 2011 年版。

〔美〕杰弗瑞·A. 西格尔、哈罗德·J. 斯皮斯、莎拉·C. 蓓娜莎：《美国司法体系中的最高法院》，刘哲玮、杨微波译，北京大学出版社 2011 年版。

〔美〕杰弗瑞·A. 西格尔、哈罗德·J. 斯皮斯：《正义背后的意识形态：最高法院与态度模型》，刘哲玮译，北京大学出版社 2012 年版。

〔美〕马丁·夏皮罗：《法院：比较法上和政治学上的分析》，张生、李彤译，中国政法大学出版社 2005 年版。

〔美〕亨利·J. 亚伯拉罕：《法官与总统——一部任命最高法院法官的政治史》，刘泰星译，商务印书馆 1990 年版。

〔美〕亨利·J. 亚伯拉罕：《司法的过程（第七版）》，泮伟江等译，北京大学出版社 2009 年版。

〔日〕高桥宏志：《民事诉讼法：制度与理论的深层次分析》，林剑锋译，法律出版社 2003 年版。

〔日〕谷口安平：《程序的正义与诉讼（增补本）》，王亚新、刘荣军译，中国政法大学出版社 2002 年版。

〔日〕棚濑孝雄：《纠纷的解决与审判制度》，王亚新译，中国政法大学出版社 2004 年版

〔日〕新堂幸司：《新民事诉讼法》，林剑锋译，法律出版社 2008 年。

〔日〕中村英郎：《新民事诉讼法讲义》，陈刚等译，法律出版社 2001 年版。

〔以〕巴拉克：《民主国家的法官》，毕洪海译，法律出版社 2011 年版。

〔意〕莫诺·卡佩莱蒂：《比较法视野中的司法程序》，徐昕、王奕译，清华大学出版社 2005 年版。

〔意〕尼科洛·马基雅维里：《论李维》，冯克利译，上海人民出版社 2012 年版。

〔英〕斯蒂芬·奥斯本：《新公共治理？公共治理理论和实践方面的新观察》，包国宪等译，科学出版社 2016 年版。

〔英〕理查德·贝拉米：《政治宪制主义：民主合宪性的一种共和主义辩护》，田飞龙译，法律出版社 2014 年版。

〔英〕肯尼斯·E.博尔丁：《权力的三张面孔》，张岩译，经济科学出版社 2012 年版。

〔英〕迈克尔·博兰尼：《自由的逻辑》，冯银江、李雪茹译，吉林人民出版社 2002 年版。

〔英〕波普尔：《科学发现的逻辑》，查汝强、邱仁宗译，中国美术学院出版社 2008 年版。

〔英〕杰拉尔德·汉隆：《律师、国家与市场：职业主义再探》，程朝阳译，北京大学出版社 2009 年版。

〔英〕理查德·麦尔文·黑尔：《道德语言》，万俊人译，商务印书馆 1999 年版。

〔英〕亚当·汤姆金斯：《我们的共和宪法》，翟小波、翟涛译，法律出版社 2016 年版。

〔英〕休谟：《休谟政治论文选》，张若衡译，商务印书馆 2010 年版。

三、外文文献

Lee A. Albert, "Standing to Challenge Administrative Action: An Inadequate Surorgate for Claim for Relief", 83 *Yale Law Journal* 425 (1974).

Lee A. Albert, "Justiciability and Theories of Judicial Review: A Remote Relationship", 50 *California Law Review* 1139 (1977).

Robert Anderson and Alexander M. Tahk, "Institutions and Equilibrium in the United States Supreme Court", 101 *American Political Science Review* 811 (2007).

Susan Bandes, "The Idea of a Case", 42 *Stanford Law Review* 227 (1990).

Rachel E. Barkow, "More Supreme than Court—The Fall of the Political Question Doctrine and the Rise of Judicial Supremacy", 102 *Columbia Law Review* 237 (2002).

Charles L. Barzun, "The Positive U-Turn", 69 *Stanford Law Review* 1323 (2017).

William Baude & Stephen E. Sachs, "The Law of Interpretation", 130 *Harvard Law Review* 1079 (2017).

Lawrence Baum, *The Puzzle of Judicial Behavior*, AnnArbor: University of Michigan Press, 1997.

Derrick A. Bell, Jr., "Serving Two Masters: Integration Ideals and Client Interests in School Desegregation Litigation", 85 *Yale Law Journal* 470 (1976).

Anthony J. Bellia, Jr., "Article Ⅲ and the Cause of Action", 89 *Iowa Law Review* 777 (2004).

Peter Bozzo, Shimmy Edwards, and April A. Christine, "Many Voices, One Court: The Origin and Role of Dissentin the Supreme Court", 36 *Journal of Supreme Court History* 193 (2011).

Lea Brilmayer, "The Jurisprudence of Article Ⅲ: Perspectives on the 'Case Or Controversy' Requirement", 93 *Harvard Law Review* 297 (1979).

Steven G. Calabresi, Mark E. Berghausen and Skylar Albertson, "The Rise and Fall of the Separation of powers", 106 *Northwestern University Law Review* 527(2012).

Maureen Carroll, "Aggregation for Me, but Not for Thee: The Rise of Common Claims in Non-Class Litigation", 36 *Cardozo Law Review* 2017 (2015).

William R. Casto, "The Early Supreme Court Justices' Most Significant Opinion", 29 *Ohio Northern University Law Review* 173 (2002).

Abram Chayes, "The Role of the Judge in Public Law Litigation", 89 *Harvard Law Review* 1281(1976).

Abram Chayes, "How Does the Constitution Establish Justice", 101 *Harvard Law Review* 1026 (1981).

Erwin Chemerinsky, "A Unified Approach to Justiciability", 22 *Connecticut Law Review* 677(1990).

Erwin Chemerinsky, "Bush v. Gore Was Not Justiticiable", 76 *Norte Dame Law Review* 1073 (2001).

Erwin Chemerinsky, *Federal Jurisdiction* (6th ed.), New York: Wolters Kluwer Law & Business,2012.

Jesse H. Choper, "The Political Question Doctrine: Suggested Criteria", 54 *Duke Law Journal* 1457 (2005).

Laurence Claus, "The One Court that Congress Cannot Take Away: Singularity, Supremacy, and Article Ⅲ", 96 *Georgetown Law Journal* 59 (2007).

Meir Dan-Cohen, "Bureaucratic Organizations and the Theory of Adjudication", 85 *Columbia Law Review* 1(1985).

Edward S. Corwin, *The Doctrine of Judicial Review*, Princeton: Princeton University Press,1914.

Kevin A. Coyle, "Standing of Third Parties to Challenge Administrative Agency Actions", 76 *California Law Review* 1061 (1988).

Barbara B. Crabb, "Bridging the Divide between Congress and the Courts", 871 *Wisconsin Law Review* (2012).

Kimberle Crenshaw & Gary Peller, "The Contradiction of Mainstream Constitutional Theory", 45 *UCLA Law Review* 1683 (1998).

David P. Currie, "The Supreme Court and Federal Jurisdiction: 1975 Term", 183 *Supreme Court Review* (1976).

Charles P. Curtis, "A Modern Supreme Court in a Modern World", 4 *Vanderbilt Law Review* 427 (1951).

Barry Cushman, "Court-Packing and Compromise", 29 *Constitutional Commentary* 1 (2013).

Barry Cushman, "The Judicial Reforms of 1937", 61 *William & Mary Law Review* 995 (2020).

Hanoch Dagan, "The Real Legacy of American Legal Realism", 38

Oxford Journal of Legal Studies 123 (2018).

R. A. Dale, "Decision-making in a Democracy: The Supreme Court As National Policy-Maker", 6 *Journal of Public Law* 279 (1957).

Kenneth Culp Davis, "Ripeness of Governmental Action for Judicial Review", 68 *Harvard Law Review* 1122 (1955).

Kenneth Culp Davis, "The Liberalized Law of Standing", 37 *University of Chicago Law Review* 450 (1970).

Kenneth C. Davis, "Discretionary Justice", 23 *Journal of Legal Education* 56(1970).

Jan G. Deutsch, "Precedent and Adjudication", 83 *Yale law Journal* 1553(1974).

an G. Deutsch, "Neutrality, Legitimacy, and the Supreme Court: Some Intersections Between Law and Political Science", 20 *Stanford Law Review* 169 (1968).

Sidney A. Diamond, "Federal Jurisdiction to Decide Moot Cases", 94 *University of Pennsylvania Law Review* 125 (1946).

Jeffrey C. Dobbins, "The Inherent and Supervisory Power", 54 *Georgia Law Review* 411 (2020).

Michael C. Dorf, "Dicta and Article Ⅲ", 142 *University of Pennsylvania Law Review* 1997 (1998).

David M. Driesen, "Standing for Nothing: The Paradox of Demanding Concrete Context for Formalist Adjudication", 89 *Cornell Law Review* 808 (2004).

Ronald Dworkin, "The Forum of Principle", 56 *New York University Law Review* 469 (1981).

Frank H. Easterbrook, "Discovery as Abuse", 69 *Boston University Law Review* 635(1989).

Richard Ekins, "Interpretive Choice in Statutory Interpretation", 59 *American Journal of Jurisprudence* 1 (2014).

John Hart Ely, *Democracy and Distrust: A Theory of Judicial Review*, Cambridge, Mass: Harvard University Press, 1980.

Matthew Eric Kane Hall, *The Nature of Supreme Court Power*, Cambridge: Cambridge University Press, 2011.

Richard H. Fallon, Jr., *The Dynamic Constitution: An Introduction to*

American Constitutional Law，Cambridge：Cambridge University Press，2004.

Richard H. Fallon, Jr. ，"The Linkage Between Justiciability and Remedies—and Their Connections to Substantive Rights"，92 *Virginia Law Review* 633 (2006).

Richard Fallon, Jr. ，"Judicially Manageable Standards and Constitutional Meaning"，119 *Harvard Law Review* 1274 (2006).

Richard H. Fallon, Jr. ，"The Fragmentation of Standing"，93 *Texas Law Review* 1061 (2015).

Richard H. Fallon，Daniel J. Meltzer & David L. Shapiro，*Hart & Wechsler's Federal Jurisdiction* (4th ed.)，Brooklyn：Foundation Press，1996.

Ward Farnsworth，"Ambiguity about Ambiguity：An Empirical Inquiry into Legal Interpretation"，2 *Journal of Legal Analysis* 257 (2010).

William A. Fletcher，"The Discretionary Constitution Institutional Remedies and Judicial Legitimacy"，91 *Yale Law Journal* 635 (1982).

Oliver P. Field，"The Doctrine of Political Questions in the Federal Courts"，8 *Minnesota Law Review* 485 (1924).

Oliver P. Field，"The Advisory Opinion—An Analysis"，24 *Indiana Law Journal* 203，210 (1949).

Maurice Finkelstein，"Judicial Self-Limitation"，37 *Harvard Law Review* 338 (1924).

Joshua B. Fischman，"Politics and Authority in the U. S. Supreme Court"，104 *Cornell Law Review* 1513 (2020).

Owen M. Fiss，"The Supreme Court，1978 Term-Foreword：The Forms of Justice"，93 *Harvard Law Review* 1(1979).

Felix Frankfurter，"A Note on Advisory Opinions"，37 *Harvard Law Review* 1002(1924).

Barry Friedman，"The Politics of Judicial Review"，84 *Texas Law Review* 257 (2005).

Barry Friedman and Erin F. Delaney，"Becoming Supreme：The Federal Foundation of Judicial Supreme"，111 *Columbia Law Review* 1137 (2011).

Lon L. Fuller，"The Forms and Limits of Adjudication"，92 *Harvard Law Review* 353(1978).

James L. Gibson, "Challenges to the Impartiality of State Supreme Courts Legitimacy: Theory and 'New-Style' Judicial Campaigns", 102 *American Political Science Review* 59 (2008).

Abbe R. Gluck &. Richard A. Posner, "Statutory Interpretation on the Bench A Survey of Forty-Two Judges on the Federal Courts of Appeals", 131 *Harvard Law Review* 1298 (2018).

Mark A. Graber, "Resolving Political Question into Judicial Questions: Tocqueville's Thesis Revisited", 21 *Constitutional Commentary* 485 (2004).

Mark A. Graber, "Constructing Judicial Review", 8 *Annual Review of Political Science* 425 (2005).

Richard K. Greenstein, "Bridging the Mootness Gap in Federal Court Class Actions", 35 *Stanford Law Review* 897 (1983).

Tara Leigh Grove, "Article Ⅲ in the Political Branches", 90 *Notre Dame Law Review* 1835 (2015).

Lani Guinier, "The Supreme Court, 2007 Term-Foreword: Demosprudence through Dissent", 122 *Harvard Law Review* 6 (2008).

Philip Hamburger, "A Tale of Two Paradigms: Judicial Review and Judicial Duty", 78 *George Washington Law Review* 1162 (2010).

Hamilton, Madison and Jay, *The Federalist Papers*, introduction and noted by Charles R. Kesler, New York: New American Library, 1961.

Robert Jennings Harris, *Judicial Power of the United States*, Louisiana: Louisiana State University Press, 1940.

John Harrison, "The Relation Between Limitations on and Requirement of Article Ⅲ Adjudication", 95 *California Law Review* 1367 (2007).

Henry M. Hart, Jr. , "The Supreme Court, 2003 Term-Foreword: The Time Chart of the Justices", 73 *Harvard Law Review* 84 (1959).

Henry M. Hart, Jr. and Herbert Wechsler, *The Federal Courts and the Federal System*, Westbury, New York: Foundation, 1953.

H. Hart and A. Sacks, *The Legal Process: Basic Problems in the Making and Application of Law*, William N. Eskridge, Jr. and Philip P. Frickey (ed.), Westbury, New York: Foundation, 1994.

Arthur D. Hellman, "Jumboism and Jurisprudence: The Theory and Practice of Precedent in the Large Appellate Court", 56 *University of Chicago Law Review* 541 (1989).

Louis Henkin, "Is There a 'Political Question' Doctrine", 85 *Yale Law Journal* 597 (1976).

Helen Hershkoff, "State Courts and the 'PassiveVirtues': Rethinking the Judicial Function", 114 *Harvard Law Review* 1833 (2001).

F. Andrew Hessick, "Standing, Injury in Fact, and Private Rights", 93 *Cornell Law Review* 275 (2008).

F. Andrew Hessick, "Cases, Controversies, and Diversity", 109 *Northwestern University Law Review* 57 (2015).

Oliver Wendell Holmes, *Collected Legal Papers*, New York: Harcourt, Brace and Howe, 1920.

Bert I. Huang, "Judicial Credibility", 61 *William & Mary Law Review* 1053 (2020).

Louis L. Jaffe, "Standing to Secure Judicial Review: Public Actions", 74 *Harvard Law Review* 1265 (1961).

Louis L. Jaffe, "The Editorial Responsibility of the Broadcaster: Reflections on Fairnessand Access", 85 *Harvard Law Review* 768 (1972).

Louis Kaplow, "Information and the Aim of Adjudication: Truth or Consequences", 67 *Stanford Law Review* 1303 (2015).

Don B. Kates, Jr. and William T. Barker, "Mootness in Judicial Proceedings: Toward a Coherent Theory", 62 *California Law Review* 1385 (1974).

Neal Kumar Katyal & Thomas P. Schmidt, "Active Avoidance: The Modern Supreme Court and Legal Change", 128 *Harvard Law Review* 2109 (2015).

Larry D. Kramer, *The People Themselves: Popular Constitutionalism and Judicial Review*, Oxford University Press, 2004.

Dimitrios Kyritsis, "The Persistent Significance of Jurisdiction", 25 *Ratio Juris* 343 (2012).

Samuel Krislov, "The Amicus Curiae Brief-From Friendship to Advocacy", 72 *Yale Law Journal* 694(1963).

William M. Landes & Richard A. Posner, "The Economics of Anticipatory Adjudication", 23 *Journal of Legal Studies* 683 (1994).

Benjamin E. Lauderdale and Tom S. Clark, "The Supreme Court's Many Median Justices", 106 *American Political Science Review* 847 (2012).

Gary Lawson, *Federal Administrative Law*, St. Paul, Minn. : West Group, 1998.

Evan Tsen Lee, "Deconstitutionalizing Justiciability: The Example of Mootness", 105 *Harvard Law Review* 603 (1992).

Ralph Lerner, "The Supreme Court as a Republican Schoolmaster", 1967 *Supreme Court Review* 127.

Richard L. Lippke, "The Presumption of Innocence in the Trial Setting", 28 *Ratio Juris* 159 (2015).

Jules Lobel, "Courts as Forums for Protest", 52 *UCLA Law Review* 477 (2005).

David S. Louk, "The Audiences of Statutes", 105 *Cornell Law Review* 137 (2020).

Hamilton, Madison and Jay, *The Federalist Papers*, introduction and noted by Charles R. Kesler, New York: New American Library, 1961.

Gerard E. Lynch, "Complexity, Judgment, and Restraint", 95 *NYU Law Review* 621 (2020).

Matthew I. Hall, "The Partially Prudential Doctrine of Mootness", 77 *George Washington Law Review* 562 (2009).

Robert Jennings Harris, *Judicial Power of the United States*, Louisiana: Louisiana State University Press, 1940.

Elizabeth Magill, "Standing for the Public: A Lost History", 95 *Virginia Law Review* 1131 (2009).

John F. Manning, "Separation of Partiesas Ordinary Interpretation", 124 *Harvard Law Review* 1941 (2011).

Maeva Marcus & Robert Teir, "Haybum's Case: A Misinterpretation of Precedent", 527 *Wisconsin Law Review* (1988).

Wayne McCormack, "The Justiciability Myth and the Concept of Law", 14 *Hastings Constitutional Law Quarterly* 595 (1987).

Daniel J. Meltzer, "Deterring Constitutional Violations by Law Enforcement Officials: Plaintiffs and Defendants as Private Attorneys General", 88 *Columbia Law Review* 247 (1988).

Peter S. Menell and Ryan Vacca, "Revisiting and Confronting the Federal Judiciary Capacity 'Crisis': Charting a Path for Federal Judiciary Reform", 108 *California Law Review* 789 (2020).

Thomas W. Merrill, "The Constitutional Principle of Separation of Powers", 1991 *Supreme Court Review* 225.

Thomas W. Merrill, "A Modest Proposal for a Political Court", 17 *Harvard Journal of Law and Public Policy* 137 (1994).

Abner J. Mikva, "How Well Does Congress Support and Defend the Constitution", 61 *North Carolina Law Review* 587 (1983).

Arthur Selwyn Miller, "Toward a Concept of Constitutional Duty", 1968 *Supreme Court Review* 199.

Mark C. Miller, "When Congress Attacks the Federal Courts", 56 *Case Western Reserve Law Review* 1015(2006).

J. Peter Mulhern, "In Defense of the Political Question Doctrine", 137 *University of Pennsylvania Law Review* 97 (1988).

Robert F. Nagel, "Political Law, Legalistic Politics: A Recent History of the Political Question Doctrine", 56 *University of Chicago Law Review* 643 (1989).

Gene R. Nichol, Jr. , "Ripeness and the Constitution", 54 *University of Chicago Law Review* 153 (1987).

D. Mendonca, "Presumptions", 11 *Ratio Juris* 399 (1998).

Henry P. Monaghan, "Constitutional Adjudication: The Who and When", 82 *Yale Law Journal* 1363 (1973).

E. Morgan, "Some Observations Concerning Presumptions", 44 *Harvard Law Review* 906(1931).

Jackson A. Myers, "Transatlantic Perspectives on the Political Question Doctrine", 106 *Virginia Law Review* 1007 (2020).

Richard A. Nagareda, "Embedded Aggregation in Civil Litigation", 95 *Cornell Law Review* 1105 (2010).

Phil Neal, "Baker v. Carr: Politics in Search of Law", 1962 *Supreme Court Review* 252.

Note, "The First Amendment Over-breadth Doctrine", 83 *Harvard Law Review* 844 (1970).

Note, "Mootness on Appeal in the Supreme Court", 83 *Harvard Law Review* 1672 (1970).

Note, "Reappointment", 79 *Harvard Law Review* 1266 (1966).

Note, "Advisory Opinions and the Influence of the Supreme Court over American Policymaking",124 *Harvard Law Review* 2064 (2011).

Chad M. Oldfather, "Defining Judicial Inactivism: Models of Adjudication and the Duty to Decide",94 *Georgetown Law Journal* 121 (2005).

Kellis E. Parker & Robin Stone, "Standing and Public Law Remedies",78 *Columbia Law Review* 771 (1978).

Dennis Patterson, "Theoretical Disagreement, Legal Positivism, and Interpretation",31 *Ratio Juris* 260 (2018).

Adam Perry, "The Internal Aspect of Social Rules",35 *Oxford Journal of Legal Studies* 283 (2015).

Jonathan D. Persky, "'Ghosts that Slay': A Contemporary Look at State Advisory Opinions",37 *Connecticut Law Review* 1155 (2005).

Christopher J. Peters, "Adjudication as Representation",97 *Columbia Law Review* 312(1997).

James E. Pfander, "Article I Tribunals, Article III Courts, and the Judicial Power of the United States", 118 *Harvard Law Review* 643 (2004).

Richard H. Pildes, "The Supreme Court, 2003 Term-Foreword: The Constitutionalization of Democratic Politics",118 *Harvard Law Review* 29 (2004).

Louis H. Pollak, "The Supreme Court and the States: Reflections on Boynton v. Virginia",49 *California Law Review* 15 (1961).

David E. Pozen, "Self-Help and the Separation of Powers",124 *Yale Law Journal* 2 (2011).

William H. Pryor Jr. ,"The Great Writ and Federal Courts",95 *Notre Dame Law Review* 1835 (2020).

Robert J. Pushaw,Jr. ,"Article III's Case/Controversy Distinction and the Dual Functions of Federal Courts",69 *Notre Dame Law Review* 447 (1994).

Robert J. Pushaw, Jr. , "Justiciability and Separation of Powers: A Neo-FederalistApproach",81 *Cornell Law Review* 393 (1996).

Robert J. Pushaw, Jr. , "Why the Supreme Court Never Gets Any 'Dear John'Letters: Advisory Opinions in Historical Perspective", 87 *Georgetown Law Journal* 473 (1998).

Martin H. Redish,"Judicial Review and the 'Political Question'",79

Northwestern University Law Review 1031 (1985).

Martin H. Redish, "The Passive Virtues, the Counter-Majoritarian Principle, and the Judicial-Political Model of Constitutional Adjudication", 22 *Connecticut Law Review* 647 (1990).

Martin H. Redish, *The Constitution as Political Structure*, Oxford: Oxford University Press, 1995.

Martin H. Redish, "Pleading, Discovery, and the Federal Rules: Exploring the Foundations of Modern Procedure", 64 *Flarida Law Review* 845 (2012).

Martin H. Redish & Nathan D. Larsen, "Class Actions, Litigant Autonomy, and the Foundations of Procedural Due Process", 95 *California Law Review* 1573 (2007).

Martin H. Redish & Sopan Joshi, "Litigating Article III Standing: A Proposed Solution to the Serious (But Unrecognized) Separation of Powers Problem", 162 *University of Pennsylvania Law Review* 1373 (2014).

Charles A. Reich, "The New Property", 73 *Yale Law Journal* 733 (1964).

N. Rescher, *Presumption and the Practices of Tentative Cognition*, Cambridge: Cambridge University Press, 2006.

Deborah L. Rhode, "Class Conflicts in Class Actions", 34 *Stanford Law Review* 1183 (1982).

Kenneth F. Ripple and Kari Anne Gallagher, "Certification Comes of Age: Reflections on the Past, Present, and Future of Cooperative Judicial Federalism", 95 *Notre Dame Law Review* 1927 (2020).

John G. Roberts, Jr., "Article III Limits on Statutory Standing", 42 *Duke Law Journal* 1219(1993).

Arie Rosen, "Statutory Interpretation and the Many Virtues of Legislation", 37 *Oxford Journal of Legal Studies* 134 (2017).

Lawrence Gene Sager, "Fair Measure: The Legal Status of Underenforced Constitutional Norms", 91 *Harvard Law Review* 1212 (1978).

Antonin Scalia, "The Doctrine of Standing as an Essential Element of the Separation of Powers", 17 *Suffolk University Law Review* 881 (1983).

Bernard Schwartz, "Administrative Law Cases during 1993", 46

Administrative Law Review 307 (1994).

Kenneth E. Scott, "Standing in the Supreme Court: A Functional Analysis", 86 *Harvard Law Review* 645(1973).

Kenneth E. Scott, "Two Models of the Civil Process", 27 *Stanford Law Review* 937 (1975).

Antonin Sealia, "The Doctrine of Standing as an Essential Element of the Separation of Powers", 17 *Suffolk University Law Review* 881 (1983).

Louis Michael Seidman, "The Secret Life of the Political Question Doctrine", 37 *Journal of Marshall Law Review* 441 (2004).

Sangeeta Shah et al., "Rights, Interveners and the Law Lords", 34 *Oxford Journal of Legal Studies* 295 (2014).

Kristen M. Shults, "Friends of the Earthv. Laidlaw Environmental Services: A Resounding Victory for Environmentalists, Its Implicationson Future Justiciability Decisions, and Resolutions of Issues on Remand", 89 *Georgetown Law Journal* 1001(2001).

Jonathan R. Siegel, "A Theory of Justiciability", 86 *Texas Law Review* 73 (2007).

George Neff Stevens, "Advisory Opinions—Present Status and an Evaluation", 34 *Washington Law Review and State Bar Journal* 1 (1959).

Joseph L. Smith & Emerson H. Tiller, "The Strategy of Judging Evidence from Administrative Law", 31 *Journal of Legal Studies* 61 (2002).

Leslie H. Southwick, "Federal Judicial Selection from Bush to Trump", 95 *Notre Dame Law Review* 1847 (2020).

Richard B. Steward, "The Reformation of American Administrative Law", 88 *Harvard Law Review* 1667 (1975).

Cass R. Sunstein, "Lochner's Legacy", 87 *Columbia Law Review* 873 (1987).

Cass R. Sunstein, "Constitutionalism After the New Deal", 101 *Harvard Law Review* 421(1987).

Cass R. Sunstein, "Standing and the Privatization of Public Law", 88 *Columbia Law Review* 1432 (1988).

Cass R. Sunstein, "Leaving Things Undecided", 110 *Harvard Law Review* 4(1996).

James Bradley Thayer, *Legal Essays*, Boston: The Boston Book Company, 1908.

James B. Thayer, "The Origin and Scope of the American Constitutional Law", 7 *Harvard Law Review* 17 (1893).

J. B. Thayer, *A Preliminary Treatise of Evidence at the Common Law*, Boston: Little, Brown, & Co. 1898.

Mark V. Tushnet, "The New Law of Standing: A Plea for Abandonment", 62 *Cornell Law Review* 663 (1977).

Mark Tushnet, "Law and Prudence in the Law of Justiciability: The Transformation and Disappearance of the Political Question Doctrine", 80 *North Carolina Law Review* 1203 (2002).

Timothy M. Tymkovich et. al. , "A Workable Substantive Due Process", 95 *Notre Dame Law Review* 1961 (2020).

Jonathan D. Varat, "Variable Justiciability and the Duke Power Case", 58 *Texas Law Review* 273 (1980).

Jeremy Waldron, *Law and Disagreement*, Oxford: Oxford University Press, 1999.

Jeremy Waldron, "Separation of Powers in Thought and Practice?", 54 *Boston College Law Review* 433(2013).

Corey C. Watson, "Mootness and the Constitution Comment", 86 *Northwestern University Law Review* 143 (1991).

Herbert Wechsler, "Toward Neutral Principles of Constitutional Law", 73 *Harvard Law Review* 1(1959).

Herbert Wechsler, "The Courts and the Constitution", 65 *Columbia Law Review* 1001 (1965).

Rivka Weill, "Evolution vs. Revolution Dueling Models of Dualism", 54 *American Journal of Comparative Law* 429 (2006).

Steven L. Winter, "The Metaphor of Standing and the Problem of Self-Governance", 40 *Stanford Law Review* 1371 (1988).

Keith E. Whittington, "'Interpose Your Friendly Hand': Political Supports for the Exercise of Judicial Review by the United States Supreme Court", 99 *American Political Science Review* 585 (2005).

J. Harvie Wilkinson Ⅲ, "The Question of Process," 98 *Michigan Law Review* 1387, 1387 (2000).

Anne Woolhandler & Caleb Nelson, "Does History Defeat Standing Doctrine?", 102 *Michigan Law Review* 689 (2004).

Ann Woolhandler & Michael G. Collins, "State Jurisdictional Independence and Federal Supremacy", 72 *Florida Law Review* 73 (2020).

Ilan Wurman, "The Origins of Substantive Due Process", 87 *University of Chicago Law Review* 815 (2020).

Ilan Wurman, "The Specification Power", 168 *University of Pennsylvania Law Review* 689 (2020).

四、主要案例

Abbott Laboratories v. Gardner, 387 U. S. 136 (1967).

Aetna Life Insurance Co. v. Haworth, 300 U. S. 227 (1937).

Allen v. Georgia, 166 U. S. 138 (1897).

Allen v. Wright, 468 U. S. 737 (1984).

Ariz. Christian Sch. Tuition Org. v. Winn, 131 S. Ct. 1436 (2011).

Arizonans for Official English v. Arizona, 520 U. S. 43 (1997).

Ashwander v. Tennessee Valley Authority, 297 U. S. 288 (1936).

Ass'n of Data Processing Serv. Orgs. v. Camp, 397 U. S. 150 (1970).

Avery v. Georgia, 345 U. S. 559 (1953).

Babbitt v. Farm Workers, 442 U. S. 289 (1979).

Baker v. Carr, 369 U. S. 186 (1962).

Bell Atlantic Corp. V. Twombly, 550 U. S. 544 (2007).

Brown v. Board of Education, 347 U. S. 483 (1954).

Bush v. Gore, 531 U. S. 98 (2000).

Calderon v. Ashmus, 523 U. S. 740 (1998).

California Bankers Association v. Shultz, 416 U. S. 21 (1974).

Clapper v. Amnesty International USA, 133 S. Ct. 1138 (2013).

Citizens United v. FEC, 558 U. S. 310 (2010).

City of Erie v. Pap's A. M. , 529 U. S. 277 (2000).

City of L. A. v. Lyons, 461 U. S. 95 (1983).

City of Mesquite v. Aladdin's Castle, Inc. , 455 U. S. 283 (1982).

Cohens v. Virginia, 19 (6 Wheaton) U. S. 264 (1821).

Colegrove v. Green, 328 U. S. 549 (1946).

Craig v. Boren, 429 U. S. 190 (1976).

De Funis v. Odegaard,416 U. S. 312 (1974).

Deposit Guar. Nat'l Bank v. Roper,445 U. S. 326 (1980).

Doe v. Bolton,410 U. S. 179 (1973).

Dred Scott v. Sandford,60 U. S. (19 Howard) 393 (1857).

Duke Power Co. v. Carolina Envtl. Study Group, Inc. ,438 U. S. 59 (1978).

Dunn v. Blumstein,405 U. S. 330 (1972).

Eisler v. United States,338 U. S. 189 (1949).

Erie R. R. v. Tompkins,304 U. S. 64 (1938).

Evers v. Dwyer,358 U. S. 202 (1958).

Everson v. Bd. of Educ. ,330 U. S. 1 (1947).

Ex parte McCardle,74 U. S. (7 Wall.) 506 (1869).

FCC v. CBS,311 U. S. 132(1940).

Flast v. Cohen,392 U. S. 83 (1968).

Fletcher v. Peck,10 U. S. (6 Cranch) 87 (1810).

Friends of the Earth,Inc. v. Laidlaw Envtl. Servs. ,Inc. ,528 U. S. 167 (2000).

Frothingham v. Mellon,262 U. S. 447 (1923).

Gardner v. Toilet Goods Association,Inc. ,387U. S. 167 (1966).

Gerstein v. Pugh,420U. S. 103 (1975).

Golden v. Zwickler,394 U. S. 103(1969).

Goshen Mfg. Co. v. Hubert A. Myers Mfg. Co. ,242 U. S. 202 (1916).

Harrison v. PPG Industries,446 U. S. 578 (1980).

Hayburn's Case,2U. S. (2 Dall.) 409 (1792).

Honig v. Doe,484 U. S. 305 (1988).

Hylton v. United States,3 U. S. (3 Dall.)171 (1796).

Joint Anti-Fascist Refugee Comm. v. McGrath,341 U. S. 123(1951).

Korematsu v. United States,323 U. S. 214(1944).

Lake Carriers Association v. MacMullan,406U. S. 498 (1972).

Laird v. Tatum,408 U. S. 1 (1972).

Lewis v. Casey,518 U. S. 343 (1996).

Linda R. S. v. RichardD. ,410 U. S. 614 (1973).

Liner v. Jafco,Inc. ,375 U. S. 301 (1964).

Lochner v. New York,198 U. S. 45 (1905).

Lujan v. Defenders of Wildlife, 504 U. S. 555 (1992).

Murphy v. Hunt, 455 U. S. 478 (1982).

Marbury v. Madison, 5 U. S. (1 Cranch) 137 (1803).

Massachusetts v. EPA, 549 U. S. 497 (2007).

McCulloch v. Maryland, 75 U. S. (4 Wheat) 316 (1819).

Michigan v. Long, 463 U. S. 1032 (1983).

Muskrat v. United States, 219 U. S. 346 (1911).

Myers v. Bethlehem Shipbuilding Corp. , 303 U. S. 41 (1938).

Nashville, Chattanooga & St. Louis Railway Co. v. Wallace, 288 U. S. 249 (1933).

National Park Hospitality Association v. Department of the Interior, 538 U. S. 803 (2003).

Nixon v. United States, 506 U. S. 224 (1993).

Ohio Forestry Association, Inc. v. Sierra Club, 523 U. S. 726 (1998).

O'Shea v. Littleton, 414 U. S. 488 (1974).

Parklane Hosiery Co. v. Shore, 439 U. S. 322 (1979).

Phillips Petroleum Co. v. Shutts, 472 U. S. 797 (1985).

Plaut v. Spendthrift Farm, Inc. , 514 U. S. 211 (1995).

Poe v. Ulinman, 367 U. S. 497 (1961).

Powell v. McCormack, 395 U. S. 486 (1969).

Railroad Commission of Texas v. Pullman Co. , 321 U. S. 496 (1941).

Regional Rail Reorganization Act Cases, 419 U. S. 102 (1974).

Reno v. Catholic Social Services, Inc. , 509 U. S. 43 (1993).

Rescue Army v. Municipal Court, 331 U. S. 549 (1947).

Roe v. Wade, 93 S. Ct. 705 (1973).

Roe v. Wade, 410 U. S. 113 (1973).

Rosario v. Rockefeller, 410 U. S. 752 (1973).

Schlesinger v. Reservists Comm. to Stop the War, 418 U. S. 208 (1974).

SEC v. Sloan, 436 U. S. 103 (1978).

Secretary of State v. Joseph H. Munson Co. , 467 U. S. 947 (1984).

Sosna v. Iowa, 419 U. S. 393 (1975).

S. Pac. Terminal Co. v. Interstate Commerce Commission, 219 U. S. 498 (1911).

Steams v. Wood, 236 U. S. 75 (1915).

Steel Co. v. Citizens for Better Env't, 523 U. S. 83 (1998).

Steffel v. Thompson, 415U. S. 452 (1974).

Storer v. Brown, 415 U. S. 724 (1974).

Summers v. Earth Island Inst. , 555 U. S. 488 (2009).

Swift v. Tyson, 41 U. S. 1 (1842).

Taylor v. Sturgell, 553 U. S. 880 (2008).

Texas v. Johnson, 109 S. Ct. 2533 (1989).

Thomas v. Union Carbide Agr. Products Co. , 105 S. Ct. 3325 (1985).

Toilet Goods Assn. v. Gardner, 387 U. S. 158 (1967).

United Airlines, Inc. v. McDonald, 432U. S. 385 (1977).

United States v. Alaska S. S. Co. , 253 U. S. 113 (1920).

United States v. Carolene Products Co. , 304 U. S. 144 (1938).

United States v. Chambers, 291 U. S. 217 (1934).

United States v. W. T. Grant Co. , 345 U. S. 629 (1953).

United States v. Johnson, 319 U. S. 302(1943).

United States v. Mendoza, 464 U. S. 154 (1984).

United States v. Richardson, 418 U. S. 166 (1974).

United States v. SCRAP, 412 U. S. 669 (1973).

U. S. Parole Comm'n v. Geraghty, 445 U. S. 388 (1980).

Walling v. Helmerich & Payne, Inc. , 323 U. S. 37 (1944).

Warth V. Seldin, 422 U. S. 490 (1975).

Weinstein v. Bradford, 423 U. S. 147 (1975).

West Coast Hotel v. Parrish, 300 U. S. 379 (1937).

Williams v. Georgia, 349 U. S. 375 (1953).

Willing v. Chicago Auditorium Association, 277U. S. 274 (1928).

Wis. Dept. of Indus. v. Gould, Inc. , 475 U. S. 282 (1986)

后　记

本书难写,后记更难写。本书虽然难写,但如果知道写些什么,总是能够下手,写下去。但后记却不同,没有一种统一的标准,没有一种固定的内容,不知写什么,是以为难。但这也并非绝对,而是要从哪方面讲。从学术规范的角度,博士论文或者说任何学术著作,严格意义上讲,都应当是作者独立自主所完成的。然而,在日益强调知识分类、术业专攻的学术环境下,学术著作的完成不可避免地要受益于他人的指导、帮助和启发。因此,在后记中致谢,既是本书完成之后心情愉悦的表示,也是一种义务。

说到义务,问题又不免变得复杂起来。因为倘若在致谢中,没有提到一些应该感谢的人的名字,那么,这又是作者个人疏于甚至怠于履行义务。虽然感谢这种不完全的义务类型的不履行,不至于使他人实际遭受到什么损失,但总会让人心里觉得不舒服。因而,从这个角度,为了避免出现应该感谢的人没有出现在这里的尴尬,作者只能笼而统之地说一声:感谢所有关心和帮助我的人,无论是在生活上、在学习上,还是在博士论文的写作和修改过程中。

讲得仔细些吧。作者首先感谢博士学术阶段黄师文艺的教导,也要感谢博士阶段理论法学中心所有老师的精彩授业,他们分别是张文显教授、姚建宗教授、杜宴林教授、马新福教授、宋显忠教授、李拥军教授、钱大军教授、刘雪斌副教授、刘红臻副教授、朱振副教授。在我个人眼中,理论法学中心犹如武林中的少林寺,而中心的老师们则各怀绝技,皆精彩,在感叹和羡慕他们学术能力和成就之时,让我后生受益匪浅,学习他们各自不同的治学方法。特别是,作者很荣幸有机会能够作为黄老师的博士研究生,要感谢黄老师对我博士论文选题的肯定,更要感谢黄老师对论文的修改所提出的中肯意见。从黄老师学习三年,黄老师的谆谆告诫让我懂得,在理论研究过程中,必须首先弄清楚分析和研究的受众是谁。是学生,是同行,还是官员,不同的受众决定了写出的究竟是一部通识教材、一篇学术论文,还是一种咨询报告。

另外,还要感谢博士论文开题的所有老师,感谢理论法学中心马新福教授、杜宴林教授、李拥军教授、刘雪斌副教授和诉讼法专业的霍海红教授,感谢各位老师对博士论文选题所提出的各种批评和建议。作为一个理论性很强的外国法问题,开题组的老师提示我一定要写到中国问题,否则就是没有意义的。开题组老师的话语激励着我要把问题想得更深入一些,正是因为这样,才形成了论文的今天样貌。特别是,要感谢诉讼法霍海红教授,由于博士论文部分涉及诉讼法中的内容,霍海红教授作为诉讼法领域的学术新秀,能够对相应问题提出一针见血的批评性意见,使我倍加受益,更警惕自己在博士论文的写作过程中,详细地、广泛地搜集相关的材料,弄清楚问题到底是什么。

在博士论文的修改过程中,我硕士阶段的授业恩师周永坤教授对论文的修改提出了宝贵意见,也是周师的肯定,使得我对博士论文更有信心。更要感谢周师平时对学生的鼓励和教诲,在我的学术生活出现迷茫和困扰时,为我点亮一盏希望的灯火。还要特别感谢苏州大学王健法学院院长胡师玉鸿。一如既往,作为我学习和崇拜的对象,胡师一直是我学习和前进的榜样。更要感谢胡师,在我无论是学习上还是生活上遇到困难时,都能够对我施以帮助。说句很肉麻的话,有胡师真好。

最后,还要感谢博士学习阶段的所有同学,他们分别是齐伟、姜迪、陶焘、才圣、薛爱昌、王龙、王焱、王澜、刘思齐、赵晓强、洪建,以及法史倪晨辉、民商贾同乐、殷贵山等。感谢你们,正是你们,使我在枯燥乏味的博士学习阶段不再枯燥,而是乐趣丛生。

还是那句话,感谢所有爱我的人和我爱的人,有了你们,才有今天的我。是为后记。

补　记

本课题成果是以博士论文为基础而完成的,2016年博士论文写成之后,有幸于2019年获得国家社科基金后期项目的资助,使我有机会对论文写作过程中不足的地方予以修改和完善。博士毕业已五年有余,学业上的困惑并没有随着时间的推移而逐渐消失,在我对学术困惑难以找到方向,几乎快要放弃时,恩师谢晖先生收我于门下,并给予我莫大的帮助,弟子将铭记。更值得感恩的是,爱人陈宏霞女士、儿子张君泽小朋友在我读书写作苦闷时,给了我无穷的快乐。我谨以此书献给妻儿。

张洪新
2021年7月13日记于老子故里河南周口